故 章田 金畿鉉 敎授 近影

故 장전章田 김기현 교수 / 아리랑을 말하다

아리랑과
지역문화

민속원

책머리에

소리, 즉 민요는 자연이 빚어내는 예술이다. 그래서 민중의 소리는 하늘의 소리라고도 한다. 자연의 예술이자 순수하고 청명한 하늘을 닮은 노래는 이 땅의 역사이기도 하다.

장전章田 김기현 선생님께서는 나의 스승님이시다. 장전 선생님의 웃음은 청명한 하늘을 닮으셨다. 마음은 하늘보다 더 넓으셨으며 언제나 여유를 지니셨고 인덕으로 사람을 대하셨다. 그런 선생님께서는 하늘을 닮은 소박한 민요를 좋아하셨고 평생 연구의 주 관심사로 삼으셨다. 그리고 이제 선생님의 연구 성과는 민요학계의 역사로 남게 되었다. 선생님은 이 땅의 민요처럼 그렇게 소탈하게 사시다가 민요 연구로 평생을 바치고 어느 날 훌쩍 우리 곁을 떠나셨다.

학부시절부터 민요현장을 조사하고 한국고전문학 현장을 답사하면서 한국 문화의 넓고 깊은 맛을 체감할 수 있었던 것도 선생님의 해박한 지식과 현장 경험에 바탕한 즐거운 안내 덕이었다. 막걸리를 좋아하셨던 선생님께서는 밤하늘 별을 안주삼아 새벽 동이 틀 때까지 이야기의 끈을 놓지 않으셨다. 그래서 선생님 곁에는 늘 많은 후학과 제자들이 모여 들었다. 선생님의 평소 신조는 '泰山不辭土壤(태산불사토양) 河海不擇細流(하해불택세류)'였다. 《사기史記》〈이사열전李斯列傳〉에 나오는 이 말은 "태산은 한줌의 흙도 사양하지 않고, 바다는 작은 물줄기도 가리지 않는다."는 뜻인데, 문구처럼 선생님은 도량이 넓고 사람을 가리지 않고 존중하면서 편안히 대하는 힘을 가지고 계셨다.

그러나 그 많고 많은 이야기와 숱한 사연과 학문에의 박식함을 뒤로 두고 선생님께서는 평소 좋아하셨던 하늘로 급히 돌아가셨다. 애통하고 비통하지 않을 수 없는 일이다.

일찍이 선생님께서는 민요 중에서도 특히 아리랑을 좋아하셨다. 밀양아리랑의 발생과 특징을 논증하는 것을 시작으로 문경 아리랑, 상주 아리랑 등 영남의 아리랑을 두루 살피셨다. 퇴임하시기 전에 시작한 아리랑 만수 서예화 작업은 선생님께서 심혈을 기울이신 아리랑 기록화 사업이었는데 그것이 민요에 바친 마지막 열정이 될 줄은 미처 몰랐다.

선생님께서 돌아가신 날은 온갖 꽃이 만발하였고 벌과 나비가 평화로이 나무와 꽃밭을 오가며 중춘을 즐기던 화창한 4월 초순이었다. 이제 벌써 선생님의 1주기 추모일이 다가오고 있다. 평소 번잡스럽고 형식적인 일들을 별로 좋아하지 않으셨던 선생님의 뜻을 받들어 생전 선생님께서 남기신 많은 연구물 중에서 아리랑과 민요 관련 몇 편을 가려 선생님 영전에 헌정하기로 하고 책 발간을 준비하였다. 오래된 논문은 다시 타이핑치면서 파일화하였다. 그러나 내용은 수정없이 그대로 실었다. 선생님이 보시기에 어떠하실지. 쓸데없는 짓을 하였다고 하시지는 않으실지. 그러나 아리랑과 민요 관련 선생님의 논문들은 학계 연구에 하나의 디딤돌 역할을 하리라는 의견을 모으고 이 책을 출판하기로 하였다. 아무리 책을 내고 근화를 바친들 선생님에 대한 그리움이야 가시지 않을 것임을 우리는 잘 알고 있다. 그래서 때때로 선생님의 온기가 남은 글들을 다시 읽으며 선생님과 함께한 시간들을 반추할 책이 필요하였다.

책을 출판하기까지 귀한 시간을 내어 수고해 준 경북대학교 최은숙 교수와 손대현, 박지애, 조유영, 류명옥, 김동연 후학께 감사의 인사를 드린다. 그리고 출판을 흔쾌히 수락해주신 민속원 홍종화 사장님께 깊은 감사의 인사를 드린다.

'Carpe Diem-현재를 즐겨라' 라는 문구가 생전에 선생님의 책상 위에 붙어 있었다. 지금도 하늘나라에서 환히 웃고 계실 선생님을 생각하면서 선생님의 편안한 영면을 기원드린다.

부산외국어대학교 한국어문화학부 교수 권오경

故 장전章田 김기현 교수 약력

1950.6.27 서울 서대문구 신설동 373-52번지에서
부 김경조와 모 문병임의 2남 3녀 중 장남으로 출생.
손봉숙여사와의 사이에 김성훈, 김지연 1남1녀를 둠. 2017.4.5 작고.

● 학력

1972.3	경북대학교 문리과 대학 국어국문학과 입학
1976.2	경북대학교 문리과 대학 국어국문학과 졸업
1984.2	경북대학교 대학원 국어국문학과 석사 졸업
1987.2	경북대학교 대학원 국어국문학과 박사 수료

● 경력

2015.9~2017.4	경북대학교 인문대학 국어국문학과 명예교수
1986.3.~2015.8	경북대학교 인문대학 국어국문학과 교수
1983.3.~1986.2	경북대학교 조교
1978.3.~1982.2	성광고등학교, 울산현대공업고등학교, 원화여자고등학교 교사

● 학술 및 관련 정책 활동

2010.12~2012.12	한국문학과언어학회 회장
2009.12~2011.12	한국민요학회 회장
1995.1~1996.12	문학과언어연구회 회장
	한국민요학회, 한국구비문학회, 한국시가학회, 한국어문학회, 국어국문학회, 한국시조학회 회원
2014.1~2016.12	대구광역시 문화재위원장

2012.4~2016.3	대구광역시 문화재위원	
2013~2017.4	경상북도 아리랑 보전전승위원장	
2013~2017.4	경북인문포럼 위원	
2011.4~2011.12	아리랑 유네스코 등재위원회 책임연구위원	
2007~2017.4	문경새재아리랑 축제위원장	
2006.1~2006.12	문화체육관광부 한국민속대축전 심사위원	
2006.1~2008.12	대구광역시 정책자문위원 및 공익사업평가심사위원장	
2004.6~2004.11	문화체육관광부 아리랑무형문화재 지정 책임조사위원	
2003.1~2013.12	유니버시아드 대구아리랑축제 집행위원장	
1986.1~2017.4	(사)한민족아리랑보존회 이사 및 대구경북지부장	

● 주요 보직

2009~2014	경북대학교 평생교육원 운영위원
2006	경북대학교 대학입시전형위원장
2004~2006	경북대학교 인문대학장 및 국제대학원장
2002~2004	전국국공립대학 민주화교수연합회 정책위원장
2001~2004	경북대학교 전체교수회 부의장

● 기타

1978~2017	〈현대시학〉 김춘수 시인 추천 등단, 대구시인협회, 한국문인협회 회원, 〈사뇌가 가락으로〉 등 시집 다수 출간

차례

책머리에 _4

part 1
아리랑

'아리랑'의 장르성과 범주 _13

'아리랑' 요의 형성 시기 _39

'아리랑' 노래의 형성과 전개 _61

'밀양아리랑'의 형성과정과 구조 _93

'문경새재소리아리랑'의 아리랑사적 위상 _119

'문경새재아리랑'의 축제화 방안 _145

'서예로 담아 낸 아리랑 일만 수'의 의의와 가치 _179

part 2
지역문화

'산유화가'의 전승과 교섭 양상 _193

'시집살이 노래'의 구연 특성과 그 의미 - 경북지역을 중심으로 - _229

'상주민요'의 민요적 특성과 전승 _245

함양 민요의 민요적 특성 _277

고령군 '장승제'의 축제화 방안 _291

경북지역 구비문학 연구의 현황과 과제 _319

경북지역 구비문학의 문화기반 - 문화변혁에 따른 생성과 소멸 - _339

영·호남 노래문화의 지향과 감성 _363

편집 후기 _393
원고 출처 _395
참고문헌 _396

part 1

아리랑

- '아리랑'의 장르성과 범주
- '아리랑' 요의 형성 시기
- '아리랑' 노래의 형성과 전개
- '밀양아리랑'의 형성과정과 구조
- '문경새재소리아리랑'의 아리랑사적 위상
- '문경새재아리랑'의 축제화 방안
- '서예로 담아 낸 아리랑 일만 수'의 의의와 가치

'아리랑'의 장르성과 범주

1 서론

1.1 논의의 전제

'아리랑'이 한국을 대표하는 노래이며, 한민족에게 가장 널리 유포된 노래라는 것을 어느 누구도 부인하지 못한다. 오히려 아리랑은 너무나 많아서 그 종류와 수효마저 제대로 가늠하기 어려울 정도로 한국을 대표하는 노래가 되어 있다. 약 186종 2,277수[1]라기도 하고, 50여 종 3,000여 수[2]라고 논의된 아리랑이 어떠한 합리적 준거 위에서 구분되어지고 헤아려진지는 모르겠지만 전국 각지에서 아리랑은 지역민이나 연구자들의 애정 속에서 지역마다 고유한 그들의 노래로 인식되어 분류, 지칭되고 있는 실정이다.

지금까지 아리랑에 관하여 기술했거나 아리랑 사설을 수집 정리한 성과들을

---

1 박민일, 『한국 아리랑 연구』, 강원대출판부, 1989, 머리말 1쪽.
2 김연갑, 『아리랑』, 집문당, 1988, 14쪽.

살펴보노라면, 민요로서의 아리랑이 지닌 장르적 범주가 무엇인가, 즉 어떤 노래를 아리랑이라고 하는지에 대해 궁금증이 더해진다. 특정지역의 아리랑 몇몇 예로 〈정선 아라리〉나 〈진도 아리랑〉, 〈밀양 아리랑〉 등의 나름대로 독자적이고 확고해 보이는 영역을 지닌 아리랑을 제외하고 과연 독자적인 아리랑만의 세계가 구축된 노래가 지역마다 존재하는지, 그 갈래설정이 타당한 것인지 의아스럽기까지 하다.

뿐만 아니라 각인각색으로 주창되어진 아리랑의 어원 또는 발생설의 다양함에 있어, 그 주창의 논리적 근거와 객관적 타당성은 예외로 하더라도, 민요가 기록문학처럼 화석화되어 변하지 않은 상태로 오래 전에 형성된 것이 전승된 것처럼 생각하고 있는 논자가 적지 않음을 보고 당혹감마저 느끼지 않을 수 없다.

아리랑은 민요이다. 또한 민요는 구비 전승물이다. 구비 전승물이기 때문에 아리랑은 어떤 한 개인이 일시에 작사 작곡하여 만들어 낸 것이 아니라는 점을 함유하는 것이며 이는 민요에 관한 가장 기본적인 이해의 출발선에 속하는 문제이기도 하다.

오늘날 아리랑이 '이 민족의 역사와 함께 하며 민족의 애환을 간직한 민족의 숨결, 역사의 맥박 소리'[3]로 인지될 우리 민족의 대표성을 띤 노래가 된 데는 바로 구비전승물이 지닌 제 요소들이 함유되어 있기 때문이다.

어느 한 개인이나, 어떤 특정한 사람들이 아니라 어느 지역의 많은 사람들이 부르는 사설이고 가락일 때 민요로서의 아리랑은 존재의 의의를 지닐 것이다. 대중가요 가수가 부르는 〈○○아리랑〉에 아리랑이 지닌 대중적 보편성 그 이상의 의미를 부여하지 않는 것만큼이나 민요 아리랑은 독자성을 지닌 노래문화여야 한다고 생각하기 때문이다.

위와 같은 입장에서 본고는 다음과 같은 몇 가지의 의문으로부터 그 실마리를 열어갈까 한다.

---

3 단기 4321년 5월에 제정한 「아리랑 선언문」에서.

첫째, 오늘날 아리랑이라고 지칭되는 노래의 장르적 근거는 무엇일까? 일반적인 민요와 다른 독자적인 음악적 성격 때문에 변별되는 것인가 아니면 사설이 지닌 2원적 구조(고정부와 변화부) 속에 발현되는 고정부의 '아리랑'이라는 후렴(또는 전렴) 때문일까?

둘째, 지금은 전승마저 끊겨 사설만 남아 있거나 한두 사람만이 부르는 지역아리랑[4]을 볼 때, 과연 아리랑의 전승적 의미는 무엇이며 이를 토대로 작금의 구분과 규정은 합당한 것인가? 아리랑의 하위분류에 이들을 포함시킨다면 그 근거를 무엇으로 삼아야 하는가?

셋째, 현상적으로 존재하는 아리랑의 실체를 고정된 실재로서만 파악했을 때 과연 아리랑의 역사적 변화상을 주창한 논의가 가치 있는 일이었을까? 이러한 접근이 현존하는 아리랑의 통시적 변모를 통해 아리랑의 출발점을 파악하는 유추적 접근은 될 수 없을까?

구체적이고 과학적인 근거를 마련하지 않고 아리랑에 대한 애정만으로 만연해진 아리랑 지상론의 인식체계를 바로잡아 과학적 학문적 당위를 구축하는 아리랑론을 위해, 나아가 아리랑의 미래지향적 존재 의의를 과학적 체계화를 통해 정립하기 위해 본고는 출발한다. 종합적 검토에 앞서 시안으로서의 접근이기 때문에 본고는 논의의 폭을 좁혀, 보다 간결하고 간명한 방향성 정립을 위하여 우선 자료대상을 경북지역에 산재한 아리랑에 국한하여 논의를 풀어갈까 한다.

1.2 기존 논의의 검토

지금까지의 아리랑에 관한 논의는 크게 일반론적인 접근과 국부론적 접근으로 나누어져 있다. 전자는 주로 아리랑의 어원, 종류, 사설과 가락적 특성에

---

[4] 각 지역의 지명이 붙여져 지칭되는 아리랑 등을 말함. 예로 울릉도 아리랑, 영천 아리랑, 구미 아리랑 등등은 지역민조차 그 존재를 알지 못하고 있고 개인적 창작성이 강하게 드러나고 있다.

치중하였고 후자는 지역 아리랑의 특성이나 사설의 채록을 통한 문학적 접근에 미치고 있으나 주로 〈정선 아라리〉에 편중되어 왔다. 이 밖에 또 다른 성과의 하나로 아리랑 사설이나 관련 자료의 조사보고, 소개, 수집 정리가 개인[5]이나 단체[6]에 의해 이루어졌다.

이들 업적들은 각각 장단점을 지니며 나름대로 아리랑 연구나 발전에 지대한 공헌을 한 그 공로를 높이 평가하지 않을 수 없다. 그러나 몇몇 연구물들을 제외하고라도 그 공로의 뒤편에 또 다른 문제점도 아울러 마련하고 있었다고 할 수 있다.

첫째, 아리랑 노래 자체보다는 사회적이거나 민족사적 가치 판단이나 의미를 부여함으로써 아리랑의 진면모를 파악하는데 장애 요소를 조장시킨 점이다. 정감적 태도로 아리랑을 대함으로써 지나친 아전인수식 해석이나 가치 부여가 있어 아리랑의 실체를 모호하게 한 것이다.

둘째, 민요학 또는 민족음악학적 입장의 접근보다는 무조건적인 아리랑의 채집과 자료 수집이다. 이는 그야말로 아리랑의 백년대계를 위해 그 기여도는 높이 평가되어야 하지만 재검증 되어야겠다는 생각을 뿌리칠 수 없다. 왜냐하면 이들 업적물들이 통일되거나 과학적이고 합리적인 기준 위에서 논급되거나 분류되었다기보다는 연구자나 조사자의 편의나 주관에 치우친 느낌을 배제할 수 없어 얼마만한 엄정한 검토가 수반되었는지에 대해서는 회의적인 느낌이 들 정도이기 때문이다.

이 땅의 많은 사람들이 아리랑을 아끼고 위한다는 것은 환영할 일이지만 자칫 서툰 방법론으로 마련한 아리랑의 실체가 호도되어 질 때 아리랑은 오히려 그 생명력을 지니기보다는 다른 양식으로 변모될 것이다. 민요사에 있어 많은

---

5 김연갑, 『아리랑 그 맛, 멋 그리고…』, 집문당, 1988은 전체 아리랑 사설만을 수집 정리한 대표적인 개인의 노작이다. 진용선, 『정선 아라리』, 집문당, 1993은 정선 아리랑 사설을 모은 노작이다. 이 외의 개인별 연구서나 민요집에서 채록보고의 성격을 띤 것은 생략한다.

6 정선군, 『정선 아리랑』, 정선군청, 1986.
박병훈, 『진도 아리랑타령 가사집』, 진도문화원, 1986.
등을 비롯해 각 지역 군지 류에 수록된 사설 등이 그것이다.

노래 갈래가 이의 정밀한 수용과 제어장치가 없었기에 사라진 것을 우리는 많이 볼 수 있지 않은가?

지금까지의 아리랑 연구의 주류는 아리랑의 어원 고찰에 매달려 왔다.

이는 아리랑이 지닌 노래구조상의 특성이기도 하지만 아리랑의 연원을 찾으려는 노력의 일단이 불러온 일이다. 학계에 알려진 28가지의 설은[7] 결국 아리랑의 출발점이나 그 의미가 확실하게 드러나지 않고는 아리랑의 실체는 제대로 파악될 수 없다는 것을 역으로 시사하는 것이요, 아울러 그들 대다수가 문헌기록상의 "啞而聲" 또는 "阿里娘" 등의 한자 차용표기의 해석에 매달려 있는 점 등은 위의 문제점을 만드는 큰 요인의 하나가 되어 왔다. 구비 전승물을 기록 정착시킬 때 기록 담당층의 현학적 인식이 많은 문제를 야기한 것은 물론이거니와 이를 해석하는 후세인들이 이러한 전철을 밟아 해석한다면 그것이 불러온 결과가 바로 이 같은 점이라 할 것이다.

음악적 측면의 연구자들이 보인 비교 음악적 연구는 오히려 아리랑에 분명한 갈래를 설정해 주고 있는데, 나운영, 이보형, 김진균의 노력은 이 분야의 주목할 만한 업적으로 보고 싶다. 이 중 김진균[8]은 아리랑을 1. 조성의 변화, 2. 멜로디선의 변창, 3. 구성요소의 변화, 4. 리듬의 개변 등으로 나누어 8형으로 구분하고 있는데, 많은 자료를 대상으로 하지 않았다는 취약성에도 불구하고 아리랑을 음악학적으로 변별했다는 점은 높이 살만한 것이다.

문학적 또는 아리랑학적인 접근은 많은 연구 성과를 축적해 왔다.

개별적인 논고는 예외로 하더라도 김열규[9], 강등학[10], 강무학[11], 박민일[12], 김

●
7   朴秉訓,「民謠아리랑의 起源과 語源에 관한 연구」,『진도아리랑타령 가사집』(증보판), 진도문화원, 1991, 127쪽.
8   金晉均,「한국 음악 민요의 유형적 고찰」,『음악과 전통』, 태림출판사, 1984.
9   金烈圭,『아리랑…역사여, 겨레여, 소리여』, 조선일보사, 1987.
10 姜騰鶴,『정선 아라리의 연구』, 집문당, 1988.
11 姜舞鶴,『아리랑의 역사적 고찰』, 野實社, 1981.
    『아리랑 오천 년사』, 晨明文化社, 1988.
12 朴敏一,『韓國 아리랑文學 硏究』, 강원대학교 출판부, 1989.

연갑[13] 등에서 이루어진 성과는 각각의 분야에서 특성을 지니며 아리랑학의 토대를 쌓았다.

이들의 아리랑의 실체와 범주에 관한 논급을 살펴보자.

김열규는 아리랑의 역사성과 사회성에 초점을 맞추어 논급하다 보니 아리랑의 구체적 갈래 자질에 대한 언급이 없이 형태적 요소만을 논급하였는데, 이 또한 아리랑의 외연적 세계를 주로 다루었다. 강등학은 〈정선 아라리〉만을 대상으로 그 장르 수행성을 논술한 것이어서 아리랑 일반의 변별을 위한 논급은 없다. 박민일은 아리랑의 갈래 변별을 문학적인 사설이 지닌 주제의 성향에 따라 주제별로 구분하여 종류를 186종 2,277수로 변별하고 있다. 그가 제시하는 분류 기준은 4가지로 확정되어 있으나 이것이 주제, 어휘의 사용과 전체의 흐름, 의도의 경향, 가창 상황 등이라 수많은 아리랑의 변별성을 부여하긴 해도 범주 설정과 실체성(원형성)은 얻어내지 못하고 있다.

아리랑의 범주에 대해 논급한 김연갑도 문제제기에 그친 감이 없지 않다. 이외의 많은 아리랑 연구자들은 아리랑의 존재상이나 형태는 이미 오래 전에 확정되어 이것이 지속되어진 것이라는 인식을 하고 있음을 볼 수 있다.

> "〈아리랑〉이란 제목(노래 이름)으로 불리는 모든 것을 〈아리랑〉이라 하느냐, 아니면 "아리랑 아리랑 아라리요…"와 같은 후렴 또는 선렴이 붙은 것만을 〈아리랑〉이라 하느냐, 또 아니면 강원도 지역 중심의 〈아라리〉 계열의 메나리 조를 기본적으로 지니고 있는 것(음악적 공통언어를 간직하고 있는 것)만을 〈아리랑〉이라고 하느냐 하는 문제다."[14]

김연갑은 아리랑의 범주를 3가지로 구분하고자 하고 이를 기준의 근거로 삼고 있다. 즉, 1. 아리랑이라는 명칭을 가진 노래는 모두 아리랑이냐? 2. 아리랑이

13　김연갑, 『아리랑, 그 맛, 멋 그리고…』, 집문당, 1988.
14　김연갑, 『아리랑…』, 집문당, 1988, 26~28쪽.

란 후렴(또는 선렴)이 붙어 있는 노래는 모두 아리랑이냐? 3. 음악적으로 공통성을 지닌 노래만 아리랑이냐? 이다. 이 같은 문제 제시를 통해 그는 예외성을 지적하는 선에서 그치고 있으며 이것이 앞으로 아리랑 연구에서 가장 관심을 기울여야 할 부분이라고 제시하고 있다.

이 같은 지금까지의 검토와 문제 제기를 통해 본고는 크게 2가지의 방법을 통해 이 문제를 해결하고자 한다.

첫째, 현지조사를 통해 얻어진 아리랑 향유자들의 인식을 토대로 아리랑의 의미망을 파악하여 아리랑이 어떻게 인식되어져 있는가를 살펴 보아 아리랑의 장르적 성격을 살핀다.

둘째, 현전하는 아리랑의 현상 구조적 특성을 알기 위해 사설, 가락, 기능, 가창자, 구연 및 전승 상황 등을 검토하여 이들 제 요소가 지니고 있는 특성을 바탕으로 아리랑의 범주와 그 준거를 마련해 보고자 한다.

2 아리랑의 현장론적 인식

전승 민요는 사설과 가락을 지니며 비전문적인 가창자에 의해 구연 전승되는 표현물이다. 이 중에서 노래를 전승하며 이를 향유하는 주체인 가창자는 아리랑의 창출자이며 유지자들이다. 모든 전승민요가 그러하듯 아리랑 문제에 있어서도 가장 중요한 요소는 가창자에 닿아 있다.

가창자를 중심으로 살펴볼 때, 아리랑도 크게 2가지 류의 것이 존재한다.

전문 가창자와 비전문 가창자가 그것인데, 전자는 민요 가수나 대중가요 가수, 그리고 성악가들로 이들은 직업적으로든 아니면 전문적 예술취향으로 노래하는 이들이다. 잘 아는 바와 같이 〈본조 아리랑〉이라 일컬어지며 1926년 춘사 나운규의 영화 〈아리랑〉을 통해 전국적인 유행을 한 아리랑도 이 전문집단의 노래이며 이후 유성기판에 취입되어 성행한 '신 아리랑'이나 '전래 아리랑' 도 모두 이들의 노작이다. 이들은 아리랑의 전파와 성행에 크게 기여한 사람들 이며 나아가 아리랑의 음악성을 제고하는데 공을 쌓은 이들이다. 후자는 서민 대중의 토착 하층민들로 대다수가 노동행위를 통해 삶을 살아가며, 그 삶 속에 서 일어나는 갖가지 생각과 느낌을 그들의 일상적인 언어를 통해 그들 스스로가 노래를 창출하고 이를 자족적으로 향유해온 민요집단이다. 이들은 삶의 애환을 노래를 통해 발산하고 씻어 내면서 자신의 삶을 일구어 온 사람들로 이 땅 대다 수를 구성하는 생활인들이다. 이 땅의 많은 민요를 만들어 온 장본인으로 민요 는 바로 이들의 빼낼 수 없는 문화 행위였다. 그러므로 이 글에서 주목하는 가창 집단은 바로 이들이다.

아리랑의 생성과 유지에 있어 비전문가 집단의 노래를 주목하는 까닭은 현전 하는 아리랑의 면모를 통해 볼 때 거의 대다수 노래가 삶의 애환이며, 현실의 노 래라는 점이다. 전문가 집단이 우회적이며 간접적으로 삶을 노래하거나 그들의 세계를 사설로 만들어 가장 직접적 즉흥적으로 현실을 드러내었기 때문이다. 최 근에 유행한 〈밀양 머슴아리랑〉이나 유성기판으로 나온 〈신민요 아리랑〉 등이 토착적 가락과 사설을 취했다 하더라도 그 내용이 민중의 현실적 삶과 유리된 것 이기에 대중과 오래 만날 수 없었다. 한 예로 다음의 〈밀양 아리랑〉을 보자.

A
영남루 명승을 찾아가니
아랑의 애화가 전해있네

채색으로 단청된 아랑각은
아랑의 유혼이 깃들어 있네 아랑의 굳은 절개 죽음으로 씻었고
고결한 높은 지조 천추에 빛난다

B
내가 잘나 네가 잘나 그 누가 잘나
구리백통 지전이라야 일색이지

날좀 보소 날좀 보소 날좀 보소
동지 섣달 꽃 본 듯이 날봄 보소

정든 님이 오시는데 인사를 못해
행주치마 입에 물고 입만 방긋

〈A〉, 〈B〉는 모두 현전하는 〈밀양 아리랑〉 변화부의 사설이나 〈A〉는 사용된 어휘가 식자층의 것이요, 〈B〉는 기층민의 것임은 판연히 알 수 있다. 그런데 현재 밀양지역 기층민들에게 있어 〈A〉는 이미 기억 속에서 사라진 노래이나 〈B〉는 아니다. 〈A〉는 민요가수들에게서나 들을 수 있는 노래로 남아 있기 때문이다.[15]

아리랑이 민중의 노래, 민족의 노래라면 이들 비전문 가창집단의 모습이 담겨진 노래여야 한다. 이들이 있었기에 수 많은 지역 아리랑이 운위되는 것이며, 아리랑 속에 향토성이 담기게 된 것이며, 나아가 아리랑이 이 땅의 노래가 되는 것이다. 이에 아리랑을 향유하는 사람들의 아리랑에 대한 인식을 규지하는 것도 의미 있는 접근이다. 그들이 받아들이는 오늘날의 아리랑은 연구자의 태도나 생각과는 다르다.

곳곳마다 아리랑을 모르는 이는 없다. 그러나 아리랑을 불러 보라면 아리랑을 변별하여 구별해서 부르는 이는 그렇게 많지 않다. 그냥 그들이 쓰는 언어체계나 노래 문법에 따라 부른다. 노래 사설이 지역성과 연계된 것이 없으면서도

---

15 김기현, 「밀양아리랑의 형성과정과 구조」, 『문학과 언어』 12집, 1991, 130쪽.

그 노래가 자기 고장 이름을 따서 〈○○아리랑〉이라고 한다. 또한 모심기 사설에다 부르기도 하고 방아타령도 아리랑 곡조로 부르며 아리랑이라고 한다.[16] 따로 배운 노래가 아니라 "그냥 부르면 아리랑이 되지 뭐. 아리랑이 별건가"라고 한다. 왜 이 노래가 '모심기 노래'라 하지 않고 아리랑이라고 하느냐 하고 물으면 "아리랑이란 말이 그 속에 있으니까", 즉 후렴으로 아리랑을 부르기 때문이라고 한다.

〈정노래〉로 채록 보고된 다음 노래를 한 예로 들어 보자.[17]

아주 빠른 사설조로

귀야귀야	들어봐라
오중장롱	객귀실에
널고닫는	빼닫이요
인물평풍	싹올리쳐고
샛별같은	은요강에
별치마중	늘어놓고

— 중 략 —

깊은정이나	두세 —
아리아리랑	쓰리쓰리랑
아라리가	났네
아리랑	고개로만
나를 넘겨주소	

- 강명수, 남, 60, 상주읍 신봉2리 봉대, 1981.6.24, 최정여 외 조사

16 필자 조사(이재수, 남, 64세, 경북 고령군 성산면 성산1리, 1987.8.12.)에 의하면 〈지신밟기소리〉, 〈모심기 소리〉, 〈방아 타령〉의 사설을 끊어 "아리아리랑 쓰리 쓰리랑 아라리가 났네"의 후렴구를 붙여 노래하기도 했다.
17 『한국구비문학대계』 7-8, 경상북도 상주군편, 한국정신문화원, 1983, 105쪽. 상주군 상주읍 민요 7.

〈정노래〉란 본시 놀음노래로 부녀자들이 즐겨 부른 민요이다. 아리랑 후렴구를 제외하고는 아리랑적인 것이 없음에도 아리랑으로 부른다. 아리랑의 변조이며 신생 아리랑이다. 특별한 독자성이나 향토성도 없다.

이외에도 경북지역에서 전승되어진다고 보고된 지역 아리랑을 다음과 같이 분류하여 살펴보자.[18]

  A. 울릉도 아리랑, 문경 아리랑
  B. 월성 아리랑, 김천 아리랑, 상주 아리랑타령, 문경 풍년아리랑, 예천 아리랑,
    안동 아리랑, 대구 아리랑, 구미(발검) 아리랑, 영일 아리랑, 영천 아리랑
  C. 영남(경상도아리랑)
  D. 독산도 아리랑[19], 남사고 아리랑[20]

이 중 가락이나 사설, 기능에 있어 특별하게 독자성이 있다고 보여지는 것은 A항 지역뿐이니 이들에게서는 사설에 지역성이 두드러지게 나타난다. 그러나 가락은 〈강원도 아리랑〉이나 '중원소리'에 가깝다. 지역적 위치 때문이다.

A항 지역 이외의 가창자들의 견해는 유사하거나 거의 일치된다.

가창자들은 아리랑을 그냥 "노래"라고 생각한다. 가장 잘 알고 있는 노래라고 생각하기 때문이며, 아무 사설에다 "아리랑"이란 후렴구를 붙이면 되는 "참 부르기 쉬운 노래"로 생각하기 때문이다. 아리랑이 민족의 노래로 칭송받는 까닭이 여기에 있다. 복잡하고 발달된 그래서 고도의 예술성을 지향하는 노래라기보다 그들의 삶과 가장 가까이 있는 노래이기에 이러한 생각은 가능한 것이다. 이들의 얘기를 듣노라면 아리랑의 변별적 자질은 더욱 애매해진다. 그러나

---

18 김연갑, 『아리랑』, 현대문예사, 1986.
19 박민일, 구한말 춘천출신 군인들의 애국, 구국 아리랑들, 『태백』 19, 강원일보사, 1989.1에 소개됨.
20 박민일, 『태백문화』, 강원일보사, 1982.2에 보고 소개된 노래로 남사고가 경북 영덕 출신이므로 이에 소속시킴.

한 가지는 분명하다. 아리랑이 민족의, 민중의 노래로 우리와 더불어 살아가는 노래라 할진대 아리랑은 기층 민중들이 부른 노래여야 한다. 비전문가 집단의 노래여야만 민요 아리랑이 존재할 수 있는 것이다. 물론 비전문 기층 집단 속에서도 뛰어난 음악적 자질의 기능보유자가 있을 수 있으나 이들은 예외다. 그들의 노래 뿌리는 이 집단에 있기 때문이다.

한편, 연구 조사자들의 일단의 시각은 이것과는 거리가 있다.

아리랑의 어원을 통해 개념을 파악하기 위해 노력한 많은 논자들은 아리랑을 "어떤 시기에 어떤 사람(또는 집단)이 창작하여 부르기 시작한 노래"로 파악하기를 주저하지 않는다. 민요가 구비 전승되면서 유동성을 지닌다는 측면이 경시된, 기록문학처럼 고정되어 전승된다는 시각의 발로이다.

이는 전문 집단 창자들의 노래 전승에서 흔하게 볼 수 있는 현상이다. 그들은 선배나 선생으로부터 암기하여 노래를 그대로 전수받는다. 도제식 강습은 개인의 변이를 수용하지 않기 때문이다. 그러므로 이들 집단의 노래는 노래 외부의 현실을 수용하지 않아 고착되어진다. 그러나 아리랑은 과연 어떠한가? 정말 고려 말 유신들이 부른 〈도원가곡〉이 그대로 정선지방에 남아 불리어지고 있는가? 아니다. 〈정선 아라리〉 수백 수에 그것들이 고스란히 있는가? 그대로 남아 지금도 불리어진다면 그것은 민요의 세계에서 벗어난 것이다. 노래하는 현실이 다르기 때문에 그러한 사설은 전승력이 없다. 아리랑의 사설은 그 한계를 가늠할 수도 없다. 수 없이 만들어지고 불리어지기 때문이며 또 사라지기 때문이다. 지금 채록하여 남긴 것은 기록되었기 때문에 남을 수 있지만 그것들은 이미 죽은 자료일 뿐이다. 노래되지 않는 민요는 민요가 아니라 기록이기 때문이요, 그것은 문학 자료의 하나일 뿐이기 때문이다. 우리는 그것을 통해 이런 노래가 있었다는 것을 알 뿐이다.

아리랑은 민요적 시각에서 검토되어야 하고 주목되어야 한다. "아리랑", "아라리" 또는 이와 유사한 음성발현으로 불리어진 옛날 아리랑의 단순한 음차 표시에 불과할 지도 모를 기록물을 통해 의미론적 접근을 하고, 그것도 엄정한 객관적 검정을 거치지 못한 자료를 통해, 아리랑의 시원과 원형을 고정하는 태도는 아리랑의 실재가 통시적 과정을 거치면서 무수하게 변화해 왔으며 나아가 구연 환경도 변화되었다는 점을 간과한 것이다. 많은 아리랑 논자들이 아리랑이 우리들의 삶의 변화에 따라 때로는 산악요, 농경요, 생활요로 때로는 상황요, 유희요로서의 과정을 겪으며 오늘에 이르렀던 역사의 소리, 민족의 소리가 되었다는 견해[21]를 도출하게 된 요인도 이런 까닭에 있다.

대다수 아리랑 사설을 모으고 분류화를 시도한 논자들은 아리랑의 일반적 개념을 후렴구의 아리랑이라는 표현에다 두고 있는 듯하다. 다시 말해 후렴구에 나타나는 아리랑의 유무를 아리랑이냐 아니냐를 가늠하는 중요한 자격소로 파악하고 있는 것 같다. 조사 보고된 모든 아리랑에 후렴구나 전렴구가 있으며 음악적으로 유사성 내지는 동질성을 보이는 〈한 오백년〉, 〈우도 잡노래〉, 〈아라성〉, 〈강강술래〉, 〈쾌지나칭칭〉 등이 제외되었기 때문이다. 이들은 같은 계열의 노래이지만 아리랑은 아니라는 생각이다. 이는 민중층도 같은 인식을 하고 있는데, 일반적인 노래 사설에 후렴구인 "아리랑 아리랑 아라리요" 등을 붙이면 이 노래를 지칭하여 아리랑이라 하고 있는 것이다.

3 아리랑의 현상구조적 성격

3.1 사설 구조

아리랑이라 지칭되는 노래는 전부 동일한 사설의 구조를 보이고 있다. 고정부와 변화부로 2원화되어 있으며 고정부는 후렴으로 나타나기도 하지만 전

---

[21] 대표적으로 김열규나 김연갑의 견해들이 이와 같으며, 이외에도 아리랑의 역사적인 변화상을 논급한 많은 이들의 견해이기도 하다.

렴으로 나타나기도 한다. 변화부는 아리랑의 문학성을 간직한 말로서 다양하게 표현되는 반면 고정부인 후렴은 아리랑의 형식적 틀이 되어 동일하게 반복된다.

아리랑을 아리랑으로 인식하게 되는 기본적 준거는 이 고정부에 있게 되는데 김연갑의 통계에 의하면, 전렴 62종, 후렴 136종으로 모두 198종이나[22] 다양한 모습으로 나타나지만 한 편의 아리랑 속에는 동일한 고정형태를 띠고 있다.

뿐만 아니라, 아리랑의 기원이나 어원 또는 의미망을 파악하는 제반 검토도 이 고정부에 나타나는 "아리랑"이나 "아리", "쓰리", "아라리" 등의 어원적 해석에서 비롯되고 있다. 그러나 아직 이 요소들의 해석이 무슨 암호처럼 막연하기만 하고 제각각이어서 통일된 결론을 마련하지 못하고 있는 실정이다. 짐작컨대 앞으로 또 얼마나 많은 암호 풀이가 나올 것인지는 아무도 예측할 수 없다.

아리랑이 민요라는 전제를 다시 내세우자. 이 바탕 위에서 볼 때 현재 우리가 만나는 아리랑은 분명 수 많은 변화와 탈바꿈을 했으리라 짐작된다. 설령 〈도원가곡〉에서 비롯되었든, 「알영」의 전설에서 비롯되었던 간에 현재로서는 옛 시원기의 모습을 알 수도 없고 또 이를 재구할 수도, 할 필요도 없다. 오늘날 우리가 아리랑이라고 인지하는 모든 아리랑 속에 고정적인 후렴소가 있다고 한다면, 또 향유 집단들이 이를 중시하고 아리랑의 기본적인 요소라 인지한다면 아리랑이 아리랑으로 존립되는 근거는 바로 이 부분에 있다. 메나리조로 부르든, 육자배기조로 부르든 모든 아리랑에 기층어로 자리한 이 후렴소를 가진 노래는 모두 아리랑인 것이다. "쾌지나 칭칭나네"라는 후렴소가 있는 노래가 〈쾌지나칭칭〉이듯이, "강강수월래"가 후렴소이면 〈강강수월래〉이듯이 "아리랑"이라는 기층어가 있는 후렴소가 있어야만 〈아리랑〉이 될 수 있는 것이다. 몇몇 식자층이 뜻을 밝히고 의미망을 정해 따라오도록 하는 것이 아니라 아리랑 향유층의 노래 인식과 명명법이 곧 민요의 노래명이 되어야 하는 것이다. 아리랑의 범주를 구

---

22 김연갑, 『아리랑 그 맛…』, 집문당, 1988, 210~222쪽.

획하는 두 번째의 요소에 우리는 이 점을 준거로 삼아야 한다. 근간에 새로이 조사 소개되는 많은 자료를 보노라면 왜 이것들마저 아리랑이라고 해야 하는지 의아한 것이 한둘이 아니다. 지나친 '아리랑 사랑'으로 확대된 아리랑의 세계가 이런 현상을 만들었다고 생각한다. 이런 점에서 박민일에 의해 소개 발굴된 소위 〈독산도 아리랑〉[23]은 아리랑이 아니다. 개화기 우국시가요로 당대에 성행했던 다연체로 된 신가사형의 시詩일 뿐이다. 그것이 많은 사람들이 노래로 불렸다는 증거도 없으며 더욱이 결정적으로 아리랑이 되는 후렴구나 아리랑 기층어도 없다. 시 속에 담긴 주제가 망국의 슬픔이나 독도 사랑이라고 해서 그 주제나 노래 배경만으로 아리랑이 되어야 한다는 것은 무책임한 비합리적 태도라 아니할 수 없다. 이런 요소가 만연될 때 아리랑은 오히려 그 영역이 흐려져 종내에는 아리랑마저 변질되는 것이다.

3.2 가락 구조

아리랑이 노래이고 민요임이 분명하기에 아리랑의 가락이 지닌 음악적 특성이 아리랑의 범주를 획정하는 중요한 한 요소가 됨은 두 말할 나위 없다. 특히 민요가 민족음악학 Ethnomusicology의 기본임에 있어 한민족 집단의 음악문화를 규지하는데 음악성 검토는 불가피하다. 아리랑이 민족을 대표하는 노래이고 세계화된 노래일진데 가락이 지닌 구조적 요소는 아리랑의 실체를 밝히는 중요한 작업일 것이다. 그러나 몇몇 연구자들의 부분적 작업은 나름대로의 상당한 성과를 구축한 반면 아리랑을 전체적으로 조망하고 실체를 드러내기에는 아직까지 명확한 해결점을 찾지 못하고 있는 실정이다. 이는 물론 전국적인 아리랑의 음악적 채보와 분석을 통해 그 공통요소를 추출하고 각 상이요소 마다의 변별성과 이의 독자성 부여가 이루어져야 가능한 일이기에 쉬운 일이 아니다.

---

[23] 박민일, 「구한말 춘천 출신 군인들의 애국·구국 아리랑들」, 『태백』 19, 강원일보사, 1989.1, 186~191쪽.

특히 대표적인 아리랑이라 할 수 있는 〈진도 아리랑〉이나 〈밀양 아리랑〉, 〈정선 아리랑〉마저도 이들 상호 간의 공통요소 보다 이질요소가 더 많은 것이 주지의 사실이다. 이에 보고에서는 엄정한 음악적 구획보다는 전체적 골격을 마련해 보고자 하는 것이다.

민요(노래)는 말을 표현의 수단으로 삼는 표현행위이다. 그리고 그 말은 민요 창출집단의 일상어이며 한 민족 집단의 기층언어이다. 이 말은 그들이 사는 삶의 환경에서 획득된 많은 요소, 이를 테면 역사적·문화적·정치적·지리적·개인적 환경이 만들어 낸 것이다. 그러므로 자연환경이나 지리적 환경이 다르면 말의 모습이 다르게 되고 역사나 정치적 환경이 다르면 또 말이 달라진다. 민요에서의 토리는 바로 이 같은 말의 지역성이 마련한 음악적 성격이다. 함경도와 강원도, 경상도가 같은 메나리토리를 형성한 것도 기실 말의 유사성·동질성 때문이며, 전라도의 육자배기 토리 또한 이와 같은 연유에서다. 그런데 아리랑만이 지닌 독자적인 음악성은 있는가? 있다고 한다면 이는 아리랑을 구창할 때 독특한 말을 만들어 부른다는 뜻이 된다. 지역이나 사람마다 일상적인 말이 아니라 특수한 모습을 지닌 공통된 말로 노래해야만 아리랑만의 독자적인 노래가 형성된다는 뜻이다. 아리랑이 이 땅의 기층 민중들이 살며 불러온 노래라면 이런 현상은 있지 않다. 영화 〈아리랑〉에서 불렀던 〈본조 아리랑〉이 전국적인 동질성을 가진 음악문법으로 불리어지는 것은 모두 특수화된 그 음악문법에 의해 공통적으로 불렀기 때문이다. 〈정선 아라리〉나 〈진도 아리랑〉이 모두 그 지역민들이 지닌 말의 높낮이나 리듬, 어감을 그대로 노래한 것이기에 나름대로의 독자적인 아리랑의 음악성을 지닌 것이다.

김진균은 우리나라 아리랑이 지닌 공통적인 음악성을 추출하고자 전국적으로 불리어지는 〈본조 아리랑〉을 표본으로 하여 기본음계를 검토한 바 있다. 그는 〈본조 아리랑〉을 원형아리랑 Mutter Melodie로 삼아 그 변이형을 8가지로 분석했다. 그가 대상으로 한 13개의 아리랑 속에 공통적으로 등장하는 음계는 "도레미솔라" 라는 5음계 선율이라고 하고 이를 장조적 5음계와 단조적 5음계로 나누었고, 또 〈진도 아리랑〉과 〈강원도 아리랑〉 일부를 한국적 유반음 5음계 항으

로 분류하였다.[24]

- 장조적 5음계

    제1형 : 원형 아리랑, 삼 아리랑(중부), 영천 아리랑(경상도)

    제2형 : 밀양 아리랑(경상도)

    제3형 : 단천 아리랑(함경도), 온성 아리랑(함경도), 긴 아리랑(경기도)

- 단조적 5음계

    제4형 : 고성 아리랑(강원도)

    제5형 : (실제로 존재 않음) - 이론상의 변이음

    제6형 : 정선 아리랑(강원도)

- 한국적 유반음 5음계

    제7형 : 진도 아리랑(전라도), 아리랑(경상도), 아리랑(경상도와 전라도)

    제8형 : 강원도 아리랑(강원도)

이 같은 현상은 결국 말의 차이에서 온 것으로, 우리나라 민요의 기본 음계가 "도레미솔라"라는 5음계 선율이기에 지역 말의 차이로 일어나는 변이일 뿐인 것이다. 대체적인 유형의 모습을 보면 제1형에서 6형까지는 메나리 토리권이고 제7형은 육자배기 토리권이나 그 인접 지역, 제8형은 메나리토리의 변이권이다.

이로 보아 민요의 음악성, 나아가 아리랑의 음악성이란 결국 민중언어의 성격을 벗어나지 않는다고 보아야 한다. 이 같은 점으로 미루어 보건데 먼저 제시된 기층 민중이 부른 노래여야 한다는 아리랑의 범주 항에 함유되는 것이 가락

- 24 김진균, 앞의 글, 96~98쪽.

의 근간이다.

이 분야의 또 다른 연구자인 나운영은 "지금 서울 또는 경기도 아리랑이라고 하는 민요는 강원도 지역의 아리랑권이 변조된 것"[25]이라는 입장이나 전통 아리랑이라고 인지했던 〈본조 아리랑〉(서울 아리랑, 경기 아리랑)이 나운규의 영화 주제곡에서 비롯된 것이라는 일반적 사실에 비추어 볼 때 민요로서의 아리랑이 지닌 음악문법의 독자성은 큰 문제가 되지 않는다. 단지 현존하는 아리랑 다수가 〈본조 아리랑〉의 유행에 힘입어 지역의 토착 민중층이 일상적으로 그들이 부른 노래에 아리랑이라는 후렴구를 덧붙여(또는 변화시켜 붙임) 수 많은 아리랑을 만들고 불렀다는 것이라는 사실이 더욱 중요한 주목거리일 것이다.[26] 아리랑이 식민시대 이 땅 사람들의 대표적인 노래문화였고 그들 삶의 제 실상들을 실어담기에 가장 적합한 노래구조를 지니고 있었기 때문이었다.

이와 아울러 음악적 구성이나 문법체계가 판연히 다른 토착적인 노동민요나 기타 전승 민요에 아리랑 후렴구를 붙여 놀이마당에서 부른 노래도 아리랑의 영역에 포함시키는가라는 문제는 음악적 특성만으로 국한해서는 안 되는 부차적인 것이니 이는 총체적인 아리랑의 범주로 파악해야 할 것이다.

3.3 기능 및 구연 구조

아리랑은 어떤 노래이며, 어떤 노래여야 하는가를 규명하는데 있어 아리랑이 지닌 기능적 측면이나 구연상황도 빠뜨릴 수 없다.

민요에서의 기능이란 여러 가지로 논의할 수 있으나 민요를 가창하는 상황과 민요가 지닌 역할을 함유하는 말로 파악된다. 류종목은 민요의 기능으로 구호적口號的 기능, 자위적自慰的 기능, 제의적祭儀的 기능, 주지적主旨的 기능 등으로

---

25 김연갑, 『아리랑』, 현대문예사, 1986, 19쪽 ; 아리랑좌담회(1986.6.18.)에서의 발언.
26 김기현, 앞의 글, 참조.

구분하고 있는데[27], 이 가름에 의해 아리랑을 살펴보면 아리랑은 주로 구호적 기능이나 제의적 기능을 가진 노래라기보다 자위적이고 주지적 기능을 가진 노래에 해당한다. 노래를 부름으로써 현실의 고뇌나 괴로움을 씻어내고 카타르시스 효과를 얻는 노래이며, 현실의 제 현상을 교훈적, 계세적, 목적적 의미 전달에 주력하는 노래이다. 대다수의 아리랑이 전자에 속하며 식민시대의 일부 노래나 〈광복군 아리랑〉, 〈종두 아리랑〉, 〈문자보급 아리랑〉, 〈통일 아리랑〉 등은 후자에 속한다. 물론 일을 할 때 노래함으로써 구호적 기능을 지니기도 하겠지만 이는 아리랑 구연의 보편적 현상으로 보기 어렵다. 오늘날 아리랑은 대체로 놀이나 생활(일) 공간에서 불리어지고 있기 때문이다.

아리랑의 구연은 대체로 '홀로 부르기'나 '함께 부르기'에 의해 이루어진다. 함께 부르기를 할 때, 대체로 변화부인 사설을 한 사람이 '메기는 소리'로 부르면 고정부인 후렴구는 여러 사람이 함께 '받는 소리'로 부른다. 혼자 부를 때는 '내리 부르기'로 고정부와 변화부를 다 부른다. 이 같은 노래 부르는 방법으로 인해 혼자일 때는 이미 숙지된 사설을 불러내지만 함께 부를 때는 후렴구를 받는 소리로 하는데, 부르는 과정 속에서 선창자는 즉흥적으로 사설을 창작해 내어 부르거나 아니면 이미 알고 있는 다른 노래의 사설을 가락에 맞추어 불러내기도 한다. 아리랑의 노랫말이 지닌 구조가 대부분 2구 대응형으로 짧은 구조를 지니고 있어 노래 사설의 즉흥적 창작이 가능하여 유능한 가창자는 이를 원숙하게 수행하는 것이다.[28]

아리랑의 노래문법은 간단명료한 것이 특징이다. 짧으면서도 대응형으로 짜인 사설 표현구, 고정화된 가락이 있기에 가창자는 새로운 사설을 만들고 이로 인해 수 많은 아리랑 각편 Version을 존립하게 하는 것이다. 유능한 소리꾼에게서는 음악성이 높은 아리랑이 나오고 음치인 소리꾼에게서 그 반대가 마련되어

---

27 류종목, 「민요의 구연방식과 기능의 상관」, 한국역사민속학회, 『민요와 민중의 삶』, 우석출판사, 1994, 39쪽.
28 강등학, 『정선 아라리의 연구』, 194쪽에서 "창자들은 가사 구성을 위한 시간을 따로 갖지 않는다"라면서 "가사는 창과 동시에 즉흥적으로 구성되는 것이 보통이다"라고 밝히고 있다.

진다. 바로 토착적인 말과 리듬과 선율을 지니고 불리어지게 되기 때문이다. 이런 구연 상황에서 아리랑은 대개 확정된 가락의 틀을 지닌 채 불려진다. 그리고 사설은 소리꾼의 머릿속에 담긴 그의 세계가 펼쳐지게 되는 것이다. 그 내용이 이미 알던 것의 직접적 수용이거나 여러 가지의 습합적인 양상을 보이기도 한다.

　이 같은 점을 주목해 볼 때, 현전하는 아리랑의 구연상의 범주는 "글말적인 표현"보다는 "입말적인 표현"이 더 정확한 아리랑의 범주에 속한다고 하겠다. 기록문학적인 표현법은 전술한 대로 기층인의 일상적인 언어행위와 멀어져 있고 즉흥적 사설 구성과도 멀어져 있기 때문이다.

4 아리랑의 범주와 조건

　아리랑의 기본적 범주와 갈래를 정하기 위해 한 실례를 들어 검토해 보자. 예로 현재 존속하는 '울릉도 아리랑'은 두 가지인데, 그 하나인 진봉원(북면)의 기록에 의해 남아 있는 사설 10수는 울릉도 지명이나 산수명이 있으되 아주 정제된 옛날의 양반가사형이다. 후렴으로 나타나는 "아리랑 아리랑 아리리요 / 아리랑 장재로 넘어간다"나 "아리랑 아리랑 아라리요 / 아리랑 고개로 나를 넘겨주소"가 '서울 아리랑' 곡조로 불리어진다. 또 하나는 김재조(울릉읍 사동)에 의해 구연되고 있는 〈울릉도 아리랑〉의 가락은 〈강원도 아리랑〉과 〈정선 엮음 아라리〉 곡조가 뒤섞여 있으며 가창 방식 또한 가사 음영식으로 김재조의 개인 창법에 따라 불려진다. 나이 때문이 숨이 가쁜 탓도 있지만 박자가 불규칙하고 음의 변화나 폭이 넓으며 후렴인 "아리랑 아리랑 아라리요 / 아리랑 고개고개로 나를 넘겨주소"가 바로 몰아 붙여져 불리어 일반적인 사람이 따라 부르기도 힘든 개인 창법의 노래이다. 사설 또한 가사체처럼 장형화되어 있고, 무엇보다도 이 노래를 아는 이가 김재조 한 사람 뿐인 노래이다. 울릉도 토박이로 타지생활조차 해 본 일이 없다[29]는 김웅의 얘기로 본다면 울릉도 지역에도 고유한 아리랑이 있었을 법도 하지만 확연하지는 않다. 더욱이 홍필열(洪弼悅)이 작사 작곡하여 레코드로 나온 "울릉도 노래"의 사설과 일치하는 사설이라 더욱 그렇다.

- 울릉도 노래(洪弼悅 작사·작곡)

1. 동해바다 한 복판에 층암 절벽 120리
   구비돌아 솟았으니 그리움의 울릉도라

2. 바다에는 그물 낚시 섬안에는 호미 연장
   부창부수 넘나드니 복을 받는 울릉도라

3. 향나무야 늙은 가지 바위돌아 솟았으니
   1만2천 백성사는 꿈나라의 울릉도라

- 후렴 -
에헤라 닻 감아라 두리둥실 돛올려라
울릉도 물길 천리 갈매기와 같이 가세

— 울릉군지, 울릉군, 1988, 359쪽

- 김재조 사설 중 동일 사설

4. 동해바다 한복판에 층암절벽 120리
   굽이굽이 솟았으니 그리움에 울릉도라

---

29 필자 면담 조사, 김연갑, 『팔도 아리랑 기행 1』, 집문당, 1994, 104쪽 참조.

5. 바위돌이 솟은 곳은 향나무가 늙었으니
   1만2천 백성사는 꿈나라의 울릉도라

6. 바다에는 그물 낚시 섬안에는 농기 연장
   부창부수 넘나드니 복을 받는 울릉도라

- 울릉군지, 울릉군, 1988, 341쪽과 김연갑 조사

전체 10개의 채록 사설 중에서 3개는 위와 같고, 2개는 강원도지역 아리랑 사설과 같은 것이어서 이들 중 어느 것이 영향을 받은 것인지 그 수수관계는 쉽게 파악할 수 없지만 기존의 대중가요와의 습합성만은 부정할 수 없다. 더욱이 박시옹(1864~1974)이 지은 가사인 〈울도선경가〉와 정래기(1835~1896)가 지은 가사 〈정처사 술회가〉의 구절과 발상법이나 표현 양식이 유사한 부분이 있으며 1967,8년도 울릉도지역 민요조사 보고서[30]에 나타나지 않았던 아리랑이라 기존의 아리랑과 같이 후렴이 붙어지면서 생성 명명된 노래가 아닌가 한다.

이상과 같은 논의를 토대로 아리랑의 범주를 설정하기 위해 핵심적인 필수요소를 가려 정리하면 다음과 같다.

첫째, 아리랑은 비전문적인 기층 민중들이 토착적인 입말로 부른 민요여야 한다. 이 속에는 지역의 토착민 중 가창력이 우수한 가창자의 노래는 포함되며 이미 기층민들에게 널리 알려져 토착성을 획득한 창작 아리랑도 포함한다. 이 중 문헌기록으로 전하기만 하고 불리어지지 않는 아리랑은 갈래구분에서는 배제한다. 노래하지 않는 민요는 민요가 아니라 단지 민요 자료에 불과하기 때문이다.

둘째, 아리랑은 반드시 고정부인 후렴(또는 전렴)을 가진 노래여야 하고 이 속

---

[30] 서원섭, 『울릉도 민요와 가사』, 형설출판사, 1979에서는 1967년 문교부 연구비 지원으로 시행된 최초의 종합적이고 본격적인 이 지역의 민요조사 보고서이다.

에는 "아리랑"이라는 기층어나 이의 확대형 또는 변이형인 "아리아리"나 "아리 쓰리" 등도 포함한다. 또한 아리랑의 서사 구조는 반드시 변화부와 고정부(사설과 후렴)의 구조성을 띤 노래여야 한다. 아리랑 향유층의 인식과 현전 아리랑의 노래 구조가 이에서 벗어나지 않기 때문이다.

셋째, 아리랑의 보편적 가락, 즉 단일하며 공통적인 음악적 요소는 민요 단위에서 중요한 요소가 아니므로 제한성을 두지 않으나 반드시 구창을 통해 발현된 것이 지역적 토리나 전국적 일반성을 띤 한국적 가락이어야 한다. 새로이 창작한 아리랑도 한국 음악이 가진 전통적 맥락에서 벗어난 것은 제외하지만 그렇지 않고 기층인들에게서 창출되고 전통적 가락과 리듬인 것은 포함해야 한다. 왜냐하면 아리랑이 앞으로도 끊임없이 생성되고 가창되어야 하며 또 이것들이 우리의 심성과 맞을 때 오래오래 후대로 전승될 수 있기 때문이다.

넷째, 아리랑은 개인에 한해서만 구연되는 것이 아니라 지역민 사회에서 널리 인지되어 다수인에 의해 전승된 것이어야 한다. 민족의 소리, 민중의 소리라는 아리랑은 개인성을 띤 노래가 아니라 집단성을 띤 노래여야만 그 의미망이 충실해진다. 개인의 독자적 노래 문법에 의해 수없이 만들어지는 대중가요의 생명력도 대중성을 확보하여 널리 유행되는 데 있다. 이런 개인적 아리랑이 널리 유포되어 전승력을 획득한다면 지금이 아니라 후세에 다시 분류되고 주목될 것이므로 차후의 일로 남겨두어야 한다는 뜻이다. 예로 '울릉도 아리랑'은 자료적 가치는 많으나 이미 생명력은 약화된 아리랑이라 생각되고 이런 아리랑은 전국에 수 없이 많을 수 있다. 아리랑이 민요라면 전승력을 지닌 살아 있는 노래여야 한다.

이상과 같은 준거 위에서 아리랑의 범주를 설정한다면 현재까지 보고된 수많은 아리랑의 갈래는 아주 줄어들게 될 것이다. 아리랑을 아끼는 많은 사람들은 실망할 일이나 다른 시각에서 보면 아리랑의 실체를 파악하는 데는 그 수의 많음으로써가 아니라 그 존재의 뚜렷함에서 많은 실체를 만날 수 있을 것이다. 지금껏 조사 보고된 아리랑도 몰가치한 것이 아니고 자료로서의 가치를 지니고 있어 꾸준히 발굴 조사하여야 한다. 그 대신 그것들을 객관적 검증도 없이 발굴지역명을 따서 〈무슨 아리랑〉이나 〈○○ 아리랑〉 등으로 명명하여 연구자 개인의 독자성을 부여해서는 안 될 일이다. 사설, 가락, 기능, 구연상황, 그리고 전승력 등등을 면밀히 파악해 기존 아리랑 속에 들면 소속시킬 수 있지만 그렇지 않았을 때 가짜 아리랑이 양산되어 아리랑의 정체성은 더욱 모호해질 것이기 때문이다. 분류에 있어서도 그런 아리랑은 계열에 따라 가장 마지막 분류항목에 넣거나 아니면 〈자료 아리랑〉[31]으로 가름할 필요가 있다.

5 결론

민요론이 사실의 진술과 예시를 통한 접근이 아니라면 그것은 항상 철학적 수련의 과제로 존재한다. 왜냐하면 철학의 전면적 목적이 오직 이해일 뿐이고, 학문적 방법 역시 대상물에 대한 이해와 이의 논리화이기 때문이다. 이해와 논리화는 반드시 엄정한 객관성과 철저한 분석을 통해 얻어진 결과의 논리적 진술이어야 한다. 까마득하게 흘러간 역사 속의 현상은 현재로서는 유추할 수밖에 없기 때문에 그 유추의 과정 역시 현상을 바탕으로 한 객관적이고 합리적인 추론이어야 한다고 생각한다.

지금까지의 진술은 오늘날 우리 아리랑이 지닌 제 현상에 대한 또 하나의 해석이며 이해일 뿐이다. 서론에서 제시한 몇 개의 의문이 제대로 해석되어졌는가도 의심스럽다. 그러나 아리랑학이 성립한다면 이를 위한 기초 작업의 한 방향성 제시를 시도한다는 나름대로의 의의를 부여해 본다. 앞으로 본 논고가 지닌 한계점을 검출하여 가다듬어 가며 이를 토대로 한 아리랑의 다각적인 분석을

---

31 〈자료 아리랑〉이란 가창을 통해 구연되지 않고 1)문헌에만 기록된 아리랑이나 2)전승력이 끊긴 아리랑을 계열화시켜 한데 묶은 아리랑을 의미함.

통해 그 갈래 구분을 시도할 생각이다. 그리고 검정 작업이 완전하지 않다고 판단되는 〈자료 아리랑〉에 대해서도 미력을 보탤 셈이다.

아리랑을 아리랑답게 하는 길, 아리랑의 정체성正體性을 마련하고 이를 바탕으로 아리랑의 온전한 자리매김을 도모하는 길이 아리랑을 위하고 아끼는 길이라는 생각을 하며 하나의 시안試案으로서 졸견을 제시한다. 많은 질정을 바란다.

'아리랑' 요의 형성 시기

1 서론

구비 전승된 민요 중에서 독자성을 지니며 제 영역을 확보하고 있는 노래가 많지만 오늘날까지 모든 계층을 포괄하며 오랜 시간 동안 대중들의 가슴에 새겨져 있는 민요는 그렇게 많지 않다. 시공간을 뛰어 넘어 독자적인 자리매김이 된 민요는 많은 이들에게 있어 이를 뛰어넘을 수 있는 노래의 原型的인 Arcytypical 의미에 대하여 동질적 인식과 공통된 인지가 지속적으로 존재했기 때문이며, 그 노래에는 나름대로의 다른 노래와 변별되는 개별성이나 특수성이 있었기 때문이라고 생각한다. 또한 구비 전승되는 가운데 많은 이들로 하여금 하나의 공통적인 인식의 공감대를 확장하면서 독자적인 정체성identy을 획득해 갔기 때문이라 생각한다.[1] 우리의 민요 중에서 이 같은 요소를 구비하고 있는

---

1 R. Finnegan, 『Oral Poetry』, Cambridge Uni. Press, London, 1977, 29쪽에서 "구비문학은 기록문학에 비해 훨씬 유연하고, 사회적 전후관계(상황)에 의존적이다"라는 견해를 밝히고 있다. 따라 아리랑도 향유층의 생각에 따라 시대상황이나 노래의 성격이 변형되었으리라 생각한다.

노래의 대표적인 것으로 '아리랑'을 들 수 있다.

전국의 민요를 채록해서 편찬한 많은 민요집이나 보고서 속에는 다양한 종류의 '아리랑'이 수록되어 있다. 지금까지 '아리랑'의 수량에 관한 논의를 살펴보면, 현전하는 수가 약 186종 2,277수[2]라기도 하고, 50여 종 3,000여 수[3]라고 하고 있어, 현전 민요 중에서 단일 유형으로는 가장 다종 다량의 갈래를 지닌 노래가 '아리랑'인 셈이다.

'아리랑'이 지닌 이 같은 현상을 보면서 지니게 되는 큰 의문은 도대체 '아리랑'은 언제, 어떻게 형성되었고, 어떤 성격을 지닌 노래였기에 이같이 현상이 가능하며 그 원인은 어디에 있는가 하는 점이다. 구비전승물의 연원이나 그 변화 과정을 탐색하여 이를 고증학적으로 밝힌다는 것은 사실상 불가능하다. 그러나 하나의 노래가 만들어져 그것이 많은 이들에 의해 동일한 의미로 인지되어 점차 독자성을 지닌 노래가 되었다면, 이 출발점은 곧 '아리랑'의 정체성을 파악하는 단서가 되어 이후에 나타나는 '아리랑'의 변모상을 살필 수 있는 좋은 열쇠가 될 것이다.

이에 본고에서는 '아리랑'의 의미와, 어떠한 노래 환경이 민요 '아리랑'의 형성을 이루게 되었는지를 통해서 그 과정과 형성시기를 살필 것이다. 아울러 이러한 검토를 원만히 진행하기 위해 기층문화에 대한 제 현상과 구연 향유층의 담론[4]을 주목하고자 한다.

---

2 박민일, 『한국 아리랑 연구』, 강원대 출판부, 1989, 1쪽.
3 김연갑, 「아리랑」, 집문당, 1984, 14쪽.
4 이 글에서의 담론Discourse이라는 용어는 특정대상(사건)에 대한, 제도화된 양식으로서의 말과 글이라는 의미로서 사용됨을 밝혀둔다. 이와 같은 용례는 이미 P. Schöttler가 채택한 바 있다.(「Historians and Discourse Analysis」, 이세영 역, 「역사학자와 담론분석」, 『이론』 봄호, 이론사, 1993.

2 '아리랑'의 의미

'아리랑'의 정체에 대한 파악, 즉 '아리랑'이란 노래 명칭이 생기게 된 요소의 파악은 민요 '아리랑'의 후렴에 나타나는 "아리 아리랑"이라는 '아리랑'의 의미를 밝히는 일이었다. 이를 위해 지금까지 많은 어원과 민요 아리랑의 유래가 합쳐진 견해들이 제시되었는데 이들을 다음과 같이 묶어 볼 수 있다.

첫째, 한자어와 고유어와의 혼합적 해석을 통해 지명이나 전설적 의미로 파악하려는 경우[5]

둘째, 고유어의 해석과 사설의 성격을 결합시켜 문학적 의미로 파악하려는 경우[6]

셋째, 한자어의 해석을 통해 경복궁 중창과 관련한 시대적 의미로 파악하려는 경우[7]

넷째, 외래어 또는 종교적 표현물로써 呪文이나 신성한 의미로 파악하려는 경우[8] 등이다.

---

5 우리嶺 설(梁柱東), 樂浪(아라) 설(李丙燾), 阿娘 설(金在洙), 閼英 설(金志淵), 卵娘 설(崔載億), Y離嶺 설(朴秉訓), 遺臣起源 설(朴敏一) 등이 이것이다.
6 알리오 설(旌善郡民), 얄리얄리 설(丁益燮), 후렴 설(任東權), 아리다 설(元勳義), 여음설(鄭東華), 메아리 설(金練甲), 아리고 쓰리다 설(徐丙夏, 柳鍾穆), 阿弄歌 설(金正昊), 산하지노래 설(池春相), 알 설(徐政範,金善豊), 哭聲 설(權五成), 멀고도 길다 설(천소영), 소리 설(李輔亨) 등이 이에 해당하는 주장이다.
7 我耳聾 설(金志淵,南道山), 我離郞 설(金德長), 我難離 설(姜大鎬), 啞而聾 설(權相老), 我老農 설(權相老), 俄米日英 설(高橋 亨), 兒郞偉 설(李能和), 啞聾 설(郭文煥)등 주로 해방 전의 검토에서 이러한 주장이 나왔다.
8 불교계— 我離郞 설(宋寅成), 아제아제 설(李基勳), 阿喇唎 설(朴秉訓), 梵語 설(靑石居士)
신흥종교—씨알 설(許明徹), 한 설(신순섭)
외국계— 러시아어 설(헐버트), 몽고어-아린 설(李圭泰) 등이 이것이다.

첫째의 검토들은 각기 삼국 초나 그 이전의 신화시대까지도 형성시기로 잡고 있는데, 이는 모두 '아리랑'이란 음운을 통해 유추한 설화적 해석에 가깝다. 이 같은 견해는 아리랑의 후렴이 나타난 기점과의 상관성을 고려하지 못한 취약성을 지닌다.

둘째의 검토들은 상당한 객관성과 논리성을 유지하고는 있으나 아리랑의 성격을 '한'이나 '아픔'이라는 사설의 어조와 결합하여 유추 결합시킨 것으로 상당수 많은 歡調의 사설에까지 그 당위성이 이어지지 못하고 있으며, 이 또한 '아리랑'의 후렴에 나타나는 'A Ri(ra)-아리(라)'라는 기본 음소가 단순한 우리 고유어의 어근으로 파악한 음운적 인식에 바탕을 둔 한계점을 지니고 있다. 이 중 '후렴설'(임동권, 정익섭, 정동화 등)은 우리의 전통적 대표음이 '아리랑'으로 결합되었음을 밝히고 있다. 그러나 이 주장도 아리랑謠의 음악적인 면, 시대적 변형 형태, 정착, 파생 과정 등 동적 상황을 도외시한 단선적 분석이라는 한계성을 지니고 있다.

셋째의 검토들은 '아리랑'을 집중적으로 채록 소개한 金志淵의 글[9]에서 발견되는 '我耳聾설', '我離娘설', '我難離설'(권상노의 啞而聾설 포함) 등의 경복궁 중창시를 기점으로 하는 제설로, 모두 '아리랑'을 한자어로 표기한 한자식 轉音으로 보고 경복궁 중창시의 제반 사회적 상황과 결합시켜 풀이한 것에 불과하다.

넷째는 주로 해방 이후 민족종교집단의 견해들이다. '아리랑'이 식민지와 해방공간을 거치면서 획득한 항일 민족주의적 성격의 수용 결과로써 이미 '아리랑'이 범민족적 정체성을 획득한 이후의 의견이며 객관성을 유지하지 못한 지극히 주관적인 단순 견해에 지나지 않는다.

이 같은 논의들을 보면, 민요 '아리랑'은 특정인에 의해 만들어져 특정한 사람을 대상으로 특정 지역에서만 불린 노래가 아니라 기층 민중에 의해 만들어지고 전국적으로 불린 구비 전승의 민요라는 점을 간과하고 있다.

---

9 金志淵, 「朝鮮民謠 아리랑」, 文海書館, 昭和10년(1935)(울산대 이노형 교수 소장본), 4-15쪽.

1910년대에 간행된 잡가집의 민요 아리랑은 〈문경새재소리〉 사설에다 '아리랑' 후렴이 붙은 노랫말로 되어 있고, 〈정선아라리〉나 〈진도아리랑타령〉, 〈밀양아리랑〉 등은 토착의 농업노동요(모심기소리, 밭매는소리)와 같은 노랫말을 공유하고 있음에서도 '아리랑'이 기층문화와 무관하지 않음을 보여준다. 이에 민요 아리랑의 '아리랑'에 관한 어원 검토는 우리 기층문화 속의 노래문법[10] 측면에서 접근하는 것이 타당하리라 생각한다.

우리의 기층 노래문화인 서도민요의 〈긴아리〉 〈자진아리〉, 강원도의 〈아라리〉 〈자진아라리〉 〈어러리〉, 황해도의 〈아롱타령〉, 함경도의 〈어랑타령〉, 경기도의 〈우러리〉 〈어러리〉 등은 모두 '아리랑'과 같은 A/E-R 계열의 기본음소를 지닌 명칭으로 존재하고 있다. 또한 이들이 모두 '입타령'이 수반되는 공통점을 지니고 있다. 특히 이 계열의 가장 古形으로 보이는 강원도지역의 '아리/어리'계의 노래들은 주로 토착성이 강한 농업노동요로 불리며, 경상도 지역의 〈정자소리〉나 〈모심기소리〉와도 유사해 음악적 선법과 장단에 있어 문화 기층 면에서 동질성을 지닌다. 뿐만 아니라 우리말에 '벙어리'나 '옹아리', '메아리'에도 '아리'라는 어사가 나타난다.

'아리랑' 노래를 가르치는 핵심어인 '아리'는 이처럼 우리나라 여러 형태의 노래에서 구음(입타령)으로 존재하면서 기층 민중에 의해 민요(소리)를 의미하는 보편적인 명칭으로 존재하고 있는 셈이다. 음악적 측면의 전문적 분석에 의하면[11] 이 계열의 가장 원형에 해당하는 노래는 강원도의 〈자진아라리〉로서 이것이 〈긴아라리〉로, 〈아롱타령〉류로 변해갔다고 보고 있다.

강원도 지역에서 농요로 전승되는 것이 〈긴아라리〉와 〈자진아라리〉이고, 평안도 용강의 조매김소리에도 〈긴아리〉와 〈자진아리〉가 있다. 〈긴아리〉는 '늦은 속도의 아리'로 "느린 노래"이고 〈자진아리〉는 '빠른 속도의 아리'로 "빠

---

10 이는 '노래를 구성하는 구조적 통일체'라는 의미로 사용한다. 사설, 가락, 기능 등 노래의 3요소가 유기적으로 결합하여 가창자로 하여금 표출하는 제반 '노래의 틀'을 의미하기도 한다.
11 이보형, 「아리랑 소리의 근원과 그 변천에 관한 음악적 연구」, 『한국민요학』 5집, 한국민요학회, 1997.

른 노래"이다.

우리말의 '메아리'란 "메의 아리"로 곧, 산의 울림, 산의 소리일 것이다. 경상도 지역의 민요 토리로 알려진 '메나리'는 "멘 아리"로서 '뒷소리를 갖추지 못한 아리'로 봐야 할 것이다[12] 그러면 '아라리'는 "알+아리"로써 "뒷소리를 갖춘 아리"가 된다. 즉 아라리는 후렴소리를 갖춘 노래라는 말이 된다. 이 같은 현상은 우리 국악 영상회상에도 '가진 영상'과 '민 영산'이 있음에도 확인할 수 있다.

결국 '아리랑', '아라리'는 〈아리〉와 〈알 + 아리〉로 볼 수 있는데 이 중 핵심소인 '아리'는 '소리', 즉 노래를 지칭하는 말로 사용되고 있다. 이에 따라 '아리랑'을 아리랑이게 한 핵심 요소인 입타령인 "아리랑 아리랑 아라리요"를 풀어 보면 "아리라는 것은, 아리라는 것은 알 아리이다"라 할 수 있으니 이는 곧, "(노래)소리요 소리요 입타령 소리요"가 되는 셈이다.

'아리랑'의 가장 핵심적인 요소인 노랫말에 나타난 고정요소 즉 입타령(여음)이다. 현전 아리랑의 노래에 붙여진 고정부 198개 중[13] 앞소리(전렴)로 쓰인 것이 60개, 뒷소리(후렴)로 쓰인 것이 138개로, 후자로 쓰인 것이 배 이상이다.

채록 조사된 시기별로[14] 현전 아리랑 모두에서 나타난 입타령의 양상을 보면 다음과 같다.

-
12 '메'와 '매'의 혼용에 관해서는 "경상방언에서는 /에/와 /애/, /으/와 /어/가 비변별적"(이상규 『방언학』, 학연사, 1994, 214쪽.)이라고 이미 국어학계의 정설화 된 현상이다 따라 "메나리"의 '메'는 '매'와 변별력이 없다. 특히 '메나리'는 토착전승집단의 口語를 문자화한 것이며, "山有花歌"와 관련지어 지칭되기 시작한 용어이기에 '메'와 '매'는 엄연한 거리를 지닌 다른 어사로 보기 어려운 점이 있다. '맨'은 흔히 "다른 것은 섞이지 않고 온통"(『표준국어대사전』상, 국립국어연구소 편, 1999, 2087쪽)의 의미를 지닌 접두사로 쓰이고 있기에 "메나리"는 "매나리"와 다름이 없다고도 볼 수 있다.
13 김연갑, 앞의 주, 후렴 목록의 것을 통계화 함.
14 채록된 시기별로 검토하는 이유는 첫째, 노래가 전승되는 과정에서 당시인들의 선호도를 알 수 있고 둘째, 전렴과 후렴의 시대적 추이를 살필 수 있기 때문이다.

민요 아리랑의 입타령(여음) 사용 빈도[15]

시기(자료 발간)	전렴의 수(%)	후렴의 수(%)	총 수
1910년 이전	1(50)	1(50)	2
1910년 대	3(18)	14(82)	17
1920년 대	3(17)	15(83)	18
1930년 대	16(29)	40(71)	56
1940년 대	1(25)	3(75)	4
1950년 대	2(29)	5(71)	7
1960년 대	3(38)	5(62)	8
1970년 대	7(30)	16(70)	23
1980년 대	24(38)	39(62)	63
계	60(30)	138(70)	198

고정부인 입타령의 위치가 고정되어 있거나 입타령이 불리는 것이 필수적인 것이 아님을 볼 수 있다. 그러기에 고정부(후렴 또는 전렴)는 변화부(사설)에 부가적으로 첨가된 부분인 것이고 또 초기보다 후기에 점차 증가한다는 것은 '아리랑'이란 노래 명칭이 이 고정부의 어사인 '아리랑' 때문에 생겨난 것임을 반증한다. 즉 고정부는 초기에 필수적인 구성소가 아니기에 희소하게 나타나다가 '아리랑'의 형성기에 이르러 이 고정부가 첨가 확장되었을 것이라고 보이기 때문이다. 또한 1930년대를 기점으로 전렴의 수가 확대됨을 볼 수 있는데, 전렴으로 불린 노래는 기능적 측면에서 대다수가 유희요로 불린 노래에서 많이 나타난다. 특히 1926년 윤사 나운규의 〈영화 아리랑〉에 주제곡이 되었던 소위 〈본조 아리랑〉은 완전한 유희요로서의 성격을 지니고 불렸으며 이의 유행으로 1930년대에 〈본조 아리랑〉과 같은 형태의 전렴으로 부르는 노래가 많이 나타나고 있다고 볼 수 있다.

결국 '아리랑' 謠는 새로운 형태로 만들어진 신민요로서 그 명칭은 이 고정

---

15 김기현, 「〈밀양아리랑〉의 形成過程과 構造」, 『민요논집』 4호, 민요학회, 1995, 100쪽.

부의 첨가로 인하여 나타난 결과로 보여 이는 곧 '아리랑' 謠가 오래 전에 형성된 노래가 아니라고 본다.

이처럼 '아리랑'은 우리의 '소리' 즉 노래를 의미하는 토착 기층어로서 전국 어느 곳에서나 노래 불리는 "소리"라는 의미로 사용되다가 점차 입타령이 붙은 새로운 노래를 가리키는 지칭어로 변화하였고, 그 후 1920년대에 와서 오늘날과 같은 특정 노래 '아리랑'의 명칭으로 굳어지게 되었다고 본다.[16]

3 '아리랑' 謠의 형성 배경

민요 '아리랑'이 도대체 어떤 특성을 가진 노래이기에 한국인의 모든 것들을 아우를 수 있었으며, 짧은 기간 동안 범국민적 노래로 자리할 수 있었을까?

먼저 '아리랑' 謠의 사설이 지닌 구조적 특성을 살펴보자[17]

'아리랑'의 사설은 기본적으로 '두 줄 양식'으로 되어 있다. 이 '두 줄' 노래는 한 줄 노래에 비하면 양식의 안정도가 크다. 그런가 하면 석 줄 노래나 넉 줄 노래에 비해서 양식이 기억하기 좋고 즉흥적 창작이 쉽다는 장점을 지니고 있다. '아리랑'의 이 두 줄 구성은 노랫말에 본질적으로 "있음/없음, 위/아래, 밝음/어둠, 얻음/놓침, 삶/죽음, 만남/헤어짐, 찾아옴/떠나감, 일어남/꺾임" 등 각

-
16 일본어로 민요를 "唄"라고 적고 이를 "うた"라고 하는데 이는 우리말 "울다(鳴~) → 소리하다"와 같은 말 뿌리가 아닌가 한다. 우리말에서 "노래하다"를 민요 담당층은 "소리하다"(예; 판소리)라고 하는데 이는 '소리'가 "삶의 울림소리"라는 의미에 가깝고, 노래가 "놀다(遊)"에서 나온 "삶의 풀이 소리" 말로 인식하고 있음에도 알 수 있다. 이는 김대행, 『노래와 시의 세계』, 역락, 1999에서 견지되고 있다.
17 이 부분은 아리랑이 지닌 대중 확산의 요인을 파악하기 위해, 기존 연구인 김열규「아리랑…역사여, 겨레여, 소리여』, 조선일보사, 1987의 견해를 압축하여 그 특성을 추출하였다.

종 인생 자체의 대극적 양면성을 보이기에 적합하다. 그러므로 '아리랑'은 '두 줄 노래'임으로 해서, 삶이 지닌 양면적 대중성을 가장 간결하게 노래할 수 있었던 것이다. 이것이 '아리랑'이 지닌 최대 매력의 하나다.

아리랑의 겉 생김새부터가 우선 단조롭다. 「엮음아라리」의 경우를 빼고는 대개가 두 줄로 엮어지고 거기다 후렴(입타령)이 붙으면 된다. 노랫말의 두 줄 엮어짐만이 단조로운 게 아니라 거기 쓰이고 있는 낱말 또한 단조롭다. 일상적인 언어, 일하면서 흔하게 쓰는 말, 싸우다가도 혹은 농지거리하다가도, 더러는 신세타령을 하다가, 아니면 정담을 나눌 때 흔히들 예사롭게 쓸 그런 낱말들이 모두 쓰이고 있다. 뿐만 아니라 그 修辭 또한 단조롭기는 매 일반이다. 거의 굳어진 상투적인 장식, 비유법 등이 '아리랑'에는 비일비재하다. 또 가락이며 장단이 단조롭다. 강·약·약강이 바닥에 깔려서 장·단·장이 네 번 되풀이되는 세 마치 장단이기에 누구나 쉽게 익히고 부를 수 있는 게 '아리랑'이다.

아리랑의 노랫말은 대개 한 가지 노랫말에다 서로 다른 뜻을 담아 노래 부르는 일종의 '고쳐 노래하기'가 가능한 사설이다. 이를 통해 서로 다른 뜻을 담기가 쉽다. 그러므로 '아리랑'의 한 가지 노랫말을 익힌 사람이, 각기 자기 자신이 처한 처지, 그리고 그 처지에 따른 심경을, 그때그때 그 노랫말에 부쳐서 남과는 달리 노래 부를 수 있다는 것을 뜻한다.

이것은 '아리랑'이 지닌 높은 '적응력'이고 '친화력' 곧 진화해 나갈 수 있는 힘이다. 달라져 가는 시대와 사회에 적응하고, 개인의 생활에 적응하면서 영원한 적자適者로서 생명을 존속해 갈 수 있는 힘이 바로 거기 있는 것이다.

이 같은 제 성격들은 아리랑이 듣기에 쉽고 그래서 기억에 남게 되며, 또 쉽게 노래를 만들어 내게 하는 데 기여한다. 그리고 노래 문법적인 안정성을 취함으로써 개인이나 집단이거나 삶의 현장에서 취득한 것들을 노래하기 쉽게 해주는 것이다.

다음으로 아리랑 가창방식이 지닌 특성은 어떠한지 살펴보자.

'아리랑'의 구성은 '변화부(뜻 있는 실사) + 고정부(입타령)'의 두 토막으로 엮어지는데, 이 두 토막 가운데, 앞 토막을 흔히 메김말(소리) 또는 앞소리라고 하고 뒤의 토막을 받음말(소리) 또는 뒷소리로 노래 불린다.

'아리랑'의 고정부인 후렴이나 전렴은 여러 가지이며 그 쓰임새 또한 다양하다. 노래의 머리에서 앞소리 또는 내드름 소리로 쓰이는가 하면 노래의 꼬리에서 뒷소리 또는 받음 소리로도 쓰이고 있다. 달리는 앞사람의 노랫말이 끝난 뒤, 다른 사람이 그 뒤를 이어 다른 노랫말로 넘겨받는 넘김 소리로도 쓰인다. 이 쓰임새의 다양성은 당연히 여음이 노랫말에서 차지할 자리의 다양성에 대하여 말해주는 것이다.

다른 민요의 입타령은 대체로 그 일정한 마디節 구성을 지니고 있고, 또 그 쓰임새며 노랫말에서 차지하게 될 자리가 일정하다. 그러나 아리랑의 경우 그 입타령인 여음은 다른 면의 다양성과 더불어 그 마디 구성상의 다양성을 아주 특이하게 드러내 보이고 있다.

한편, 아리랑에 사용된 다양한 입타령인 여음 또한 개방성에 일조한다. 입타령에 나타나는 '아/이', '아이/으이', 'ㄹ/ㅇ', 'ㄹ/ㅅ' 등의 대립적 내지 대조적 음운교체의 엮어짐이 주류를 이루고 있거니와 그것은 그와 같은 대립・대조적 음운교체가 한국인의 詩的인 '쾌감 있는 音相'을 자극하면서 동시에 아리랑이 지닌 지배적 공동체 정서에 호응하는 것이라고 설명될 수 있을 것이다.

이같이 '아리랑'은 그 주제에 있어서는 한 시대 민족 전체의 합의를 머금고 있고 그 연행형식에 있어서는 집단성 강한 중창 또는 합창이란 성격을 갖추고 있다. 그러므로 '아리랑'은 아무래도 집단과 공동체의 노래요 소리로서의 성격이 강하다.

아리랑의 집단성은 앞소리와 뒷소리, 매김 소리와 받음 소리 등으로 나뉘어 부르는 형식에도 곧잘 드러나 있다. 한데 어울려 일하고 놀이하는 사람들이 그 소리의 가름을 따라 제창이나 윤창을 할 수 있었던 것이다. 그러나 아리랑에서 그 집단성만을 일방적으로 강조하는 것은 옳은 일이 못된다. 그것은 동시에 매우 강한 개인성을 갖추고도 있었기 때문이다. '아리랑'은 주관성 높은 감정을 자연스럽게 토로하는 서정시이면서 원한과 아픔을 풀이하는 넋두리나 푸념이기도 하였다. 유사 대화체나 독백체가 이 속성을 강하게 뒷받침할 수 있었다. 그러므로 '아리랑'은 '무리소리'이면서도 '혼자소리'이기도 하다. 절로 한숨짓듯이, 더운 숨결을 토하듯이, 혹은 매인중치를 터놓듯이 혼자소리로 부르는 것이 아리랑이다. 이런 혼자소리 아리랑은 삭임의 소리, 푸는 소리 구실을 한 것이다.

집단성과 개인성은 아리랑이 지닌 또 다른 원심력과 구심력이지만, 그 양면성을 구유하고 있는 데에서, 아리랑이 지닌 복합성을 읽게 되는 단서의 하나를 얻게 된다. 남들과 어울려서 '우리'로서 부를 수 있는 게 '아리랑'인가 하면, 혼자서 고독하게 '나'로서만 부를 수 있는 노래가 또한 '아리랑'이다. 이것은 일종의 '모순의 통합'이라고 불러도 좋을 것이다. 이런 데서도 '아리랑'이 지닌 '천의 얼굴'이 쉽게 드러나는 것이다.

주제며 연행형식의 집단성을 생각할 때 '아리랑'은 '열린 노래'라고 불러도 좋을 것이다. 하지만 혼잣소리임을 앞세워 거듭 생각하게 된다면 '아리랑'은 거꾸로 '닫힌 소리'가 되고 만다. 요컨대 '아리랑'은 '열리고서 닫힌 노래'요 '닫히고서 열린 소리'다. '아리랑'의 이중성은 매우 돋보이는 그 값진 속성이다. '아리랑'은 지극히 공적인 노래이면서도 지극히 사적인 노래이기도 한 것이다.

결국 아리랑이 지닌 단순성·개방성·집단성·양면성 등의 제 특징은 아리랑을 짧은 시간에 가장 많은 노래의 변모를 가능하게 하였고 민족 공동체의 가장 애호 받는 노래로 확장되는 한 요인이 되었다고 본다.

그러면 이 같은 아리랑이 지닌 노래 내적 특성이 만들어지게 되는 외적 환경은 어떠한지 시대적 배경을 살펴보자[18]

조선조 봉건사회는 특히 18세기 이래 격심한 변화와 질서의 동요가 나타난다. 經營型富農내지 廣作農民이 대두하였고, 閥閱층이 권력을 독점함에 따라 公的 收取보다 私的 수취가 한계를 넘어서 확대되었다. 그런 결과 토지 소유와 토지경영의 겸병이 심화되어 농민층 내부는 자체의 계층분화가 격렬하게 전개

---

[18] 이 부분은 김시업, 「근대민요 아리랑의 성격 형성」, 『전환기의 동아시아문학』, 창작과비평사, 1985, 229-230쪽에서 옮겨 쓴 것이다.

되었으며, 한편 지배계급의 착취에 따른 농민의 부담이 전례 없이 가중되었다. 이러한 형편에서 대부분의 농민은 토지로부터 遊離, 이탈되어 결과적으로 많은 농민이 토지 자체에서 해방되었다고 하겠다. 그것은 拒納·抗租의 정도를 넘어서 화적·민란 등 적극적으로 표현되었다. 농민반란은 마침내 1811년의 홍경래란, 1862년 三南을 비롯하여 전국 37개 지역에 걸쳐 일어난 壬戌민란, 더 나아가서는 1894년의 갑오농민전쟁과 같은 대규모의 항쟁에까지 이르게 된다.

이러한 역사적 체험을 통해 농민의 각성은 민중의식의 차원으로 크게 성장하였으며, 이에 따라 그들은 고통과 항거의 시대를 맞게 되었다. 우리는 민요 전반에 걸쳐 이러한 혼적을 찾아볼 수 있는데 전통민요 전반에서 이러한 요구가 다소 가미되게 되었다고 하더라도 이제 민중들은 과거와 같은 양식의 농업생산을 매개로 한 민요로써 만족할 수만은 없게 되었다. 그들 자신의 처지가 이미 과거와 같은 농업 생산적 공동체로부터 이탈하였고 새로운 민중적 공동체의식을 각성해가고 있었다. 이러한 터에 격심한 사회변동과 긴박한 체험을 표현할 수 있는 새로운 민요양식이 요청되었던 것이다.

그들은 놀라운 현실과 체험을 그때의 노래로서는 담아낼 수도 없었다. 단순한 양식이면서도 다양하게 부를 수 있는 노래, 농토에 매여 있건 유리되었건 민중의 처지에서 누구라도 언제나 쉽게 부를 수 있는 노래를 필요로 하였다. 이러한 기반 위에 형성, 성장할 수 있었던 노래가 근대 민요 '아리랑'인 것이다.

'아리랑'은 고통을 털어놓고, 현실을 풍자하고, 모순에 항거, 투쟁하는 적극적인 민중의식의 반영을 그 기본성격으로 하고 있다. 그러나 '아리랑'이 모두 이러한 기본 성격의 테두리 안에만 있는 것은 아니다. 윤리·규범의 질곡을 거부하는 감성적 해방, 개화와 함께 밀어닥친 기막히는 세태, 일제 식민지로의 편입과정에 직면하는 생활체험 등에 때로는 맞서고 때로는 우회하면서 개인적·민족적 현실을 모두 노래의 대상으로 삼았다. 그러면서도 전체적으로는 개체로서의 자기를 노래 속에서 수시로 발견하고, 공동체로서의 민족적 자아를 확인해 나가는 것이 노래 '아리랑'으로 나타나게 된 것이다.

개화를 맞이하고 있는 일본 제국주의의 침략을 당하기 시작하면서 '아리랑'

은 그 기본적 성격이 더욱 확충되었다. 부분적으로 이러한 세태에 자신을 매몰시키는 경우가 없지는 않았지만 개화를 풍자하고 침략을 고발하는 내용이 '아리랑'의 주류를 이루어 갔다.

기층 민중은 그 동안 여러 굽이의 역사적 고개를 맞이하였다. 그때마다 많은 희생을 치르고 좌절을 되씹어야 했다. 농민봉기가 그러했고 동학혁명[19]이 그러했다. 거기에다 이번에는 더 한층 심각한 역사의 시련을 맞은 것이다. 강력한 의병의 투쟁을 피로 물들이고 강토와 민족을 모두 빼앗아 없애려는 침략자와 맞서게 되었다.

이러한 시대적 배경이 새로운 형태의 민요를 만들어 나가게 되었고, 이 노래는 기존의 노래와는 달라야 했으며, 쉽게 지어 부르기 위해 단순해야 하고, 나의 개인적 서정보다는 시대적 아픔을 담을 수 있는 집단성을 지녀야 하며, 나아가 누구나 짓고 부를 수 있는 개방성을 지녀야 했던 것이다.

4 '아리랑' 謠의 形成 時期

지금까지 아리랑의 형성 시기에 관한 논의는 크게 근대설과 근대 이전설로 나누어 볼 수 있다. 전자는 대개 그 시기를 근대의 고종 조 경복궁 중창기를 기점으로 잡고 있고, 후자는 대개 고대 또는 조선조라는 근대 이전의 불명확

---

19 郵便報知新聞,(일본 우정국 간보) 명치27년(1894).5.31자 6면에는 동학혁명을 취재한 기자의 "조선의 유행요"라는 이름으로 「아리랑」이 소개되어 있다.
 "아라랑 아라랑 아라리요 / 아라랑 아라랑 아얼수 아라리-야
 * 가련타 가련타. 고양이 먹이가 된 / 鼠族은 불쌍도 하여라.
 산도 실코 물도 실테 / 누구를 바라고 나 여기 왔나.
 * 이 대목은 나운규의 영화 아리랑의 첫대목에서 개와 고양이를 대조시켜 놓은 것과 흡사하다.

한 역사적 기점을 출발점으로 잡고 있다. 그런데 '아리랑'의 역사가 후자처럼 그렇게 오래된 것이라면 우리 문학사에서 아리랑과 같은 사설과 후렴이 붙은 두 줄 양식의 노래가 우리 노래의 전통적 구조로 자리 잡지 못하고 있는지, 왜 근대 이전의 우리 문헌상에 그렇게 중요한 노래가 한 편도 언급되지 않았는지 의문스럽다.

우리 문학사에 나타난 아리랑에 관련된 기록들은 모두 1890년대를 뛰어 넘지 못하고 있고, 경복궁 창건과 관련한 아리랑 연원설 속에 '아리랑'을 기록하는 한자어 표기가 각양각색인 것도 '아리랑'이란 말이 근대 이전의 오래 전부터 형성된 것이 아니라 근대에 이르러 그 출현을 보인 노래였음을 반증하는 것은 아닌가 한다.

또한, 이 '아리랑'이란 어사는 아리랑이 생성되던 초기부터 사용된 어사가 아니라 1921년부터 정착되기 시작하였고 지금 널리 불리는 후렴구 "아리랑 아리랑 아라리요 아리랑 고개를 넘어간다"는 어사는 1926년 운사 나운규의 영화 '아리랑'에 와서 처음 불린 것으로 보인다.[20]

현전하는 문헌자료에서 "아리랑"과 유사한 어사가 나타난 것 중 가장 오래된 것은 이승훈의 「만천유고」에는[21] "啞魯聾"(아로롱)으로 記寫되어 있고, 노래 명칭이 기록된 최초의 문헌인 황현의 「매천야록」J(고종 31년 갑오〈1894년〉)에는 "아리랑타령"이라 하였다.

1896년 2월에 발간된 〈The Korea Repository(조선유기)〉에 게재된 H.B.Hulbert(한국이름 활보) 채보의 A-ra-rung인데 이에는 '아르랑'이다[22]

●
20 김기현, 「'아리랑'의 장르성과 범주」, 『어문론총』 28호, 경북어문학회, 1994에서 검토된 바 있다.
21 李承薰(1756-1801) 「蔓川遺稿」(1790 刊) 〈農夫詞〉에는 다음과 같이 나타난다.
"神農后稷 始耕稼ᄒ니 自有生民 爲大本이라 鐘鼓 울여라 鐘鼓 울여라 薄言招我諸同伴 啞魯聾 啞魯聾 於戱也 事育生涯 勞不憚일세"
22 H.B.Hulbert, 「The Korean Repository」, 1896, p.51. KOREAN VOCAL MUSIC이란 이름으로 2수의 〈A-ra-rung아르랑〉을 채보하여 소개하였는데 그 가사는 다음과 같다.(1901년 발행된 〈조선반도〉나 1908년 H.N Allen의 〈Things Korea〉의 악보는 이 악보를 인용한 것임.)

여기에는 '아르랑 얼싸 배 띄어라'라는 후렴이 나타나며, 멜로디나 노랫말은 지금의 아리랑과는 사뭇 거리가 멀다.

李尙俊이 大正 3년(1914)에 편찬한 〈朝鮮俗曲集朝〉[23]에는 '아르렁타령'이란 제목에 2절의 가사와 악보가 실려 있다. 이는 18년이라는 시차에도 불구하고 H. B. 헐버트 채보의 자료와 노랫말과 곡조에서도 많은 마디가 공통적이라는 특징이 있다.

역시 이상준의 편집한 〈新撰俗曲集新〉[24](초판은 1921년, 재판은 1923년)에는 '아리랑타령'과 '강원도 아리랑'이 실려 있다. 그런데 노래의 명칭에 있어 '아르렁타령'에서 '아리랑타령'으로 바뀌었고, 곡조상의 큰 변화 없이 박자의 표기 정도만 차이가 있을 뿐이다.

이 같은 사항들을 통해 볼 때 적어도 오늘의 명칭인 아리랑으로 정착된 것은 바로 이 자료가 발행된 1921년 전후쯤부터임을 알 수 있고 또한 아리랑이 이 시기를 전후해서 일정한 노래틀을 지니고 불리기 시작하였음을 짐작하게 한다.

아리랑과 관계있다고 검토된, 경복궁 중창이 고종 2년인 乙丑(1865년) 4월에 공사를 전담할 營建都監이 만들어져 원납전을 받기 시작하였고, 고종 5년 戊辰(1868년) 6월에 完工되어 7월에 왕이 경복궁으로 옮겼고 고종 9년 壬申(1872년) 9월에 영건도감이 해체되었음에 비추어[25] 아리랑이 이때 만들어져 불렸다면 1865년부터 1872년 사이인 불과 7년 사이일 것이니 민간에 널리 유포된 구비적인 노

●

    Ararung 아르랑

    A-ra-rung a-ra-rung a-ra-ri-o   a-ra-rung Ŏl-sa pai ddi-Ŏ-ra
    Mun-gyung sai-chai pak-tala-n mu   hong-do-kai pang-maing-i ta-na-kan-da
    아르랑아르랑아라
    아르랑얼ㅅ비씌어라

[23] 一. 문경새재박달나무 / 홍두개방망이로다나간다 //
    (後斂) 아르렁아르렁아라리오 / 아르렁씌여라노다가게 //(/ 표시-필자)
[24] 문경시지 박달나무 / 홍두새방망이로 모도다 나간다
    아리랑 아리랑 아라리요 / 아리랑 씌여라 노다노다가게
[25] 李瑄根, 『대한국사』 권11, 신태양사, 1973 연표 참조.

래가 만들어지고 널리 확산되는 데는 이 같이 짧은 시간으로는 불가능한 일이다.

그렇다면 이미 이전에 각 지역에서 어떤 노래가 불리고 있었다고 보아야 한다. 즉, 각 지방에서 토착적인 아리(소리)를 부르고 있었는데, 경복궁 중창기에 전국에서 모여든 사람들에 의해 새로운 양식의 입타령(기실 당대 이미 유행된 타령조의 노래 문법에 따른)과 교섭, 변형되어 지금과 같은 형태의 아리랑으로 확산되었을 가능성은 높기 때문이다. 이 같은 확산에는 전문가객집단(가객, 기생)이나 당대 유랑 예인집단[26]들에 의해 아리랑의 토속적인 잡가류의 아리랑 가창도 상당히 이루어지고 있었기에 이들이 아리랑의 확산에 기여한 바도 적지 않다고 판단된다.

이 같은 현상은 1920년대 중반까지도 '아리랑'이 다른 노래와의 변별성을 유지하여 그 독자적 정체성을 획득하고 불린 노래가 아니라 새로운 노래로서의 정체성[27]을 확보하는 단계, 즉 형성되고 널리 유포되던 시기임을 반증하는 것이다. 그렇다면 '아리랑'의 출발기는 이 시기 즉 1900년대로 착정되어야 할 것이다.

비록 이 노래의 연원이 혹자의 주장대로 삼국시대나 고려 말, 조선 중기라고 하더라도 '아리랑'이란 하나의 노래로서 제 목소리를 가지게 된 시기는 이때를 넘어설 수가 없다고 본다. 새로운 모습의 새 노래가 등장한 시점은 고종의 경복궁 복원사업과 무관하지 않다[28]고 보는 것이 보다 설득력 있는 입장이 될 것이다.

●
26 이에 관한 자세한 내용은 노동은, 『한국근대음악사(1)』, 한길사, 1995, 175-224쪽 참조 바람.
27 정체성이란 곧 '아리랑의 원형'으로 고정소(후렴구)의 형성, 두 줄 양식 등 현행 아리랑의 본질적인 요소를 구성하고 있다는 뜻이다.
28 高橋亨, 朝鮮民謠總說, 〈東方學紀要〉別冊2, 1968, 2월. 日本 天理大學,(1932-37년 작성)
〈최철·설성경 엮음, 『민요의 연구』, 정음사, 1984, 353쪽.〉
"大院君은 그 攝政 첫해부터 이미 景福宮 重建의 大工事를 시작, 全 13道의 壯丁을 徵發하여 土役을 强行했다. 이때 全道의 壯丁들은 그가 익히 불러온 民謠를 불러 勞作에 從事했다. 王宮의 建築이라는 莫重한 工事임에 특별히 寬典을 주어 그 고통을 輕減해야 하는 것이어야 하고, 이 가운데 또한 勞作의 괴로움에 따라서 마음속의 苦痛을 卽興的으로 노래한 田園詩人의 인 壯丁도 있다. 이리하여 景福宮의 工事場은 마치 全 朝鮮의 民謠展覽會와 같은 景況을 띠고 民謠의 交錯과 變化와 學習이 활발히 행해졌다. 이때에 발생한 朝鮮民謠의 數도 상당수에 이른다고 여겨진다. 이것은 後章 濟州道의 民謠에 있어 상세히 記述된다. 景福宮 土役을 노래한 民謠가 京鄕 各地 濟州道에까지 실제로 불리고 있는 것이다.
그러나 併合 이후 京城 花柳界의 政勢가 크게 日本化하고, 上流 妓生과 俗歌, 俗曲이 大衆의 嗜好에 合致하는 鄙陋한 노래를 부르지 않으면 안 되게 되어 이렇게 從前의 上流 妓生이 익

그러면, 이 시기에 불린 아리랑은 어떤 성격을 지닌 노래였는가?

黃炫의 「梅泉野錄」(고종 31년 갑오(1894년))의 기록에는[29] 아리랑타령이 '新聲艷曲'으로서 당대 궁중내의 상층 지도층이 꽤나 좋아한 노래였으며, 아리랑의 '巧拙'을 가름하여 상을 내렸다고 한 것을 미루어 보아 아리랑이 상당히 유행하던 노래였음을 알 수 있다. 여기에 지적된 아리랑은 '새로운 곡'으로서 그 성격이 艷曲이었다.

이는 1913년 司功 橕가 창작했다고 하는 〈漢陽五百年歌〉의 내용과 상당히 유사한 것으로, 궁중에까지 사당패나 거사패들이 들어가 부르던 노래로써 망국의 노래로 평가하고 있다.[30]

이후 1901년 황성신문의 『논설』인 〈俚謠足觀世道〉에는[31] 아리랑을 '諧謔奪倫之舊調'의 '鄙俚之謠'라고 부정적으로 인식하고 있다.

- 히 부른 時調나 歌辭, 雜歌 등의 上品이며 古典의 趣向味가 풍부한 朝鮮 歌謠가 점점 流行歌나 民謠로 그 자리를 내어 주는 趨勢가 되어, 京城의 花柳界에 있어서도 容易하게 地方 民謠의 재미있는 마디를 들을 수 있게 되었다. 平壤의 花柳界에서도 마찬가지이다. 그리고 韓日合倂이라고 하는 政治的 新局面이 열려 朝鮮人의 생활에 안팎으로 多樣한 大變化가 옴에 따라, 어리석고도 敏感한 庶民들은 언제 누가 지은 것도 없이 發生한 新民謠를 부르게 되었다. 淡婆姑 노래, 아리랑 노래, 北邊의 哀怨聲 등은 이렇게 하여 생겨 이렇게 擴散된 朝鮮의 새로운 民謠이다."

29 正月,上畵寢,夢光化門到,慢然驚悟,大惡之,以二月移御昌德宮,卽繕東宮,會南警日急,而土木之巧愈競焉,每夜燃電燈,召優伶奏新聲艷曲,謂之阿里娘打令,打令演ır之俗稱也,閔泳柱以原任閣臣,領衆優,專管阿里娘,評其巧拙,領尙方金銀賞之,至大鳥圭介犯闕而止.

30 崔康鉉,「王朝 漢陽歌의 異本에 대하여」,『국어국문학』32호, 재인용.
   사공 수,『漢陽五百年歌』, 1935, 세창서관본.

   당나라의 망할 적에 후정화를 부르더라 / 그 곡조를 부르다가 안록산의 난을 만나
   ─중 략─
   거사놈과 사당놈을 대궐안에 불러드려 / 아라랑타령 시켜 밤낮으로 노닐 적에
   춤 잘 추면 상을 주고 지우자 수건으로 / 노래하면 잘한다고 돈 백냥씩 불러주되
   오입장이 민중전이 왕비오입 첫째로다

31 皇城新聞,『論說』〈俚謠足觀世道〉, 1901.11.13『韓國近代文學研究資料集』(개화기신문편) 2권, 三文社, 1987, 263쪽.
   ─至若鄙俚之謠는 在上者ㅣ 尤當斥之嚴而放之遠이라 近所謂六子拍阿里郎之謠가 實非八音諧謔奪倫之舊調어늘 男女競唱ㅎ고 上下□湊ㅎ야 至於流觴之筵과 燕會之席에 小鼓冬冬에 不覺手舞而足蹈ㅎ고 哀音女弱에 □增心壞而懷傷ㅎ니 是古樂歟아 今樂歟아—

이러한 경향은 1908년 대한미일신보『寄書』〈歌曲改良의 意見〉에 이르면 아리랑에 대한 당대 지식인의 부정적 시각이 더욱 심해짐을 볼 수 있다.[32]

아리랑이 '窮凶巨惡淫談悖說'로 인지되거나 더욱이 "亡身亡家亡國之荒音"으로까지 지탄을 받고 있다. 아리랑이 수심가나 난봉가와 같은 타령조의 통속민요로, 開明하고 전진해야 하는 시대적 요청과 거리가 먼 노래로서 '아리랑'이 퇴폐적이고 향락적인 내용을 지닌 노래라는 도덕적 효용성 측면의 평가를 내리고 있는 것이다.

이보다 뒤인 大正 14년(1925년)에 나온『海東竹志』에도 전국적으로 두루 퍼져 널리 대중화되었고, 그 소리가 슬프고 원망하는 듯하며 뜻이 음란하고 여운이 없이 단촉한 가락의 말세적인 소리로 평하고 있다.

지극히 통속적인 성격의 노래로 기생이나 하층가객집단들에 의해 불리던 타령조의 통속적인 노래였기에 많은 도덕적 지탄을 받은 것이었다. 이 같은 당대 지식인의 지적은 전통적인 시가관[33]의 한 표현이지마는 아리랑이 '민족의 소리'로 인지되는 오늘날의 인식과는 거리가 멀다.

이에, 1900년대 초에 새로운 곡으로서 등장한 '아리랑'은 타령조의 유희요적 성격이 강하였는데, 이는 현전 歡調의 통속적인 아리랑이 정체성을 구축하던 시기였을 것이다. 1910년대의 잡가집[34]에 〈아르랑타령〉에 게재되어 널리 유포된

---

32 대한미일신보,『寄書』〈歌曲改良의 意見〉, 1908.4.10,『韓國近代文學硏究資料集』(개화기 신문편) 5권, 三文社, 1987, 337면.
"所謂妓女唱夫及衢路兒童이開口則所謂歌曲이都是수심가난봉가알으랑흥타령等類쑨이니此何窮凶巨惡淫談悖說之成習也오彼等愚賤之尋常行之를不足掛齒라ㅎ면豈可曰導之以善之有也리오這間尤有痛歎痛憎者ㅎ니所謂官人名色與此倂唱에猶恨不淫悖之益甚ㅎ니此時가何時오實非諸君宴樂之日而況若有壹點人子之本性이면豈可擧面皮而坐聽此妖言狂說哉아爲之寒心處로다
蓋英雄豁達之詞와壯士慷慨之歌는古今이何異리오만은至若此等亡身亡家亡國之荒音은宜有醫吏之痛禁而置諸度外ㅎ니亦何故也오以外相觀之면此未免蒼古之論이나然이나其實은際此開明前進之時代ㅎ야妨害之氣가莫此爲甚也리 –〈下略〉"
33 조선조 지식인의 詩歌觀은 대체로 載道論적 입장을 벗어나지 않아, 노래를 유교 도덕적 관점에서 평가해 왔다.
34 「增補 新舊 雜歌」, 盧益亨 편, 漢城書館, 1915.4.5

것은 아리랑이 새로운 노래로서 널리 향유층을 확장하는 계기가 되었을 것으로 보인다.

이 같은 현상을 보면 두 개의 '아리랑'이 존재하고 있음을 상정할 수 있는데 그 하나는 기층민중이 부른 토착적인 성격을 지닌 불완전한 형태의 「토착아리랑」이요, 다른 하나는 가인들을 중심으로 불리는 타령조의 「통속아리랑」인 셈이다.[35]

토속 민요로서의 아리랑이 언제, 어디에서 불린 것인지는 정확히 알 수 없다. 그러나 현전하는 많은 지역 아리랑 중에서 〈정선아라리〉, 〈강원도아리랑〉, 〈영월·평창 아리랑〉이나 〈진도아리랑〉, 〈밀양아리랑〉 등은 독자적인 정체성을 가지고 존재하고 있는데 이들에게서는 앞에 거론된 제 기록물의 지적과 같은 통속적 성격 이외에도 기층민중의 현실적 애환이 담긴 토속성이 강한 노랫말이 남아 불리고 있으며 대체로 기층문화 속에서 노동요적 성격을 지니고 있는 노래이다.

이승훈의 〈만천유고〉에 나타난 〈農夫詞〉에 나타난 "啞魯聾 啞魯聾 於戱也"

●
「古今雜歌篇」, 朴永均 편, 新舊書林, 1915.5.20
『無雙 新舊 雜歌』, 朴承燁 편, 新舊書林, 1915.10.13 광무디 소리
「新舊流行雜歌」, 姜義永 편, 新明書林, 1915.12.18 紅桃 康津 口述
「新選 古今 雜歌」, 玄公廉 편, 大昌書院, 1916.2.5
「特別 大增補 新舊雜歌」, 南宮 櫻 편, 唯一書館, 1916.2.29
「增補 新舊時行 雜歌」, 池松旭 편, 新舊書林, 1916.3.31 朴春載 口述
「現行 日鮮雜歌」, 朴承燁 편, 五星書館, 1916.12.7
「時行 增補 海東雜歌」, 朴健會 편, 新明書林, 1917.11.28
「新舊 現行 雜歌」, 柳根益 편, 新明書林, 1918.4.20
「新舊 現行 雜歌」, 柳根益 편, 東亞書館, 1918.4.23
「朝鮮 俗歌」, 李尙俊 편, 博文書館, 1921.8.30
「朝鮮俗曲集」, 李尙俊 편, 京城 三誠社, 1929.9.10
모두 13권의 책속에 〈아리랑〉, 〈아르랑타령〉, 〈정선아리랑〉 등의 아리랑 사설이 반드시 게재되어 있어 당시 아리랑의 대중적 인기를 가늠할 수 있다.
鄭在鎬 편저, 『韓國雜歌全集』 1-4, 啓明文化社, 1984 참조.
35 아리랑이 '토속아리랑'과 '잡가아리랑'의 두 갈래로 이 시기에 이미 존재하고 있음을, 鄭雨澤, 「雜歌集 所在 〈아리랑〉에 대한 硏究」, 『古典詩歌의 理念과 表象』(林下 崔珍源 박사 정년 기념논총), 1991에서 밝힌 바 있다.

라는 것은 곧 "아로롱 아로롱 어허야"일 것이다. 이 〈농부사〉는 이름 그대로 '농부의 노래'이고 이 글에 "里農請書農旗故作"이라고 노래를 짓게 된 동기를 밝히고 있는데, 이로 미루어 이는 농업노동요로 불리면서 "아리랑"류의 후렴이 붙은 노래로 보인다. 충북 음성지방의 〈모심는소리〉[36], 경기 여주지방에서 불리는 〈모내기노래〉, 강릉지역의 〈영산홍〉 등과 많은 〈모심기소리〉에 혼용되고 있음에도 민요 '아리랑'은 단선적 출발과 변화가 아니라 '아리랑'의 성격만큼 다양하고 복잡한 과정을 거치면서 변모하고 있다고 본다.

이상의 것을 토대로 살펴보면 아리랑은 1800년대 초에 이미 각 지역에서 산재해 불리던 토속요(정선 아라리, 문경새재소리 등)가 경복궁 창건이란 대역사에 참여한 많은 이들에 의해 널리 확산 전파되고 이때 후렴이 첨가된 현재와 같은 모습으로 형성되어 새로운 형태의 근대민요로 모습을 드러내었다.

이후 경복궁 역사에 참여했던 공인이나 부역인들이 귀향하여 새로운 형태의 노래가 각지로 전파되고, 1926년 운사 나운규의 〈영화 아리랑〉이 상영되어 전국적인 흥행[37]을 하자, 이에 토속요들이 변화하거나 새로이 만들어진 「아리랑」은 선풍적인 노래가 되었다.

이후 식민지 통치 아래 반일 애국운동이 북만주나 중국 등지에서 무력투쟁

●
36 -모심는소리-1974.10.9 /충북 음성/최낙선/남(69세)
  아리랑 아리랑 아라리요
  아리랑 어헐싸 아라성아
  아리라랑 아리라랑 어러리요 아리랑 어헐싸 어러성아
  여기 꽂고 저기 꽂고
  삼배출 자리로만 꽂아주게
  〈이하 생략〉 임석재,『한국구연민요』, 서울음반, 1995, 44쪽.
37 김종욱,「영화〈아리랑〉에 관한 몇 가지 문제」,『영화『아리랑』의 재검토』, 한민족아리랑 보존연합회, 1993.12.22, 아리랑 되찾기 100인회 주관, 출판문화회관대강당, 유인물.
  "지금까지 우리가 알고 있는 「아리랑」의 대성공(관객동원)은 단성사 아닌 지방에서였음을 알아야겠고, 그 여파를 1927년 서울에서의 재개봉 때는 ―〈중략〉― 여타의 인기에 편승하여 일약 「아리랑」은 최다관객을 동원할 수 있었다. 이에 따라 「아리랑」필름은 불이 날 정도로 지방과 도시를 오르내리며 4~5년 동안 최대의 관객 수를 확보했으니 확실한 숫자라고는 단정하지 못해도 70만여 명의 「아리랑」관객을 갖게 되었다고 한다."

으로 확대되고, 무단 탄압정치가 가열해지면서 징용과 종군위안부, 창씨개명 등 탄압정치가 진행되자 민족자결의 의지가 고취되고, 해방을 맞아 민족주의적 성향이 확장되던 무렵 아리랑 속에 민족주의가 습윤되면서 신흥종교집단 등에서 아리랑이 포교와 정체성의 도구로까지 아리랑은 변모를 거듭해 나갔다.[38]

5 결론

민요 연구에서 가장 바람직한 것은 민요가 민요학의 대상이라는 점을 무엇보다 우선하는 것이다. 민요의 사설·가락·기능이라는 3요소를 너무 중시하여서도 좋지 않지만 이 3가지에 대한 종합적인 검토 없이 한 부분만으로 민요를 단정지어 말하는 것도 극히 위험한 발상이라 하겠다. 본고는 이런 점에 관심을 가진 작은 검토에 불과하다.

이러한 결과는 기존 아리랑 연구에서 보인 것처럼 아리랑이 원형의 모습대로 구비 전승되는 노래가 아니라 전승 구송 집단이나 시대 지역적 성향에 의해 수용되어 얼마든지 변천 변모한다는 점을 다시 한 번 환기시키는 역할을 할 것이다. 또한 아리랑은 오늘날 후렴에 나타난 '아리랑'이란 용어에 의해 명명되는 노래가 되고 말았지만 많은 전승노동요(특히 모심기 노래)와 같은 동일한 사설과 가락을 지닌 노래였기에 오래고 광범위한 생명력을 지닌 노래가 된 것임을 알게 하는 데에 작은 도움을 주었으면 한다.

지금까지 논의한 결과를 밝히면 다음과 같다.

---

38 이에 관한 자세한 논고는 곧 "아리랑의 사적 전개와 변모"라는 글에서 다루어 질 것이다.

1. '아리랑'의 어원은 우리의 '소리' 즉 노래를 의미하는 토착 기층어인 까닭에 전국 어느 곳에서나 '불리는 소리'를 가리키다가 점차 특정한 형태의 노래 즉 '아리랑'을 가리키는 지칭어로 변하여 오늘날 사용하고 있다. 그러므로 민요 '아리랑'은 특정한 "노래 명칭"이 아니라 그냥 '소리(노래)'를 "지칭"한 용어이기에 기존의 것과는 다른 새로운 형태의 "입타령이 붙은 노래"를 의미하는 지칭적 용어에 불과하다.

2. '아리랑' 謠의 노래문법이 지닌 단순성, 개방성, 집단성, 양면성 등의 제 특징은 아리랑을 짧은 시간에 가장 많은 노래의 변모를 가능하게 하였고, 민족 공동체의 가장 애호받는 노래로 확장되는 한 요인이 되었다.

3. '아리랑' 謠는 조선조 말의 시대적 배경이 새로운 형태의 민요를 필요로 했기에, 이 노래는 기존의 노래와는 달라야 했으며, 쉽게 지어 부르기 위해 단순해야 하고, 나의 개인적 서정보다는 시대적 아픔을 담을 수 있는 집단성을 지녀야 하며, 나아가 누구나 짓고 부를 수 있는 개방성을 지닌 노래로 대두되었다.

4. '아리랑' 謠는 두 유형이 존재하고 있음을 상정할 수 있는데 그 하나는 토착적인 성격을 지닌 기층집단의 불완전한 형태의 「토착아리랑」이요, 다른 하나는 가인집단에 의해 불리던 「통속아리랑」으로 이들은 점차 통합의 과정을 가진 노래이다.

5. 민요 아리랑은 각 지역에서 부르던 토착적인 노래가 입타령이 붙은 새로운 곡으로 불리면서 그냥 '소리(노래)'라는 뜻으로 지칭되어지다가 경복궁 중창기에 널리 교섭, 변화하여 불리면서 '아리랑'이란 이름으로 지칭되어 확산되고 1900년대 이후에 이르러 점차 오늘날과 같은 구조를 형성해 나갔다.

7. 따라서 '아리랑'은 토착소리로서 출발하여 경복궁 중창이란 대역사에 의해 새로운 노래로 태어나 1900년대에 이르러 구조적 안정성을 획득하였고, 잡가집의 출판으로 널리 퍼지다가 1926년 영화 아리랑을 통해 전국적인 대 선풍을 일으킨 근대민요이다.

'아리랑' 노래의 형성과 전개

1 서론

    구비전승물의 연원이나 그 변화과정을 탐색하여 이를 고증적으로 밝힌다는 것은 사실상 불가능하다. 따라서 아리랑이 오늘날에도 널리 향유된다고 해서 노래의 생성 시기나 이의 변화과정을 정확하게 밝혀내는 일이 쉬울 수는 없다.

    그러나 하나의 노래가 만들어져 그것이 많은 사람들에 의해 동일한 의미망으로 인지되어 점차 독자성을 지닌 노래가 되었다면, 그 노래에는 다른 노래와 변별되는 개별성이나 특수성이 나름대로 존재하리라고 생각한다. 또한 그 노래가 구비전승 되는 가운데 많은 이들로 하여금 하나의 공통적인 인식의 공감대를 확장하면서 독자성을 획득해 나갔으리라 생각한다.[1] 이런 측면에서 아리랑 노래

---

1 R.Finnegan, 『Oral Poetry』, Cambridge Uni. Press, London, 1977, 29면에서 "구비문학은 기록문학에 비해 훨씬 유연하고, 사회적 전후관계(상황)에 의존적이다"라는 견해를 밝히고 있다. 따라 아리랑도 향유층의 생각에 따라 시대상황이나 노래의 성격이 형성되어졌으리라 생각한다.

에 후렴으로 나타나는 '아리랑'이란 말의 어휘는 아리랑의 정체성을 밝히는 아리랑 연구의 출발점이 된다. 그리고 이 출발점은 곧, 아리랑 노래의 원형을 파악하는 단서가 되어 이후에 나타나는 아리랑의 변모상을 살필 수 있는 좋은 열쇠가 될 것이다.

본고는 오늘날 한국을 대표하는 민중과 민족의 노래 아리랑이 어떻게 생성되고, 생성 당시에 어떤 노래로 출발하여 어떠한 변화의 과정을 겪어 오늘에 이르게 된 것인지를 살피는 데 목적이 있다. 이에 본고는 아리랑 노래의 핵심체를 후렴구에 나타나는 '아리랑'에 두고, 노래로서 갖는 특징과, 형성시기와 변화과정에서 나타난 특성을 살펴보고자 한다.

2 '아리랑' 노래의 특성과 형성 배경

2-1 '아리랑'의 의미와 노래의 전형성

아리랑의 정체正體에 대한 파악, 즉 '아리랑'이란 노래 명칭이 생기게 된 핵심요소의 파악은 무엇보다도 민요 아리랑의 후렴에 나타나는 "아리 아리랑"이라는 '아리-'의 의미를 밝히는 일이다. 지금까지 이를 위해 많은 어원 분석과 민요 아리랑의 유래를 밝힌 견해들이 제시되었는데 이들을 다음과 같이 묶어 볼 수 있다.

첫째, 한자어와 고유어와의 혼합적 해석을 통해 지명이나 전설적 의미로 파악하려는 경우.[2]

---

2 우리嶺 설(梁柱東), 樂浪(아라) 설(李丙燾), 阿娘 설(金在洙), 閼英 설(金志淵), 卵娘 설(崔載

둘째, 고유어의 해석과 사설의 성격을 결합시켜 문학적 의미로 파악하려는 경우.[3]

셋째, 한자어의 해석을 통해 경복궁 중창과 관련한 시대적 의미로 파악하려는 경우.[4]

넷째, 외래어 또는 종교적 표현물로써 주문이나 신성한 의미로 파악하려는 경우.[5] 등이다.

지금까지의 논의들을 보면, 민요 아리랑이 특정집단이나 사람들에 의해 만들

- 億), Y離嶺 설(朴秉訓), 遺臣起源 설(朴敏一) 등이 이것이다. 이들은 각기 삼국 초나 그 이전의 신화시대 까지도 형성시기로 잡고 있는데, 이는 모두 '아리랑'이란 음운을 통해 유추한 설화적 해석에 가깝다. 이 같은 견해는 아리랑의 후렴이 나타난 기점과의 상관성을 고려하지 못한 취약성을 지닌다.

3 알리오 설(旌善郡民), 얄리얄리 설(丁益燮), 후렴 설(任東權), 아리다 설(元勳義), 여음설(鄭東華), 메아리 설(金練甲), 아리고 쓰리다 설(徐丙夏, 柳鍾穆), 阿弄歌 설(金正昊), 산하지노래 설(池春相), 알 설(徐政範,金善豊), 哭聲 설(權五成), 멀고도 길다 설(천소영), 소리 설(李輔亨) 등이 이에 해당하는 주장이다. 이러한 견해들은 상당한 객관성과 논리성을 유지하고는 있으나 아리랑의 성격을 '한'이나 '아픔'이라는 사설의 어조와 결합하여 유추 결합시킨 것으로 상당 수 많은 환조(歡調)의 사설에까지는 그 당위성이 이어지지 못하고 있으며, 이 또한 「아리랑」의 후렴에 나타나는 'A Ri(ra)-아리(라)'라는 기본 음소가 단순한 우리 고유어의 어근으로 파악한 음운적 인식에 바탕을 둔 한계점을 지니고 있다. 이중 '후렴 설'(임동권, 정익섭, 정동화 등)은 우리의 전통적 대표음이 '아리랑'으로 결합되었음을 밝히고 있다. 그러나 이 주장도 아리랑 謠의 음악적인 면, 시대적 변형형태, 정착, 파생과정 등 동적 상황을 도외시한 단선적 분석이라는 한계성을 지니고 있다.

4 我耳聾 설(金志淵,南道山), 我離郞 설(金德長), 我難離 설(姜大鎬), 啞而聾 설(權相老), 我老農 설(權相老), 俄米日英 설(高橋 亨), 兒郞偉 설(李能和), 啞聾 설(郭文煥)등 주로 해방 전의 검토에서 이러한 주장이 나왔다. 이들은「아리랑」을 집중적으로 채록 소개한 金志淵의 글에서 발견되는 '我耳聾 설', '我離娘 설', '我難離 설'(권상노의 啞而聾설 포함) 등의 경복궁 중창 시를 기점으로 하는 제설로, 모두 '아리랑'을 한자어로 표기한 한자식 轉音으로 보고 경복궁 중창시의 제반 사회적 상황과 결합시켜 풀이한 것에 불과하다.

5 불교계— 我離郞 설(宋寅成), 아제아제 설(李基勳), 阿喇唎 설(朴秉訓), 梵語 설(靑石居士)
   신흥종교--씨알 설(許明徹), 한 설(신순섭)
   외국계— 러시아어 설(헐버트), 몽고어-아린 설(李圭泰) 등이 이것이다. 이 견해들은 주로 해방 이후 민족종교집단의 견해들이다. '아리랑'이 식민지와 해방공간을 거치면서 획득한 항일 민족주의적 성격의 수용 결과로써 이미 '아리랑'이 범민족적 정체성을 획득한 이후의 의견이며 객관성을 유지하지 못한 지극히 주관적인 단순 견해에 지나지 않는다.

어져 특정한 사람을 대상으로 특정 지역에서만 불리는 노래라는 인식을 깔고 있어 아리랑이 다수의 불특정적인 기층 민중에 의해 만들어지고 전국적으로 불러온 구비전승의 민요라는 점을 간과하고 있음을 주목하지 않을 수 없다.

그런데, 1910년대에 간행된 수많은 잡가집의 민요 아리랑은 〈문경새재소리〉 사설에다 '아리랑' 후렴이 붙은 노랫말로 되어 있고, 〈정선아라리〉나 〈진도아리랑타령〉, 〈밀양아리랑〉 등도 토착의 농업노동요(모심기소리, 밭매는소리)와 같은 노랫말을 공유하고 있어 아리랑이 기층문화와 무관하지 않음을 보여준다. 이에 민요 아리랑의 '아리랑'에 관한 어원 검토는 우리 기층문화 속의 노래문법[6] 측면에서 접근하는 것이 그 정체를 파악하는 바른 접근이라 생각한다.

우리의 기층 노래문화인 서도민요의 〈긴아리〉〈자진아리〉, 강원도의 〈아라리〉〈긴아라리〉〈자진아라리〉〈어러리〉, 황해도의 〈아롱타령〉, 함경도의 〈어랑타령〉, 평안도 용강의 조매김소리에 나타나는 〈긴아리〉와 〈자진아리〉, 경기도의 〈우러리〉〈어러리〉 등은 모두 '아리랑'과 같은 A/E-R계열을 기본음소로 가진 노래 명칭으로 존재하고 있다. 또한 이들이 모두 '입타령'이 수반되는 공통점을 지니고 있다. 특히 이 계열의 가장 古形으로 보이는 강원도지역의 '아리-/어리-'계의 노래들은 주로 토착성이 강한 농업노동요로 불리며, 경상도지역의 〈정자소리〉나 〈모심기소리〉와도 유사해 음악적 선법과 장단에 있어서 기층 문화적 동질성을 지닌다. 뿐만 아니라 우리말에 '벙어리'나 '옹아리', '메아리'에도 '아리'라는 어사가 나타난다.

〈긴아리〉는 '늦은 속도의 아리'로 "느린 노래"이고 〈자진아리〉는 '빠른 속도의 아리'로 "빠른 노래"이다. 또한 우리말의 '메아리'란 "메의 아리"로, 곧 산의 울림, 산의 소리이다. 경상도 지역의 민요 토리로 알려진 '메나리'는 "멘아리"로서 '뒷소리를 갖추지 못한 아리'로 봐야 할 것이다.[7] 그러면 '아라리'

-
6   이는 '노래를 구성하는 구조적 통일체'라는 의미로 사용한다. 사설, 가락, 기능 등 노래의 3요소가 유기적으로 결합하여 가창자로 하여금 표출하는 제반 '노래의 틀'을 의미하기도 한다.
7   '메'와 '매'의 혼용에 관해서는 "경상방언에서는 /에/와 /애/, /으/와 /어/가 비변별적"(이상

는 "알+아리"로써 "뒷소리를 갖춘 아리"가 된다. 즉 아라리는 후렴소리를 갖춘 노래라는 말이 된다. 이 같은 현상은 우리 국악 영상회상에도 '가진 영상'과 '민 영산'이 있음에도 확인할 수 있다.

'아리랑' 노래를 가리키는 핵심어인 '아리-'는 이처럼 우리나라 여러 형태의 노래에서 구음(입타령)으로 존재하면서 기층 민중에 의해 민요(소리)를 의미하는 보편적인 명칭으로 존재하고 있는 셈이다. 음악적 측면의 전문적 분석에 의하면[8] 이 계열의 가장 원형에 해당하는 노래는 강원도의 〈자진아라리〉로서 이것이 〈긴아라리〉로, 〈아롱타령〉류로 변해갔다고 보고 있다.

'아리랑'은 우리의 '소리', 즉 노래를 의미하는 토착 기층어로서 전국 어느 곳에서나 노래 불려지는 "소리"라는 의미로 사용되다가(전시대와는 다른 '새롭게 나타난 소리'였기에 이런 명칭이 붙었을 가능성이 높음) 점차 입타령이 붙은 새로운 노래의 지칭어로 변화하였고, 그 후에 와서 오늘날과 같은 특정 노래 '아리랑'의 장르적 범칭으로 굳어지게 되었다고 본다.[9]

아리랑이 지금과 같은 형태를 가진 장르적 범칭의 노래로 정착하는 데는 고정부인 후렴의 위치와 그 변화상에 주목할 필요가 있다.

아리랑은 고정부(후렴)와 변화부(사설)의 2단구조로 구성되어지는 노래이다.

· 규, 『방언학』, 학연사, 1994, 214쪽.)이라고 이미 국어학계의 정설화 된 현상이다. 따라 "메나리"의 '메'는 "매"와 변별력이 없다. 특히 '메나리'는 토착전승집단의 口語를 문자화한 것이며, "山有花歌"와 관련지어 지칭되기 시작한 용어이기에 '메'와 '매'는 엄연한 거리를 지닌 다른 어사로 보기 어려운 점이 있다.

'맨'은 흔히 "다른 것은 섞이지 않고 온통"(『표준국어대사전』상, 국립국어연구소 편, 1999, 2087쪽)의 의미를 지닌 접두사로 쓰이고 있기에 "메나리"는 "매나리"와 다름이 없다고도 볼 수 있다.

8 이보형, 「아리랑소리의 근원과 그 변천에 관한 음악적 연구」, 『한국민요학』 5집, 한국민요학회, 1997.

9 일본어로 민요를 "唄"라고 적고 이를 "うた"라고 하는데 이는 우리말 "울다(鳴) → 소리하다"와 같은 말뿌리가 아닌가 한다. 우리말에서 "노래하다"를 민요 담당층은 "소리하다" (예; 판소리)라고 하는데 이는 '소리'가 "삶의 울림소리"라는 의미에 가깝고, 노래가 "놀다(遊)"에서 나온 "삶의 풀이 소리" 말로 인식하고 있음에도 알 수 있다. 이러한 시각은 김대행, 「노래와 시의 세계」, 역락, 1999에서도 견지되고 있다.

아리랑에서는 고정부인 입타령의 위치가 고정되어 있거나 입타령이 불리는 것이 필수적인 것이 아니다. 그러기에 고정부(후렴 또는 전렴)는 변화부(사설)에 부가적으로 첨가된 부분인 것이고, 또 초기보다 후기에 점차 증가하는 것을 볼 수 있는데[10], '아리랑'이란 노래 명칭이 이 고정부의 어사인 '아리랑' 때문에 생겨난 것임을 반증한다. 즉 고정부는 초기에 필수적인 구성소가 아니기에 희소하게 나타나다가 '아리랑'의 형성기에 이르러 이 고정부가 첨가 확장되었을 것이라고 보여지기 때문이다.

1930년대를 기점으로 전렴의 수가 확대되어짐을 볼 수 있는데, 전렴으로 불린 노래는 기능적 측면에서 대다수가 유희요로 불린 노래에서 많이 나타난다. 특히 1926년 춘사 나운규의 영화 〈아리랑〉에 주제곡이 되었던 소위 〈본조 아리랑〉은 완전한 유희요로서의 성격을 지니고 불렸으며, 이의 유행으로 1930년대에 〈본조 아리랑〉과 같은 형태의 전렴으로 부르는 노래가 많이 나타나고 있다고 볼 수 있다. 결국, '아리랑' 노래는 새로운 형태로 만들어진 신민요로서 그 명칭은 이 고정부의 첨가로 인하여 나타난 결과로 보여 이는 곧 '아리랑' 노래가 오래 전에 형성된 노래가 아님을 보여주는 한 증거이기도 하다.

그러면 아리랑의 전형, 즉 아리랑은 어떤 노래여야 하는가?[11]

---

10 김기현, 「〈밀양아리랑〉의 形成過程과 構造」, 『민요론집』 4호, 민요학회, 1995, 100쪽.

민요 아리랑의 입타령(여음) 사용 빈도

시기(자료 발간)	전렴의 수(%)	후렴의 수(%)	총 수
1910년 이전	1(50)	1(50)	2
1910년 대	3(18)	14(82)	17
1920년 대	3(17)	15(83)	18
1930년 대	16(29)	40(71)	56
1940년 대	1(25)	3(75)	4
1950년 대	2(29)	5(71)	7
1960년 대	3(38)	5(62)	8
1970년 대	7(30)	16(70)	23
1980년 대	24(38)	39(62)	63
계	60(30)	138(70)	198

11 김기현, 「아리랑의 장르성과 범주」, 『어문론총』 제28호, 경북어문학회, 1994, 32-33쪽.

먼저, 좁은 의미의 순수 아리랑은 비전문적인 기층 민중들이 토착적인 입말로 부른 민요여야 하며, 또 반드시 고정부인 후렴(또는 전렴)을 가진 노래여야 하고 이 속에는 "아리랑"이란 기층어나 이의 확대형 또는 변이형인 "아리 아리"나 "아리 쓰리" 등이 포함되어야 한다. 또한 아리랑의 사설 구조는 반드시 변화부와 고정부(사설과 후렴)의 구조성을 띤 노래여야 한다.

다음으로, 아리랑의 보편적 가락, 즉 단일하며 공통적인 음악적 요소는 민요 단위에서 중요한 요소가 아니므로 제한성을 두지 않으나 반드시 구창을 통해 발현된 것이 지역적 토리나 전국적 일반성을 띤 한국적 가락이어야 한다. 새로이 창작한 아리랑도 한국 음악이 가진 전통적 맥락에서 벗어난 것은 제외하지만 그렇지 않고 기층인들에게서 창출되고 전통적 가락과 리듬인 것은 포함해야 한다. 마지막으로, 아리랑은 개인에 한해서만 구연되는 것이 아니라 지역민 사회에서 널리 인지되어 다수인에 의해 전승된 것이어야 한다. 민족의 소리 민중의 소리라는 아리랑은 개인성을 띤 노래가 아니라 집단성을 띤 노래여야만 그 의미망이 충실해진다. 개인의 독자적 노래문법에 의해 수 없이 만들어지는 대중가요의 생명력도 대중성을 확보하여 널리 유행되는데 있기 때문이다.

이상의 제 요소들은 시간의 흐름에 따라 향유층에 의해 합의되어 아리랑이 오늘날과 같은 민족의 노래로 자리할 수 있었을 것이다.

2-2 '아리랑' 노래의 특성과 발생 배경

노래 아리랑이 한국을 대표하는 민요이며, 한민족에게 가장 널리 유포된 노래라는 것은 어느 누구도 부인하지 못한다. 지금까지 밝혀지고 소개되어진 아리랑의 종류와 수는 어떠한 합리적 준거 위에서 구분하고 헤아리지는 않았지만 전국 각지에서 아리랑은 지역민이나 애호가들의 애정 속에서 지역마다 고유한 그들의 노래로 인식되어 수백여 종이 분류, 지칭되고 있는 실정이다.[12] 민

---

12 김기현, 「'아리랑'의 장르성과 범주」, 『어문론총』 제28호, 경북어문학회, 1994, 17쪽.

요 아리랑이 도대체 어떤 노래로서의 특성을 가졌기에 수많은 종류와 갈래가 생겨나고 범민족적인 노래로 자리할 수 있었을까?

먼저 아리랑의 가창방식이 지닌 특성은 어떠한지 간단히 살펴보자.[13]

첫째, 아리랑의 구성은 '변화부(뜻 있는 실사) + 고정부(입타령)'의 두 줄 노래 형식으로 엮어지는데, 이 '두 줄 노래'는 '한 줄 노래'에 비하면 양식의 안정도가 크다. 양식이 기억하기 좋고 즉흥적 창작이 쉽다는 장점을 지니고 있다. 아리랑의 이 두 줄 구성은 노랫말에 대극적 양면성을 보이기에 적합하다. 그러므로 아리랑은 '두 줄 노래'임으로 해서, 삶이 지닌 양면적 대중성을 가장 간결하게 노래할 수 있다.

둘째, 아리랑의 노랫말은 대개 한 가지 노랫말에다 서로 다른 뜻을 담아 노래 부르는 일종의 '고쳐 노래하기'가 가능한 사설이다. 이를 통해 서로 다른 뜻을 담기가 쉽다. 그러므로 아리랑의 한 가지 노랫말을 익힌 사람이, 각기 자기 자신이 처한 처지, 그리고 그 처지에 따른 심경을, 그때그때 그 노랫말에 붙여서 남과는 달리 노래 부를 수 있다는 것을 뜻한다. 이러한 구성은 입타령이 불리는 시간에 노래 사설을 새로이 만들거나 바꾸기 쉬워서 수 많은 사설을 새롭게 만들어 내게 한다. 따라서 아리랑은 창작과 변개가 쉽기 때문에 노래하는 당대 현실의 수용이나 회포의 술회가 쉬워 누구에게나 쉽게 다가갈 수 있는 개방적인 노래형식을 가지고 있다.

셋째, 아리랑에 사용된 다양한 입타령인 여음 또한 개방성에 일조한다. 입타령에 나타나는 '아/이', '아이/으이', 'ㄹ/ㅇ', 'ㄹ/ㅅ' 등의 대립적 내지 대조적 음운교체의 엮어짐은, 한국인의 '쾌감 있는 음상音相'을 자극하면서 시적인 감흥을 돋운다.

넷째, 아리랑은 단순하다. 노랫말의 두 줄 엮어짐만이 단조로운 것이 아니라 거기 쓰이고 있는 낱말과 그 수사 또한 단조롭다. 거의 굳어진 상투적인 장

---

13 이하 부분은 김기현, 「「아리랑」謠의 形成 時期」, 『어문론총』 제34호, 경북어문학회, 2000, pp.30-33.에 상술되어 있음.

식, 비유법 등이 아리랑에는 비일비재하다. 또 가락이며 장단이 단조롭다. 강·
약·약강이 바닥에 깔려서 장·단·장이 네 번 되풀이되는 세 마치 장단이기에
누구나 쉽게 익히고 부를 수 있는 게 아리랑이다.

아리랑의 구연은 대체로 '홀로 부르기'나 '함께 부르기'에 의해 이루어진
다. 함께 부르기를 할 때, 대체로 변화부인 사설을 한사람이 '메기는 소리'로 부
르면 고정부인 후렴구는 여러 사람이 함께 '받는 소리'로 부른다. 혼자 부를 때
는 '내리 부르기'로 고정부와 변화부를 다 부른다. 이 같은 노래 부르는 방법으
로 인해 혼자 일 때는 이미 숙지된 사설을 불러내지만 함께 부를 때는 후렴구를
받는 소리로 하는데, 부르는 과정 속에서 선창자는 즉흥적으로 사설을 창작해
내어 부르거나 아니면 이미 알고 있는 다른 노래의 사설을 가락에 맞추어 불러
내기도 한다. 아리랑의 노랫말이 지닌 구조가 대부분 2구 대응형으로 짧은 구조
를 지니고 있어 노래 사설의 즉흥적 창작이 가능하여 유능한 가창자는 이를 원
숙하게 수행하는 것이다.[14]

아리랑이 그 주제에 있어서는 한 시대 민족 전체의 합의를 머금고 있고 그 연
행형식에 있어서도 집단성 강한 중창 또는 합창이란 성격을 갖추고 있기에 아리
랑은 아무래도 집단과 공동체의 노래요 소리로서의 성격이 강하다.

결국 아리랑이 지닌 단순성, 개방성, 집단성, 양면성 등의 제 특징은 아리랑이
지닌 높은 '적응력'이고 '친화력', 곧 진화해 나갈 수 있는 힘이라 본다. 달라져
가는 시대와 사회에 적응하고, 개인의 생활에 적응하면서 영원한 직자適者로서
생명을 존속해 갈 수 있는 힘이 바로 거기에 있는 것이다. 이같이 아리랑이 듣기
에 쉽고 그래서 기억에 쉬 남게 되며, 또 쉽게 노래를 만들어 내게 되면, 그리하
여 노래 문법적인 안정성을 취함으로써 개인이나 집단이거나 삶의 현장에서 취
득한 것들을 노래하기 쉽게 해주는 것이었다. 따라서 아리랑 노래가 지닌 이러

---

14 강등학, 『정선 아라리의 연구』, 집문당, 1988, 194쪽에서 "창자들은 가사 구성을 위한 시간을
따로 갖지 않는다"라면서 "가사는 창과 동시에 즉흥적으로 구성되는 것이 보통이다"라고 밝
히고 있다.

한 특성은 아리랑을 짧은 시간에 가장 많이 변모하게 하였고 민족 공동체의 가장 애호 받는 노래로 성장하는 중요한 요인이었다.

그러면 어떠한 시대적 배경 속에서 아리랑의 특성이 형성되었는지를 살펴보자.[15]

조선조 봉건사회는 특히 18세기 이래 격심한 변화와 질서의 동요가 나타난다. 권문세족들이 권력을 독점함에 따라 농민층 내부는 자체의 계층분화가 격렬하게 전개되었으며, 한편 지배계급의 착취에 따른 농민의 부담이 전례 없이 가중되었다. 이러한 형편에서 대부분의 농민은 토지로부터 유리遊離, 이탈되어 결과적으로 많은 농민이 농토에서 쫓겨나게 되었고, 그것은 조세 거부와 저항의 정도를 넘어서서 화적이 되거나 민란봉기 등 적극적으로 표현되기도 하였다. 마침내 1811년의 홍경래난을 필두로 전국 37개 지역에 걸쳐 일어났으며, 더 나아가서는 1894년의 갑오농민전쟁과 같은 대규모의 항쟁에까지 이르게 된다.

이러한 역사적 체험을 통해 농민의 각성은 민중의식의 차원으로 크게 성장하였으며, 이에 따라 그들은 고통과 항거의 시대를 맞게 되었다. 우리는 민요 전반에 걸쳐 이러한 흔적을 찾아볼 수 있는데 전통민요 전반에서 이러한 요구가 다소 가미되게 되었다고 하더라도 이제 민중들은 과거와 같은 양식의 농업생산을 매개로 한 민요로써 만족할 수만은 없게 되었다. 그들 자신의 처지가 이미 과거와 같은 농업 생산적 공동체로부터 이탈하였고, 새로운 민중적 공동체의식을 각성해가고 있었다. 이러한 터에 격심한 사회변동과 긴박한 체험을 표현할 수 있는 새로운 민요양식이 요청되었던 것이다.

그들은 놀라운 현실과 체험을 그때의 노래로서는 담아낼 수도 없었다. 단순한 양식이면서도 다양하게 부를 수 있는 노래, 농토에 매여 있건 유리되었건 민중의 처지에서 누구라도 언제나 쉽게 부를 수 있는 노래를 필요로 하였다. 이러한 기반 위에 형성, 성장할 수 있었던 노래가 근대 민요 아리랑이었을 것이다.

●
15 김기현, 앞의 글, 33-37쪽 부분을 요약하여 옮겨 쓴 것이다.

달리 당대 소리판의 변화도 주목할 필요가 있다. 임변양란 이후 전란으로 인한 국가재정의 궁핍은 수 많은 궁중의 예인집단들을 궁밖으로 내몰게 되었고, 이들은 호구지책으로 연희패를 형성하여 전국을 유랑하게 된다. 또한 정악과 정가를 중심으로 연행하던 그들은 점차 양반가나 중인 상민 등등 재산가들의 기호만 맞춘 속화된 격조 낮은 노래를 부르게 되었으니 자연히 아치雅致한 지배층의 노래는 변하여 인생무상이나 취락, 이별애상 등을 잡스럽게 노래하는 잡가가 형성·유행하게 되었다.

한편, 숙종 조 무렵 영상회상에서 파생한 빠르고 경쾌한 타령조의 가락은 점차 임병양란 후 소리판에 그 세력을 확장해 가다가 18세기 이후 잡가의 주된 가락으로 자리 잡으면서 대중적 인기를 얻어 갔다.

잡가는 1820년대 추교신, 조기준, 박춘경 등의 소리꾼들 이후 성창하였고 1908년 권번의 출현은 잡가의 전성시대를 구가했다.[16] 아리랑은 이 잡가류의 타령조 노래로서 등장하게 되며 향유층의 현실적 삶의 고통을 털어내고, 당대현실을 풍자하고, 세계와 자아의 모순에 항거, 투쟁하는 적극적인 민중의식의 반영을 하나의 기본 축으로 하고 다른 하나는 이러한 세태에 대한 자기폄하적 풍자와 비꼼, 인생무상과 자탄의 퇴행적 성격을 한 축으로 하는 양면성을 지니고 노래 불려졌다. 그러나 아리랑이 모두 이러한 기본성격의 테두리 안에만 있는 것은 아니다. 윤리·규범의 질곡을 거부하는 감성적 해방, 개화와 함께 밀어닥친 기막힌 세태, 일제 식민지로의 편입과정에 직면하는 생활체험 등에 때로는 맞서고 때로는 우회하면서 개인적·민족적 현실을 모두 노래의 대상으로 삼았다. 그러면서도 전체적으로는 개체로서의 자기를 노래 속에서 수시로 발견하고, 공동체로서의 민중적 자아를 확인해 나가는 것이 노래 아리랑으로 나타나게 된 것이다.

---

[16] 이창배, 『한국가창대계』, 홍인문화사, 1976, 162-164쪽.

3 '아리랑' 노래의 형성 시기와 전개

3-1 아리랑 노래의 형성 시기

지금까지 이루어진 아리랑의 형성 시기에 관한 논의는 크게 근대설과 근대 이전설로 나누어 볼 수 있다.

전자는 대개 그 시기를 근대의 고종 조 경복궁 중창기를 기점으로 잡고 있고[17], 후자는 대개 고대 또는 조선조라는 근대 이전의 불명확한 역사적 기점을 출발점으로 잡고 있다. 그런데 '아리랑'의 역사가 후자의 주장처럼 그렇게 오래된 것이라면, 왜 우리 문학사에서 아리랑처럼 사설과 후렴이 붙은 두 줄 양식의 노래가 우리의 전통적 노래구조로 자리 잡지 못하고 있는지, 왜 근대 이전의 우리 문헌에서 이렇게 중요한 노래가 한 번도 언급되어 있지 않은지 의문스럽다.

우리 문학사에서 아리랑과 관련 있는 기록들은 모두 1790년대를 뛰어 넘지 못하고 있고, 경복궁 창건과 관련한 아리랑 연원설 속에서도 '아리랑'을 기록하는 한자어 표기가 각양각색인 것은 '아리랑'이 그렇게 오래 전에 출현한 것이 아니라 근대에 이르러 나타난 노래였음을 의미하는 것이다.

아리랑 노래와 가장 유사한 기록은 이승훈李承薰(1756-1801)의 「만천유고」蔓川遺稿에 기록된 농부사農夫詞(1790년 창작)[18] 중에 '아로롱'이란 어사와 후렴구가 처

-
- [17] 金志淵, 『朝鮮民謠아리랑』, 文海書館, 소화10년(1935), 4-15쪽.
- [18] 農夫詞 庚戌年里農請書農旗故作이란 기록이 부기되어 있어 1790년 창작한 것으로 보이며, 농기제작과 관련된 창작 작품으로서 歌唱 여부는 알 수 없으나 이때에 아리랑 후렴과 유사한 '아로롱 아로롱 어희야' 란 후렴어구를 사용하고 있음을 보여준다.
  神農后稷이 始耕稼ᄒᆞ니   自有生民 爲大本이라
  鐘鼓 울여라 鐘鼓 울여라   薄言招我諸同伴
  <u>啞魯聾 啞魯聾</u> 於戱也
  事育生涯 勞不憚일세   *첫 연만 소개함(밑줄 및 행 구분 필자)

음이다.

'아리랑'이란 어사가 아니라 '아로롱'으로 나타난 점은 차치하더라도[19] 1790년에 와서야 '아리랑'과 유사한 어구와 지금처럼 독립된 고정부로서 후렴구를 형성하고 (지금도 동일한 것은 아니지만) 있는 노래가 문학사에 등장하였다는 점을 주목하지 않을 수 없다.

그런데, 최초로 아리랑을 채보하여 소개한 미국인 H.B.Hulbert는 다음과 같이 기록하였다.

> "이 노래는 언제, 어디서나 들을 수 있다.—내 개인적인 견해로는 이 노래는 3천5백20여 일간 지속되어 왔으며, 1883년에 대중적 애호를 받게 된 것으로 전해지기도 한다.—나는 어느 누구도 그 이상 정확한 숫자를 밝혀낼 수 없다고 생각한다. 사실 그 가락은 즉흥곡의 명수인 조선인에 의해 수많은 즉흥곡으로 대치되기 때문이다. 하지만 그 후렴은 변치 않고 이렇게 불려진다. 아르랑 아르랑 아라 / 아르랑 얼스 비씌어라"[20]

그는 10년 전(그가 한국에 온 1886년을 가리킴, 이 글을 쓴 해는 1896년)부터 대중적 애호와 지지 속에 아리랑이 널리 불리고 있었으며 1883년에 대중적 애호를 받은 노래라고 한다.

그렇다면 1790년대에 '아로롱 아로롱 어희야'라는 한 줄의 불완전한 후렴구를 지니고 나타난 아리랑이 지금과 같은 두 줄 양식의 후렴구를 가진 아리랑 노래로 자리 잡은 때가 1890년대라고 증언하고 있는 셈이다. 하나의 노래 갈래가

●
19 1912년 조선총독부가 실시한 〈俚諺,俚謠及通俗의 讀書物等調査〉에서 아리랑 노래에는 '아리랑' 이외에도 '아로롱', '아라성', '얼어리', '아르랑', '어러렁', '아라랑' 등 유사한 어사가 많이 사용되고 있다.
20 H.B.Hulbert, 「The Korean Repository」, 1896. 2, 51면. 그는 미국 버몬트주(州) 뉴헤이번 출생. 1884년 다트먼트대학을 졸업, 1886년(조선 고종 23) 소학교 교사로 초빙을 받고 D.A.벙커 등과 함께 내한(來韓), 육영공원(育英公院)에서 외국어를 가르쳤다.

생겨나 온전한 형태로 자리 잡기까지에는 오랜 시일이 필요로 하는 만큼, 1790년대 만천유고에서와 같이 고정적인 후렴구를 지닌 노래가 생겨나고 1800년대 후반에 이르러 새로운 형식을 지닌 온전한 노래 갈래로 등장하는 것은 당연한 일인지도 모른다.[21]

1894년 동학혁명을 취재하러 온 일본 16개의 신문·통신사 중 하나였던 일본 우정국 간보인『유우빈호우치신문郵便報知新聞』(명치27년(1894). 5.31자 6면)에 아리랑이 취재되어 보도되어 있는데 여기에도 아리랑의 후렴구가 독립된 형태로 사용되고 있다. 모두 4수의 노래가 보도되었는데 이 중 2수는 흥타령 사설이고 마지막 2수는 후렴구를 가진 아리랑이다.[22] 노랫말에 "조선의 유행요"라고 소개하면서 당시 인천지역 인근에서 불린 것으로서 소개된 이 노래는 완전한 아리랑의 후렴구(아라랑 아라랑 아라리요 / 아라랑 아라랑 아얼수 아라리-야)가 나타나고 있다.

이어 최초의 아리랑 채록본인 H.B.Hulbert의「朝鮮留記」(The Korean Repository(1896))에 나타난 2수의 〈A-ra-rung아르랑〉에도 후렴구는 독립된 형태로 나타나고 있다.[23]

---

21 김기현,「'아리랑'의 장르성과 범주」,『어문론총』제28호, 경북어문학회, 1994, 32쪽에서는 아리랑의 범주에 드는 노래로서의 구성조건으로 다음과 같은 4가지를 정하고 있다.
첫째, 민중의 토착적인 입말의 노래. 둘째, 아리랑(아리아리, 아리 쓰리 포함)이란 후렴 고정부를 가진 노래. 셋째, 지역적 토리를 가지고 불리는 한국적 가락의 음악성을 지닌 노래. 넷째, 지역민이 인지하여 다수인에 전승되는 노래 등이다.
22 인천 제물포가 살긴 좋아도 / 왜놈의 등살에 나 못살아 홍
에이구 홍 성하로-다 홍 / 단두리만 사쟈나 애구데구 홍 / 성하로-다 홍
아라랑 아라랑 아라리요
아라랑 아라랑 아얼수 아라리야
가련타 가련타 고양이 먹이가 된
鼠族은 불쌍도 하여라
산도 실코 물도 실테
누구를 바라고 나 여기 왔나(*사설 행 구분 필자)
23 H.B.Hulbert,「The Korean Repository」, 1896. 2, 51쪽.
KOREAN VOCAL MUSIC이란 이름으로 2수의 〈A-ra-rung아르랑〉을 채보하여 소개하였는데 그 가사는 다음과 같다.

Ararung 아르랑

이상과 같은 문헌자료를 살펴 보건대 1890년대 초반에는 이미 완전한 형태를 갖춘 아리랑 노래가 불리고 있음을 확인할 수 있다.

그런데 민요 아리랑의 형성기는 많은 이들이 지적하고 있는 고종의 경복궁 복원사업과는 무관하지 않다[24]고 보는 것이 보다 설득력 있는 입장이 될 것이다.

경복궁 중창은 고종 2년인 乙丑(1865년) 4월에 공사를 전담할 건영도감營建都監이 만들어져 원납전을 받기 시작하였고, 고종 5년 戊辰(1868년) 6월에 완공되어 7월에 왕이 경복궁으로 옮겼고, 고종 9년 壬申(1872년) 9월에 영건도감이 해체되었다.[25] 만약 아리랑이 경복궁 중창기간에 만들어져 불렸다면 1865년부터 1872년 사이인 불과 7년 사이인 셈이다. 황현黃炫의 「매천야록梅泉野錄」(고종 31년 갑오

-

  A-ra-rung a-ra-rung a-ra-ri-o a-ra-rung Ŏl-sa pai ddi-Ŏ-ra
  Mun-gyung sai-chai pak-tala-n mu   hong-do-kai pang-maing-i ta-na- kan-da
  아르랑아르랑아라
  아르랑얼ㅅ비씌어라

[24] 高橋亨, 朝鮮民謠總說,〈東方學紀要〉別冊2, 1968, 2월. 日本 天理大學,(1932-37년 작성)
〈최철 · 설성경 엮음,『민요의 연구』, 정음사, 1984, 353면.〉
"大院君은 그 攝政 첫해부터 이미 景福宮 重建의 大工事를 시작, 全 13도의 壯丁을 徵發하여 土役을 强行했다. 이때 全道의 壯丁들은 그가 익히 불러온 民謠를 불러 勞作에 從事했다. 王宮의 建築이라는 莫重한 工事임에 특별히 寬典을 주어 그 고통을 輕減해야 하는 것이어야 하고, 이 가운데 또한 勞作의 괴로움에 따라서 마음속의 苦痛을 卽興的으로 노래한 田園詩人의인 壯丁도 있다. 이리하여 景福宮의 工事場은 마치 수 朝鮮의 民謠展覽會와 같은 景況을 띠고 民謠의 交錯과 變化와 學習이 활발히 행해졌다. 이때에 발생한 朝鮮民謠의 數도 상당수에 이른다고 여겨진다. 이것은 後章 濟州道의 民謠에 있어 상세히 記述한다. 景福宮 土役을 노래한 民謠가 京鄕 各地 濟州道에까지 실제로 불리고 있는 것이다.
그러나 倂合 이후 京城 花柳界의 政勢가 크게 日本化하고, 上流 妓生과 俗歌, 俗曲이 大衆의 嗜好에 合致하는 鄙陋한 노래를 부르지 않으면 안 되게 되어 이렇게 從前의 上流 妓生이 익히 부른 時調나 歌辭, 雜歌 등의 上品이며 古典의 趣向味가 풍부한 朝鮮 歌謠가 점점 流行歌나 民謠로 그 자리를 내어 주는 趨勢가 되어, 京城의 花柳界에 있어서도 容易하게 地方 民謠의 재미있는 마디를 들을 수 있게 되었다. 平壤의 花柳界에서도 마찬가지이다. 그리고 韓日合倂이라고 하는 政治의 新局面이 열려 朝鮮人의 生活에 안팎으로 多樣한 大變化가 옴에 따라, 어리석고도 敏感한 庶民들은 언제 누가 지은 것도 없이 발생한 新民謠를 부르게 되었다. 淡婆姑 노래, 아리랑 노래, 北邊의 哀怨聲 등은 이렇게 하여 생겨 이렇게 擴散된 朝鮮의 새로운 民謠이다."

[25] 李瑄根,『대한국사』권11, 신태양사, 1973. 연표 참조.

〈1894년〉)에[26] 아리랑타령이 '신성염곡新聲艶曲'으로서 당대 궁중내의 상층 지도층이 꽤나 좋아한 노래였고 아리랑의 '교졸巧拙'을 가름하여 상을 내렸다고 한 것으로 미루어 보아 이때 아리랑은 상당히 유행하던 노래였음을 알 수 있다. 이같이 1890년대 초반에 이미 궁중에서 전담하는 부서가 생길 정도로 널리 유포된 노래라면 이러한 구비적인 노래가 만들어지고 널리 확산되는 데는 경복궁 중창기간인 7년의 짧은 시간으로는 불가능한 일이다.

그렇다면 이미 이전에 각 지역에서 아리랑과 유사한 형식의 어떤 노래가 존재하고 있었다고 보아야 한다. 즉, 각 지방에서 농사를 지으면서 그 지역의 2줄 형식의 토착적인 소리로 부르고 있던 불완전한 형태의 노래(이승휴 기록의 농부사와 같은)가 있었는데, 경복궁 중창기에 전국에서 모여든 사람들에 의해 보다 발전한 새로운 양식의 후렴인 입타령(기실 당대 이미 유행된 타령조의 노래문법에 따른)과 교섭, 변형되어 지금과 같은 형태의 아리랑으로 전파 확산되었을 가능성이 더 높다는 것이다. 이 같은 전파 통로에는 전문 가객 집단(가객, 기생)이나 당대 유랑 예인집단[27]들에 의해 아리랑의 토속적인 잡가류의 아리랑 가창도 상당히 이루어지고 있었기에 가능했을 것으로 판단된다.

이 현상은 1920년대 중반까지도 '아리랑'이 다른 노래와의 변별성을 유지하여 그 독자적 정체성을 획득하고 불린 노래가 아니라 새로운 노래로서의 정체성[28]을 확보하는 단계, 즉 형성되고 널리 유포되던 시기임을 반증하는 것이다. 그

•
26 正月,上晝寢,夢光化門到, 懼然驚悟,大惡之,以二月移御昌德宮,卽繕東宮,會南警日急,而土木之巧愈競焉,每夜燃電燈,召優伶奏新聲艶曲,謂之阿里娘打令,打令演曲之俗稱也,閔泳柱以原任閣臣,領衆優,專管阿里娘,評其巧拙,領尙方金銀賞之,至大鳥圭介犯闕而止.
27 이에 관한 자세한 내용은 노동은, 「한국근대음악사(1)」, 한길사, 1995, 175-224면 참조 바람.
    이러한 사정은 1913년 사공 수가 지은 「漢陽五百年歌」, (1935, 세창서관본)에도 잘 나타나고 있다.
    당나라이 망할적에 후정화를 부르더라 / 그 곡조를 부르다가 안록산의 난을 만나
    — 중 략 —
    거사놈과 사당놈을 대궐안에 불러드려 / 아리랑타령 시켜 밤낮으로 노닐 적에 (밑줄 필자)
28 정체성이란 곧 '아리랑의 원형'으로 고정소(후렴구)의 형성, 두 줄 양식 등 현행 아리랑의 본질적인 요소를 구성하고 있다는 뜻이다. 각주 20)의 조건을 가진 노래를 아리랑의 정체성을

렇다면 본격적인 노래 '아리랑'으로서의 출발기는 1860년대를 넘어갈 수 없다고 할 것이고 따라서 이때부터가 아리랑의 태동기가 될 것이다.

이 시기의 아리랑은 만천유고에서 보인 바대로 아직까지 장르적 독자성을 획득하지 못하였기에 생활 속에서 일상적으로 불러왔던 토속성이 강한 노래로 농업공동체 사회와 밀접한 관련성을 지닌 농업 노동요류(이승휴의 농부사 같은)이었을 것이다.

3-2 '아리랑' 노래의 전개

아리랑과 관련한 문헌 기록을 살펴보노라면 성격이 판이하게 다른 두 종류의 아리랑이 병존하고 있음을 볼 수 있다.[29] 그 하나는 기층민중이 부른 토착적인 성격을 지닌 불완전한 형태의 「토속아리랑」이요, 다른 하나는 전문적인 소리꾼들을 중심으로 불리는 타령조의 경기 잡가인 「통속아리랑」인 셈이다. 전자의 대표 격인 〈정선아라리〉, 〈강원도아리랑〉, 〈영월·평창 아리랑〉이나 〈진도아리랑〉〈밀양아리랑〉 등은 현재 독자적인 정체성을 가지고 존재하고 있는데 이들에게서는 기층민중의 현실적 애환이 담긴 토속성이 강한 노랫말이 남아 불리고 있으며 대체로 기층문화 속에서 노동요로서의 기능과 성격을 지니고 있는 노래이다.

그런데 토속소리라는 〈진도아리랑〉도 진도인들에 의해 만들어져 1925년 10월 이후 방송매체를 타고 전국으로 퍼진 노래였고,[30] 〈밀양아리랑〉은 1928년에

●
　가진 노래라 할 수 있다.
29　아리랑이 '토속아리랑'과 '잡가아리랑'의 두 갈래로 이 시기에 이미 존재하고 있음을, 鄭雨澤, 「雜歌集 所在 〈아리랑〉에 대한 硏究」, 『古典詩歌의 理念과 表象』(林下 崔珍源 박사 정년기념논총), 1991에서 밝힌 바 있다.
30　朴秉訓, 「珍島아리랑打令의 由來」, 『진도아리랑타령』(增補 第三版), 진도문화원, 1997, 34-35쪽.
　　1982년 당시 82세이시던 珍島邑內 박석주옹(作故)의 證言記錄에 의하면 1900년도 초반까지 진도아리랑은 정리된 장단도 없이 진양조, 자즌머리, 중모리, 중중모리 등으로 두서없이 부르

창립된 빅타 레코드사의 전경희全景希가 경기 잡가의 사설과 신조한 사설을 엮어 만들어 불러(레코드 번호: 49093B) 널리 퍼진 통속적인 성격을 가진 특별히 만들어진 노래였다고 본다.[31] 그러나 이들 노래는 지역의 토속적인 전래의 두 줄 양식의 노래(예, 모심기소리)에 아리랑 후렴구가 덧붙여진 토속소리를 바탕으로 하여 만들어 불린 당대의 신민요였기에 통속적인 성격보다는 토속성이 강한 것으로 본다. 후자의 대표 격인 1910년대 『開化期 雜歌集』에 수록된 아리랑은 향락적 유흥의 고취가 발현된 "아르랑 아르랑 아라리오 아르랑 씌여라 노다ㄱ세"가 후렴으로 붙여진 경기 잡가이다. 잡가는 일반적으로 향락적 유흥이 주된 관심으로서 사설의 주된 내용이 애정, 유흥, 무상, 자연찬미 등을 담고 있는 노래로 주로 노동을 하며 사는 민중의 현실적 삶의 고통을 토로한 토속소리와는 거리가 먼 내용이다.

1900년대 초반 서울과 평양의 유흥가는 잡가가 판을 쳤고 출판된 잡가집은 중판을 거듭하였으며,[32] 이때를 전후해서 잡가는 국가적 행사인 연회나 고급기

• 고 歌詞와 "후렴" 등도 각양각색으로 부르던 것을 채상준, 박진권, 허자선, 박경준, 박석주 옹 등의 諸氏들이 모여 神廳에서 「藝技組合」을 設立하여 후진 양성시 당시 珍島에 널리 불리어지던 아리랑타령의 함배(박자)와 째(制, 曲)를 정리하고 「珍島아리랑」이라 命名하였는데 이때 「호남아리랑」 혹은 「남도아리랑」으로 하자는 의견이 있었으나 朴鍾基先生께서 「우리 珍島에서 부르는 노래이니 "진도아리랑"이라 하자」고 하여 「珍島아리랑」으로 결정이 되었다는 이를 뒷받침하는 증언을 들은 바 있다. ─중 략─ 서울 南山에 朝鮮神宮을 建立하여 그 낙성을 보게 될 때(1925년 10월) 십삼도의 名唱, 악공들을 모아 예술잔치를 가졌습니다. 이때 朴鍾基先生이 출전하여 젓대로 珍島아리랑(현재 부르는 曲)을 불렀는데 당시 총독이던 「材藤」은 어찌나 노랫가락에 심취하였던지 춤을 추며 "그 노래는 어느地方에서 부르는 노래냐" 물었다. 이때 박종기선생은 "珍島地方의 珍島아리랑이요"라고 대답하였다고 하며 당시 서울방송국의 전파를 타고 珍島아리랑이 전국에 널리 퍼지게 되었으며 그 후 珍島出身名唱들에 의하여 唱으로 부르게 되면서 全國에 珍島아리랑이 알려지게 되었다고 한다. (34-35쪽)

31 김기현, 「〈밀양아리랑〉의 형성과정과 구조」, 『문학과 언어』 12집, 1991.
　朴秉訓, 「珍島아리랑打令의 由來」, 『진도아리랑타령』(增補 第三版), 진도문화원, 1997.
32 鄭在鎬, 「雜歌 攷」, 『民族文化硏究』 제6호, 고려대민족문화연구소, 9쪽(『韓國雜歌全集』 1-4, 鄭在鎬 편저, 啓明文化社, 1984.5.
　4권 잡가고 9면에 재수록
　이상 15種 雜歌集의 特徵을 보면 첫째, 그 分量이 대체로 4.6판 100面 內外」로 그렇게 큰 책이 아니다. 따라서 收錄한 雜歌도 50種에서 70種 정도다. 둘째, 이러한 雜歌는 當時 一般에게 相當한 關心을 끈듯 하니 이는 거의 같은 內容의 歌集을 이렇게 여러 出版社에서 發行했다는 點

생들에 의해 성창되었다. 협률사(1898), 광무대(1900), 원각사(1902) 등의 극장에서 흥행을 시작하였고 당대 유행가로서 불렸다.[33] 이때 아리랑도 타령조의 노래로서 잡가집에 실려 널리 애창되어진 새로운 노래로 널리 향유층을 확장하는 계기가 되었을 것으로 보인다.

그러면, 형성기에 불린 아리랑은 어떤 성격을 지닌 노래였을까?

황현黃炫의「매천야록梅泉野錄」(고종 31년 갑오〈1894년〉)에는[34] 아리랑타령이 '새로운 곡'으로서 그 성격이 애정요였으며, 1913년 사공 수司空 檖가 창작했다고 하는 〈한양오백년가〉에서 지적한 바대로 아리랑은 망국의 노래로 평가하고 있다.[35]

이후 1901년 황성신문의 『논설』인 〈俚謠足觀世道〉에는[36] 아리랑을 '諧謔奪倫之舊調'의 '鄙俚之謠'라고 부정적으로 소개하고 있으며, 이러한 경향은 1908년 대한민일신보『寄書』〈歌曲改良의 意見〉에 이르면 아리랑에 대한 당대 지식인의 부정적 시각은 더욱 심해진다.[37] 즉, 아리랑이 '窮凶巨惡淫談悖說'

  과 각기 再版 이상 10餘版을 重刊했다는 것으로 보아 알 수 있다. 셋째, 詩歌의 蒐集은 當時 名唱들의 口述에 의하였다. 歌集에 따라 口述者의 名을 크게 밝힌 것도 있다.
33 鄭雨澤,「雜歌集 所在〈아리랑〉에 대한 硏究」,『古典詩歌의 理念과 表象』(『林下 崔珍源 박사 정년기념논총』), 1991, 750면.
34 正月, 上書寢, 夢光化門到, 憣然驚悟, 大惡之, 以二月移御昌德宮, 卽繕東宮, 會南警大急, 而土木之巧愈競焉, 每夜燃電燈, 召優伶奏新聲艶曲, 謂之阿里娘打令, 打令演曲之俗稱也, 閔泳柱以原任閣臣, 領衆優, 專管阿里娘, 評其巧拙, 領向方金銀賞之, 至人鳥圭介犯闕而止.
35 崔康鉉,「王朝 漢陽歌의 異本에 대하여」,『국어국문학』32호, 재인용
  사공 수,「漢陽五百年歌」, 1935, 세창서관본.
  당나라이 망할적에 후정화를 부르더라 / 그 곡조를 부르다가 안록산의 난을 만나
  ─ 중 략 ─
  거사놈과 사당놈을 대궐안에 불러드려 / 아리랑타령 시켜 밤낮으로 노닐 적에
  춤 잘 추면 상을 주고 지우자 수건으로 / 노래하면 잘한다고 돈 백냥씩 불러주되
  오입장이 민중전이 왕비오입 첫재로다
36 皇城新聞,『論說』〈俚謠足觀世道〉, 1901.11.13『韓國近代文學硏究資料集』(개화기신문편) 2권, 三文社, 1987, 263면.
  ─ 至若鄙俚之謠는 在上者ㅣ尤當斥之嚴而放之遠이라近所謂六子拍阿里郞之謠가實非八音諧謔奪倫之舊調어늘男女競唱ᄒ고上下ㅣ湊ᄒ야至於流觴之筵과燕會之席에小鼓冬冬不覺手舞而足蹈ᄒ고哀音女弱에□增心壞而懷傷ᄒ니此는古樂歟아今樂歟아 ─
37 대한민일신보,『寄書』〈歌曲改良의 意見〉, 1908.4.10,『韓國近代文學硏究資料集』(개화기 신

로 인지되거나 더욱이 "亡身亡家亡國之荒音"으로까지 지탄을 받고 있다. 아리랑이 수심가나 난봉가와 같은 타령조의 통속 민요로, 개명하고 전진해야 하는 시대적 요청과 거리가 먼 노래로서 '아리랑'이 퇴폐적이고 향락적인 내용을 지닌 노래라는 평가를 내리고 있는 것이다.

이보다 뒤인 大正 14년(1925년)에 나온 「해동죽지海東竹志」에 의하면,

> 距今三十餘年前所謂此曲未知從何而來遍于全土無人不唱其音哀怨其意淫哇其操礁殺短促蓋季世之音至今有之名之曰아라리타령[38]

이라고 하여 30여 년 전인 1890년대 초에 형성되었으며, 전국적으로 두루 퍼져 널리 대중화되었고, 그 소리가 슬프고 원망하는 듯하며 뜻이 음란하고, 여운이 없이 단촉한 가락의 말세적인 소리로 평하고 있다.

이상과 같은 아리랑에 대한 당대 지식인의 지적은 국권상실기에 지식인이 지닌 전통적인 시가관[39]의 한 표현이지마는 아리랑이 '민족의 소리'로 인지되는 오늘날의 인식과는 거리가 멀다. 그런데 이들이 듣고 비판한 아리랑은 사설의 내용을 살펴 보건데, 노동 속에서 삶의 애환을 토로했던 당대 민중의 토속소리가 아니라 기생이나 가객들에 의해 불리던 통속류의 아리랑이었을 것으로 보인다.

• 문편) 5권, 三文社, 1987, 337면.
"所謂妓女唱夫及衢路兒童이開口則所謂歌曲이都是수심가난봉가알으랑홍타령等類뿐이니此何窮凶巨惡淫談悖說之成習也오彼等愚賤之尋常行之를不足掛齒라ᄒ면豈可曰導之以善之有也리오這間尤有痛歎痛憎者ᄒ니所謂官人名色與此幷唱에猶恨不淫悖之益甚ᄒ니此時가何時오實非諸君宴樂之日而况若有壹點人子之本性이면豈可擧面皮而坐聽此妖言狂說哉아爲之寒心處로다
蓋英雄豪達之詞와壯士慷慨之歌는古今이何異리오만은至若此等亡身亡家亡國之荒音은宜有醫吏之痛禁而置諸度外ᄒ니亦何故也오以外相觀之면此未免蒼古之論이나然이나其實은際此開明前進之時代ᄒ야妨害之氣가莫此爲甚也리一〈하 략〉"

38 崔永年,『海東竹枝』上編, 1925, (고려대도서관소장본)
39 조선조 지식인의 시가관은 대체로 載道論의 입장을 벗어나지 않아, 노래를 유교 도덕적 가치관을 평가해 왔다.

1910년 한일늑약 이후 문화계는 자주적 독립국가 건설에 대한 의지가 꺾이고 대상세계를 주관화, 왜소화하거나 비관적으로 바라보는 경향을 보인다. 이에 국운이 다한 왕조의 몰락과 일본의 강제 앞에 신문물을 받아 개화 선진하고 자주 독립의 국가를 다시 보전하자는 당대적 인식은 기생이나 가객들의 노래로 불리던 당시의 아리랑에 대한 평가가 좋았을 리가 없다. 그들은 아리랑을 가락이나 형식적 틀을 그대로 두고 사설만을 바꾼 계몽용 노래로 펼치기도 했는데 이는 아리랑이 널리 알려진 대중적인 노래였기에 가능했던 작업의 일환이다.

1907년 《대한믹일신보(7.28)》에 기록한 「아르랑타령」[40]은 당대의 이 같은 사정을 잘 반영한 것이라고 하겠다. 얼마나 널리 불렸는지에 대해서는 잘 알 수 없으나 이 노래는 개사곡의 성격을 띤다. 이미 널리 알려진 곡조와 노래의 틀에 가사 형식의 사설을 만든 노래이다. 이 같은 개사곡이 나올 수 있는 것은 이미 아리랑이 널리 알려져 있었기에 가능했을 것이다.

잡가계열의 통속아리랑은 이러한 역사적 위기의 시대를 배경으로 하여 유흥적 분위기를 고취하면서 노래되었을 것이다.

1910년대의 잡가집[41]에 〈아르랑 타령〉에 게재되어 널리 유포된 것은 아리랑

---

40 대한믹일신보, 1907.7.28, 「아르랑타령」: 『韓國近代文學硏究資料集』(개화기신문편) 4권, 三文社, 1987, 305면.
41 아르랑타령 丑童의童謠
  아르랑아르랑 알알이오 // 아르랑 쳘쳘 비 씌워라
  아르랑타령 졍 잘ᄒᆞ면 / 동양 삼국이 평화되네 // 우리 삼국은 형뎨갓치 / 동종 동문에 친밀일세
  요힝 일본이 긔명된 것 / 다힝인 줄 알앗더니 // 황빅인종의 분간잇셔 / 황화지셜이 ᄒᆞ도만타
  미국상황의 ᄋᆞ동문뎨 / 지금 까지도 ᄭᅮᆺ못낫고 // 덕국 황뎨의 연셜에도 / 일영동밍을 스려힛네
  — 중 략 —
  오늘 우리 망ᄒᆞ다면 / 릭일 너도 망ᄒᆞᆯ지라 // 나 망ᄒᆞ고 너 망ᄒᆞ면 / 무슴 쾌사가 된단말가
  멸국 신법도 쓸곳 잇지 / 류구국 되만은 왜 멸하나 // 무예 숭상은 하엿스나 / 도덕디심은 전혀 업네
  권능 만ᄋᆞ신 하ᄂᆞ님은 / 동양인종을 도라보샤 // 뎌의 ᄆᆞ음을 감화식혀 / 평화되게 ᄒᆞ옵소셔
  (*행구분, 띄어쓰기 필자)
  鄭在鎬 편저, 『韓國雜歌全集』 1-4, 啓明文化社, 1984에 의하면,
  「增補 新舊 雜歌」, 盧益亨 편, 漢城書館, 1915.4.5

이 잡가의 주 향유층인 권번기생들이 주로 향유했던 유희통속적인 노래였기 때문이다. 이때 있었던 대다수의 논의가 아리랑은 그 소리가 슬프고 원망하는 듯하며 뜻이 음란하고 여운이 없이 단촉한 가락의 말세적인 소리로 평하고 있다. 국권상실의 시대 현실을 망각한 비관주의적 정서의 표출, 인생무상이나 애정 찬미 등과 유희오락적인 색깔이 농후한 지극히 통속적인 성격의 노래였기에 당대 지식인으로부터 많은 지탄을 받은 것이다.

이로 보건데 태동형성기의 아리랑은 온전한 장르성을 확보하지 못한 채 각 지역에서 토속소리로 불리던 토속아리랑과 권번이나 협률사 공연, 유성기판, 유랑노래패 등이 부르던 통속소리 아리랑이 공존하고 있었고 점차 통속소리 아리랑은 대중 매체의 보호막 속에서 그 위력을 확대해 나가고 있었다고 할 수 있다.

아리랑이 성창 융성하던 시기는 영화 아리랑의 영향에 의하여 토속아리랑이 통속아리랑으로 변모해 나가고, 유성기판과 대중 매체의 발달, 신민요와 노래문화의 변화 융성에 따라 대중가요로서의 활용성이 고양되었던 1920년대 말부터 1940년 태평양 전쟁이 발발되던 때까지로 잡을 수 있다.

1927년부터 1928년에 걸쳐 '컬럼비아'·'포리돌'·'빅타' 등의 외국 레코드 판매권을 가진 일본의 상사는 원반을 수입하여 일본 국내에서 레코드판을

●
「古今雜歌篇」, 朴永均 편, 新舊書林, 1915.5.20
『無雙 新舊 雜歌』, 朴承燁 편, 新舊書林, 1915.10.13 광무뎡 소리
「新舊流行雜歌」, 姜羲永 편, 新明書林, 1915.12.18 紅桃 康津 口述
「新選 古今 雜歌」, 玄公廉 편, 大昌書院, 1916.2.5
「特別 大增補 新舊雜歌」, 南宮 楔 편, 唯一書館, 1916.2.29
「增補 新舊時行 雜歌」, 池松旭 편, 新舊書林, 1916.3.31 朴春載 口述
「現行 日鮮雜歌」, 朴承燁 편, 五星書館, 1916.12.7
「時行 增補 海東雜歌」, 朴健會 편, 新明書林, 1917.11.28
「新舊 現行 雜歌」, 柳根益 편, 新明書林, 1918.4.20
「新舊 現行 雜歌」, 柳根益 편, 東亞書館, 1918.4.23
「朝鮮 俗歌」, 李尙俊 편, 博文書館, 1921.8.30
「朝鮮俗曲集」, 李尙俊 편, 京城 三誠社, 1929.9.10

등 모두 13권의 책속에 〈아리랑〉, 〈아르랑타령〉, 〈정선아리랑〉 등의 아리랑 사설이 반드시 게재되어 있어 당시 아리랑의 대중적 인기를 가늠할 수 있다.

찍어내고, 그와 함께 각 회사는 식민지 한국 시장에 눈을 돌려 본격적인 진출을 했다.

한편 1926년 11월 '재단법인 경성방송국'이 설립되고 이듬해인 27년 2월 16일부터 콜사인 JODK로 도쿄JOAK, 오사까JOBK, 나고야JOCK에 이어 4번째로 방송을 시작하였다. 경성방송국은 1933년 조선어 방송을 제2방송으로 분리하기까지 조선어와 일본어로 방송을 시작하였는데,[42] 20년대의 각 레코드 회사의 진출과 함께 노래의 대중화에 선도적 역할을 담당하였고 30년대는 대중가요의 보급에 박차를 가하던 시기였다. 이는 그 이전 극장공연과 책으로 보급되던 노래들이 이제 본격적으로 레코드라는 대중 매체에 의해 전파됨으로써 상업 자본에 의해 대중가요가 기획·유통되기 시작함을 의미한다. 그러므로 1930년대는 그 이전과 달리 대중 매체에 의해 대중가요가 유통·보급되기 시작한 시기라고 할 수 있다.[43]

이때 성행한 신민요와 트로트풍의 가요는 변화된 음악 환경 아래 기획·제작되어 유성기 음반, 라디오라는 대중 매체에 의해 유통된 노래들이다. 변화된 음악 환경에서 생산된 이 노래들은 특정 작사자·작곡자에 의해 창작되어 특정 가수에 의해 취입됨으로써 그 전대 노래들이 지녔던 구비 전승성이 완전히 제거된

---

42 한국방송공사, 『한국방송사』, 한국방송공사, 1999.
43 양훈, 「인기유행가수 군상」, 『조광』, 1943. 5, 89-93면.
　악기점 확성기 앞에 모여손 사람들
　레코드에 맞춰 노래하는 여급들
　자전차로 달리는 배달인의 희파람
　호미퀸 농부의 콧노래
　- 이렇게 쓰면 씨나리오의한토막같지만, 실은 우리가 매일 눈으로 흔히 볼 수 있는 광경들이다. 이와 같이 불리워지고있는노래는 두말할 것 없이 유행가다. 유행가가 유행된다는 것은 별로 신통할게 없겠지만 하여간 레코드 회사에서 새 유행가를 맨들어 내놓고 선전을 하고보면 대개는 전조선 방방곡까지 퍼지게 된다. …(중략)… 잠간 옛날을 돌아보면 (옛날이라야한 십년밖에 안되지만)『오너라 동무야 강산에 다시 떼돌아 꽃피며』란 「봄노래」가 중학생간에 유행된 때도 있었고,『봄이왔네, 봄이와, 숫처녀의 가슴에도…』의 「처녀총각」이 오육세 어린 이들입에까지 올라 일세를 풍미하였으며,『사꾸라, 사꾸라, 사꾸라가 만발했네』의 「앵화풍경」이 오뎅집으로부터 가정에까지 귀아프게 들려나온 때도 있었다.

다. 음악적으로 신민요는 주로 경기 민요의 선율에 바탕을 두고 창작되었다. 당시 민요에 기반을 둔 민요계 잡가들이 대중들에게 널리 알려져 있었고, 특히 경기소리가 유행했던 상황을 감안하면, 이 때 경기 민요의 선율은 향토민요의 선율이 아니라 경기 잡가의 선율일 가능성이 높다. 실제로 악곡 면에서도 신민요의 가장 대표적인 작품인 〈노들강변〉은 양산도 선율을,[44] 〈갈까보다〉는 서도 뒷산타령의 선율을, 〈궁초댕기〉는 신고산타령을, 〈야밤삼경에〉는 한강수타령을, 〈금강산이 좋을씨구〉는 창부타령의 선율을 차용하고 있다.[45]

이러한 시대적 배경 아래 1926년 춘사 나운규가 만든 〈영화 아리랑〉은 신민요로서 아리랑사에 새로운 전환을 이루었다.

〈영화 아리랑〉의 주제곡 '아리랑'의 가사는 춘사 나운규 자신이 본인이 작사하였다고 분명하게 밝혀놓은 바 있으나[46] 이 민요조의 '아리랑' 원곡을 누가 어떻게 편곡을 하였는지는 분명하게 밝혀지지 않아 논란이 되고 있지만[47] 당대의 경기 잡가조의 단조가락에 가사를 바꾸어 만든 것으로 보인다.

이 주제곡 아리랑에서 처음으로 나타난 "아리랑 아리랑 아라리요 아리랑 고개를 넘어간다"는 후렴구는 이후 모든 아리랑의 기본적인 후렴구로 나타나고 이 때문에 지금에 많은 이들은 이 아리랑을 〈본조아리랑〉[48]이라 지칭하기도 한다.

●
44 최창호, 앞의 책, 34쪽.
45 이진원, 「신민요 연구 I」, 『한국 음반학』 7, 한국고음반연구회, 396쪽.
46 춘사 나운규(1902-1937)의 증언, 삼천리 81호(1937.1), '아리랑 등 자작 전부를 말함.'
    "나는 국경 회령(國境 會寧)이 내 고향인 것만치 내가 어린 소학교 때에 청진서 회령까지 철도를 놓기 시작하였는데 그때 남쪽에서 오는 노동자들이 철로길 뚝을 닦으면서 아리랑 아리랑하고 구슬픈 노래를 부르더군요. 그것이 어쩐지 가슴에 충동을 주어서 길 가다가도 그 노래 들리면 거름을 멈추고 한참 들었어요. 그러고는 애연하고 아름답게 넘어가는 그 멜로디를 혼자 외워 보았답니다. —하략—
47 아리랑주제곡의 작사자는 〈김영환〉설: 〈每日申報〉 1925년 1월 3일 揭載分. "映畵解說에 對한 나의 淺見"에서, 〈임정엽〉설: 〈朝鮮映畵人 언파레드〉 沈 熏 東光 第23號 1931년 7月號, 〈일본인 설〉 등이 있다.
48 김진균은 영화아리랑을 〈본조아리랑〉이라 명하고 있으며(음악과 전통, 태림출판사, 1984.) 이 후 많은 음악인들이 〈본조아리랑〉이라 칭하나 이는 잘못된 것이다. 본조를 구비문학에서는 찾을 수 없다. 그냥 〈영화아리랑〉이 옳다.

3.1만세운동이 실패로 돌아간 뒤, 식민지배의 암울과 울분에 젖은 이 땅 사람들에게 반외세 항일을 주제로 한 〈영화 아리랑〉이 상영되자 영화는 공전의 대 히트를 하게 되었고[49] 이 영화의 주제음악인 아리랑은 선풍적인 대중 인기곡으로 널리 유행하게 되니, 이때 각 지역에서 불리던 수많은 두 줄 형식의 토속요들에 아리랑 후렴구가 붙여져 아리랑은 새롭게 선풍적인 노래가 되었다. 특히 잡가의 특성을 차용한 신민요가 추구했던 '향토색' 표현에 대한 방법적 고민이 지역의 토속소리와 결합하며 새로운 전통 민요풍의 노래로 성행하는데 아리랑이 자연스레 그 앞장을 서게 되는 것이다.

　　이때 기생이나 새로운 직업군의 여성들은 대중가요계에서 소비자와 생산자로서 활발한 활동을 펼친다. 1930년대 도시문화가 본격적으로 형성되기 시작하면서 도시문화의 핵심으로 자리 잡고 있었던 카페나 찻집 등의 여급들은 주로 기생이나 영화배우 출신들이 많았다. 새로운 사고와 사상을 비교적 손쉽게 접할 수 있는 살롱문화의 특성상 기생은 새로운 문화에 대해 가장 먼저 익숙해진 부류였다. 특히 일제 강점기 권번에 소속되었던 기생들은 시조·가곡·거문고·가야금 등에 능했으므로 레코드 자본의 주목을 받았다. 즉 새롭게 등장한 대중적 공간과 미디어의 중심에는 항상 소비자로서의 기생들이 있었으며, 뿐만 아니라 많은 기생들이 가수로 데뷔하여 대중가요의 생산자가 되었던[50] 것이다. 유랑극단 역시 인기가수를 배출한 공간이다. 1920년대 초반부터 신파 극단들이 많은 공연을 가졌는데 이 중 숨은 장기를 보여주는 '막간幕間' 무대 가수들이 홍

49　김종욱, 「영화 〈아리랑〉에 관한 몇 가지 문제」, 『영화 『아리랑』의 재검토』, 한민족아리랑 보존연합회, 1993.12.22, 아리랑 되찾기 100인회 주관, 출판문화회관대강당, 유인물.
　　"지금까지 우리가 알고 있는 「아리랑」의 대성공(관객동원)은 단성사 아닌 지방에서였음을 알아야겠고, 그 여파를 1927년 서울에서의 재개봉 때는 — 〈중략〉 — 여타의 인기에 편승하여 일약 「아리랑」은 최다관객을 동원할 수 있었다. 이에 따라 「아리랑」필름은 불이날 정도로 지방과 도시를 오르내리며 4~5년 동안 최대의 관객 수를 확보했으니 확실한 숫자라고는 단정하지 못해도 70만여 명의 「아리랑」관객을 갖게 되었다고 한다."

50　김진송, 『서울에 딴스홀을 허하라』, 현실문화연구, 1999, 218-220쪽 참조.
　　왕수복, 선우일선, 이은파, 김복희, 한정옥, 김연월, 김춘홍, 이화자 등이 기생출신으로 인기를 얻었던 대표적인 경우라고 할 수 있다.

행을 좌우하기도 했다.

清水兵三은 『조선민요의 연구朝鮮民謠の硏究』에서 아리랑이 시대의 민중의 노래이며 일할 때 부르던 노래이고 더욱이 선전용의 노래라고 하였다.[51] 이는 아리랑의 대중적 인기나 유행의 정도를 시사한 것이며, 이미 많은 용도로 '개사하여 부르는 노래'로 인지되고 있었음을 말하고 있다.

홍사용도 아리랑이 1928년도에 아리랑이 당대 최고의 인기가요임을 밝히고[52] 아리랑이 융성하여 수많은 아리랑이 지역마다 존재하고 있음을 밝히고 있다.

아리랑의 인기와 유행에 힘입어 일반인에게 종두 예방접종을 선전 홍보하기 위해 강원도 이천경찰서에서 등사 배부한 〈종두아리랑〉 등은 아리랑의 대중적 인기를 가늠하는 한 예이며,[53] 홍사용은 1928년의 글에서 서북간도와 만주에서

●

51 清水兵三, 朝鮮の鄕土と民謠,『朝鮮民謠の硏究』, 東京 坂本書店, 1927.1(최철,설성경 엮음, 『민요의 연구』, 정음사, 1984, 79-80면. 재수록)
   "아리랑アララン 가운데는, 시대에 대한 반감이나 怨情을 노래 부른 것이나, 극히 품위 없는, 야비하게 억지로 劣情을 도발하는 듯한 것도 있지만, 民衆歌로서 또 勞動歌로서, 더욱이 宣傳用의 노래로서 이것만큼 민간에 철저한 것은 달리 없을 것이다.
   アララン の唄(아리랑)
   (후렴) 아리랑아리랑 아라리오, 아리랑, 씌여라노다가세"

52 洪思容, 『朝鮮의 메나리 나라』, ≪別乾坤≫, 1928.5(최철, 설성경 엮음, 『민요의 연구』, 정음사, 1984, 108면.)
   사람들마다 입만 벙긋하면 모다 노래다. 젊은이나 늙은이나 사내나 계집이나, 모다 저절로 되는 그 노래! 살어서나 죽어서나, 일할 째나 쉬일 째나, 허튼 주정 잠고대,푸념 넉두리,에누다리 잔사설이, 모다 그대로 그윽한 메나리 가락이 안이면 무어냐.
   – 중략 –
   한 가지 가튼 소리로도 곳곳이 골人을 짤아 그 뜻과 그 멋이 달으다. '아리랑'도 서울 '아리랑', 江原道, 忠淸道, 咸鏡道, 慶尙道 '아리랑'이 달으고 –하략–

53 매일신보, 종두선전가, 1930.2.23
   1.호열자염병엔 예방주사
     마마홍역엔 우두넛키
     아리랑아리랑 아라리가낫네
     아리랑고개를 넘어간다
   2.천하에일색인 양귀비도
     마마한번에 곰보된다
     아리랑아리랑 아라리가낫네
     아리랑고개서 우두넛세

유랑하는 이주자들이 부르는 아리랑을 소개하며 [54], 아리랑이 주어진 현실의 제반 상황에 따라 변화하는 예를 설명하고 있다.[55]

이처럼 아리랑은 외딴 섬 제주도에까지 아리랑은 전파되어 불리는 전국적인 애창가요가 되었으며,[56] 어떤 목적에 맞추어 자유자재로 노랫말을 바꾸어 부를 수 있는 노래이기에 아리랑은 '천의 얼굴'을 가진 노래가 되고 있음을 당대의 기록들이 전하고 있다. 그래서 〈밀양아리랑〉은 〈광복군아리랑〉이 되고 〈영화아리랑〉은 또다시 〈독립군 아리랑〉으로 다시 태어나며[57] 〈문경새재소리〉는

---

54 홍사용, 앞의 글, 139-140쪽.
"이것은 世界大戰亂 以後에 發生된 노래다. 朝鮮에서 經濟的으로 破産을 當한 貧民이 西北間島와 滿洲 方面에 流浪하는 政勢를 노래 부른 것이다. 우리 朝鮮사람은 元來 祖先의 墳墓地를 떠나기를 매우 슳어하는 風이 잇다. 그럼에도 不拘하고 白衣長竹 平和한 故國을 등지고 산 설고 물 선 異域에 흘러가는 모양이야 참으로 그 얼마나 慘狀이냐?"
55 앞의 글, 〈최철·설성경 엮음, 『민요의 연구』, 정음사, 1984, 142-143쪽〉 재수록
56 金陵人, 「제 고장서 듯는 民謠 情調」-濟州道 멜로디-〈三千里〉1939.8(6.19 작성) 〈최철·설성경 엮음, 『민요의 연구』, 정음사, 1984, 196쪽 재수록〉
57 〈독립군아리랑〉 가사 〈광복군아리랑〉 가사
아리아리 쓰리쓰리 아라리 났네   (후) 아리랑 아리랑 아라리요
독립군 아리랑 불러를 보세   광복군 아리랑 불너 보세
이조왕 말년에 왜 난리 나니.   우리 父母님 날차즈시 거든
이천만 동포들 살길이 없네   光復軍갓고 말전해주오
아리아리 스리스리 아라리 났네
독립군 아리랑 불러를 보세.   狂風이분다네 狂風이분다네
三千萬가슴에 狂風이분다네
일어나 싸우자 총칼을 매고
일제놈 처부숴 조국을 찾자.   바다에두둥실 떠오는배는
아리아리 쓰리쓰리 아라리 났네   光復軍실고서 오시는배래요
독립군 아리랑 불러를 보세.
동실령고개서 북소리둥둥나더니
내고향 산천아 너 잘있거라   漢陽城복판에 太極旗펄펄날린다
이내몸 독립군 떠나가노니
아리아리 스리스리 아라리 났네
독립군 아리랑 불러를 보세   62면 하단
부모님 처자들 이별을 하고서   韓老顯 편, 『光復軍歌集』(제3권)
왜놈을 짓부숴 승리한 후에   1948년 3월1일 종합판 간행 등사판
아리아리 쓰리쓰리 아라리 났네
독립군 아리랑 불러를 보세   b 장조 6/8박자 光復軍兵士 合作

〈문경아리랑〉 등등으로, 주어진 환경에 따라 당대의 현실을 그대로 수용하게 되어 아리랑은 가히 전성시대를 구가하였다.

1941년 태평양전쟁부터 1950년대 한국전쟁을 거쳐 1970년대에 이르기까지를 아리랑의 쇠퇴침체기衰退沈滯期로 잡는다. 일제의 식민지 탄압정책이 강화되고 태평양전쟁 및 6.25전란을 통해 군가가 판을 치며, 1945년 이후의 해방공간 또한 정치적 이데올로기의 이념가요가 주류를 이루었다. 한국 가요문화의 공백기라 칭하는 이 시기에 아리랑은 대중의 관심에서 멀어져 쇠퇴 소멸해갔고 단지 기억되고 회상되는 소리로서 명맥만을 유지하였다.

식민지에서 벗어난 해방공간에서의 노래들은 해방의 기쁨과 감격을 노래하여 정치적 이념이나 계급을 초월하여 전 민족적인 노래로 불릴 수 있었지만 차츰 정치적 목적성을 강하게 띤 '계급 해방'의 노래로 바뀌면서 그 수용자층이 한정되고, 갈등과 반목의 원인이 되었다.

이 시기에 대중가요가 활발하게 생산되지 못하고 부진했던 관계로 그 여백을 신민요가 메꾸었던 것으로 보이며, 때문에 가요보다는 오히려 신민요가 더욱 인기를 누렸다는 기록도 보인다.[58] 그러나 신민요의 장르적 변화는 없었던 것으로 짐작되며 아마도 전시기의 모습을 그대로 전승하는 형태였다.

이 같은 가요계의 변화나 해방정국이라는 시대상황 속에서 정작 민족의 노래라고 하는 아리랑이 제 몫을 해내지 못했음은 무슨 까닭인가?

해방의 기쁨을 노래하는 자리나 '식민잔재의 청산'과 '민족음악-노래의 부활'이 당면과제였던 이 시기에 아리랑의 흔적은 찾을 수가 없음은 아리랑이 우

- 태극기 휘날려 만세 만만세
  승전고 울리며 돌아오리라
  아리아리 스리스리 아라리 났네
  독립군 아리랑 불러를 보세
  (중국 흑룡강성 상지시 차병걸 노래 /1995 채보)
- [58] 가수들의 노래는 대개가 미국에서 유행하는 팝송이나 또는 전래의 신민요풍의 가요들이었다. 이만큼 해방직후 방송을 할 만큼 창작 가요곡이 별로 없었다는 것을 여실히 증명해 준다. 오히려 우리 국악 프로는 아주 풍성하고 다양했다. (한국가요, 세광출판사, 1979.)

리의 예상과는 달리 '항일의 노래'가 아니요, '민족의 노래'도 아니었기 때문이 아닐까 한다.

대중가요가 대중의 외면에 의해 사라지는 것이 당연한 일이듯, 아리랑은 1940년대 태평양전쟁을 시작으로 이 땅에서 사라지는 노래가 되었고 향유층의 뇌리에서 기억되기만 한 소리가 되고 말았다. 그러나 70년대 새로운 민족주의의 열풍이 다시금 아리랑에 불을 지피게 되는데, 북한에서는 '민족주체사상'이란 측면에서 아리랑에 대한 인식을 민족정기와 맥을 잇고자 하였다.

> "특히 최근에는 친애하는 ○○○ 동지께서 다부작 예술영화 〈민족과 운명〉의 서곡으로 〈아리랑〉을 넣도록 하여 주심으로써 〈아리랑〉은 조선 민족의 마음속에 영원히 남아 있는 노래가 되었다."[59]

정치지도자의 관심과 계도에 의해 특별한 의미부여 — 이데올로기의 도구화 — 가 된 민요 〈아리랑〉은 다시 민족의 전면에 나타나게 된 것이다.[60]

남한에서는 각 지역의 향토성에 의존하여 간혹 지역아리랑이 만들어져(울산아리랑, 영암아리랑 등) 대중가요로 불리기도 하였으나 이는 아리랑의 향수에 대한 상업적 대응 행위에 불과했다. 그런데, 특이하게 이 시기에 민족종교를 표방하고 나서는 종교집단에서 아리랑을 다양한 모습으로 변용하면서 그들의 포교나 수련가, 찬송가로 사용함으로써[61] 아리랑은 본래 지니고 있던 현실적 삶의 토로로서 노래가 지닌 대중적 지지를 간과하고 오히려 새로운 변화를 보여주고 있다. 대중적인 노래로서만이 아니라 민족종교단체의 종교포덕용으로 변용되면

---

59 차성진, 「민요 아리랑」, 『천리마』, 1992년 10월호 (통권 401호) 134쪽. *차성진(평양 음악무용대학 교수)
60 엄하진, 『조선민요의 유래』, 예술교육출판사, 1992.3 (영인출판 - 한국문화사, 1994. 7. 30), 191면.
61 주로 무속집단의 「玉樞寶經」의 〈佛設明堂經〉, 大倧敎의 〈아리랑〉, 東學계열의 〈時應天語投世歌錄〉, 甑山敎계열의 〈甲乙歌〉 등이 아리랑의 변용형태이다. 이 자료에 대한 연구는 후고로 미룬다.

서 '민족'이라는 새로운 모습으로 도포塗布되어 나타나기도 한다.

1988년 서울올림픽을 앞두고 분단된 남북은 신민족주의와 주체사상을 통치적 이데올로기로 내세우면서 7·4 남북공동성명을 발표하고, 이후 남북은 민족 통합적 이데올로기로 "아리랑"을 전면에 앞세우게 된다. 남북한 스포츠단일팀의 국가나 응원가로, 반미전선의 정체성 상징물로 아리랑은 애국민족요로 오늘에 부활하는 것이다. 이 때 아리랑의 향토성, 민중성과 민족성이 부각되면서 1989년『한민족아리랑보존연합회』가 결성되고, 2001년 유엔 산하 유네스코가 세계무형문화유산의 상징어로 "아리랑"을 채택하여〈아리랑상 : ARIRANG PRIZE〉을 제정하기도 한다. 이제 아리랑은 세계의 노래로 뻗어 나갔으며, 2002년 평양에서 개최된 "아리랑축전"과 2002년 월드컵 응원가로서의 "아리랑"을 정점으로 아리랑은 명실상부한 한민족의 노래로 자리 잡게 된다.

4 결론

'아리랑' 노래가 어떻게 생성되고, 생성 당시 어떤 성격을 지닌 노래로 출발하여 어떠한 변화의 과정을 겪어 오늘날 애국민족요로 자리할 수 있었는지를 살피는 데 연구의 목적이 있었다. 이에 당대인의 담론을 통해 아리랑을 어떻게 인식하고 있었으며, 어떠한 문화적 요인이 이러한 인식을 가지게 하였는지를 중점적으로 논의한 결과는 다음과 같다.

1. '아리랑'은 노래라는 의미를 지닌 토착 기층어로서 처음에는 '입타령이 붙은 새로운 노래'의 지칭어로 사용되다가 점차 오늘날과 같은 특정 노래 '아리랑'의 장르적 범칭이 되었다. 이 '아리랑'은 1860년대 봉건사회의 붕괴에 따라 크게 성장한 민중의식과, 당대 성행한 잡가류의 타령조 가락에 힘입어 등장

한 신민요이다.

'아리랑'은 경복궁 중창기에 전국에서 모여든 사람들에 의해 보다 발전한 새로운 양식의 후렴인 입타령과 교섭, 변형되어 지금과 같은 형태의 아리랑으로 전파 확산되었을 가능성이 높은 노래이다. 따라서 본격적인 노래 '아리랑'으로서의 출발기는 1860년대를 넘어갈 수 없고 이때부터 아리랑의 태동형성기로 잡는다.

2. 태동형성기의 아리랑은 독자적인 성격을 확보하지 못한 채, 각 지역에서 불리던 토속적인 농업노동요에 입타령(아리랑 후렴)이 붙어 새로운 노래로 불리기 시작했으며, 권번이나 유랑노래패 등이 부르던 통속적인 잡가류의 아리랑이 공존하던 시기이다.

3. 성창융성기는 1920년대 말부터 1940년대까지다. 나운규의 〈영화 아리랑〉이 흥행하여 주제 음악인 아리랑이 온전한 모습을 갖추고 성창되던 시기이다. 토속아리랑이 약화 또는 변모하여 통속화되기 시작하였고, 유성기판과 대중 매체의 발달, 신민요와 노래문화의 번화·융성에 따라 대중가요로서 자리잡아가던 시기이다. 이 시기 아리랑은 식민지 민중의 현실적 삶을 노래하고 다양한 목적에 따라 창작되고 변조되던 노래이다.

4. 쇠퇴침체기는 1941년 태평양 전쟁부터 해방공간, 한국전쟁을 거쳐 1970년대까지로 잡는다. 일제의 식민지 탄압정책으로 아리랑을 부를 수 없게 되고, 태평양전쟁 및 6.25전란을 통해 군가가 판을 치며, 해방공간 또한 정치적 이데올로기의 이념가요가 주류를 이루었기에 이 시기에 아리랑 또한 대중의 관심에서 멀어져 단지 기억되고 회상되는 소리로서 명맥만을 유지하였다. 특히 해방공간에서조차 아리랑은 더 이상 민중과 해방민족의 노래로 부활하지 못하고 외래가요에 주도권을 내주고 말았다.

이후 70년대 민족주의의 열풍과 주체사상의 정립에 따라, 분단된 남북은 1988년 서울올림픽을 앞두고 민족 통합적 이데올로기로 "아리랑"을 앞세우게 된다. 이후 남북한 스포츠단일팀의 국가나 응원가로, 향토애를 고양하는 애향가로, 반미전선의 정체성 상징물로 아리랑은 애국민족요로 부활하여 오늘에 이르게 된다.

'밀양아리랑'의 형성과정과 구조

1 서론

    우리가 가진 전승민요 중에서 '아리랑'보다 오랜 지속력과 광범위한 가창자를 지닌 노래는 없다고 해도 지나친 말이 아니다. 일제 암흑기에서도, 오늘날에도 '아리랑'은 우리나라의 국가(國歌)보다 더 애창되었던 노래였음은 주지의 사실이다. 그러나 급격한 생활환경(경제적, 정치적, 사회적 변화)의 변화에 의해 전승민요 뿐만 아니라 '아리랑'마저도 점차 우리에게서 멀어지고 개인 창작의 대중가요가 상업주의적 성격을 지닌 채 이 땅의 노래문화를 주도하고 있는 것이다. 이에 전승민요에 대한 연구 작업은 시간적 한계마저 느낄 정도의 시급을 요하는 시점에 이르렀다고 본다.

    그 사이 '아리랑'에 대한 발생학적 논급이 적지 않은 바는 아니었지만 80년대를 넘어서면서 본격적으로 '아리랑'에 대한 학계의 관심이 고조되어왔고, 어느 분야에서는 상당히 종합적이고 체계적인 학술적 성과를 이루어 내기도 했다.[1] 그러나 이들은 총체적 접근에 의한 일반론에 그치거나 특정 지역의 '아리랑'에 대한 특수론에 머문 미진함을 가지고 있다. 이러한 까닭은 현전하는 50여

종, 3,000여 수의 '아리랑'[2] 개개별에 대한 검토가 성숙되지 않은 시점에서 얻어진 결과이기 때문이라 하겠다. 이에 '아리랑'에 대한 만족할 만한 학술적 성과를 얻기 위해서는 개별 아리랑에 대한 연구가 선행되어야 하리라 생각한다.

'아리랑'의 대표적인 것으로 〈강원도아리랑〉〈정선아리랑〉〈진도아리랑〉〈밀양아리랑〉을 꼽고 있다. 그 중 〈강원도아리랑〉이나 〈정선아리랑〉은 종합적인 연구가 이루어져 큰 성과를 얻고 있는 반면 〈진도아리랑〉이나 〈밀양아리랑〉은 개별연구가 이루어지지 못한 실정이다. 특히 영남지역을 대표하는 〈밀양아리랑〉은 아직껏 한 번의 학술적 검토도 이루어지지 않았다.

〈밀양아리랑〉은 일제암흑기, 북만주 일대에서 독립군가로 개사改詞되어 불렸을 정도의 전승력을 가졌으나 현재 밀양지역에서조차 소멸되어가는 실정에 있어 그 전승을 위해서도 연구의 필요성은 높다고 생각한다.

특히 〈밀양아리랑〉은 경상도 지역에 전승되는 여타의 민요와, 또한 다른 지역의 '아리랑'과도 전연 다른 경쾌하고 씩씩한 느낌을 주는 리듬을 지니고 있으며, 「아랑설화」가 아리랑의 연원이라는 주장[3]도 나온 바 있어 다방면에서 주목받는 것이기에 '아리랑'에 대한 생성과 전승과정을 밝히는 데도 필요한 일이라 생각한다.

이에 본고에서는 〈밀양아리랑〉의 형성과정[4]을, 〈밀양아리랑〉의 사설과 가락의 분석을 통하여 그 특징을 살피고, 나아가 나타난 제반 특징의 요인을 밀양지역의 문화적 환경에서 찾아 그 구조적 과정을 밝히고자 한다. 이는 민요의 주된 요소가 사설, 가락, 기능이기에 현전하는 노래가 지닌 사설의 특성, 가락의 특

---

1   김열규, 『아리랑… 역사여, 겨레여, 소리여』, 조선일보사, 1987.
    김연갑, 『아리랑』, 집문당, 1988.
    강등학, 『旌善 아라리의 硏究』, 集文堂, 1988.
    박민일, 『韓國 아리랑 文學 연구』, 강원대출판부, 1989.
2   국내외에 현전하는 「아리랑」을 수집 편집한 김연갑의 「아리랑」(현대문예사, 1986)에 의함.
3   김재수는 '아리랑'은 阿娘의 轉音에서 비롯된 것이라 함.
    김연갑, 『아리랑』, 집문당, 1988, 107쪽 참조.
4   형성과정이란 노래의 생성, 전파, 전승에 있어 그 원인, 시기, 양상까지를 포괄하는 의미이다.

성이 개별노래의 존재의의를 내포하고 있기 때문이며 또 그러한 특성이 〈밀양아리랑〉이 독자적으로 형성된 것인지, 타 지역 노래의 전파에 의한 변모인지를 밝히는 요체가 될 것이라 믿기 때문이다.

2 〈밀양아리랑〉의 형성과정

현재 우리나라의 민요연구가 지닌 문제점을 들어보면, 먼저 뚜렷한 자체의 기준을 수시로 변동하거나 상실하고 있다는 점과, 다음으로 민요가 노래라는 사실을 잊고 사설과 가락의 유기적 상관성을 도외시하고 있다는 점일 것이다. 앞의 것은 더 자세한 부연이 필요 없을 것 같고, 뒤의 것은 노래의 발생이나 노랫말의 구성, 나아가 노래의 전파 및 전승과 밀접한 관계를 가지고 있어 반드시 형성과정을 밝히는 데 검토가 되어야 할 사항이다.

본고에서는 이런 점을 중시하여 〈밀양아리랑〉의 사설과 가락을 기능과 연관시켜 살펴볼 것이다. 그렇게 해야만 현전하는 노래가 어떠한 원인에서 생겨나왔으며 또 본래의 모습이 그대로 전승되었는지의 여부를 파악할 수 있어 생성과정을 면밀하게 살필 수 있기 때문이다.

민요에서의 형성과정을 살피는 작업은 그리 쉬운 일이 아니다. 그러나 현재 엄연하게 독특한 성격을 지니고 전승되고 있는 노래는 분명히 그 다름의 과정이 있게 마련이고 그 다름의 까닭을 찾아내려는 것이 본고에서의 목표이다.

2-1 노래 내적과정

민요는 사설과 가락 그리고 기능Function으로 구분할 수 있는 것인데 엄밀히 말하자면, 사설과 가락은 노래 내적요소이고 기능은 외적요소라 할 수 있다. 그렇지만 기능은 민요의 성격을 결정지울 뿐 아니라 민요의 변모과정을 파악하는 핵심적 요소의 하나로서 민요 분류의 근간이 되고 있다. 현전하는 아리랑은 그 기능의 측면에서 모두 유희요의 성격을 벗어나지 못하고 있어 놀이마당에서 불리는 노래이나 아리랑 연구가들의 일관된 견해에 따르면 아리랑의 원형은 노동요로서, 점차 유희요로 변화되었다는 입장이다.[5] 〈밀양아리랑〉은 현재 기능면에서 유희요의 성격을 두드러지게 지니고 불린다.

2-1-1 사설의 성격

아리랑의 사설은 고정부와 변화부의 2중 구조를 가지는 특징이 있다. 고정부란 후렴(또는 전렴)으로, 노래 각편Version마다 동일한 어사(語辭)로 반복되어 나타나는 요소이고 변화부란 노래 각편 마다 변화되는 이른바 사설(노랫말)이다.

현전 〈밀양아리랑〉 또한 이 같은 구조를 가지고 있는데 먼저 고정부를 살펴보자.[6]

아리랑에서의 고정부는 전렴이나 후렴으로 나타나는데, 전렴의 형태로 나타나는 고정부는,

    A-1 아리아리랑 아리아리랑 아라리가 났네
        아리랑 얼씨구 노다 가게 〈조선 152호〉 1930. 6

    A-2 아리랑 '스리랑 아라리가 났네
        아리랑 얼시구 날 넘겨 주소 〈태평레코드〉 1930. 초

    A-3 아리아리랑 쓰리쓰리랑 아라리가 났네
        아리랑 고개로 날 넘겨 주소 〈국악대전집〉 1968

---

5 김열규, 앞의 책, 68-102쪽 참조.
6 김연갑, 『아리랑』, 현대문예사, 1986, 511~525쪽에서 발췌 재인용.

A-4 아리아리랑 아리아리랑 아라리가 났네

　　아리당닥공 쓰리당닥공 아라리가 났네 〈경상남도지〉 1978

후렴의 형태로 나타나는 고정부는,

B-1 아리아리랑 아리아리랑 아라리가 났네

　　아리아리랑 얼씨구 님하고 놀가 〈조선민요 아리랑〉 1935

B-2 아리아리랑 아리아리랑 아라리가 났네

　　아리아리랑 홍 얼씨구 날이젓네 〈조선민요 아리랑〉 1935

B-3 아리아리랑 스리스리랑 아라리가 났네

　　아리랑 얼시구 날 넘겨 주게 〈신구잡가〉 1967

B-4 아리당닥궁 쓰리당닥궁 아라리가 났네

　　아리랑 엉절시구 잘넘어 간다 〈전통문화〉 1985

　이상 8개의 고정부가 전렴 4개와 후렴 4개의 형태로 나타내고 있다. 현전 아리랑의 노래에 부른 고정부 198개 중[7] 전렴으로 쓰인 것이 60개, 후렴으로 쓰인 것이 138개로 후렴부로 쓰인 것이 배 이상이 되는 형태와 비교해 본다면 〈밀양아리랑〉에서의 고정부는 전렴과 후렴의 비율이 반반의 형태가 된다. 이러한 요인을 알기 위해 채록 조사된 시기별로[8] 현전 아리랑 모두에서 나타난 고정부의 양상을 보면 다음과 같다.

7　김연갑, 앞의 주, 후렴목록의 것을 통계화 함.
8　채록된 시기별로 검토하는 이유로는 첫째, 노래가 전승되어지는 과정에서 당시인들의 선호성을 알 수 있고 둘째, 전렴과 후렴의 시대적 추이를 살필 수 있기 때문이다.

시기[1]	전렴의 수(%)	후렴의 수(%)	총수
1910년 이전	1(50)	1(50)	2
1910년대	3(18)	14(82)	17
1920년대	3(17)	15(83)	18
1930년대	16(29)	40(71)	56
1940년대	1(25)	3(75)	4
1950년대	2(29)	5(71)	7
1960년대	3(38)	5(62)	8
1970년대	7(30)	16(70)	23
1980년대	24(24)	39(62)	63
계	60(30)	138(70)	198

이를 보면 1930년대를 기점으로 전렴의 수가 확대되어짐을 볼 수 있으며 또한 전렴으로 나타난 노래는 대개가 대한매일신보(1907. 7. 28), 俚謠俚諺及通俗的 讀物等調査(1912), 영화 아리랑 주제곡(1926), 東亞日報(1930. 2. 25), 조선(1930. 6~7), 매일신보(1930. 10~11), 최신유행조선미인사진창가집(1932), 독창명곡집(1955), 국악대전집(1968), 한국민요집(1979~1980), 한국구비문학대계(1980) 등에서 나타나고 있어 전렴으로 불린 노래는 기능적 측면에서 대다수가 유희요로 불린 노래에서 많이 나타난다. 특히 1926년 춘사 나운규의 〈영화 아리랑〉에 주제곡이 되었던 소위 〈본조아리랑〉은 완전한 유희요로서의 성격을 지니고 불렸으며 또 이의 유행으로 전렴의 노래가 많이 나타나고 있음을 볼 때, 〈밀양아리랑〉에서 나타나는 전렴과 후렴의 대등현상은 바로 유희요로서의 기능을 가진 노래라는 점을 보이는 것이라 하겠다. 더욱이 아리랑의 원형에 가깝다는 〈정선아리랑〉이 후렴의 고정부를 가지는 것에 비해 〈밀양아리랑〉은 시기적으로 후대적 현상이라고도 할 수 있다.

노래하는 사람의 생각과 느낌을 함유하고 있어 민중의식면이나 민속학의 대상이 되는 사설인 변화부를 주제 면에서 살펴보면 다음과 같다.

주제	사설의 수	(%)
이별애상	5	(8)
상사연모	23	(38)
회포술회	5	(8)
탄노무상	2	(3)
명승차탄	9	(15)
아랑술회	15	(25)
기타	1	(2)
계	60	(99)

이 중 이별애상離別哀傷, 상사연모想思戀慕, 회포술회懷抱述懷, 탄노무상嘆老無常의 주제는 아리랑이 가진 공통적이고 일반적인 주제이나 명승차탄이나 아랑술회의 24개 사설(40%)은 지역성을 내포하고 있어 모두 밀양지역과 관계가 있다. 현전 아리랑 중에서 〈정선아라리〉에서만 지역성이 두드러진 성격을 느낄 수 있지만 타 지역의 아리랑에서는 지역성보다 오히려 인간의 삶에서 감응한 차탄嗟歎의 사설이 주류임에 비해 이 같은 양적인 두드러짐은 주목받는 요소이다.

이들 중, 밀양지역과 관계있는 소재들을 24개 사설에서 세분해 보면 다음과 같다.

    남천강 8회, 영남루 8회
    표충사 1회, 사명당비 2회
    아랑각 또는 아랑 16회 (총35회)

이들은 한 사설 속에 겹쳐 나타나기도 하고 또 하나의 사설에 하나만 나타나기도 하지만 명승차탄이나 아랑술회의 주제를 가진 24개의 사설에서 모두 35회나 등장한다. 이러한 점을 두고 볼 때 〈밀양아리랑〉뿐만 아니라 아리랑의 고정부에서 나타나는 '아리'라는 어형이 '아랑'의 전의轉意라는 생각을 김재수는 쉽게 하였을 것이다. 여하간 현전 〈밀양아리랑〉의 사설을 보면 밀양지역과 〈밀양아리랑)과의 관련성을 배재할 수 없고 오히려 그 유관성 위에서 〈밀양아리랑〉을 검토하지 않을 수 없다. 그러나 민요에서의 노래형성은 특히 유회요적 성격이 강한 노래는 사설의 독자성만으로 생성요인을 단정지울 수 없고, 오히려 가락과의 관련성을 더 면밀히 검토해야 할 것이다. 〈밀양아리랑〉의 사설은 고정부(전렴이거나 후렴이거나)가 힘차고 강건한 느낌을 주며 반말투의 변화부도 그러하다. 이것은 〈밀양아리랑〉 사설이 지닌 특성이라 할 수 있는데 현전 사설 중 가장 대표적인 사설도 알려진,[9]

    C-1 날좀보소 날좀보소 날좀 보소
        동지섣달 꽃본듯이 날좀 보소

    C-2 정든님이 오시는데 인사를 못해
        행주치마 입에물고 입맛 방긋

    C-3 니가잘나 내가잘나 그누가 잘나
        구리백통 지전이라야 일색이지

    C-4 엇던에 잡놈이 님좇타더냐
        알고나 보면 원수로다

등은 밀양의 지역성과는 무관한 노래들이다. 이들 사설은 진도, 정선, 하동, 남원, 구례, 창원, 김천, 원산 등의 아리랑[10] 사설로도 나타나는 이별애상이나 상사연모의 주제를 가진 것인데 대개 자탄적 성향을 띠고 있다. 또한 친근한 어휘

---

9   註10)의 편집에서 보면 밀양아리랑 사설 31에서 44까지는 아랑 설화의 서사구조에 따라 노랫말이 전개되고 있음을 본다.
10 김연갑, 『아리랑』, 현대문예사, 340-345쪽.

를 사용하는 호소나 애소, 혹은 한숨 섞인 독백체이다. 이것들은 삶의 현장에서 체득한 그들의 사상이요 정서로서 오래전부터 자연발생적으로 구송되어온 노래의 일부일 것이다. 반면 밀양지역과 유관한, 특히 아랑설화와 관련 있는 사설이 나타나는 〈밀양아리랑〉을 보면,

    D-1 저건너 대숲은 의의依依한데
        아랑의 설은 넋이 애달프다

    D-2 아랑의 억울함을 호소코자
        사또 앞에 나타나면 놀라서 죽네

    D-3 남산골 샌님이 자원하여
        아랑의 원한을 풀어 주었네

    D-4 정절을 위하여 던진 목숨
        후세에 그 이름 빛나도다

    D-5 아랑을 추모하는 부녀들이
        온정성 모두와 아랑사를 지었네

아랑설화의 가사歌詞화가 두드러진다. 사용한 어휘는 앞 C1~C4와는 달리 '의의' '넋' '추모' '부녀' '아랑사' '남산골' '자원' '원한' '호소' '정절' '후세' 등으로 문사文士형의 어휘이어서 세련미를 띠고 있고 그 구성에서도 C1~C4가 전·후절이 대등·병렬구조인데 비해 전절과 후절 연쇄형의 접속구조를 지니고 있어 상반된 구조를 드러내고 있다. 뿐만 아니라 D류는 독백체가 아니라 서술체로서 어떤 사항을 설명 묘사하는 사설이다. C류의 노래와 D류의 노래에서 그 전승 상태를 보면 현재 D류의 노래사설은 노래현장에서 발견할 수가 없

이 단절된 상태이다.[11] 특히 이 사설은 증보가요집성[12]과 한국가창대계[13]에 수록되어 전하는 것으로 재사가들의 의도적 창작이 엿보이는 사설이다. 다시 말해 밀양지역의 식자층이 아랑설화를 사설화 했거나 또는 지역인들의 뇌리에 새겨진 아랑설화가 가창현장에서 노래화 되었을 가능성이 높은 사설이다. 그러므로 C류의 사설보다 D류의 사설은 그 양적인 면에서나 질적 측면에서 아리랑의 본류와는 거리가 먼 사설이다. 즉 D류의 사설은 구송과정에서 〈밀양아리랑〉의 가락에 맞추어 새로이 생성시킨 신新사설이라고 할 수 있다. 현전 60개의 사설 중 C류와 같은 사설이 26개, D류의 사설이 34개이고 보면 〈밀양아리랑〉은 전승 공동체의 가사구연원리가 가락에 의해 수행되는 노래임을 시사해 준다. 즉 가락의 형식적 틀에 창자들의 인식된 의미가 가미해져 구성되어지는 노래라는 것이다.

2-1-2 가락의 성격

아리랑은 그 가락에 있어 광범위한 지역에서 불리는 것과 국부적인 지역에서만 불리는 것으로 나눌 수 있는데 〈정선아리랑〉의 엮음이나 〈진도아리랑〉〈밀양아리랑〉 등은 가락의 특이성을 지닌 노래로서 지역성이 강하면서도 또한 광범위한 전파가 이루어진 노래다.

〈밀양아리랑〉은 전문가의 힘을 빌리지 않더라도 빠르고 경쾌한 템포를 지녀 여타의 아리랑과는 가락의 측면에서 쉽게 구별된다.

〈밀양아리랑〉은 장조적 5음계의(mi-sol-Ra-do-Re) 선율로서 do, mi, sol이 주요음으로 등장한다. 이는 단조가락인 〈정선아리랑〉이나 반음을 많이 사용하는 〈진

---

11 유지원(남, 64세, 밀양읍 교동1구)씨의 제보에 의하면 D류의 가사는 처음 듣는 것이라 하며 그 외 필자의 현지조사 제보자들의 그런 가사는 "책에나 있는 것이다"라고 하므로 전승력이 없는 노래로 보인다.
12 이창배, 『增補歌謠集成』, 홍인문화사, 1976.
13 위의 책.

도아리랑)과는 다르다.¹⁴ 또한 첫음을 최고음에서 강타한 뒤 점차로 하행선을 그으면서 끝맺는 선율을 지니고 있어 멜로디의 전반부가 강조되고 있고 이로 인해 강렬하고 경쾌한 느낌을 갖게 하는 환조歡調의 가락이다.

비운에 간 처녀 아랑의 전설에서 근원되었다는 〈밀양아리랑〉이 후렴에 콧노래까지 들어있는 명쾌한 기쁨의 가락으로 나타난 것이다. 혹자의 주장대로 아랑의 전설이 〈밀양아리랑〉을 형성하게 된 원인이라면 슬픈 근원설화와 명쾌한 가락이 합쳐진 괴리의 구조를 형성할 수 있었을까? 가장 많이 구연되는 〈밀양아리랑〉의 사설은(C류), 슬픔에 젖어있는 눈물의 노래가 아니라 어쩔 수 없는 이별과 고독을 자학 섞인 해학으로 벗어나려는 활력을 지닌 사설이다. 조선 창업을 반대한 고려 유신遺臣 중 정선 땅에 은거한 7인의 한 서린 노래가 〈정선아리랑〉이 되었다는,¹⁵ 그 노래의 사설과 메나리조의 가락이 지어내는 비탄조의 합일된 구조와 비교한다면 그 괴리는 잘 드러난다.

〈밀양아리랑〉은 가사에서 전반적으로 슬픈 아랑의 사연보다 인정세태, 풍류, 유락 등을 바라고 비는 밝은 이야기가 많아 환조의 가락에 더 어울리게 되었다는¹⁶ 지적이고 보면 아랑의 설화는 〈밀양아리랑〉의 본류적인 사설이 아닌 것임에 틀림없다.

근래에 조사된 경상남도지역 민요 보고서에서는 〈밀양아리랑〉의 박자·장단을 다음과 같이 밝히고 있다.

> 3분박 3박자는 길군악, 남사당놀이 노래 중의 엇중모리라고 하는 사거리, 동풍가, 밀양아리랑, 사당노래, 양산도, …… 〈중략〉 결국 3분박 3박자의 노래는 잡요에서만 나오는 것이라 말할 수 있게 되는데 잡요 중에서도 토속민요에서는 보이지 않고 통속 민요화한 것들에서만 보이는 것이 3분박 3박자의 특징이라 할 수

•
14 김진균, 『음악과 전통』, 태림출판사, 1984, 97-99쪽.
15 정선아리랑보존회, 『정선아리랑』, 1981, 9-13쪽.
16 박민일, 『한국아리랑문학연구』, 강원대출판부, 260쪽.

있다. 이 3분박 3박자는 세마치장단에 맞는다.[17]   〈필자 방점〉

〈밀양아리랑〉은 세마치장단에 맞는 3분박 3박자의 노래로서 토속적 가락이라기보다 토속 민요화된 가락이라고 한다. 이는 〈밀양아리랑〉이 경남지역의 토속민요와는 그 가락이나 장단에서 이질성이 드러나는 것임을 보여주는 것이다.

영남지방의 민요가 가진 기조는 계면조계열에 속하는 공통된 선법에서 출발하는데 통상 경상도 민요로 대표되던 〈밀양아리랑〉은 음악적 분류에서는 경상도 민요가 될 수 없으며, 비록 통용 민요화되지 않았지만 경북 동북부의 농요를 중심으로 한 노동요나 유희요 등은 범패와 그 근저를 같이 한 독특한 선법을 가지고 있다[18]는 박종명의 검토도 이 같은 결론을 내고 있다. 이렇게 볼 때 〈밀양아리랑〉은 경상도지역의 일반적 토리Idiom라고 하는 '메나리'조와는 다른 곡조로서 불리고 있어 영남권 토속민요와, 가락이나 선법에서 이질적이라 할 수 있다. 그렇다면 동일노래권과 다른 독특한 가락은 어떻게 형성된 것일까?

민요의 형성에 있어 지역적 독자성이란 두 가지로 나누어 생각할 수 있다. 즉 민요의 구송공동체가 향유하는 생활환경이 타 지역과 이질적인 것이든지(예, 제주도민요) 아니면 타 지역의 민요가 전파되어져 기존의 토속가락과 이질화된 가락이 존재하든가이다. 그런데 〈밀양아리랑〉은 영남권의 토속적 가락과도 다르며 또한 기존의 타 지역 아리랑과도 그 가락의 특성을 달리한다. 즉 대표적인 아리랑이라 일컫는 〈정선아리랑〉과 〈강원도아리랑〉은 메나리조의 가락을 지니고 느리게 불리는 단조이며 〈진도아리랑〉은 육자배기조의 중모리 또는 진양조로 불리는 또한 느리고 애조 띤 가락인데 비해 〈밀양아리랑〉은 세마치장단의 빠르고 경쾌한 장조가락이다. 그렇다면 〈밀양아리랑〉은 타 지역의 아리랑이 전파되어 토속화한 것도 아닐 것이며 경상도 지역이 갖는 생활환경의 이질성 때문도 아닌 또 다른 요인이 있을 것이다.

---

17 한국정신문화연구원, 『한국의 민속음악-경상남도민요편-정문연』, 1985, 296쪽.
18 박종명, 「영호남 농요의 비교연구」, 『효성여대논문집』 2집, 1982, 452쪽.

음악적 측면에서 아리랑을 분석한 성과에 따르면 주목할 만한 견해가 나타나 있다.

〈밀양아리랑〉은 유희성이 강하고 신민요가 다수 발생하게 되었을 시기, 즉 조선 후기 일제 강점기에 당시 이미 전국적으로 알려진 〈아리랑〉 후렴에다 장고 등의 악기에 알맞은 신곡 정도였다고 해석할 수밖에 없다고 생각된다.[19]

〈밀양아리랑〉은 토속가락과의 만남도 없고 꾸밈음(장식음)도 없이 (진도아리랑은 토속적인 육자배기가락과 어울려 꾸밈음이 다수 나타나고 있음) 대체로 1음 1자의 선명한 사설구사가 두드러지고 구한말부터의 경기일원에서 유행하던 잡가류가 지닌 경기도토리와 유사하다고 한다. 그렇다면 〈밀양아리랑〉의 가락을 먼저 타 지역의 가락이 전파되어 형성되었을 가능성이 높은데 그 가락이 경기도 지역의 잡가류와 유사하다고 하니 경기민요의 유행에 따라 그 전파에 의하여 새로이 형성되었을 가능성이 높다.

밀양아리랑의 선율은 경상도 민요에서 이탈되어 오히려 〈경기토리〉에 가깝다. 민속놀이를 연행하며 부르던 것으로 채록된 것은 줄노래, 칭칭이소리, 징금이타령이 있고 놀이패들이 부르던 것으로 생각되는 것은 사당놀이 노래, 돈실러 가세, 개타령, 동그랑땡, 길군악, 성주풀이, 새타령, 담바구타령, 밀양아리랑 등을 들 수 있으며······[20]

〈필자 방점〉

경남민요의 조사연구보고서에 의하면 〈밀양아리랑〉은 놀이패들에 의해서 불렸던 타령류와 같은 음악적 성격을 지닌 것으로 나타나 있다. 또한 〈밀양아리

---

19 김연갑, 『아리랑』, 집문당, 229쪽.
20 한국정신문화연구원, 『한국의 민속음악』, 292쪽.

랑)은 그 사설의 특성이 아리랑이 지닌 5단계의 변형[21]에서 그 어느 과정에도 속하지 않는 것으로 보이므로 영남지역 자체의 어떤 전통적 소산이라고 할 수 없다는 견해이다.[22]

이를 토대로 정리해 보면 〈밀양아리랑〉은 일종의 잡가류에서 나온 가락으로 그 가창목적이 노래판에서 흥을 돋우기 위한 유희요이며 경기지역의 잡가 가락을 따서 후대에 생성된 노래일 것이다. 또한 기존의 아리랑이 전파되어 변모한 것이 아니라 별도의 잡가류 가락에 이 지역에 이미 있었던 통속적 사설이 덧붙여지고, 뿐만 아니라 전국적으로 유행하던 아리랑의 고정부(전렴 또는 후림)을 모방하여 새로운 아리랑으로 형성한 것이다.

현전 아리랑 중 〈밀양아리랑〉과 비견한 형성과정을 지닌 노래로는 〈울릉도아리랑〉이 있다. 〈울릉도아리랑〉은 그 사설이 울릉도의 지역적 특성을 노래화한 것이고 그 가락은 〈강원도아리랑〉가락과 같다. 이는 〈강원도아리랑〉의 가락에 사설을 만들어 넣은 노래임이 분명한데 〈울릉도아리랑〉의 형성과정은 차용한 가락에 울릉도에 관한 사설이 합쳐져서 생긴 것이다. 그러나 〈밀양아리랑〉은 그 과정이 단순하지 않다. 그러면 이같이 복잡한 형성과정은 어디에서 나온 것인가? 이의 고찰은 〈밀양아리랑〉 노래 내적구조만으로는 밝혀내기는 어렵다고 본다. 왜냐하면 타 지역의 유행가락이 한 지역에서 토착화되는 데는 토착화의 배경과 요인이 있을 것이기 때문이다. 이는 밀양지역의 문화적 특수성과 깊은 관련을 지니고 있는 것이기에 노래 외적 과정이라 할 수 있는 노래환경에 대한 검토가 있어야만 지금까지의 논의가 뚜렷하게 입증될 것이다. 즉 밀양지역 고유의 문화적 특성인 관습, 전승놀이, 민속 나아가 사회구조 등과의 긴밀한 검토가 요구되는 사항이라 하겠다.

●
21   이는 김연갑의 연구 분석으로 아리랑은 1) 노동요로서의 아리랑 형성기, 2) 노동요로서 아리랑 명칭 정착기, 3) 노동요에서 상황민요의 파생기, 4) 상황민요로의 변혁기, 5) 상황민요의 정착기를 거쳐 오늘에 이르고 있다고 한다.
22   김연갑, 『아리랑』, 집문당, 240쪽.

2-2 노래 외적과정

2-2-1 아랑설화와 〈밀양아리랑〉의 명칭

현재까지 아리랑의 연원과 발생에 대한 제가들의 구명이 많은 가운데[23] 일찍이 김재수는 아리랑의 원형을 조선 명동조 밀양에서 일어났던 아랑何娘의 죽음을 내용으로 한 아랑설화에서 '아랑'의 전음轉音이라 주장한 바 있다고 한다. 이는 '알영설'과 더불어 전설에 의한 유추설로서 아리랑 노래의 후림에 나타나는 '아리랑' '아라리요' 등의 연원을 통해 제기되었던 주장이었다.

아랑설화는 조선조 말기에 편집된 것으로 보이는 「청구야담」의 '설유원부인주기雪幽寃夫人朱旗', 장지연의 「일사유사」[24] 속 '영루정랑嫌樓貞娘' 등과 정인섭의 「온돌야화」[25], 손진태의 '아랑형전설'[26] 등에 그 내용이 소개되어 전하고 있으며 밀주지密州誌에도 전한다. 특히 밀양읍 내일동內一洞 영남루 아래 남천강 가에 세워져 있는 아랑사阿娘祠(경남 지방문화재 자료 제26호)가 현존하고 있어 밀양인들은 누구도 아랑의 이야기가 조선 명종 조에 있었던 역사적 사실임에 조금의 의심이 없다.[27] 물론, 김재수의 주장은 '아리랑'이 '아랑'에서 전음된 것으로 본다는 소박한 유추에 지나지 않지만 아리랑의 전승구연집단인 밀양인들은 억울하게 죽음을 당한 아랑의 원혼을 위로하기 위하여 아랑의 이름을 딴 아리랑이란 노래가 만들어졌다고 믿고 있는 것이다.

현전 3천 여 수의 아리랑(김연갑 정리)에서 설화의 영향을 받은 노래는 불과 100여 수에 이르지 못해 이것의 비율은 기껏해야 약 2% 정도이며, 또한 지역별로도 경남, 전남, 충청, 강원도 등으로 주로 남부지방에서 많이 발견될 뿐이다.

---

23 김연갑, 『아리랑』, 집문당, 106-108쪽의 정리에 의하면 모두 18가지의 주장이 있으나 대체로 후림인 '아리'와 '쓰리'의 해석에 의한 것이다.
24 張志淵, 『逸士遺事』, 안동서관, 1922, 186-187쪽.
25 鄭寅燮, 『溫突夜話』, 1923(밀양지역의 현지조사 수집, 정리임).
26 孫晋泰, 『조선문화총서』, 乙西文化社, 1947.
27 밀양읍 삼문동의 김동선(남, 72세), 상남면 연금리의 박재전(남, 69세), 상랑진읍 청학리의 유영수(남, 70세) 등 필자가 만난 10여 명 모두 '분명한 사실이다'라고 강조하고 있었음.

또한 관련설화의 다수도 '아리랑 고개'라는 후렴구의 영향으로 고개에 대한 배경설화가 많다. 그런데 아리랑과 관련한 설화를 종합해 보면 매우 산만한 자료, 미흡한 입담류의 설화, 또는 정리 각색한 것이 많아 오히려 아리랑을 통해 세련된 설화가 구비된 것이 많다는 것이다. 그래서 김연갑은 아리랑과 설화의 관계를 '아리랑의 텍스트로서의 설화'가 아니라, '설화의 텍스트로서의 아리랑'이 사용되는 면이 우세하다고 단정 짓고 있다.[28]

뿐만 아니라, 1925년에 출간된 「해동죽지」에 "지금부터 30여 년 전에 이 곡조가 어디에서 왔는지 알지도 못하는데 전국에 퍼져서 부르지 않는 사람이 없었다"[29]고 하며 "지금은 아라리娥羅哩타령이라고 이름한다"는 언급이 보인다. 그런데 1926년 나운규의 영화 '아리랑' 이후 아리랑의 명칭이 일반화되어짐을 볼 수 있다. 그렇다면 1926년 이전은 '아리랑'이란 명칭이 확정되지 않았다는 것이 되므로 아랑설화의 아리랑 노래화는 그야말로 '설화의 텍스트로서의 아리랑'이라 할 수 있을 것이므로 후대에 형성된 것이라 하겠다.

김연갑은 이 문제에 있어 후렴에 사용된 '아리'와 설화의 관계를 가지고 주목되는 언급을 하고 있다.

① 설화의 영향이 없는 〈아리랑〉 후렴은 본래의 〈아리랑〉 의미를 보유한다.
② 설화의 영향이 있는 〈아리랑〉 후렴은 본래의 〈아리랑〉 의미와 기본단위가 되는 '아리'를 해당설화와 부합되는 방향, 또는 그 내용 효과를 최대로 돋우는 쪽으로 변이된다.

'아리'는 〈아리랑〉에서 변하지 않았던 핵심이다. 또한 '아리'가 '아리랑'으로 변형, 확정되면서부터 '노래'의 원의미가 상실되고 각종 설화가 삽입되기 시작했다. 이 시기는 각 지역으로 〈아리랑〉이 전파되고 그 지역의 고유성이 가미되

---

28 김연갑, 『아리랑』, 집문당, 274쪽.
29 황순구 편, 『해동죽지』, 1970(제왕운기 부록), 266쪽.

었던 시기와도 일치할 것이다. 그 고유성 속에 지방설화가 한 몫 가세했다는 것은 매우 개연성 있는 추측이 될 것이다. 일례로 '아리랑'이란 말이 들어가 있는 〈밀양아리랑〉과 〈아랑설화〉의 관계를 보면 이 사실이 잘 드러난다.[30]

아리랑에 있어서 설화의 상호교섭은 상당히 복잡하게 얽혀 있다. 예로 〈정선아리랑〉은 '아우라지와 뱃사공', '소금장수와 아내', 〈밀양아리랑〉은 '아랑의 살해와 해결', 〈진도아리랑〉은 '당골청년과 문경새재' 등 민간설화가 개재되어 있다. 물론 이것은 그 많은 아리랑 가사 중 일부만을 차지할 뿐이다.

이것은 앞의 인용에서처럼 아리랑이란 노래가 광범위하게 전파되어 유행하게 됨에 따라 그 지역의 고유한 민간설화가 노래의 사설로 바뀐 데서 비롯한 현상이다. 그렇기 때문에 앞의 '사설'항에서 밝힌 바처럼 아랑설화가 사설화된 부분은 연쇄적 서술적 구성으로 문어체적 표현이 주를 이루어, 이것은 민중 자생적 삶의 노래와는 그 사설이 판이하게 달라진 것이다.

아랑설화는 밀양인들에게 있어 귀중한 도덕적(정절) 민간설화이며, 이는 밀양인들에게 있어 지역민의 자부심을 고취시키는 것이다. 더구나 '아랑사' '영남루'의 실재는 이를 더욱 구체화시키기에 부족하지 않았으므로 후대에 이르러 '아리랑의 밀양화'가 가능해졌다. 이와 같은 예는 어떤 지역의 아리랑에서도 공통적으로 지적될 수 있는데 아리랑의 지역명칭은 단지 그 지역에서 '아리랑'이란 말이 붙은 노래가 불리니까 그 지역명칭이 붙여진 것에 불과한 것이다. 더구나 밀양의 아랑설화는 김재수의 언급처럼 후렴에 나타나는 '아리'가 그 음에 있어 아랑과 근사성을 가지고 있어 밀양인들에게는 더더욱 쉽게 인정될 수 있었던 것이다.

결론적으로 말해 아랑의 설화는 아리랑과 직접적 관계가 없다. 아랑설화는 단지 아리랑과 결합된, 아리랑의 효과를 증대시킨 심리적 배경일 뿐이다.

---

30 김연갑, 『아리랑』, 집문당, 278~279쪽.

덧붙여, 아리랑의 사설은 즉흥성을 강하게 드러나고 있기 때문에 밀양인들에게 있어 아랑설화의 사설화는 손쉬운 방법일 수 있었고 이렇게 정착된 사설은 자연 타 지역과 다른 독자성을 지니게 되어 사설의 측면에서 '밀양아리랑'이란 지역명칭이 붙는 아리랑을 발생시킬 수가 있었던 것이다.

이로써 밀양에 전승되어진 아랑설화는 〈밀양아리랑〉을 발생시킨 것이 아니라 〈밀양아리랑〉의 사설에 아랑의 설화가 나타나게 된 것이고 이것은 아랑설화를 전승시켜 왔던 밀양인에게 타 지역의 아리랑과는 다른 이른바 그들의 '밀양아리랑'을 형성 전승할 수 있었던 요인이라 하겠다.

그렇게 함으로써 지방인들은 아리랑이 자기들의 것임을 주장하게 되고 후대로 갈 수록 무비판적으로 이를 받아들여 '지역아리랑'이 형성된 것이다. 여기서 표출된 〈밀양아리랑〉은 단순한 '지방색'일 뿐인 것이다.

2-2-2 백중놀이와 〈밀양아리랑〉의 가락

고정옥은 아리랑을 근대요로 분류하고 있다. 그는,

> '아리랑'이 最初 單 한 개의 멜로디에서 出發한 것은 事實인듯하다. 그것이 時日의 경과에 따라 各地方의 音樂的·思想的·言語的 特質에 물들어 京畿·西道·江原·嶺南등의 各種 '아리랑'이 생긴 것이겠다.……〈중략〉
> 그러나 嶺南 '아리랑'을 두고 보더라도,「雄渾·威壓」은 그 內容의 데카단티즘을 包攝하기에는 너무나 동떨어진 形容인듯 하다.[31]

라고 하였다.

그는 아리랑의 원초적 가락은 근대 이전에 형성되었으나 각 지역의 아리랑은 후대에 생성된 것으로써 각 지방의 음악적, 언어적 환경의 특질에 물들면서 그

---

31 고정옥, 『조선민요연구』, 수선사, 1949, 188쪽.

독자성을 지니게 된 것으로 보고 있다.

주지하다시피, 〈밀양아리랑〉의 가락은 동일문화권인 영남지역의 토속가락과도, 또한 같은 아리랑류와도 다른 이질성을 가지고 있다. 이것은 다른 지역의 아리랑이 전파된 것이 아니며 또한 지역의 토속가락에서 생성된 것도 아니라는 것이다. 그러나 민요란 천재적 개인의 창작에 의한 노래라기보다 전승구송집단 전체에 의해 형성된 것이기에 〈밀양아리랑〉이 지닌 독자성의 요인은 반드시 밀양지역인의 삶의 현장에 잠재해 있을 것이다. 즉 이 지역만이 지닌 독자적 환경요소의 산물일 것이다.

이에 〈밀양아리랑〉은 기능면에서 어느 지방의 아리랑보다 유희성이 강하다는 점과, 음악적인 면에서 경기 잡가류와 가깝다는 점, 또 효과 면에서 얌전히 두 손 모으고 부르는 노래가 아니라 마치 강렬한 힘에 의해 튀어나오는 듯한 노래임을 감안할 때 생활(노동)현장보다는 놀이현장에서, 개인적이기보다는 집단적인 성향을 지닌, 비통과 애상의 탄식이 아니라 흥쾌함과 기쁨을 드러내는 노래로 보지 않을 수 없다.

밀양의 독자적이고 전통적인 놀이마당으로 백중놀이[32]를 들 수 있다. 백중놀이는 매년 음력 7월의 백중을 전후한 용날辰日을 택하여 머슴들이 풍년을 비는 뜻으로 농신에 대한 고사를 올린 다음, 꼼배기, 참놀이를 할 때 여흥으로 여러 가지 놀이판을 벌려온 데서 비롯된 놀이이다. 그 정확한 발생 년대는 추정할 길이 없으나 놀이의 줄거리가 세도하는 양반들에게 시달림을 받는 농민들이 서로의 애환을 달래고 세태를 풍자하는 것이라는 점에서 조선후기에 생성된 것으로 보인다. 양반들에 대한 풍자와 익살을 부려 애환을 표현하는 놀이과장에는 갖가지 춤사위, 즉 양반춤, 병신춤, 범부춤, 오북춤 등이 있으며 악기도 일반적인 농악기 외에 물장고, 사장고 등 토속적인 악기가 쓰이는 특색이 있다.

백중놀이는 3마당으로 나누어지는데,

---

32 백중놀이란 본디 '머슴놀이' '호미씻이' '꼼배기' '참놀이' 등으로 불리는 전승놀이로서 중요무형문화재(68호)로 지정 받으면서 '백중놀이'로 일반화되었다.

첫째 마당(앞놀음)은 농신제의 고사장으로 오방신장을 불러 「잡귀막이」굿을 먼저 하고 모내기 놀이로 흥을 돋운 다음, 덧배기 춤으로 놀다가 농신에 대한 고사 풀이를 한다.

둘째 마당(놀음마당)은 작두말을 타고 나와 말놀이를 하며, 머슴들 놀이판에 양반이 등장, 거드름을 피우는 양반춤판, 병신모습을 한 머슴과 정지꾼이 양반을 희롱하여 쫓아내는 병신춤판, 양반이 다시 범부凡夫차림으로 나와 함께 어울리는 범부춤판으로 구성된다.

셋째 마당(신풀이)은 북잽이들이 큰 북을 메고 나와 오북놀이를 하는 오북춤판을 벌이고, 오북놀이에 이어 끝놀음으로 모든 놀이꾼들이 한꺼번에 구경꾼과 어울려 노래하고 춤추며 대단원을 내리는 유희마당이다.

90년 8월 31일 오전 11시부터 밀양 민속예술보존협회에서 열린 제10회 백중놀이 발표공연을 보면서 필자는 아연하지 않을 수 없었다. 둘째 마당에서의 북장단이 〈밀양아리랑〉과 같은 장단이며, 셋째 마당의 신풀이 속에서 수많이 〈밀양아리랑〉이 불리고 있었다는 점 때문이었다. 꼼배기, 참놀이 병신춤, 뒷플이 등에서 불쑥불쑥 나오는 〈밀양아리랑〉은 마치 강력한 힘에 의해서 '튀어나온' 소리 같았다. 그들이 사용하는 악기인 '사장구'나 '오북' '물장고'에서 나오는 소리와 춤사위는 아주 힘차고 경쾌했기에 흥겨운 신바람을 몰아왔다.

강혜숙은 「밀양 백중놀이의 춤사위」에서 음악적 요소를 다음과 같이 기록하고 있다.[33]

> 長短은 거의 4박 장단인데 범부춤만 3박(신유행가 가락인 양산도, 밀양아리랑 가락)으로 하기도 하나, 역시 4박으로 익숙해 있다.
> 춤에 사용되는 장단은 다음과 같다.
> (1) 양반춤 : 늦은 덧배기(살푸리), 반덧배기(중중모리)

---

[33] 姜患淑, 「밀양 백중놀이의 춤사위」, 『한국민속학』 16, 한국민속학회, 1983, 7쪽.

(2) 병신춤 : 덧배기
(3) 범부춤 : 양산도가락(3박) 또는 덧배기(4박)
(4) 오북춤 : 늦은 덧배기(살푸리), 중중모리 〈필자 방점〉

여기에서 범부춤 과장에서 양산도가락인 3박의 장단에 주목하지 않을 수 없다. 즉 3박의 장단은 〈밀양아리랑〉의 장단과 동일한 것이기 때문이다. 물론 신풀이에서 불리는 노래의 주종이 〈밀양아리랑〉이었음도 〈밀양아리랑〉의 가락에 대한 비밀을 푸는 한 단서도 될 수 있다고 하겠으나 이는 놀이판에서 〈밀양아리랑〉이 구연된다는 것뿐이지 그 영향관계를 크게 단정지울 수는 없기 때문이다.

이에, 〈양산도〉와 〈밀양아리랑〉이 갖는 장단 이외의 음악적 동질성을 좀 더 살펴보자.

김진균은,

> 韓國音樂에 있어서는 ①Tetrachord의 兩端의 音이 核音이 되는 멜로디 構造와 ②長調의 5音階에 있어서의 Do~Mi~Sol, 短調의 5音階에 있어서의 La~Do~Mi가 支配的 機能을 가지는 경우가 있다. 특히 長調의 5音階에 있어서의 第3音은 그야말로 중요한 核音의 役割을 하는 例가 많이 지적된다. 예컨대 '밀양아리랑'이라든가 '도라지' '양산도' 등이 여기에 속한다.[34]

> 韓國民謠에 있어서 樂曲의 전반부에서 頂點을 구축한 뒤 下行性 멜로디로서 끝나는 경우로서는 '닐니리아' '수심가' '양산도' '밀양아리랑' 등이 있다.[35]
>
> 〈필자 방점〉

---

34 金晉均, 『민족적 특성의 음악창작에의 응용』, 126쪽.
35 김진균, 앞의 주, 135쪽.

라고 하여, 음정音程과 멜로디 구조의 측면에서 核音nuclear note, Kerton이 갖는 동질성을, 다음으로 멜로디에 있어 그 頂點과 변화가 갖는 동질성을 〈밀양아리랑〉과 〈양산도〉에서 확인하고 있다. 이 뿐만 아니라 「한국의 민속음악」에서도 두 노래의 음악적 동질성을 확인한 바 있다.(주. 18과 22 참조)

이로 미루어 보건데 백중놀이의 범부춤 과장에서 연행되는 가락(멜로디와 장단)은 신민요인 〈양산도〉와 같은 가락이고 이것은 곧 〈밀양아리랑〉과 같은 것이라면 〈밀양아리랑〉과 백중놀이는 무시할 수 없는 깊은 상관성을 지니고 있다고 하겠다. 그런데 백중놀이에 어떻게 〈양산도〉가락, 즉 경상도 토속가락이 아닌 가락이 존재하게 되었을까? 그리고 〈밀양아리랑〉은 어떻게 〈양산도〉와 같은 음악적 성격을 지니게 되었을까?

〈양산도〉는 구한말부터 많이 불린 잡가류의 신민요로서 경쾌하고 힘찬 가락이며, 주로 제창齊唱으로 불리는 유희요로서 노래마당이나 춤마당에서 널리 불리는 노래이다. 노래패들에 의해 널리 불리다가 신식가요와 더불어 레코드로도 취입되어 널리 전파되었고 '천안삼거리' '닐니리아' 등과 함께 애창되던 환조의 노래이다. 백중놀이에서의 범부춤은 '도듬채' '두루거리' 등을 통해 간단한 움직임을 반복하는 아주 신명난 춤사위다. 서민 춤의 특징이 그렇듯이 분위기와 신명에 따라 범부춤은 경쾌하고 박력이 있는 춤사위로서 〈양산도〉 등 경기 잡가류의 환조가락과 잘 어울리는 춤이다. 해마다 백중놀이가 열리면 남녀노소 모여 춤과 노래로 생활의 고충을 씻어내는 자리에서 신명 잡힌 가락은 기존의 메나리조 선율로서, 느린 장단으로서는 격이 맞지 않았을 것이다.

경기 잡가류가 대거 유행을 하면서 이중 〈양산도〉가 자연스레 백중놀이의 가락으로 끼어들게 되었을 것이다. 그러므로 그 이전부터 불리듯 삶의 노래, 독백체로 된 원아리랑(原아리랑)류의 노래[36]는 백중놀이판의 흥겨움과 함께 가락의 변화를 일으키게 되고 이에 경상도의 메나리 토리가 아닌 경토리의 선율과 세마

---

36 원아리랑류란, 아리랑이란 명칭으로 불리기 이전의 노래류란 뜻으로 서민적 감정의 다양한 표현체란 의미이다.

치장단의 흥겹고 경쾌한 가락의 새가락을 형성하게 되고, 여기에 유행하던 아리랑의 후렴(또는 전렴)이 결부되면서 '밀양아리랑'이란 독특한 가락과 명칭을 획득하게 된 것이라 하겠다.[37]

3분박 3박자인 〈밀양아리랑〉과 〈양산도〉 등은 결국 잡요에서만 나온 것이라 하고 잡요 중에서도 토속민요에서는 보이지 않고 통속 민요화한 것에서만 보이는 특징을 지닌다는 견해[38] 또한 〈밀양아리랑〉이 〈양산도〉 같은 잡요의 영향으로 통속 민요화된 것임을 밝혀주는 빌미가 된다.

이 같은 경기가락이 밀양지역에서 통속 민요로서 뿌리를 내리고 새로운 노래를 창출하게 된 근저에는 밀양지역의 또 다른 현상과도 관련이 있다.

현전 〈밀양아리랑〉은 놀이패들이 부르던 것으로 생각하며 〈장타령〉 〈염불노래〉 〈도량계〉 등은 각설이패나 걸궁패 걸립 패들이 부르던 것으로 본다는 보고[39]이고 보면 밀양지역의 놀이 환경을 주목할 필요가 있다.

「밀양군지」에 의하면, 밀양의 삼랑진과 수산은 예부터 조창潛倉이 있었고 세곡선의 발선지가 되어 교통과 물산의 유통집단이 매우 번잡하였다[40]고 한다. 또한 고노古老들에 의하면 밀양시 부북문 퇴노리府北面 退老里에 남사당패가 놀던 취락을 '사당골'이라 불렀다 한다. 사당골 입구인 퇴노리 74번지에 남사당패 가족인 김한기, 영산 신씨부인, 서관수 씨들이 거주하면서 밀양 곳곳의 부잣집 대갓집을 다니면 탈춤, 사자춤 같은 연희를 해주었다고 하며, 낙동강 건너편 밀양 경계지역인 창원 땅에도 오광대패가 있었다고 문헌에 전하며 뿐만 아니라 무안면 지이다리에도 광대 잡패가 있었다고 한다. 또 광복 후까지도 계속되었던 권번도 있었다고 한다.[41]

---

37 노동현장에서의 정선아라리는 후렴이 없는 사설의 독백으로 나타나듯이 초기의 밀양아리랑도 후렴이 없는 노래였을 것이다.
38 한국정신문화연구원, 앞의 책, 296쪽.
39 주 40)의 292쪽.
40 밀양시 문화원, 『밀양군지』, 1988, 294쪽.
41 강혜숙, 앞의 글, 3쪽.

중요무형문화재 68호(밀양 백중놀이) 기능보유자(춤, 1980년 11월 지정)인 놀이꾼 하보경河寶鏡옹의 부친이 걸립패의 화주化主였다고 하니 광대패, 걸립패들이 밀양지역에 널리 자리 잡고 있었음을 알 수 있다.

가면극의 출현이 그러하듯 조창이나 산업의 집산 유통지에는 자연히 광대패 걸립패 등의 놀이패들이 모여들게 마련이고 이들을 통해 갖가지 놀이뿐만 아니라 노래까지 전파 확산된다. 그러므로 이런 패들이 주로 불러 왔던 잡가류나 당시 유행하던 새가락 등은 당연하게 이 지방으로 흘러들어와 확산되었을 것이다. 이때 〈양산도〉는 물론 '아리랑'도 전해져 왔을 터이고 이런 과정에서 〈밀양아리랑〉은 생성될 여건을 충분히 획득하고도 남음이 있게 된다. 〈밀양아리랑〉에서 나타난 가락의 이질성 내지 독자성은 바로 이러한 환경의 소산이라 아니할 수 없다. 〈밀양아리랑〉을 특징짓는 반말투의 사설, 힘차고 경쾌한 후렴, Syllalic Style[42]을 지닌 멜로디의 속성은 서민적이며 또한 고급스러운 것은 아니다. 이것은 아마도 이 같은 패들의 영향과도 무관하지 않을 것이다.

이상의 논의를 개괄하여 도식화 하면 다음과 같다.

〈밀양아리랑〉의 형성과정

```
           ┌─────────────────┐
           │  자탄적 삶의 노래  │         (토속노래)
           └─────────────────┘
                    │
   ┌──────────────┐ │ ┌──────────────┐
   │양산도 가락(경기잡가류)│→│←│ 아리랑류의 후렴 │
   └──────────────┘ │ └──────────────┘
                    │                    (아리랑)
                    │ ┌──────────────┐
                    │←│ 아랑설화의 사설화 │
                    │ └──────────────┘
                    ▼
                 밀양아리랑
```

이 중 '자탄적 삶의 노래'는 아리랑이 아니라 모심기노래 등에서 나타나는

•
42 가사가 1음부에 1음절이 주어지는 즉 멜로디에 언어적지배가 뚜렷한 형식으로 주로 민요에서는 제창이나 중창의 경우에 맞는 음악멜로디이다. 일반적으로 '밀양아리랑'은 여타 아리랑처럼 독창으로 불리지 않는다.

일반적 민요(대체로 메나리조의 노래)[43]이며 이것이 걸립패·사당패들이 부른 경기 잡가류 노래의 전파로 (〈양산도〉류의) 경쾌한 가락으로 바뀌며, 시기를 알 수 없지만 또 널리 알려진 아리랑의 후렴(또는 전렴)을 차용하여 '아리랑'으로 토속적인 노래가 변모한다. 이러한 변모의 장소는 아마 백중놀이의 현장일 것이라는 점이 개연성이 가장 높은 추측이 될 것이고 그 원인은 범부춤에서 찾을 수밖에 없다. 이후 노래가 기존의 사설에 새로운 가락이 합쳐져 고정화 되면서 점차 지방색을 띠게 되어 이 지역의 민간전설인 아랑설화가 개입하여 이후 '밀양'적인 노래인양 인식되고 이를 〈밀양아리랑〉으로 지칭하게 된다는 것이다. 토속가락과 '일반사설'이 변천하여 점차 새로운 노래인 〈밀양아리랑〉으로 바뀌게 된 것이다. 이 때 '원밀양아리랑'[44]의 사설은 새로운 후렴구와 만나고, 가락은 〈양산도〉와 만나 현재의 〈밀양아리랑〉으로 변모하였다.

여기에서 이러한 변모가 일어난 시기를 구체적으로 고구할 길이 없음은 안타까운 일이나 대체로 경토리의 경기 잡가가 널리 전파·확산되고 또 아리랑이 확산된 1900년대를 전후하여 이루어졌을 것으로 보는 것이 무리가 없을 것이다. 그러므로 〈밀양아리랑〉은 후대에 새로이 형성된 아리랑이며 독자적으로 밀양 지역에서 생성되어 오래 전승되어온 노래가 아니라 가락과 후렴의 차용으로 밀양인들에 의해 새로이 탄생된 신민요임에 틀림없다.

3 결론

민요의 연구에서 가장 바람직한 것은 민요가 민요학의 대상이라는 점을

---

43 김기현, 「山有花歌 전승과 교섭 양상」, 『어문논총』 21, 1987, 18-21쪽.
44 현재의 '밀양아리랑'이 형성되기 이전의 노래를 변별하고자 잠정적으로 지칭한 것임.

무엇보다 우선하는 것이다. 민요의 사설·가락·기능이라는 3요소를 너무 중시하여서도 좋지 않지만 이 3가지에 대한 검토 없이 한 부분만으로 민요를 단정지어 말한다는 것은 극히 위험한 발상이라 하겠다. 본고는 이런 점에 관심을 지닌 작은 검토에 불과하다.

본고는 일제하에 독립군가의 하나로서 불려진 〈광복군아리랑〉이 〈밀양아리랑〉의 가락과 같다는 점을 발견하고 그 전파와 전승에 관심을 가졌음에서 출발하였고 그리고 〈밀양아리랑〉이 지닌 가락의 특이성과 아랑설화의 사설화 등이 지닌 독자성이 일반 아리랑의 발생과 어떤 상이점과 공통점을 지니는 것인지의 궁금함에서 비롯되었다. 이를 위해 밀양지역의 현지조사(1년간)를 병행하며 얻어낸 것이 본론에서 밝힌 내용이다.

이러한 결과는 기존 아리랑 연구에서 아리랑이 원형의 모습대로 구비 전승한 노래가 아니라 전승구송집단이나 시대, 지역적 성향에 의해 수용되어 얼마든지 변천 변모한다는 점을 다시 한 번 환기시키는 역할을 할 것이다. 또한 아리랑은 오늘날 후렴에 나타난 사설에 의해 명명되는 노래가 되고 말았지만 많은 전승노동요(특히 모심기노래)와 동일한 사설과 가락을 지닌 노래로서 장구한 생명력을 가진 노래임을 알게 하는 검토에 작은 도움을 주었으면 한다.

논의의 결론에 해당하는 사항은 각 항목의 끝부분에 요약하였으므로 부연하지 않겠으나 본고의 검토에서 음악적 분석력이 부족하기에 기존의 연구에 힘입을 수밖에 없었으므로 지나친 추단이 되지 않았는지 부끄럽다.

본고의 작성을 위해 많은 도움을 준 밀양지역민과 민속예술보존협회 회원, 그리고 자료를 편집해 준 김연갑 등 선행연구자들에게 감사함을 전한다.

'문경새재소리아리랑'의 아리랑사적 위상

1 서론

〈아리랑〉노래가 한민족을 대표하는 민요임은 주지의 사실이다. 그러나 이 노래가 언제, 누구에 의하여 만들어지고, 언제부터 불러왔는지를 구체적으로 알아내기란 매우 힘든 일이다. 아리랑에 관한 기원이나 어원 등에 관한 주장이 무려 30여 종이나 존재한다는 것은 아리랑의 생성과 변천에 대한 구체적 모습을 파악하기 어렵다는 증좌일 것이다.[1] 고종조 경복궁 중창기라는 발생설이 우세하긴 하지만 혹자는 상고시대부터 불러 왔다거나, 또는 고려 말 유신들에 의해 만들어진 노래라는 주장들도 있고 보면, 한국을 대표하는 민요 〈아리랑〉에 관한 생성과 형성과정의 고구는 민요 연구자들의 중요한 과제 중 하나이다.

---

1 김기현, 「아리랑노래의 형성과 전개」, 『퇴계학과 한국문화』 제35호(2004), 142~143쪽.

1896년의 H.B. Hulbert의 〈조선유기〉에는, "아라룽 아라룽 아라리오 아라룽 얼싸 배 띄어라 / 문경새재 박달나무 홍두개 방망이 다 나간다"라는 우리나라 최초의 〈아리랑〉 채보 기록이 있다. 또한 1926년 10월 1일 발표한 춘사 나운규의 영화 〈아리랑〉이 만들어져 대 유행을 하기 전인 1920년대 이전의 각종 잡가집이나 여타 기록물에는 위의 사설과 동일한 사설이 기재 수록되어 있어, 이 사설이 일반 대중들이나 기생들에 의해 널리 애창되었음을 알 수 있다.

　　뿐만 아니라 현 〈진도아리랑〉의 첫 사설에도 "문경아 새재야 박달나무 홍두깨 방방이로 다 나간다"라고 부르고 있어 "문경새재"를 둘러 싼 이 지역의 토속적인 소리 사설이 〈아리랑〉과 관련된 현상은 주목된다고 하겠다.

　　〈문경새재소리〉와 관련된 〈문경아리랑〉은 이병기의 국문학개론에서 그 사설을 소개한 적이 있으나, 이에 대한 학계의 논의가 본격적으로 시작된 것은 문화재청에 의한 『아리랑 종합 전승실태 조사보고서』를 통해서이다. 이 보고서에서 김기현은 '영남지역 지역아리랑의 존재양상과 전승실태'를 조사 보고하면서 〈문경아리랑〉의 존재를 주목하고 그에 대한 본격적인 논의를 시작하였다.[2] 이후 배경숙은 1930년도 이재욱에 의해 기록 전사되었다고 보는 〈영남민요자료집〉을 살펴보고, 이 자료에 기록된 영남지역의 '경북아리랑'을 〈문경아리랑〉으로 보고 1930년대의 존재양상을 확인하였다.[3] 이후 편해문은 〈문경아리랑〉의 사설을 현지 조사하고 이를 바탕으로 사설의 내용을 살폈다.[4]

　　이상 배경숙과 편해문의 논의는 각각 1930년 당대와 현재의 〈문경아리랑〉 전승이라는 공시적 입장에서 〈문경아리랑〉의 존재 양상을 검토하였다. 이러한 상황에서 본고는 〈문경아리랑〉의 형성과정과 요인에 대한 통시적 접근을 시도

●
2　김기현, 「경상지역 아리랑의 존재 양상과 전승실태」, 『아리랑종합전승실태조사보고서』, 문화재청, 2006.
3　배경숙, 「이재욱의 『영남전래민요집』 연구」(영남대학교대학원 박사논문, 2008.6), 73~108쪽 참조.
4　편해문, 「문경아리랑의 연원과 사설에 대한 현장연구」, 『아리랑의 세계화 -영남아리랑의 재발견』((사)영남민요아리랑보존회 한중아리랑 학술심포지엄자료집, 2009.5.23).

하고자 한다. 그 이유는 하나의 개체요에 대한 보다 완전한 논의는 공시적 존재 양상 뿐 아니라 통시적 전승 양상이 함께 시도될 때 의미가 있다고 보기 때문이다.

이와 관련하여 본고는 〈문경아리랑〉의 시원이 되었다고 생각되는 〈문경새재소리〉를 주목한다. 〈문경새재소리〉는 〈문경아리랑〉의 전승과정과 밀접한 관련을 맺고 있을 뿐만 아니라 영남지역의 기층민요와도 긴밀한 영향관계에 있기 때문이다. 뿐만 아니라 〈문경새재소리〉가 우리 향토의 귀중한 소리로서 아리랑의 출발점이 되는 노래임을 밝혀 영남권의 토속소리가 우리나라 전체 〈아리랑〉 형성에 얼마나 큰 영향력과 위상을 확보하고 있는지를 살펴 아리랑사 정립에 한걸음 나아가고자 한다.[5]

따라서 〈문경새재소리〉에 대한 고찰은 비단 〈문경아리랑〉을 비롯한 영남지역의 지역민요 연구뿐 아니라 아리랑 연구에도 일면 기여할 수 있으리라 기대한다.

2 문경지역의 문화지평

문경은 경상북도 서북단에 위치한 지역으로, 1,000m 내외의 높은 산들

---

[5] 본고에서 사용하는 아리랑 관련 용어를 다음과 같이 정리하고자 한다. 1. 〈문경아리랑〉은 현재 기존의 연구물에서 지칭하는 명칭으로 〈문경새재아리랑〉이라고도 하나 〈문경아리랑〉으로 통일한다. 2. 〈문경새재소리〉는 문경지역에서 불러 온 노동요이며 토착소리로서 새재와 관련된 사설의 민요이다. 3. 〈문경새재소리아리랑〉은 토착소리인 〈문경새재소리〉에 새로운 노래형식의 아리랑 후렴구를 붙여 부르는 아리랑이다. 이중 1과 3은 같은 노래이나 필자는 논의의 축인 지역의 토착소리가 새로운 노래 아리랑으로 바뀌어 진 것을 강조하기 위해 변별적으로 사용하는 논자의 명칭이며, 현재 지역에서는 〈문경새재아리랑〉, 〈문경아리랑〉, 〈문경새재소리아리랑〉이 두루 쓰이고도 있다.

에 둘러싸인 문경 분지를 이루고 있다. 온대성식물 생장지로 박달나무의 군락이 자생하며, 예로부터 서울과 영남을 이어주던 고갯길인 문경새재로 널리 알려진 곳이다.

문경새재는 역사적으로 국가적으로 사회적으로 중요한 의미를 지닌 곳이다. 『세종지리지』, 「문경현」편에 초점草岾(초재)이라는 지명으로 등장하는데, 대략 조선 초에 개척되어 국방상의 요충지로 자리잡음은 물론 경제, 사회, 문화 유통로로서의 역할을 수행했다.

문경새재는 조선이 한강 유역에 도읍을 정하면서 백두대간을 중심으로 설치한 대표적인 관방 중 하나이다.[6] 그렇게 설치된 관방 시설을 근거로 관서나 관북, 관동, 영남 같은 명칭이 생겨났다. 여기서 흥미로운 곳은 유독 새재 남쪽인 영남지방에만 관남이라는 명칭이 붙지 않고 영남이라 불렸다는 사실이다. 그것은 문경새재가 단지 현재의 고갯길에 국한된 고유한 고유명사가 아니라 조선의 고개를 대표하는 '제1고개'라는 의미를 내포함을 암시한다.

이와 같이 새재는 조선시대 나라에서 가장 번화로운 고갯길이었다. 따라서 충주나 상주, 안부역이나 유곡역은 늘 중앙에서 파견되는 관리나 사대부들의 행차로 몸살을 앓는 곳이었다. 조정에서 일본으로 가는 사신의 행렬을 접대하는 부담을 덜어주기 위해 추풍령이나 죽령 길로 분산시켜 이동하게 하라는 행정방침이 내려질 정도였다는 기록이 이를 뒷받침해 준다.[7]

한편 문경새재는 국가적인 차원에서의 중요성 뿐 아니라 문화 사회사적 측면에서도 중요한 의미를 지니고 있었다. 문경새재를 넘나들면서 남겨놓은 인간세상의 많은 이야기, 보부상인, 산 도둑, 화전민, 과거 길에 오르는 선비 등에 대한 이야기들은 문경새재를 둘러싼 당대인들의 삶을 엿볼 수 있기 때문이다.[8] 이처럼 문경은 문경새재를 중심으로 역사, 사회, 문화적으로 중요한 의미를 지닌 지

---

6   그 대표적인 곳이 철령과 대관령, 그리고 조령관이다.
7   김하돈, 「문경 지역의 백두대간 고갯길」, 『길 위의 역사, 고개의 문화』, 실천문학사, 2002, 116~119쪽.
8   차미희, 「과거 길의 풍속과 여정」, 『길 위의 역사, 고개의 문화』, 실천문학사, 2002, 224쪽.

역이라 할 수 있다.

문경의 전래되는 민요로는 전국적으로 널리 알려진 〈문경아리랑〉을 비롯해, 직포수공업과 관련된 민요인 〈누에노래〉·〈뽕따는 처녀노래〉·〈베틀노래〉 등의 노동요와 동요, 유희요 등이 주를 이루며, 〈새재노래〉·〈보리타작노래〉·〈달강노래〉 등이 전하고 있다.[9] 그동안 민요연구에서 영남지역의 민요는 예천과 상주의 농요를 중심으로 논의되어 왔다. 그런데 문경 또한 민요연구에서 더 많은 논의가 이루어져야 할 지역이다. 다양한 민요사설이 전승될 뿐 아니라 〈문경아리랑〉과 같은 개체요의 의의가 크기 때문이다.

〈문경아리랑〉은 함경도, 강원도, 영남지역의 맥을 잇는 메나리토리 권역의 대표적인 아리랑이다. 〈문경새재아리랑〉이라 불리기도 하며 이덕원, 송영철, 송옥자 등에 의해 전승되고 있다.

최근 들어 〈문경아리랑〉에 대한 본격적인 조사 작업이 진행되어 전승사설 채록이 이루어졌다.[10] 〈문경아리랑〉에 나오는 '문경새재는 물박달나무~'의 사설은 〈문경아리랑〉의 핵심어구로 기능하는데, 이 부분이 영남지역 지역의 민요 및 뿐 아니라 아리랑 사설에 두루 차용되어 있어 보다 세밀한 논의가 필요하다.

3 〈문경새재소리〉의 〈아리랑〉화 과정

현재 각 지역에 전승되는 〈아리랑〉은 경복궁 중창기, 당대 강원도 정선 등지에서 부르던 '아라리'의 후렴구를 각지에서 모여든 목수나 부역꾼들이 자

---

9 문경의 민요에 대해서는, 문경시, 『문경의 민요와 아리랑을 찾아서』, 민속원, 2008 참조.
10 문경시, 『문경의 민요와 아리랑을 찾아서』, 민속원, 2008.

기 지역의 토속적인 노래에 후렴을 덧붙이면서 확대 재생산한 노래이다.[11] 〈문경아리랑〉의 형성 또한 이러한 양상과 맥을 같이한다. 여기서는 이러한 기본 전제에 출발하여 〈문경새재소리〉의 특징과 아리랑화 과정을 고찰해 보기로 한다.

3-1 토착 노동요로서의 〈문경새재소리〉

아리랑과 관련한 문헌기록을 살피면, 그 성격이 판이하게 다른 두 종류의 아리랑이 병존하고 있음을 알 수 있다. 1910년대부터 발간되기 시작한 잡가집에는, 이 시기부터 아리랑은 토속아리랑과 잡가아리랑의 두 갈래로 이미 존재하고 있었다[12]고 보인다.

〈문경아리랑〉 또한 문경의 토착적인 소리인 〈문경새재소리〉와 병존하고 있다. 그런데 〈문경새재소리〉는 문경지역에서 모심을 때 부르는 노동요인 〈모심는소리〉나 〈나무하는소리〉로 구연된다.[13] 이는 사설과 음악의 측면에서 확인할 수 있고, 인근지역 〈강원도아라리〉와 강원도 〈모심는소리〉와의 관계로 유추할 수 있다.

> 요게 심고 조게 심고
> 오배출 나는 자리만 찾아 꼽아주소
> 아리랑 아리랑 아리리요
> 아리랑 고개고개로 나를 넘가주소[14]

●
11 김기현,「아리랑 노래의 형성과 전개」,『퇴계학과 한국문화』 35호, 퇴계문화연구소, 2004, 156~157쪽.
12 정우택,「雜歌集 所在 〈아리랑〉에 대한 연구」,『고전시가의 이념과 표상』, 1991; 김기현, 앞의 논문, 2004, 157쪽 재인용.
13 MBC,『한국민요대전－경상북도』, 261쪽에 송영철 옹은 "산에 너무하러 다니면서 불렀다."고 진술하고 있다.
14 MBC,『한국민요대전－경상북도』, 262쪽.

경북 문경시 산북면에서 〈모심는소리〉로 구연된 소리인데, 후렴구를 통해 '아리랑'으로서의 정체성을 획득하면서, 사설은 모심기 현장을 그대로 반영하고 있어 〈모심는소리〉의 기능을 실현하고 있다.[15] 즉 〈문경새재소리〉가 노동요로서 존재하고 있음을 말해주는 사설이다. 이러한 사설은 문경지역에서 두루 확인되며, 아리랑 후렴구 없이도 부른다.

서마지기 논자리를 반달겉이 숨어놓고
이야 이야 어러리여 어리랑 얼쑨 어러리아[16]

아리랑 아리랑 아라—리오—
아리랑 고개로 나를넘겨주소—
이물꼬 저물꼬 다 열어놓고
우리집 영감님은 어디로 갔소—[17]

| 악보 1 |

---

15 김기현, 앞의 논문(2006), 306쪽.
16 편해문, 앞의 논문(2009), 26쪽 자료.
17 마동진 〈모심는소리〉, MBC, 『한국민요대전 - 경상북도』, 262쪽을 강혜인이 채보한 것으로 강원도아리랑과 유사함.

|악보 2|

모심는 소리

가창: 마동진
채보: 강혜인

 이처럼 문경에는 기층민의 삶의 현장에서 그들에 의해 향유되던 〈문경새재 소리〉가 노동요로서 존재하고, 기능하고 있었다. 이러한 현상은 지금도 영남지역 각 지역의 지역농요보존회의 농요 시연 과정에서 모심기와 관련하여 아리랑

이 구연되는 현상과 맥을 같이 한다.[18] 그런데 이러한 노동요로서 〈문경새재소리〉와 〈모심기소리〉의 관련성은 음악적 측면에서도 확인되는 바이다.

〈악보 1〉은 양수봉이 부른 〈모심는소리〉이고, 〈악보 2〉는 마동진이 부른 〈모심는소리〉이다. 전자는 사설 자체에 아리랑과 관련된 표지가 전혀 없는 〈모심는소리〉이고, 후자는 아리랑 전렴을 가진 사설인데 둘 다 〈모심는소리〉로 기능하고 있다.

그런데 둘 사이의 음악적 특성을 분석해 보면, 리듬구조는 12/4박자의 중모리장단형이고, 선율구조는 '미-솔-라-도-레'의 메나리토리이다. 시작음과 종지음은 모두 '미'이며, 최저음은 '미' 최고음은 '레'이다. 주요음은 '미-라-도'이고, 선율진행은 주요음 '미'에서 상행 진행하여 상청인 '레'에서 다시 하행하여 '미'로 종지하게 된다.

형식은 받는 소리 2장단과 메기는 소리 2장단이 결합하여 A+B+C+B의 형태이고 메기는 소리를 먼저 하거나 받는 소리를 먼저 할 수도 있다.

이처럼 사설이 전혀 다른 두 노래의 음악적 특징을 분석해 본 결과, 노동요〈모심는소리〉-〈문경새재소리〉의 직접적인 연관성을 확인할 수 있다. 이렇게 볼 때, 〈문경새재소리〉는 문경의 노동요인 〈모심기소리〉로 전승하는 토속 기층 민요라 할 수 있다.

또 1930년대 이재욱의 민요채록 조사집인 『영남민요자료집』에 의거하면 상주지방의 〈모심기소리〉[19]에 〈문경새재소리〉를 그대로 모심기 현장에서 부르고 있음을 확인할 수 있어 토속 농경 노동요로서 〈문경새재소리〉의 존재를 확인할 수 있다.

한편 이러한 관계성은 문경 인근 지역의 〈강원도아리랑〉에서도 확인되는 바이다. 문경은 강원도와 인접해 있어 〈강원도아리랑〉과 유사한 가락이 여러 마

18　김기현, 앞의 논문, 2006, 306쪽.
19　배경숙, 『이재욱과 영남전래민요집 연구』, 국학자료원, 2009, 466쪽. 창자 朴天一(60세), 1930년 7월 21일 채록

을에서 채록될 정도로 강원도지역 민요와 연관성이 높다. 산북면에서는 〈강원도아리랑〉으로 〈모심는소리〉를 부르기도 한다는 사실[20]은 이를 단적으로 보여준다.

3-2 〈문경새재소리〉의 아리랑화

〈문경새재소리〉는 문경의 〈모심기소리〉, 〈나무하는소리〉로 기층민의 노동과 삶 속에서 구연되던 토속소리였다. 그런데 19세기 새로운 역사 문화적 상황에서 〈문경새재소리〉는 지역을 벗어나 전국적으로 구연의 외연을 넓혀 갔다. 이러한 과정은 〈아리랑〉의 형성과정에서 누차 언급되는 경복궁 중창과 관계가 깊다.[21]

경복궁 중창은 고종2년 1865년 4월부터 1972년 9월 사이에 공사가 진행된 것으로 추정되는데, 이때 전국의 장정을 징발하였다. 이때 참여한 일꾼들이 노동의 과정에서 민요를 부름으로써 각 지역의 기층민요가 서울의 소리판에 유통되기 시작하였고 상호 교섭하고 변이되었다. 아리랑의 형성도 이와 직접적인 관련을 맺고 있는데, 이에 대해서는 당대 기록을 통해 확인할 수 있다.

바로 황현의 『매천야록梅泉野錄』(고종 31년 갑오-1894년)의 기록이다. 황현의 『매천야록』에는 〈아리랑타령〉이 '신성염곡新聲艶曲'으로 당대 궁중 내의 상층이 좋아한 노래였고, 아리랑의 '교졸巧拙'을 가름하여 상을 내렸다고 한 기록이 있는데 이는 아리랑의 유통을 직접 확인할 수 있는 기록이다.[22]

이 과정에서 새롭게 부상한 노래 중 하나가 〈문경새재소리〉이었을 가능성이 많다. 당대 기록된 〈아리랑〉의 사설 중 많은 소리들이 〈문경새재소리〉라는 사실은 이와 밀접히 관련되어 있다.

●
20　MBC, 『한국민요대관 - 경상북도』, 260쪽.
21　高橋亨, 「조선민요총설」, 〈東方學紀要〉別冊2, 1968년 2월, 일본 천리대학(1937년 작성), 최철·설성경 엮음, 『민요의 연구』, 정음사, 1984, 353쪽 인용.
22　김기현, 앞의 논문, 2004, 156쪽.

주지하듯이 1896년 〈아리랑〉사설을 최초로 채록하였다고 평가되는 미국인 H.B. Hubert의 〈아리랑〉의 사설과 악곡은 〈문경새재소리아리랑〉의 그것과 같다.[23]

헐버트의 〈Korea vocal music〉수록 '아르랑'

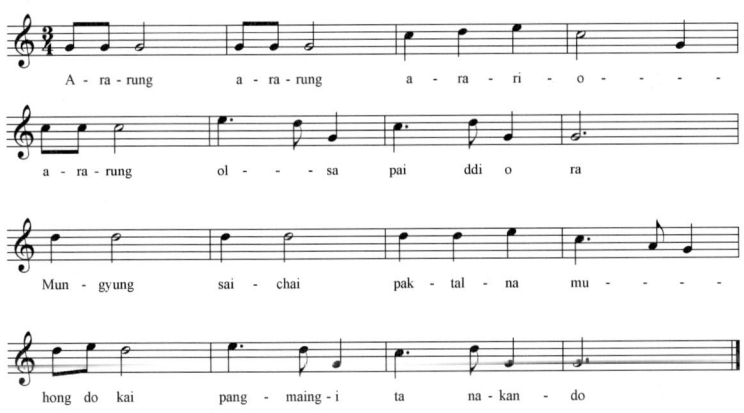

헐버트가 채보한 〈아르랑〉은 3/4박자로 기보되었고, 선율은 조표 기록은 없지만 우리나라 민요의 선율과 비교해 볼 때 마장조의 '미—솔—라—시—도—레'로 구성된 선율구조로 파악된다. 시작음과 종지음은 '미'이고, 최저음은 '미' 최고음은 '도'이고, 주요음은 '미—라—도'로 메나리토리의 주요음과 같다.

〈아르랑〉은 4마디를 1장단으로 분석하면 전통음악 12/4박자의 중모리 장단형과 같은 리듬구조를 가지고 있다. 리듬적 특성은 2소박이 집합하여 한 박을 이루는 다음과 같은 단순한 리듬형태로 되어있다.

리듬형	O	O	O	OO	O	-	O	-O	O	O	-	-
박	1	2	3	1	2	3	1	2	3	1	2	3

-
23 H.B.Hulbert, The Korean Repository, 1896. 2, 51쪽.
   KOREAN VOCAL MUSIC이란 이름으로 2수의 〈A-ra-rung아르랑〉을 채보하여 소개하였다.

형식은 받는 소리와 메기는 소리가 A+B+C+B로 결합되어 있고 받는 소리는 평성으로, 메기는 소리는 상청으로 높게 시작하므로 선율 형태의 차이를 보인다.

헐버트 채보 〈아르랑〉이 현재의 〈문경아리랑〉과 다른 점은 제3마디에서 '라-시-도'도 상행하는 선율형태를 보이는 점이다. 메나리토리에서 '시'음은 상행에서는 나타나지 않고, 하행선율에서 '도-시-라' 혹은 '레-도-시'로 나타난다. 두 노래 사이에 약간의 차이는 있지만 이는 가창자가 경기지역 사람이기에 나타난 현상으로 보이며, 악곡 상으로 두 노래는 메나리토리의 영향 하에 있어 그 친연성을 확인할 수 있다. 이렇게 볼 때 〈아리랑〉의 첫 기록인 헐버트 아리랑은 바로 〈문경새재소리〉라고 할 수 있다.

한편 당대 소리판에서 〈문경새재소리〉의 부상은 1920년대 이후 인기를 누리고 발간되기 시작한 잡가집의 〈아리랑〉 사설에서도 빠짐없이 자리하고 있음을 확인할 수 있다.

　　　　남산밋혜장춘단을짓고군악두ㅣ장단에밧드러총만흔다아르랑아르랑아라리요

　　　　아이고지고통곡을마러라죽엇던낭군이사라올가아르랑아르랑아라리요

　　　　인제가면언제오나오마흔 날이나일너쥬오아르랑아르랑아라리요

　　　　문경 수ㅣ재박달남근다듬이방망이로다늬간다아르랑아르랑아라리요[24]

　　　　─ 십리를간다고써덕거리드니오리도못가서발병낫네
　　　　(후렴) 아리랑아리랑아리리요아리랑고개로넘어간다

24　〈아르랑타령〉, 『고금잡가편』, 정재호 편, 『한국잡가전집』 1, 계명문화사, 1998, 474~475쪽.

二. 아리랑고개를너머거면소원에성취를하리로다

　三. 문경새재에박달나무홍둣긔방망이로다나간다

　四. 놉흔하눌엔별도만코요내인간엔말도만타

　五. 간다고하면아주가며아주나가면은잇즐세나[25]

〈밑줄 필자〉

　이처럼 '문경새재박달남근다듬이방망이로다～간다'라는 사설이 다른 맥락의 사설들과 함께 엮이면서도 통속적 균질성 아래 어울려 있다. 기층의 노동요였던 〈문경새재소리〉가 중앙의 소리판에 습용되면서 통속의 맥락에 놓이게 된 상황을 잡가집을 통해 확인할 수 있는 것이다. 잡가집이란 유흥을 목적으로 한 소리판의 정황을 반영한 자료이다. 따라서 여기에 실린 〈문경새재소리〉는 지역성을 탈각하고 유흥적 성격을 강화한다.

　이러한 소리의 변화는 단순히 중앙소리판의 일방적 견인에 의한 것만은 아니다. 〈문경새재소리〉가 지닌 특징적 양상이 소리판의 분위기와 맞아떨어진 것으로 볼 수 있다. 즉, '문경새재'와 '박달나무'는 지역성의 표상이면서 전국적으로 유명한 소재였고, 사설이 지닌 상징성과 유희성은 소리판의 분위기를 끌어낼 수 있는 적합한 요건을 지니고 있었다. 이렇게 볼 때, 〈문경새재소리〉는 사설의 제반 특성과 당대 소리판의 상황이 교호하면서 통속화의 길을 가게 되고 당대 〈아리랑〉의 대표적인 사설로 녹아들어 간 것으로 보인다.

　〈문경새재소리〉가 중앙으로 진출하여 아리랑 사설로 편사되면서 〈문경새재소리〉는 〈문경새재소리아리랑〉으로 범주화된다. 이러한 범주화의 양상은 앞에

25　〈아리랑〉, 『조선속곡집』, 정재호 편, 『한국잡가전집』 4, 계명문화사, 1998, 229쪽.

서 언급한 H.B. Hubert의 〈아리랑〉에서 이미 완성되었다고 할 수 있다. 그러나 그것이 〈문경새재소리아리랑〉으로 독립적인 개체요로서의 성격을 지니게 된 것은 중앙의 소리판에 습용되었던 〈문경새재소리〉가 다시 문경으로 돌아왔을 때의 일로 보인다. 즉, 기층민요가 경복궁 중창 등의 역사적 상황 속에서 중앙으로 올라가 여타 아리랑 속에 습합되어 불리다가, '문경'이라는 지역성이 새삼 강조되면서 〈문경새재소리아리랑〉으로 재再 개념화된 것이라 할 수 있다.

특히 『영남민요자료집』에 의하면, 1930년대에 문경지역의 아리랑은 〈예천아리랑〉과 구분되는 '영남지역아리랑'으로 범주화되어 있을 뿐 〈문경아리랑〉, 〈문경새재아리랑〉이라는 명칭으로 나타나 있지 않다.[26] 이러한 사실은 〈문경새재소리〉와 〈문경새재소리아리랑〉의 시차성을 보여주는 것이어서 〈문경새재소리아리랑〉 또는 〈문경아리랑〉이라는 명칭은 후대 형성된 것이라 할 수 있기 때문이다.

현재 전승되고 있는 〈문경새재소리아리랑〉은 문경지역 아리랑 형성의 통시적 변이를 그대로 반영하고 있다. 즉, 문경의 지역적 토속성과 노동의 현장을 반영하고 있는 〈문경새재소리아리랑〉[27]과 전문소리꾼에 의한 창작 유포된 통속민요로서의 〈문경아리랑〉 등이다.[28]

전자의 경우 문경의 특산품을 활용하여 지역성을 더욱 강화한 것, 모심기라는 노동의 현장을 반영한 것이 대표적이다. '문경새재 물박달나무 홍두깨 방망이로 다나갔네, 홍두깨 방망이는 팔자가 좋아 큰아기 손길로 놀아나네'라는 사설을 중심으로 사설을 확장시키는 방식이 대부분이다.

---

26 배경숙, 앞의 논문, 2008, 79쪽.
27 이와 관련하여 편해문은 〈문경아리랑〉의 사설을 내용을 중심으로 '1)물박달나무, 물푸레나무, 줄박나무, 부얼싸리, 2)눈이 올라나 비가올라나, 3)떠남과 기다림의 고개, 문경새재, 4)웃음과 희망의 고개, 문경새재'로 구분하여 서술하였다(편해문, 앞의 논문, 2009, 53~63쪽).
28 전자는 송영철 옹의 소리가 대표적이고 후자는 송옥자 여사의 것이 대표적인 예이다.

아리랑 아리랑 아라리요
아리랑 고개로 날 넘겨주소

문경새재 물박달나무
홍두깨 방망이로 다나갔네
홍두깨 방망이는 팔자가 좋아
큰아기 손길로 놀아나네

아리랑 아리랑 아라리요
아리랑 고개로 날 넘겨주소

문경새재 웬고갠가
굽이굽이 눈물이 나네
문경새재 쇄무푸리나무
말채 쇠채로 다 나가네

아리랑 아리랑 아리라요
아리랑 고개로 날 넘겨주소

문경새재 참싸리나무
꼬감 꼬지로 다 나가고
문경새재 뿌억 싸리는
북어꼬지로 다 나가네[29]

〈송영철〉

---

[29] 송영철, 「문경읍 하초리」, 『우리고장의 민요가사집』, 1994, 12쪽; 편해문, 앞의 논문, 2009, 56쪽 재인용.

'문경새재 물박달나무'에 착안하여 문경의 지역특산물인 '박달나무', '물푸레나무', '줄박나무', '참싸리나무', '부엌싸리' 등의 나무이름을 연쇄적으로 엮어 문경의 지역성을 강조하는 방식으로 사설을 엮고 있다. 민요의 지역성과 풍자성이 강화된 사설이다. 이 노래는 중모리 장단에 부르면서도 꽤 느리게 부른다. 노동의 리듬에 맞추기 때문일 것이다. 고 송영철 옹의 소리 이외에도 현 지역민들이 노동 공간에서 부를 때도 모두 비슷하다.

(후렴) 아리랑 아리랑 아라리요
아리랑 고개로 나를 넘겨주소

문경 새자야 물박달낭구
홍두깨 방맹이로 다나가네

홍두깨 방맹이는 팔자가 좋아
큰 애기 손질로 놀아나네

문경아 새자를 넘어 갈 제
구비야 굽이굽이가 눈물이 나네

문경아 새자여 쇠무푸리낭구
말채 쇠채로 다나가네

문경아 새자여 참싸리 낭구
꼬깜아 꼬지로 다나가네

문경아 새자야 뿌억싸리 낭구
북어야 꼬지로 다나가네

(하략)…30

〈송옥자〉

　가창자 송옥자는 '문경새재아리랑보존회'를 만들어 〈새재아리랑〉의 보존과 전승에 힘을 쏟는 분이다. 그는 송영철 옹의 소리를 테이프를 통해 배워 보존회원들과 함께 무대화를 위해 노력하고 있다. 송 여사의 노래는 이미 유희요로서 기능하고 있기에 세마치 가락으로 조금 빨라져 있다. 송여사가 부르는 〈문경새재아리랑〉 사설은 모두 103편이나 보고되고 있으며 그 수를 늘여나가고 있다.[31]

　문경새재는 '새들도 넘기 힘든 고개'라는 특징적 지명이 '눈물'이라는 정서와 만나 보편적 감정을 토로하는 노래가 형성되었다. 이러한 사설의 확장방식은 '문경새재'의 노래를 지역에 묶어두지 않고 지역성을 넘어 대중성을 획득하게 하는 요인이 된다.

　이러한 양상은 '문경새재~'는 눈물고개로, 이별과 단절의 상황은 '문경새재~'와 연결되는 통속적인 공식어구로 기능하게 된다. 〈진도아리랑〉의 '문경새재는 웬 고개인가~' 사설이 문경이라는 지역성에 크게 얽매이지 않아도 되는 현상은 '문경새재는~'이 바로 이러한 통속적 공식어구로서의 특성을 단적으로 보여주는 예이기 때문이다.

　　● 문경 정선 아리랑

　　　길이 난 고개라면 발을 벗고도 가지요
　　　그렇지만 아리랑 고개는 무서운 고개

　　　문경새재가 아리랑 고개가 되었네

30　문경시, 『문경의 민요와 아리랑을 찾아서』, 2008, 43쪽.
31　문경시, 위의 책, 43~49쪽.

아리랑 고개는 큰 고개 아리랑 고개가 적막강산

아리랑 고개는 뭔 고개냐 영감님 넘어간 고개로구나
아리랑 고개가 무섭네요 정든님 넘어가신 고개

오실 때가 되었는데 왜 아니오시나
아리랑 고개가 그렇게도 무섭던가요[32]

〈문경 김복순〉

'문경새재'는 정든 임이 넘어가서 돌아오지 못하는 '무서운' 고개가 되었다. 그런데 임이 돌아오지 않는 고개는 '아리랑고개'이다. 따라서 '문경새재'는 곧 '아리랑고개'와 동격이 된다. 이는 〈문경새재소리〉가 바로 〈아리랑〉이 될 수 있는 하나의 근거를 마련하고 있다.

이렇게 볼 때 〈문경새재소리아리랑〉은 〈문경새재소리〉의 '문경새재~'라는 공식 어구를 중심으로 '문경'이라는 지역적 구심과 눈물이라는 통속적 원심을 지니고 〈아리랑〉으로서의 위치를 획득해 간 것으로 해석할 수 있다.

한편 이렇게 형성된 〈문경새재소리아리랑〉은 기층민요의 향유 공간 이외에 현재적 계승을 목적으로 하는 새롭게 창작되는 양상을 보이기도 한다. '문경새재아리랑보존회'의 전승사설이 대표적인데, 사설 구연방식은 엮음 형식으로 되어 있다. 이 노래는 전승되던 〈문경새재소리〉를 중심으로 기존 민요사설 및 통속 민요의 사설을 수용하여 〈문경새재아리랑〉으로 재창작하였다.

이상으로 토속소리 〈문경새재소리〉가 〈문경새재소리아리랑〉으로 재개념화되어 〈아리랑〉으로서 전승되는 양상을 주로 사설을 중심으로 살펴보았다. 〈문경새재소리아리랑〉은 〈문경새재소리〉를 토대로 형성된 민요이다. 그리고 그 유

●

32   문경문화원,『우리고장의 민요가사집』, 1994, 17쪽; 편해문, 앞의 논문, 2009, 61쪽 재인용.

형은 토속성과 노동의 현장을 반영하고 있는 〈문경새재소리아리랑〉과 전문소리꾼에 의한 창작된 통속 민요로서의 〈문경새재아리랑〉으로 구분되며, 이 둘은 모두 다 지역적 구심과 통속적 원심을 살려 문경의 지역아리랑으로 전승되고 있음을 확인하였다.

3-3 영남지역 아리랑의 존재양상과 〈문경새재소리아리랑〉

현재 영남지역에 가창 전승되고 있는 아리랑은 크게 향토민요 아리랑과 통속민요 아리랑 그리고 창작 아리랑으로 구분할 수 있다. 향토민요 아리랑은 문경과 예천 상주 등의 지역에 전승되고 있는 것으로서 〈문경새재소리아리랑〉, 〈예천아리랑〉, 〈상주아리랑〉 등이다. 통속민요 아리랑은 1920년대 이후 새롭게 만들어져 이후 일정 지역에 연고를 두고 전승된 것으로서 경남 밀양과 연관을 맺고 있는 〈밀양아리랑〉이 대표적이다. 창작민요 아리랑은 지역민요의 현대적 계승과 관련하여 새롭게 발굴 창작된 지역 아리랑을 말한다. 〈영천아리랑〉, 〈구미아리랑〉, 〈대구아리랑〉 등이 대표적인 예이다.[33]

〈문경새재소리아리랑〉은 영남지역의 여러 〈아리랑〉 가운데 향토민요 아리랑에 속한다. 향토민요 아리랑이란 그 근원 소리가 향토의 토속민요에 맥을 대고 있는 소리를 말한다. 〈아리랑〉이 한국 민요의 대표적인 노래 양식이지만 대부분의 경우 통속 민요이거나 창작민요임을 생각할 때, 〈문경새재소리아리랑〉은 〈강원도아리랑〉, 〈정선아라리〉 등과 더불어 아리랑 연구사에서 주목되는 존재양식임을 알 수 있다.

한편 〈문경새재소리아리랑〉은 영남의 타 지역 민요 전승에도 영향을 미쳤을 뿐 아니라 영남지역의 다른 〈아리랑〉과도 긴밀한 관계를 맺고 있다. 이재욱의 『영남민요자료집』을 참고로 하면, 채록 당시 영남지역의 '경북아리랑'이라

---

[33] 김기현, 앞의 논문, 2006, 229~376쪽 참조.

채록된 민요가 모두 〈문경새재소리아리랑〉이다. 뿐만 아니라 여타 지역의 노동요에도 〈문경새재소리아리랑〉은 아주 큰 영향을 미치고 있었음을 확인할 수 있다.[34]

- 초부노래(울산)[35]

시월아 시월아 가지마라
압갑운 靑春이 다 늘는다
홍득게 방마치 얼마나조와
큰애기 손에 다녹아지노

〈밑줄 필자〉

- 초부가(선산)[36]

문경아새재야 인고부른다
구부야그부야 눈물난다

〈김주경〉

1930년대 자료에 〈문경새재소리〉가 경상도 각 지역의 〈초부가〉로 수용되어 구연되고 있었음을 확인할 수 있다. 앞의 자료는 울산지역에서 〈청춘가〉와 〈문경새재소리〉가 교섭되어 사용된 경우이고, 두 번째 자료는 〈문경새재소리〉가 그대로 선산지역의 〈초부가〉로 활용된 경우이다. 이렇게 볼 때, 〈문경새재소리〉는 경상지역 민요의 전승에 깊이 관여하고 있었다고 할 수 있다.

-
34 배경숙, 앞의 논문, 2008, 76~89쪽 참조.
35 배경숙, 「이재욱과 영남전래민요집 연구」, 국학자료원, 2009, 611쪽. 창자 李周元, 1930. 8.2 채보.
36 위의 논문, 604쪽. 창자 金周經, 1930.7.21 채보.

또한, 〈문경새재소리아리랑〉은 〈아리랑〉이라는 양식 자체가 가진 역사와 성격을 그대로 지니고 있다는 점이다. 〈아리랑〉은 그 발생과정을 토대로 할 때 향토민요 아리랑과 토속민요 아리랑으로 크게 구분된다. 향토민요 아리랑이 본원적 형태로서 전승하고 있었고, 이를 바탕으로 다양한 통속민요 아리랑이 파생되어 〈문경새재소리아리랑〉은 앞에서 살핀 형성과정을 참조할 때, 강원도 향토아리랑 등에 맥이 닿아 있다. 즉 〈문경새재소리〉라는 기층의 노동요가 이를 증명한다. 그러다가 이것이 중앙의 소리판으로 견인되어 〈아리랑〉화 되어 유행하고, 다시 이 〈아리랑〉이 지역으로 돌아와 〈문경새재소리아리랑〉으로 형성되었다. 이렇게 볼 때 문경지역의 아리랑은 향토민요와 통속 민요로서의 〈아리랑〉의 양식사를 그대로 담고 있다고 하겠다.

이재욱의 기록에 의하면, 그가 '경북아리랑'으로 지칭한 〈문경아리랑〉은 "최근" 또는 "2-3年前"이라는 조사 기록이 가필되어 있어[37] 〈문경새재소리〉가 〈문경새재소리아리랑〉으로 알려진 시기는 1927년도 전후 나운규의 '영화 아리랑'이 전국적인 유행을 하고 난 뒤 아리랑으로 새롭게 불린 것으로 판단하며, 또한 그의 조사자료노트(86쪽) 1930년 7월 23일 조사에는 '아리랑'[38]을 채록하고 이를 "경북아리랑調"라 적고 있는데, 이 기록은 경북아리랑이 여타의 아리랑과 다른 노래임을 밝히고 있으므로 〈문경새재소리아리랑〉의 아리랑으로서의 출현 시기를 짐작하게 한다.

이상으로 영남지역 아리랑의 전승양상을 향토, 통속, 창작이라는 민요 유형으로 나누어 살피고 〈문경새재소리아리랑〉의 영향관계와 그 의미도 살펴보았다. 〈문경새재소리아리랑〉은 영남지역 아리랑의 전승에 두루 관계하면서 아리랑의 형성과 전개 양상을 그대로 보여준다는 점에서 영남지역 〈아리랑〉을 대표하는 양식이며 이 지역 아리랑의 가장 고형, 원조 격에 해당하는 노래라 할 수 있다.

---

37 위의 책, 573쪽은 "최근", 605쪽에서는 "2~3년 전"이라고 가필하여 놓았다.
38 이 아리랑은 문경새재의 사설이 아닌 일반적인 통속아리랑이다. 위의 책, 628쪽.

4 〈문경새재소리아리랑〉의 아리랑사적 위상

　그동안 〈문경새재소리〉는 〈문경새재소리아리랑〉의 토대가 되는 소리로서만 의미화 되었다. 그러나 〈문경새재소리〉는 〈문경새재소리아리랑〉과 영남지역의 민요뿐만 아니라 〈아리랑〉의 형성과정과 관련하여 중요한 위상을 지니고 있다. 여기서는 위에서 논의된 바를 토대로 하여 〈문경새재소리아리랑〉의 민요사적 위상을 살피도록 하겠다.

　현재 〈아리랑〉은 한국의 대표적인 소리로 자리 잡았다. 이런 시각에서 본다면 H.B. Hubert의 〈아리랑〉은 아주 중요한 의의를 지닌다. 〈아리랑〉이 외부인의 시각에서 한국의 소리로 규정된 첫 기록이며 최초의 서양 기보법에 의하여 채록된 노래이기 때문이다.

- Ararung 아르랑

　　A-ra-rung a-ra-rung a-ra-ri-o　　a-ra-rung Ŏl-sa pai ddi-Ŏ-ra
　　Mun-gyung sai-chai pak-tala-n mu hong-do-kai pang-maing-i ta-na-kan-da
　　아르랑아르랑아라
　　아르랑얼스비씌어라[39]

　　아라룽 아라룽 아라리오 아라룽 얼사 배 띠어라
　　문경 새재 박달나무 홍두개 방망이 다나간다
　　　　　　　　　　　　　　　　　　〈필자 영문표기 한글기사함〉

- [39] 악보는 각주 24) 참조.

그런데 이 H.B. Hubert의 〈아리랑〉의 본 사설 부분이 바로 〈문경새재소리〉의 핵심구절이다. 전렴은 당대 타령조 노래의 사설인 "아라룽 아라룽 아라리오 아라룽 얼싸 배 띄어라"를 채택하고 있지만 이것은 토착소리 사설과 통속가락의 만남을 보여주는 것으로, 이것이 1896년 당시 〈아리랑〉의 향유공간에서 〈문경새재소리〉의 위상이 어떠했는지를 반영해 준다는 점에서 중요한 의의를 지닌다.

〈문경새재소리〉는 〈문경새재소리아리랑〉뿐만 아니라 20세기 초 중앙으로 진출하여 아리랑의 사설 형성에 참여하고 있다. 통속 민요로 널리 알려진 〈진도아리랑〉의 사설과 20세기 초 잡가집의 〈아리랑〉사설에 〈문경새재소리〉를 수용하고 있었다는 사실이 이를 말해준다.

〈진도아리랑〉은 유성기음반을 취입하러 일본으로 가는 배에 김소희 명창이 대금명인 박종기와 동행하여 탔는데, 이 배에서 박종기가 남도아리랑을 소재로 편곡한 것이 〈진도아리랑〉의 시초이고 이것이 일본에서 취입된 것이 유성기 음반에 실리면서 유명해진 곡이다.[40] 주지하듯 〈진도아리랑〉의 사설에도 "문경새재는 웬고갠가~"가 삽입되어 있다. 〈문경새재소리〉의 사설내용이 삽입된 것으로 역시 이 소리의 당대적 위상을 확인할 수 있다. 이러한 위상은 당대 인기를 끌었던 소리판의 소리를 반영한 잡가집에서도 확인한 바이다.[41]

이렇게 볼 때 〈문경새재소리〉는 지역민요 〈문경새재소리아리랑〉뿐만 아니라 20세기 초 소리판과 아리랑의 형성과 전개에 핵심적인 역할을 하고 있다고 할 수 있다.

또한, 〈문경새재소리아리랑〉은 아리랑의 전승과정상 강원도 지역의 〈정선아라리〉, 〈평창아라리〉, 〈횡성아리랑〉 등과 더불어 향토의 토속소리가 지역아리랑으로 확대 재생산된 아리랑으로서의 동일한 유형과 위상을 가진 노래이다.

---

40 이보형, 「아리랑소리의 생성문화 유형과 변동」, 『한국민요학』 26집, 한국민요학회, 2009, 114쪽.
41 자세한 양상에 대해서는 앞 장의 논의를 참조. 여기서는 그 의의를 확인하기 위해 자료를 다시 인용하였다.

〈아리랑〉이 민족의 표상으로 인지되고, 한국 민요를 대표하는 노래 양식으로 자리매김하고 있지만, 사실 〈아리랑〉의 많은 개체요들이 근대에 와서 만들어진 소리이다. 향토민요와 통속 민요를 가치의 개념으로 판단할 수 없지만, 향토민요는 기층민들의 삶과 노동의 과정에서 자연스럽게 불린 토속소리라는 점에서 더욱 주목을 요한다.

이러한 측면에서 〈문경새재소리〉는 〈문경새재소리아리랑〉이 기층의 삶과 노동의 과정에서 출발하였음을 보여주는 중요한 근거가 된다. 그리고 이것은 강원도 지역의 아리랑이 지닌 전승과정과 맥을 같이 하며 한국 아리랑의 전승사를 대변한다는 데 큰 의의가 있다.

〈문경새재소리아리랑〉과 강원도 지역의 아리랑과의 연관성은 음악과 기능 면에서 그 동질성 또는 유사성을 이미 확인한 바 있다. 그러면서 그 과정은 아리랑의 형성과정과 밀접한 관련을 지님도 확인하였다.

〈문경새재소리〉와 강원도 지역의 아리랑이 지닌 연관성을 토대로 아리랑의 형성과 전승을 〈문경새재소리아리랑〉을 중심으로 정리해 보면 다음과 같다.

먼저 음악의 측면이다. 현재 강원도 긴아리랑과 자진아라리는 아리랑의 근원으로 여겨지고 있다.

그런데 이덕원이 부른 〈문경새재소리아리랑〉은 〈강원도아라리〉의 긴아라리와 엮음아라리가 영남지역으로 넘어오면서 변형되어 음악적으로 변이된 양상을 보인다. 즉 장단의 변형은 중모리장단에서 세마치장단으로, 선율유형에는 입타령 형태에서 음절형태로, 엮음아라리 부분에서는 고정된 음정의 사설에서 온음 또는 반음의 하행하는 선율선으로, 선법은 메나리토리에서 어사용 토리로 바꾸어 부르고 있다.

그리고 송영철이 부른 〈문경새재소리아리랑〉은 강원도 긴아라리의 속도와 선율윤곽을 그대로 유지하는 편이다. 중모리 장단으로 메나리조의 구성진 선율

은 비교적 낮은 음역에서 노래하며 '미' 음에서 종지한다.[42]

이렇게 보았을 때, 현재 전승하고 있는 〈문경새재소리아리랑〉은 강원도 지역아리랑과 음악적 특징을 공유하고 있다고 할 수 있다.

이러한 연관성은 기능면에서도 확인된다. 여느 토속민요가 흔히 그렇듯이 강원도와 그 인접 산악지역에 전승되는 아리랑계통의 생성 시기는 정확히 알기는 어렵지만 매우 오래된 고형이라는 것이 학계의 의견이다. 그것은 이런 아리랑 소리가 모심기 행위로 전승되는 지역이 강원도와 함께 경기도 동부, 충청도 동부, 경상도 북부지역으로 매우 광대하기 때문이다.

같은 노동문화 행위로 토속민요가 이렇게 광대하게 전파되어 전승하려면 상당히 많은 시일이 걸리기 때문이다. 그렇게 보았을 때 이 소리들의 생성 시기는 전통사회에서도 매우 오래되었다고 추정할 수 있다.[43] 앞서 고찰한 바와 같이 〈문경새재소리〉는 지역의 '모심을 때'나 '나무할 때' 등의 노동요였기 때문이다.

결국 〈문경새재소리아리랑〉은 〈강원도아리랑〉과 음악 및 기능의 측면에서 연관되어 있어, 아리랑 중 비교적 고형에 해당하는 향토소리의 특성을 지닌다는 점에서 의미가 있으며, 이러한 향토소리가 사회 문화적 상황에 의해 통속화되고, 현재에는 향토민요아리랑과 통속 민요아리랑 두 가지 측면에서 전승하고 있다는 점에서 아리랑사에서 중요한 위상을 가진다.

---

42 유대안, 「영남지역 아리랑의 음악양상」, 『아리랑의 세계화 - 영남아리랑의 재발견』, 한중 아리랑 학술심포지엄 발표문, 67~97쪽.
43 이보형, 「아리랑소리의 생성문화 유형과 변동」, 『한국민요학』 26집, 한국민요학회, 2009, 98쪽.

5 결론

그동안 〈아리랑〉에 대한 연구는 양적 질적으로 많은 성과를 내어 '아리랑학'이라는 새로운 학문분야로서의 도약을 눈앞에 두고 있다. 그런데 그간의 연구는 〈아리랑〉이라는 양식과 형성 등에 대한 거시적 논의가 주를 이루었다. 이제는 각 하위 양식에 대한 개별적 연구를 통해 학문적 체계를 다질 때이다. 이에 본고에서는 아리랑의 형성과정과 관련하여 대표적인 지역 아리랑인 〈문경새재소리아리랑〉의 형성과정을 토대로 〈문경새재소리〉를 주목하고 그것의 특성과 아리랑으로서의 정립과정을 살폈다.

〈문경새재소리〉는 문경의 〈모심기소리〉, 〈나무하는소리〉로 불린 기층민의 노동과 삶 속에서 구연되었던 토속소리였다. 그런데 19세기 경북궁 중창 등과 같은 새로운 역사 문화적 상황에서 통속화의 길을 가게 되었다. 이후 당대 〈아리랑〉의 대표소리로 인지되어 간 것으로 보인다.

현재 〈문경새재소리아리랑〉은 모심기와 같은 노동의 현장에서 불리는 향토민요 아리랑과 전문소리꾼에 의한 창작된 통속민요 아리랑으로 구분되며, 지역적 구심과 통속적 원심을 살려 문경의 지역아리랑으로 전승되고 있다.

〈문경새재소리아리랑〉은 20세기 이후 다른 개체요와 〈아리랑〉사설에 영향을 주었다는 점, 강원도지역의 아리랑에 맥을 대고 있는 오래된 원형적인 아리랑이며, 나아가 노동요로서의 기능을 지니고 오늘도 살아 있는 향토의 토속민요 아리랑이라는 점, 그리고 경상도 지역 토속아리랑의 선편先便에 해당하는 토속소리 아리랑이라는 점 등이 아리랑사적 의의를 지닌다.

'문경새재아리랑'의 축제화 방안

1 서론

오늘날 전통사회에서 유지되던 많은 민속재民俗材와 토속소리들은 급격한 산업화로 인하여 사라지거나 쇠퇴하는 등 많은 부분에서 변했다. 과거의 민속재와 대개의 토속민요가 전승되고 형성되는 데에는 자연환경에 대한 의존도가 큰 농경 생활에 기반을 두고 있었기에 산업화는 세태와 풍속의 환경을 급격하게 바꿀 수밖에 없었던 것이다. 산업화에 따른 기계화, 도시화, 이농현상은 농촌사회의 붕괴로 인해 전통사회의 모든 것을 사라지게 한 가장 큰 요인이다. 따라서 지역에서 전승하던 전통 민속 문화는 급격한 쇠락의 길을 걷고 있고, 아울러 전통사회 속에서 형성되고 보존되었던 삶의 방식과 행위인 의식주마저 변하였다.

곰곰이 살펴보면, 전통문화의 쇠퇴 소멸은 그것 자체만의 단순한 잃어버림이 아니다. 존재의 상실과 더불어 그 속에 녹아 있던 의식도 사라져가는 것이다. 우리 전통 민속은 오랜 세월동안 사회적으로 형성하여 온 상징물인 '제의', '유희', '사회', '예술'을 통합적으로 아울러 가진 존재물이기 때문이다. 좀 더 들여다보면 전통문화의 향유란 우리 조상들이 행하였던 '유희' 또는 '놀이'라는 단순한 즐김이 아니라 삶의 여가를 통해 재생산의 효율을 높이는 문화적 생산 활동이기도 하였다. 이것은 오늘날 우리가 전통문화를 축제로 연결하는 중요한 연결고리이다.

문경지역에 전승되는 전통문화 자산 중에 〈문경새재아리랑〉이 있다. 〈1896년의 H.B. Hulbert의 〈조선유기〉에, "아라룽 아라룽 아라리오 아라룽 얼싸 배 띄어라 / 문경새재 박달나무 홍두개 방망이 다 나간다"라는 노랫말과 함께 최초의 서양식 악보 채록 기록물로 존재하는 아리랑사의 전면에 나타나는 노래이다. 나운규의 영화 〈아리랑〉[1]이 만들어져 아리랑 노래가 대유행을 하기 전인 1920년대 초까지 각종 잡가집이나 여타 기록물에는 위의 사설과 동일한 사설이 기재 수록되어 있어, 이 사설이 일반 대중들에게 가장 널리 애창되었던 대 유행가가 바로 오늘날 〈문경새재아리랑〉이기도 하다.[2]

그러나 오늘날 사라지는 전통 민속물들과 함께 〈문경새재아리랑〉 또한 한때의 대중적 인기를 지니고 전승되지 못한 채 지역민들에게조차 잊힌 노래로 남아 있다. 몇몇 그 존재적 가치를 아는 사람들에 의해 새로운 노래문화로 개발 유지하고는 있으나 그냥 안간힘에 불과하다. 지난 2008년부터 "문경새재아리랑축제"를 열어 그 본전과 전승 확산에 주력한지 올해로 5년째이지만 그 온전한 보전 및 확산의 노력이 힘을 가지기에는 부족한 것들이 매우 많다.

삶의 환경이 변하면 대응과 적응을 통해 삶을 이어 온 인간도 변한다. 인간의 식의 변화에 따라 인간이 만든 모든 것도 변한다. 달라진 세태에 따라 과거의 유산으로 남아 전해온 〈문경새재아리랑〉 또한 변하거나 사라지지 않을 수 없음은 당연지사일 것이다. 그러나 문화가 산업이 되는 이 시대, Culture-Technology로서 우리의 노래문화 K-pop이 세계인의 주목이 되는 이 시대에 우리는 전통문화재의 소멸과 쇠퇴를 마냥 바라보고만 있을 것이 아니라 새로운 문화전략을 모색하

---

1 1926년 10월 1일 발표한 춘사 나운규의 영화 〈아리랑〉
2 김기현, 「〈문경새재소리아리랑〉의 아리랑사적 위상」, 『한국민요학』 29집, 한국민요학회, 2010.

지 않을 수 없다.

　이에 문경지역에 오랜 전통적 노래문화로 전승되어 오는 〈문경새재아리랑〉을 오늘날에 맞는 새로운 민속 문화로 자리 잡게 하는 방안을 모색하고자 한다. 그 이유는 이 노래문화재가 "아리랑"이기 때문이요. 그것이 바로 문경에 있기 때문이다. 전자는, 이제 아리랑은 세계인이 주목하는 노래군으로 문화 전면에 나설 수 있는 시점이 되었음이요, 또 그렇게 되어야하기 때문이다. 그리고 후자는, 문경은 한반도의 중앙에 자리하는 역사와 전통이 살아 숨 쉬는 고장이기 때문이다. 나아가 이는 오랜 역사를 지니고 있던 지역 민속 문화재의 보존과 전승의 두 길을 함께 모색하는 것이 될 것이요, 또한 사라지는 지역의 토속적인 소리 민속재를 다시 살리고 거듭나게 하여 새로운 관광산업 자원으로서의 가치를 높이고자 하는 노력의 일환이기도 하다.

2 〈문경새재아리랑〉의 문화지평

　먼저, 〈문경새재아리랑〉을 존재하는 이 지역의 환경을 살펴보자. 문경은 경상북도 서북단에 위치한 지역으로, 1,000m 내외의 높은 산들에 둘러싸인 문경 분지를 이루고 있다. 온대성식물 생장지로 박달나무의 군락이 자생하며, 예로부터 서울과 영남을 이어주던 고갯길인 문경새재로 널리 알려진 곳이다. 한반도 남단의 중앙부에 위치하여 빼어난 자연경관과 함께 관광지로서 접근성이 뛰어난 곳이다.

　문경새재는 역사적으로 국가적으로 사회적으로 중요한 의미를 지닌 곳이다. 『세종지리지』,「문경현」편에 초점草岾(초재)이라는 지명으로 등장하는데, 대략 조선 초에 개척되어 국방상의 요충지로 자리잡음은 물론 경제, 사회, 문화 유통로로서의 역할을 수행했다. 문경새재는 조선이 한강 유역에 도읍을 정하면서

백두대간을 중심으로 설치한 대표적인 관방 중 하나이다.[3]

이와 같이 새재는 조선시대 나라에서 가장 번화로운 고갯길이었다. 따라서 충주나 상주, 안부역이나 유곡역은 늘 중앙에서 파견되는 관리나 사대부들의 행차로 몸살을 앓는 곳이었다. 조정에서 일본으로 가는 사신의 행렬을 접대하는 부담을 덜어주기 위해 추풍령이나 죽령 길로 분산시켜 이동하게 하라는 행정방침이 내려질 정도였다는 기록이 이를 뒷받침해 준다.[4] 문경새재나 문경지역은 바로 교통의 통로였기에 예나 지금이나 소통의 공간이다.

한편 문경새재는 국가적인 차원에서의 중요성 뿐 아니라 문화 사회사적 측면에서도 중요한 의미를 지니고 있었다. 문경새재를 넘나들면서 남겨놓은 인간 세상의 많은 이야기, 보부상인, 산 도둑, 화전민, 과거 길에 오르는 선비 등에 대한 이야기들은 문경새재를 둘러싼 당대인들의 삶을 엿볼 수 있기 때문이다.[5] 수많은 설화와 이야기가 남아 있는 인간의 소통이 있는 곳이다. 이처럼 문경은 문경새재를 중심으로 역사, 사회, 문화적으로 중요한 의미를 지닌 지역이라 할 수 있다.

문경지역에 전래되는 민요로는 전국적으로 널리 알려진 〈문경새재아리랑〉을 비롯해, 직포수공업과 관련된 민요인 〈누에노래〉·〈뽕따는 처녀노래〉·〈베틀노래〉 등의 노동요와 동요, 유희요 등이 주를 이루며, 〈새재노래〉·〈보리타작노래〉·〈달강노래〉 등이 전하고 있다.[6] 그동안 민요연구자들은 영남 북부지역의 민요를 주로 예천과 상주의 농요를 중심으로 논의되어 왔다. 그런데 문경 또

---

3 그 대표적인 곳이 철령과 대관령, 그리고 조령관이다. 관방 시설을 근거로 관서나 관북, 관동, 영남 같은 명칭이 생겨났다. 여기서 흥미로운 곳은 유독 새재 남쪽인 영남지방에만 관남이라는 명칭이 붙지 않고 영남이라 불렸다는 사실이다. 그것은 문경새재가 단지 현재의 고갯길에 국한된 고유한 고유명사가 아니라 조선의 고개를 대표하는 '제1고개'라는 의미를 내포함을 암시한다.
4 김하돈,「문경 지역의 백두대간 고갯길」,『길 위의 역사, 고개의 문화』, 실천문학사, 2002, 116~119쪽.
5 차미희,「과거길의 풍속과 여정」,『길 위의 역사, 고개의 문화』, 실천문학사, 2002, 224쪽.
6 문경의 민요에 대해서는, 문경시,『문경의 민요와 아리랑을 찾아서』, 민속원, 2008, 참조.

한 민요연구에서 더 많은 논의가 이루어져야 할 지역이다. 다양한 민요사설이 전승될 뿐 아니라 〈문경새재아리랑〉과 같은 개체요의 의의가 크게 지니고 있는 지역이기 때문이다.

다음으로 주목하는 노래인 〈문경새재아리랑〉의 환경을 살펴보자.[7] 현재 영남지역에 가창 전승되고 있는 아리랑은 크게 향토민요 아리랑과 통속민요 아리랑 그리고 창작 아리랑으로 구분할 수 있다. 향토민요 아리랑은 문경과 예천 상주 등의 지역에 전승되고 있는 것으로서 〈문경새재아리랑〉, 〈예천아리랑〉이다. 통속민요 아리랑은 1920년대 이후 새롭게 만들어져 이후 일정 지역에 연고를 두고 전승된 것으로서 경남 밀양과 연관을 맺고 있는 〈밀양아리랑〉이 대표적이다. 창작민요 아리랑은 지역민요의 현대적 계승과 관련하여 새롭게 발굴 창작된 지역 아리랑을 말한다. 〈상주아리랑〉, 〈영천아리랑〉, 〈구미아리랑〉, 〈대구아리랑〉 등이 대표적인 예이다.[8]

〈문경새재아리랑〉은 영남지역의 여러 〈아리랑〉 가운데 유일한 향토민요 아리랑에 속한다. 〈예천아리랑〉은 아리랑의 독자성과 그 향토성을 제대로 가늠하기가 쉽지 않기 때문이다. 향토민요 아리랑이란 그 근원 소리가 향토의 토속민요에 맥을 대고 있는 소리를 말한다. 〈아리랑〉이 한국 민요의 대표적인 노래 양식이지만 대부분의 경우 통속 민요이거나 창작민요임을 생각할 때, 〈문경새재아리랑〉은 〈강원도아리랑〉, 〈정선아라리〉 등과 더불어 아리랑 연구사에서 주

---

[7] 〈문경새재소리〉와 관련된 〈문경아리랑〉은 이병기의 국문학개론에서 그 사설을 소개된 바 있고, 이에 대한 학계의 논의가 본격적으로 시작된 것은 문화재청에 의한 『아리랑 종합 전승실태 조사보고서』다. 이에서 김기현은 '영남지역 지역아리랑의 존재양상과 전승실태'를 조사 보고하면서 〈문경아리랑〉의 존재를 주목하고 그에 대한 본격적인 논의를 시작하였다. 이후 배경숙은 1930년도 이재욱에 의해 기록 전사되었다고 보는 〈영남민요자료집〉을 살펴보고, 이 자료에 기록된 영남지역의 '경북아리랑'을 〈문경아리랑〉으로 보고 1930년대의 존재양상을 확인하였다. 이후 편해문은 〈문경아리랑〉의 사설을 현지 조사하고 이를 바탕으로 사설의 내용을 살폈다. 이후 김기현은, 「〈문경새재소리아리랑〉의 아리랑사적 위상」, 『한국민요학』, 29호, 2010.에서 〈문경새재아리랑〉을 본격적인 학술적 검토를 거쳤다.

[8] 김기현, 「경상지역 아리랑의 존재 양상과 전승 실체」, 『아리랑종합실태조사보고서』, 문화재청, 229~376쪽 참조.

목되는 존재양식임을 알 수 있다.

〈문경새재아리랑〉은 함경도, 강원도, 영남지역의 맥을 잇는 메나리토리 권역의 대표적인 아리랑이다. 〈문경아리랑〉이라 불리기도 하며 이덕원, 송영철, 송옥자 등에 의해 전승되고 있다.

최근 들어 문경시의 의욕적인 노력으로 〈문경새재아리랑〉에 대한 본격적인 조사 작업이 진행되어 전승사설 채록이 이루어졌다.[9] 〈문경새재아리랑〉에 나오는 '문경새재는 물박달나무~'의 사설은 〈문경새재아리랑〉의 핵심어구로 기능하는데, 이 부분이 영남지역 지역의 민요 및 뿐 아니라 아리랑 사설에 두루 차용되어 있어 보다 세밀한 논의가 필요하다.

또한 〈문경새재아리랑〉은 영남의 타 지역 민요 전승에도 영향을 미쳤을 뿐 아니라 영남지역의 다른 〈아리랑〉과도 긴밀한 관계를 맺고 있다. 이재욱의 『영남민요자료집』을 참고로 하면, 채록 당시 영남지역의 '경북아리랑'이라 채록된 민요가 모두 〈문경새재아리랑〉이다. 뿐만 아니라 여타 지역의 노동요에도 〈문경새재아리랑〉은 아주 큰 영향을 미치고 있었음을 확인할 수 있기 때문이다.[10]

1930년대 자료에 〈문경새재소리〉[11]가 경상도 각 지역의 〈초부가〉로 수용되어 구연되고 있었음을 확인할 수 있다. 현재에도 〈모심기소리〉·〈나무하는소리〉 등으로 공존하는 〈문경새재아리랑〉은 지역의 토착 노동요로서 기능하고 존재하고 있다. 뿐만 아니라 인근 울산지역에서 〈청춘가〉와 〈문경새재소리〉가 교섭되어 사용되기도 하고, 〈문경새재소리〉가 그대로 선산지역의 〈초부가〉로 활용된다. 이렇게 볼 때, 〈문경새재소리〉는 경상지역 민요의 전승에 깊이 관여하고 있었다고 할 수 있다. 이는 〈문경새재아리랑〉의 뿌리가 문경의 토착소리에 기반하고 있다는 것이고, 아울러 〈문경새재아리랑〉은 가장 향토적인 아리랑이

-
9 문경시, 『문경의 민요와 아리랑을 찾아서』, 민속원, 2008.
10 배경숙, 앞의 논문, 2008, 76~89쪽 참조.
11 '문경새재소리'란 문경지역의 토착민요로서 새재를 중심으로 부르던 민요를 총칭하는 용어로 사용한다. 〈문경새재아리랑〉은 문경새재소리의 아리랑화라고 논자는 파악한다.

자 민요라는 것을 의미한다.[12]

또한, 〈문경새재아리랑〉은 〈아리랑〉이라는 양식 자체가 가진 역사와 성격을 그대로 지니고 있다는 점이다. 향토민요 아리랑이 본원적 형태로서 전승하고 있었고, 이를 바탕으로 다양한 통속민요 아리랑이 파생되어 가는데, 〈문경새재아리랑〉은 그 형성과정을 볼 때, 강원도 향토 아리랑 등에 맥이 닿아 있다. 즉 〈문경새재소리〉라는 기층의 노동요가 이를 증명한다. 그러다가 이것이 중앙의 소리판으로 견인되어 〈아리랑〉화 되어 유행하고, 다시 이 〈아리랑〉이 지역으로 돌아와 〈문경새재아리랑〉으로 형성되었다. 이렇게 볼 때 문경지역의 아리랑은 향토민요와 통속 민요로서의 〈아리랑〉의 양식사를 그대로 담고 있다고 하겠다.[13]

다시 말해, 〈문경새재아리랑〉은 영남지역 아리랑의 전승에 두루 관계하면서 아리랑의 형성과 전개 양상을 그대로 보여준다는 점에서 영남지역 〈아리랑〉을 대표하는 양식이며 이 지역 아리랑의 가장 고형, 원조격에 해당하는 노래라 할 수 있다.

향토민요와 통속 민요를 가치의 개념으로 우열을 판단할 수 없지만, 향토민요는 기층민들의 삶과 노동의 과정에서 자연스럽게 불린 토속소리라는 점에서 더욱 주목을 요한다. 이러한 측면에서 〈문경새재소리〉는 〈문경새재아리랑〉이 기층의 삶과 노동의 과정에서 출발하였음을 보여주는 중요한 근거가 되고, 이것은 강원도 지역의 아리랑이 지닌 전승과정과 맥을 같이 하며 한국 아리랑의 전승사를 대변한다는 데 큰 의의가 있다.

현재 전승하고 있는 〈문경새재아리랑〉은 강원도 지역아리랑과 음악적 특징을 공유하고 있다고 할 수 있다.

이러한 연관성은 기능면에서도 확인된다. 여느 토속민요가 흔히 그렇듯이 강원도와 그 인접 산악지역에 전승되는 아리랑계통의 민요에 있어 생성 시기는

---

12 김기현,「〈문경새재소리아리랑〉의 아리랑사적 위상」,『한국민요학』, 29호, 한국민요학회, 2010, 32쪽.
13 김기현, 앞 논문.

정확히 알기는 어렵지만 매우 오래된 고형이라는 것이 학계의 의견이다. 그것은 이런 아리랑 소리가 모심기 행위로 전승되는 지역이 강원도와 함께 경기도 동부, 충청도 동부, 경상도 북부지역으로 매우 광대하기 때문이다. 그러나 같은 노동문화 행위로 토속민요가 이렇게 광대하게 전파되어 전승하려면 상당히 많은 시일이 걸린다. 그렇게 보았을 때 이 소리들의 생성 시기는 전통사회에서도 매우 오래되었다고 추정할 수 있다.[14] 앞서 고찰한 바와 같이 〈문경새재소리〉는 지역의 '모심을 때'나 '나무할 때' 등의 노동요였기 때문이다.

결국 〈문경새재아리랑〉은 〈강원도아리랑〉과 음악 및 기능의 측면에서 연관되어 있어, 아리랑 중 비교적 고형에 해당하는 향토소리의 특성을 지닌다는 점에서 의미가 있으며, 이러한 향토소리가 사회 문화적 상황에 의해 통속화되고, 현재에는 향토민요아리랑과 통속 민요아리랑 두 가지 측면에서 전승하고 있다는 점에서 아리랑 사에서 중요한 위상을 가진다.

〈문경새재아리랑〉에서 향토성 민속성을 주목해야 하는 이유는 〈문경새재아리랑〉이 '문경새재소리'라는 지역의 토속적인 노동요를 기반으로 생성되었고, 이를 향유하던 지역민의 민속적 환경이 만들어 낸 소리문화재이기 때문이다.

국토의 중앙부, 영남 문화권의 관문적 성격을 지닌 지역, 영남권 아리랑의 시조격인 〈문경새재아리랑〉, 토속적을 지닌 지역의 민요 등은 문화 소통의 이 시대 새로운 문화아이콘으로 등장될 수 있는 요소들이다.

---

14 이보형, 「아리랑소리의 생성문화 유형과 변동」, 『한국민요학』 26집, 한국민요학회, 2009, 98쪽.

3 소리축제의 문화적 의의

3-1 기본적 시각

　　민속 문화는 지역을 기반으로 발생하여 지역민과 함께 성장 변모해 온 문화이다. 따라 민속 문화는 향토의 토속문화로서 향토민이 지닌 민속지식Folk Knowledge 또는 전통생태지식Traditional Ecological Knowledge의 보고로서 가치를 지닌다.[15] 따라서 문경 지역민의 삶이 지닌 패러다임 속에서 구축되고 전승된 민속재民俗材 일 때 강한 생명력으로 지역에서 존재 할 수 있다. 이것은 문경지역 공동체 문화가 지닌 노동과 놀이의 민속지식을 담고 있는 살아있는 문화이기에 그 가치가 주목되기에 해야 하는 것이요, 중앙문화에 대하여 지나치게 폄하되고 경시되어온 지방 문화의 가치적 세계에 대한 새로운 주목거리를 주기 위해서요, 나아가 사라져가는 우리 지방 토속전통문화의 소중한 자산이며 이 지역민이 가진 생활문화임을 재인식해주는 관점의 전환을 위해서 그렇다. 그리하여 현재 지역민조차 부르지 않는 사라져 가는 소리민속재인 〈문경새재아리랑〉은 그 인멸을 바라보고 있어야 하는 존재가 아니다. 민속에 대한 지역의 기개와 의지, 환경에 적응 하며 삶을 일구었던 조상의 지혜가 녹아 있는 생활문화재이기 때문이다.

　　전통적인 마을 축제는 부락민 전체의 벽사진경이나 대동단결을 위해 금제와 의식과 유희를 통합하여 재현하는 부락 굿의 원형질을 함축하고 있다. 그러나 오늘날 경향 각지에서 펼쳐지고 있는 축제는 공동체와는 무관하게 열리고 있다. 현재 문경의 축제를 살펴보자, 〈전통사발축제〉와 〈오미자 축제〉 및 〈사과

15　주강현, 「언어생태 전략과 문화종 다양성 - 민속지식을 중심으로」, 습지생태와 생태언어 연구 학술대회 유인물, 2008. 11. 11. 경북대학교, 13쪽.

축제〉, 그리고 〈칠석 차 축제〉나 〈과거길 달빛 사랑축제〉는 농산업형 축제이다. 문경의 과거 문화와 현대가 만나는 퓨전형 축제이다. 그러나 이는 문경만의 고유한 지역적 특성과 연계된 축제가 아니라 관광산업형의 생산 축제요. 수익형 산업축제이다. 함께 어울려 찻잔에 차를 마시거나 달빛 아래 거닐면서 과일을 먹고 즐기는 모습은 문경의 대다수 토착민이 그들의 일상적인 삶 속에서 누린 일반적인 것이 아니라 소수의 상류층 사람들이 지닌 특별한 기호嗜好의 세계이기 때문이다. 그 뿐 아니라 보성 하동 같은 차가 생산되고 그릇을 만들고, 사과와 오미자 같은 농산물이 있는 곳이면 흔하게 볼 수 있는 축제이다. 이 축제들 속에는 지역의 문화가 없고, 지역민이 없고 참가자들은 모두 물품구매자이거나 감상자들이다. 축제가 아니라 상업 행위장이 아닌가?

축제란 제의성을 가질 뿐만 아니라 놀이와 즐김을 통해 공동체의 새로운 활력을 불어 넣어 동질적 집단의 의식을 고양하는 사회성도 가지는 문화행위이다. 현대에 계승하여 삶을 보다 풍요롭게 할 수 있는 기제가 될 수 있으며, 이러한 인식이 나아가 지역문화를 새롭게 보는 바탕이 되어야 할 것이기 때문이다.[16]

우리나라의 농촌사회가 산업화에 밀려 전통문화나 세시풍속의 소멸 속도가 빨라졌다. 많은 젊은이들이 도시로 이동하고, 고향에 남겨진 젊은이들은 자괴감 빠져듦으로써 전승의 기반이 남아 있는데도 불구하고 일부 세시풍속은 전승 주체들에 의해 의도적으로 전승되지 않게 되었다. 무엇보다 농업형태가 변하면서 전통적 농경사회에 뿌리를 둔 세시풍속이나 노래문화는 가속도가 붙어 사라지게 되었다. 예로 비닐하우스 농업은 자연의 시간적 순환과 무관한 농작형태이기 때문에 세시풍속이 유지될 수가 없었고 토지 위에서의 노동행위는 기계화 화학화로 인해 변형 소멸되었다. 더욱이 이제 근교뿐만 아니라 도시에서 상당히 떨어진 농촌지역까지도 교통의 발달과 농업 형태의 변화로 농경사회에서 생

---

16 김기현 외, 『경상북도의 세시풍속과 민속 문화』, 경북대학교영남문화연구원, 2006, 204쪽.

성되고 유지 전승되던 많은 일노래의 그 기반의 상당 부분을 잃어버렸다. 또 산업화와 도시화는 동시에 일어난 변화이다. 도시화의 특징으로 핵가족의 확대, 생활주기의 단축, 여가문화의 발달, 대중문화의 확산 등을 꼽아 볼 때, 이러한 요인들은 세부적인 측면에서 이들의 존립을 위협했다. 다시 말하면 전통적 문화재는 낡은 것으로 치부하게 되고, 감각적 문화의 등장으로 인해 재미없고 귀찮은 것으로 인식했다고 볼 수 있다. 이러한 가운데 변형된 전통문화의 자리에 새로운 문화가 전통인 것처럼 형성되고 있다. [17]

우리에게 있어서 도시화, 산업화가 거부할 수 없는 시대적 흐름이 되었듯 산업화 도시화가 불러온 전통적 생업력에 기반한 세시풍속의 단절과 왜곡 또한 거역할 수 없는 현실이 되었다. 더구나 서양문물의 유입과 세계화라는 시대적 흐름만이 아니라 서구화된 생활기반으로 인하여 외국의 풍속마저 우리 것으로 변용되는 현상까지 일어나고 있다. 이는 잘못된 전통문화에 대한 인식과 우리 문화에 대한 교육의 부재, 왜곡된 상업문화가 빚어낸 현상이다.

한편 이러한 현실에서 우리의 전통문화에 대한 국민들의 알고자 하는 욕구와 전통문화에 대한 새로운 자각이 확장되고 있는 것도 사실이다. 지역 자치단체를 중심으로 하는 전통문화형 축제가 그 촉진의 한 요인 되었다고 본다. 그러나 무엇보다 산업화 도시화가 만들어낸 휴식의 필요성은 새로운 체험을 통한 즐김으로 나아가게 하였고 또 이는 부의 축적으로 인한 삶의 여유에 기반하고 있다.

오늘날 산업노동자는 생산의 주체이다. 그러나 그들은 대개 고용되어 노동을 제공하고 자본가로부터 일정의 대가를 받는 계약 조직원이며 공동 노동자다. 마치 전통 농경사회에서 지주에 종속된 머슴이나 소작인과 다름 아니다. 전통사회에서는 일정의 두레조직을 통해 공동 노작을 하며 협업을 통해 노동의 문제를 해결하였으나, 현대 산업사회에서는 그들은 노동에서 얻어진 고통의 해소를 공동체인 노동조합의 힘이나 아니면 개인의 자발적 노력으로 해결을 하지 않

---

17 김기현 외, 『경상북도의 세시풍속과 민속 문화』, 경북대학교영남문화연구원, 2006, 108쪽.

으면 안 된다. 현대 산업사회에서의 쉼 없이 되풀이 되는 동일한 노동행위는 육체적 고통의 가중만이 아니라 정신적 고통까지도 가해져서 끊임없는 휴식의 유혹을 받아야 한다.

하여, 일정 기간의 휴가제도가 마련되고 바캉스라는 현대의 휴일문화가 생겨났지만 정작 강과 산, 바다를 찾아 자연 속에서 많은 인파와 각종의 상업문화와 만나야 하고, 교통 혼잡, 바가지요금 등으로 휴가의 여유로움이 사라지는 것도 사실이다. 무엇보다 산업노동을 통해 쌓여진 육체적 정신적 피로를 씻어내지 못함으로써 재충전의 활력을 찾을 수가 없게 되었다는 점이다.

노동자에게 있어 일과 휴식의 순환은 노동자에게 있어 끊어 낼 수 없는 사슬이다. 또한 필요한 사슬이다. 노동만 있고 휴식이 없는, 휴식만 있고 노동이 없는 산업근로자는 없다. 때문에 이들의 생활을 위한 배려의 문화공간이 필요한 것은 당연한 일이다. 오늘날 우리 사회에 전통사회에서 있었던 풋굿과 같은 산업노동자들을 위한 배려된 문화가 없는 것은 안타까운 일이다. 물론 현명하지 못한 자본주의의 약점이다. 이제 이들을 위한 특별한 배려의 문화공간이 필요한 것이다.

〈문경새재아리랑〉을 새롭게 축제화하여 이를 산업근로자의 축제로 만들자는 이유는 바로 여기에 있다. 이미 전승되던 〈아리랑〉을 부르며 일하던 삶의 공간은 농업근로자의 축제장이었기 때문이요, 다른 하나는 우리나라에 제대로 된 산업근로자를 위한 민속축제가 부재한다는 것이 그 이유이다. 대도시 인근의 농공단지가 설정된 문경 지역이야말로 조선조 경상감영으로 자리한 전통문화와 새로운 현대문화 그리고 전통적인 민속 문화를 아우를 수 있으므로 새로운 축제지역이 될 수 있을 것이다.

미래학자 허만 칸은 일찍이 "앞으로 21세기는 세계의 많은 사람들이 세계의 구석구석을 찾을 것이다. 그것은 단순히 자연 경관을 보기 위해서가 아니라 그 땅 사람들의 전통적인 생활을 보기 위해서이다."라고 말했다. 지금 이러한 예언은 그대로 적중하였다. 이제 세계의 많은 사람들은 아프리카 오지나 아마존의 밀림까지 찾아가 그들의 삶을 보고 있다. 바로 그들의 민속을 살펴보고 있는 것이다. 우리가 이 땅에서 살며 구축해 온 전통적인 삶의 모습이 민속 문화일진데 이의 소중함은 날로 가치를 더해 가고 있는 것이다.

　삶의 환경이 급속도로 변함으로 하여 전통의 민속 문화가 변하고 사라진 것을 안타까워만 하거나 시대적 흐름이라고 손 놓고 있어서는 안 될 것이다. 그 가치를 제대로 인식하고 새로운 미래 산업으로 만들어 가는 지혜가 필요하다. 이를 위한 특별한 정책도 필요하고, 또한 이에 대한 현실적인 지원이 필요하다. 지방자치단체는 이를 감안하여 민속행사를 시행할 수 있는 적극적 지원을 아끼지 않아야 할 것이다.

　현재 우리나라에 존재하는 지역축제의 수는 300여개가 훨씬 넘는다. 이들 축제 중 전통문화와 맥락을 같이 하는 축제도 매우 많다. 그러나 이들 축제가 지닌 문제점은 다음과 같다. 1) 지역사회의 문화 환경이나 문화자원과는 별개의 전문적인 기능인 중심의 인물들에 의해 공연이 주도된다. 기능보유자와 그들의 제자나 애호가들이 증장하여 주로 경기지역 창법으로 소리한다. (정선아리랑축제처럼 지역민으로 행해지는 축제는 희소하다.) 2) 지방재정의 약화로 인해 관주도형의 축제이다. 상위관청의(정부나 시도) 재정적 지원 없이는 축제를 시행할 수가 없다. 그러니 쉽고 편한 것이 유명연예인들의 초청 축제이거나 상품 판매이다. 문화전문가가 아니라 기획전문가들의 자문에 의해 축제가 진행된다. 향토주민은 구경꾼이 되고 축제의 주체가 되지 못한 채 축제는 연례행사로 점점 쇠퇴한다. 새로운 대체축제를 또 다시 기획하며 악순환을 거듭하는 것이 현실이다. 3) 축제의 본질이 왜곡된 축제이다. 축제는 제의와 놀이의 결합형이다. 그런데 놀이가 없다. 제의는 관직자들의 인사말로 채워지고 공동체가 가진 삶의 본원적 욕구인 자유와 풍요를 향한 의식은 배제되어 있다. 그리고 공동체의 대동성을 확장하고 단결과 카타르시스를 할 놀이는 사라졌다. '참가하는 놀이'가 아니라 '바라보는 놀이', 전문적 놀이꾼들이 "놀고 있고" 지역 주민은 "보고 있는" 축제이기에 누구를 위한 축제인지 알 수 없다.

　주지하다시피 한 지역에서 생성 전승되는 전통사회의 문화재 모두는, 즉 세시풍속이나 민속신앙, 민속놀이는 전승지역과 지역주민과도 매우 밀접한 관련을 맺고 있다. 그것들의 생성이나 보존, 전승이나 쇠퇴 등에 지역민의 참여 없는 민속 문화의 구현은 있을 수 없다. 특히 현대적 계승과 보존에 있어 지역민의 참여는 필수불가결한 것이다. 민속 문화는 생명력이 있다. 상황과 환경에 의한 변수를 적극적으로 받아들여 향유 전승하는 사람이 재생산하는 것이다. 따라서 민속놀이가 항상 본래의 모습 그대로 보존되어야 한다는 당위도 어느 정도 설득력을 가지지만, 반면 창조되는 재생산도 적극 도모되어야 한다. 관은 원초적 보존이라는 인식에서 탈피하여 변모와 개발에도 더욱 무게를 실어야 할 것이다. 이를 위해 지방 자생 조직을 활성화할 필요가 있다. 지방의 문화를 담당할 담당층을 적극 지원하고 지방의 문화가 세계의 문화가 될 수 있도록 지원하여야 한다. 지방의 문화인을 적극 우대하고 지방의 문화를 우선하는 정책을 펴야한다. 중앙의 문화를 어설프게 흉내 내는 것에서 벗어나 지방의 것을 특화시키는 정책이나 방안을 끊임없이 생산해 내야 한다. 그리하여 지역의 민속 문화가 제대로 축제로 재현되어 지속적인 전승 방안을 가지게 될 때 새로운 산업문화로서 민속문화는 자리매김을 할 것이다.

3-2 〈문경새재아리랑〉 축제의 지향 요소

〈문경새재아리랑〉을 축제문화로 재창조하기 위해서는 다음과 같은 점을 주목하여야 한다. 먼저, 지역 토착 향유집단의 본질성에 기반을 두는 축제지향이다. 〈문경새재아리랑〉은 노래이다. 노래는 놀이요, 놀이이면서 삶의 고통을 풀어내는 기능을 가진 카타르시스적 행위이다. 그리고 이 노래의 뿌리가 되는 〈문경새재소리〉의 가창 주체는 농업 노동자들이었다. 이 같은 본질적 성격은 그대로 존치되어야 한다고 본다. 오늘날 현대사회에서의 모든 축제의 중심적 주체는 도시 산업노동자와 지역 공동체의 생산노동자인 농민일 것이다. 그리고 모든 노래는 농경사회에서의 풍요와 노동의 고통을 해소하고 스스로의 위무를 위한 소리로 만든 노래였기에 그 본원적 원형질이 파괴되지 않아야 한다. 문경의 기본적인 지역소리, 즉 〈문경새재소리〉를 기반으로 하지 않는 노래라면

한 때의 향유성만 가질 뿐이다. 창작아리랑이, 통속아리랑이 바로 그러하다. 어느 곳이든 들을 수 있는 노래라면 그것은 독자성을 가질 수 없고 지역민의 자긍의식을 만들 수 없다. 토착소리는 지역민의 삶과 직결되어서 만들어지고 기능하였다. 노래는 곧 지역인의 삶이요 생활이기 때문이다. 〈문경새재아리랑〉이 지역의 토착소리를 바탕으로 존재하는 노래라는 점을 인지하여야 한다.

노래는 삶의 과정에서 생겨난 바람과 고통을 묶어 밖으로 풀어내는 말의 표현이다. 단순한 언술이 아니라 가락에 담아내는 리듬의 풀이 행위이다. '문경새재'라는 특정한 공간과, 노래가 만들어지고 유지 전승하던 시간적 공간이 만들어 낸 합작품이다. 이처럼 특정한 지역적 공간이 만들어 낸 노래, 특정한 시간에서 향유되던 노래이지만 노래이기에 순간적, 일회적, 예술적 여운을 가진다. 우리가 〈문경새재아리랑〉을 향토 무형의 문화재로서 주목하는 이유가 여기에 있는 것이다.

이웃 일본 다카치 현高知縣에서 열리는 '요사코이 축제'를 보자. 오대산 죽림사의 37세 준신純信 스님과 나이 어린 17세 오노신페이 소녀의 사랑의 도피를 풍자적으로 노래한 것에서 출발한 세계적인 노래 축제이다. 19세기 초에 일어난, 죽림사라는 사찰을 중심으로 20살 어린 소녀와 승려의 파계적 행위를 비판 풍자한 이 노래 한 구절은 1세기 이후 세계적인 소리축제의 시작이 되었고 오늘날 요사코이 축제, 요사코이 나루코 춤대회로 발전 전승되고 있다. 이는 오대산 아래 죽림사가 현존하기에 가능한 것이었다. 마치 문경새재에 박달나무가 있듯 말이다.

다음, 소리축제가 가지는 유희적 놀이성이다. 현대 축제가 가진 가장 큰 의미는 놀이와 즐김, 휴식과 재충전이다. 일반적으로 놀이는 생활상의 이해관계를 떠나서 자발적으로 참여하는 무목적적 활동으로서 즐거움과 흥겨움을 동반하는 가장 자유롭고 해방된 인간 활동이다. 놀이는 다음과 같은 특징이 있다.

1) 놀이는 자유스러운 것이다. 놀이하는 사람은 강요당하지 않으며, 갈등으로부터도 자유롭다. 만약 놀이에 갈등이 생기면, 자아에게 자유롭게 보상을 주는 방법으로 갈등은 변형된다. 2) 놀이는 자발적이다. 놀이는 항상 내부로부터

자발적인 욕구가 있어서 하게 되며 남이 시켜서 하는 것이 아니다. 자기가 하고 싶을 때 참여하는 활동인 것이다. 3) 놀이의 목적은 즐거움이다. 항상 쾌락의 원칙에 근거하여 진행되기 때문에 놀이를 하는 사람은 놀이를 통하여 어떤 의미로든지 즐거움, 특히 정신적인 즐거움을 얻어야만 한다. 4) 놀이는 비조직적이며 비지시적인 활동이다. 놀이는 미리 계획되고 구성되어 조직화된 활동 속에서 이루어지는 것이 아니라, 때와 장소에 따라 또는 그날의 분위기에 따라 역할이나 활동의 양상 모두 변할 수 있다. 5) 놀이는 비생산적인 활동이다. 놀이는 어떠한 재화나 부를 만들어 내지 않는다. 놀이는 그 자체에 목적이 있는 자기 목적적 활동이다. 6) 놀이는 고유의 규칙을 갖는다. 놀이 속에서의 질서와 긴장은 놀이라는 일시적인 세계에 적용되고 통용되는 규칙에 의해 만들어지는 것이다. 이 규칙은 절대적인 구속력을 갖고 있으며, 무엇이 놀이이고 아닌가를 규정한다. 7) 놀이는 정해진 공간과 시간의 범위 내에서 한정되어 있는 분리된 활동이다. 놀이 장소의 격리성과 시간의 한계성으로 인해 제한된 시공 속에서만 놀게 된다. 이로 인해 일상적인 삶과 구분되는 것이다. 8) 놀이는 허구적인 활동이며 현실 생활에 비하면 이차적인 현실이나 비현실이라는 특수한 상황을 수반한다. 놀이는 현실적인 필요와 욕망의 직접적인 만족 여부의 바깥에서 욕망의 과정을 차단하는 탈일상성을 지닌다.[18] 이러한 점이 도외시된다면 놀이는 성공할 수 없다. 이러한 요소를 가장 잘 함유하고 있는 것이 바로 지역의 전래 민속놀이다. 놀이의 본질은 놀이를 향유하는 집단의 삶이 빚어내는 문화이요, 생존의 방식이기에 그렇다. 그 공동체의 지역 민속, 전통 민속에 놀이가 있고 의식이 있다.

   전통적인 지역 공동체 놀이에서 볼 수 있듯이 민속놀이는 기본적으로 강한 제의성과 주술성을 지니고 있다. 민속놀이는 민간의 신앙행사에 부수되었던 예능 활동이었다. 즉 그것은 신에게 삶의 안위와 풍성함을 기원하면서 그 신을 즐겁게 하고 동시에 신의를 탐지하기 위하여 발생 전개되었던 신사행위神事行爲의

---

[18] 윤재훈,『민속의 현대적 이해』, 세손, 2000, 314쪽.

일종이었다. 신 앞에서의 농악, 탈춤, 굿 등이 신을 즐겁게 하기 위한 오신娛神 행위였다면, 신 앞에서의 씨름, 줄다리기, 편싸움 등은 신의神意를 탐지하기 위한 경기였다. 이러한 신전神前행사가 후대로 내려오면서 민간에 유포되어 보편화됨으로써 그 원래의 신성성은 약화되고 오락성이 강화되었다. 신사神事와는 관계없는 일반 민중들의 놀이가 되어 민중의 유희적 욕구를 충족시켜 주는 오락이 되었던 것이다. 이렇게 볼 때 민속놀이에는 싸움을 뜻하는 경쟁의식과 흥을 뜻하는 유희성, 즐김을 나타내는 오락성, 아름다움을 추구하는 예술성이 복합적으로 녹아 있다고 할 수 있는데 이를 축제 속에서 제외할 수 없다.

한편 민속놀이는 각각 다른 지역에서 전승되어 오는 동안 그 고장의 특유한 자연이나 인문환경의 영향을 받아 독특한 개성을 지닌 향토 놀이로 발전된다. 그리고 전승과정에서 군더더기가 빠져나가고 알맹이가 닦여 세련미가 더 심화된다. 게다가 민속놀이는 주로 집단놀이의 형태로 이루어진다. 즉 지연地緣 공동체 구성원 대다수의 참여와 후원 아래 행해지는 놀이로서 세시라는 비일상적인 시공간에서 연행되었으며, 공동체 구성원 전체가 하나 되는 대동을 지향하는 과정이었다. 향토성은 전통으로 승화하고 그것이 지역의 정체성 형성에 기여하였다.

다음으로 주목해야 할 것은 예술성이다. 제의와 놀이적인 유희성만이 전통문화의 복원력을 확보하는 것이 아니다. 전통문화는 향유하는 공동체 집단의 예술적 역량을 총합하는 표현물이기도 하다. 전통문화가 전통적인 전승력을 확보하는 데에는 전통문화 자체에 내재하는 미적 감흥이 있기 때문이며, 이 감흥은 향유 공동체의 미의식과 직결됨으로써 그 문화적 가치를 확보하고 있는 것이다. 이러한 미적 감흥만이 향유자들을 감동하게 하고 오래도록 기억하게 함으로써 새로운 문화를 창출하는 원동력으로 자리하게 한다. 단순한 유희적 오락으로서의 축제는 놀이 행위에 불과하다. 문화적 질료로서의 감동은 축제의 기본적인 요소이기도 하며 새로운 여가문화의 핵심적인 충전원이 될 것이다.

앞서 논급한 대로 문경군 지역은 한반도의 남한 중앙부에 자리하고 있다. 경북의 북부 오지지역이긴 하지만 발달한 교통망으로 대도시 인접의 지리적 환경과 지방자치제 시행 이후 일기 시작한 재정자립을 위한 공단 설립 등 전반적인 산업화가 진행되는 지역이다. 지방자치제가 이루어지면서 지방 행정조직의 경제적 자립운영을 위해서 농공단지, 산업단지를 건설한다든지, 지역산업의 특화 단지를 만드는 등 농촌사회는 점차 산업사회로 진입하고 있다. 이는 대도시 인근 지역일수록 심하며 문경지역 또한 예외가 아니다. 발달한 도로교통망과 메스 커뮤니케이션 등은 물리적 또는 심리적 거리를 한층 더 좁히고 있다. 문경시 일원에 이미 농공단지와 지방 산업단지가 설립되어 산업형태가 농업에서 공업으로 바뀌어 가고 있는 실정이다.[19]

오늘날 산업화나 도시화 현상으로 전통의 민속 문화 환경이 도시적 공간에 제한을 받게 되자, 전통적 의미에서의 건전한 '즐김'의 의식이 단순한 소비의 하나로 바뀌고 말았다. '즐김'은 휴식이나 정력의 소비가 아님에도 불구하고 자본주의 사회는 우리에게 '즐김'은 남는 시간을 보내는 소비적 활동이며, 또 힘을 다해 추구해야 하는 무엇으로 인식하게 하고 있다.

전통사회에서의 즐김은 지역민 혹은 놀이에 참가하는 사람들이 하나 되는 대동大同의 장이었으며, 이를 통해 새로운 힘을 충전하는 계기이기도 하였다. 따라 놀이는 정신적 측면과 육체적 측면의 두 부분이 동시에 충족되어야 한다. 육체에 활력을 불어넣고 이를 통해 정신을 건강하게 만드는 것이 전통적 놀이의 방식이었다. 더구나 소외된 개인이 아닌 하나 된 우리의 힘을 과시함으로써 만족이 배가 되었던 것이다. 놀이는 노동과는 다른 자기 충족적이고 의미 있는 형식의 활동이다. 몸과 몸이 부딪치고 힘을 함께 하면서 목적을 공유하는 사이에 동류의식은 강화된다. 그것이 승부이건 단순한 즐거움을 위한 것이건 무언가를 함께 하는 사이에 나는 '우리' 속에 녹아 하나가 될 수 있다. 놀이하는 개인을 놀이에서 소외시켜 정신적 충족만을 추구한다는 점에서 놀이하는 사람을 개별

19　http://.www.gbmg.go.kr/open.content/ko/economy/enterprise.information/complex.status/ http://www.gbmg.go.kr/open.content/ko/참조. 문경시에는 가은, 산양, 마성, 영순, 영순2 농공단지가 설치 운영되고 있다.

화시키며, 집단의 동질감을 느낄 수 없게 한다는 점에서 사회를 파편화한다. 민속놀이는 사람과 사람의 유대를 강화시키며 동시에 향토애를 고양시킨다. 그러므로 '놀이'의 진정한 의미는 우리의 전통 민속놀이가 채워줄 수 있다. 이를 통해 우리는 사회적 동질성, 파편화된 개인의 소외를 다소 해결할 수 있을 것이다.

문경에서 생성 향유되었던 〈문경새재아리랑〉은 지역의 고유한 노래문화이고, 지금은 쇠퇴 소멸하는 것이지만 '놀이'와 '즐김'을 통한 공동체 문화를 재창조해 낼 수 있는 문화 질료라 생각한다. 이것은 전통사회에서부터 얼마 전까지 전승되고 있었던 이 지역민의 '삶의 표현물'이기 때문이요. 또 새로운 산업사회에서도 근로 노동자들의 휴식과 즐김을 매개할 수 있는 '놀이문화'이기 때문이다.

바뀐 생활환경과 문화 양태로 소멸해 가는 전통문화는 궁극적으로 2가지의 길을 걷게 된다. 하나는 자연적인 소멸이요 하나는 문화재란 이름으로 박제화 되는 길이다. 삶과 유리된 문화유산이란 이미 죽은 문화이며, 따라 사라진 문화이다. 사람들에 의해 향유되지 못하고 변해진 시대상황이나 문화 환경에 적응하여 생존력을 잃어버린 것이라면 아무리 잘 보관하고 기록 전승을 하더라도 소멸한 것과 다름이 없다. 따라서 우리의 전통 민속 문화의 보존과 전승은 무엇보다 시급한 당면과제이다. 이에 문경시의 〈문경새재아리랑〉에 관하여 그 보존과 전승 방안을 모색하기 위해서 우리는 다음과 같은 점을 재인식 하지 않으면 안 된다. 이것은 단순히 특정한 전통 민속에만 국한되는 것은 아니지만, 지역 고유의 소리문화재인 〈문경새재아리랑〉의 그 구성과 전개가 특수화하여 이를 초점화하기 위한 전략적 검토이기도 하다.

4 〈문경새재아리랑〉의 축제화 방안

4-1 축제화의 의미

오늘날 관광문화에서 관광객이 추구하는 것은 독특함을 가지고 있는 '현지' 그 자체이다. 현지는 나름의 독특한 문화를 가지고 있으며 오랫동안 윤색되고 강조되어진 삶의 응축물이 존재하기 때문이다. 관광자원이란 관광의 주체인 관광객으로 하여금 관광 의욕을 일으키는 관광 대상이며 관광의 동기를 유발하는 촉매재이다. 따라서 이것이 나름의 독특한 문화적 특성과 전통적 맥락을 가지고 있을 때, 관광객들은 현지에서 그 지역 사람들이 살면서 획득해간 삶의 지혜와 습관과 전통을 이해하게 되고 그 지역을 독특하게 하는 것이 무엇인가에 대하여 오래 기억하게 될 것이다. 그것이 유형물이건 무형물이건, 또 인공물이던 간에 관광객을 유인할 수 있고 관광수입을 얻을 수 있는 경제성이 있다면 관광자원이 될 것이다.[20]

관광자원은 일반적으로 관광산업의 입장에서 보면 경제적 가치를 가지며, 관광객의 입장에서는 오락적, 문화적 가치 나아가서는 교육적 가치를 지닌 관광행동의 목적물이라 말할 수 있다. 그러나 최근에 이르러 다양해진 관광행동의 지향성에 따라 소박한 향토 경관과 인정, 풍속 및 생활자료 등도 재평가 되었고 이들에 대한 관광자원화를 추진해 가고 있다.[21] 특히 특정한 지역의 전통 민속이 주목받는 이유는 관광을 통해 과거의 삶을 통해 현재 자신의 삶을 되돌아보고, 다른 생활 양태를 수용하여 자기 개발 및 발전을 도모하고자 함에 있다. 특정 지

20　김상훈, 『관광학 개론』, 집문당, 1985, 119쪽.
21　신정화 · 문창희, 「전통 민속놀이의 관광자원화에 관환 연구」, 『논문집』 16집, 성지공업전문학교, 1993, 74쪽.

역의 공동체 구성원들의 삶에서 압축되어진 세시풍속이나 민속놀이는 관광 집단들이 단시간 내에 과거의 역사와 배경을 살펴보게 함으로써 아울러 미래까지 가늠하게 하는 자료로서 색다른 흥미를 유발하기 때문이다.

관광이 무엇보다도 타자가 보인 삶의 다양한 모습을 통해 자기 삶의 지평을 확장하고 새로운 자극을 통해 자기를 성찰하고 보다 나은 삶을 열고자 함에 있는 것이라면 전통 민속은 확실히 관광자원으로서의 가장 큰 가치세계라 아니 할 수 없다.

현대사회가 산업화되고 산업체제가 복잡해지면서 인간의 삶은 점점 더 기계화되고 파편화되어 간다고 해도 지나치지 않다. 이러한 현실에서 여가와 관광을 통한 휴식은 인간의 삶의 질을 높이는 절대적 가치로 자리 한다. 우리의 삶이 결국 자연과 인간, 타자와 자아의 대립을 통한 응전과 화해라고 한다면 이러한 과정 속에서 만들어진 많은 노폐물들을 씻어 낼 일정한 공간과 시간이 필요하다. 이것이 놀이문화인 휴가요 즐김이며 축제인 것이다.

휴식은 헛된 '놀기'가 아니다. 다음의 노동을 예비하는 활력소로서 '재창조'의 그것이다. 그러므로 그 휴식, 즉 놀음은 마음 놓고 신바람 나게 놀 때 효과적이다. 자기 자신조차 가늠하기 힘든 '난장판'이 바로 놀음의 최대치인 것이다. 속된 공간에서의 모든 것을 버리고 새롭고 성스러운 시간으로의 이행을 위해서는 당연한 행위이기 때문이다.[22] 축제는 바로 이러한 공간이요, 시간이다. 오늘의 축제는 이러한 놀이의 시공간을 위한 인위적 행위이다.

축제는 문화적 사회적 동질성을 밝히는 가장 좋은 방법이다. 전통사회에서는 풍농이나 풍어 등을 목적으로 하는 제의성이 있어 집단 공동체의 유대의식을 함양해 왔다. 또 '기쁨', '즐김'이라는 정신적 상태의 의식 고양을 통해 삶의 동기와 목표를 끌어올리기도 했다. 엑스타시를 통해 삶의 고통을 정화淨化하고 새로운 삶으로의 이행을 놀이에서 얻어 왔다.

---

22 M. Elade · 이동하 역, 『성과 속』, 학민사, 1983에서 개념을 따온 것임.

놀이문화의 바람직한 양상은 민속축제에서 발견할 수 있다. 민속축제는 생활공동체 또는 노동공동체를 기반으로 구축된 문화이다. 그리고 공동체 구성원들에 의해 오래 공통의 관심과 가치로 다듬어지고 지켜진 것이기에 제3자에게도 매우 순응적이다. 동일한 자연환경과 유사한 역사 문화적 환경 속에서 구축된 것이라면 약간의 차이는 있을지라도 모두에게 함께 할 수 있는 공통요소가 내재되어 있기에 그렇다. 비록 지금은 사라졌거나 변했지만 의식의 바닥에 기억되고 있는 유전자로써 약간의 자극으로도 곧 되살아 날수 있을 것이기에 그렇다. 민속축제를 우리의 가장 성공적인 축제로 제시하는 이유가 바로 여기에 있다. 오랜 역사를 통해 누적되어온 동일한 유전형질이 우리 내면에 존재하기에, 또 전혀 다른 환경 속에서 살았어도 인간의 본연적 삶의 모습이 상징화되고 윤색되어진 것이기에 이를 통해 다른 삶의 모습을 확인라고 자기를 되돌아 볼 수 있기에 관광객이 국내인이든 외국인이든 민속축제는 가장 좋은 관광문화자원으로서 빛나는 가치를 가진 것이 될 수 있다.

이에 덧붙여, 축제의 이름을 "문경새재아리랑제"로 하여 복원하고자 한다. 이는 지역 고유의 문화재산으로서 성격을 확인하고 공동체의 대동 소리문화 축제로서의 기능을 중시하여야 하기 때문이다. 그리하여야만 참여 관광객들이 기대하는 축제로서 지닌 원형성이 훼손되지 않기 때문이며, 또한 지역민의 기억된 전통이란 문화인자文化因子를 고스란히 유지할 수 있기 때문이다.

4-2 〈문경새재아리랑제〉의 축제 지향성

문경시의 "문경새재아리랑제"는 부락공동체 전원이 참여한 두레의 성격을 지닌 참여형 축제를 지향해야 한다. 이 땅에 살아 있는 모든 지역민이 노동과 휴식의 공간에서 쉼 없이 불러오던 노래였기에, 그러나 세태가 바뀌고 삶의 변화가 옴에 따라 그 전승력을 상실하고 소멸 쇠퇴한 노래였기에 그 본질적인 축제로서의 원형이 환원되어야 하는 당위성을 내포하고 있다.

이에 "문경새재아리랑제"는 다음과 같은 축제로서의 성격을 가져야 한다.

첫째, 참여형 축제가 되어야 한다. 관광객이든 부락공동체 구성원이든 모두가 주체로서 참여하고 축제의 중심이 되어야 할 것이다. 전통 공동체였던 주민이 배재되고 연예인들이 중심이 되어 부락민이나 관광객들이 바라보기만 하는 축제로서는 민속축제의 성공을 기대하기 어렵다. 전승 공동체 사람들이 보여주었던 삶의 양태와 그들의 의식을 알리면 모두가 함께 참여하고 주체가 되는 참여형 축제가 되어야 한다.

둘째, 민속 놀이형 축제가 되어야 한다. 인간에게 있어 놀이는 단순한 즐김의 대상만이 아니라 현실을 초극해 나가는 힘이며 새로운 세계를 열어 나가는 원동력이다. 놀이의 상실과 더불어 사라져간 '놀이' 의식을 복원하기 위해서 — 놀이가 단순한 정력의 소비요 휴식이 아닌 힘을 다해 추구해야 하는 무엇임을 아는 —, 현대 자본주의가 만든 오락처럼 물질적 낭비와 소비의 즐김과 추구가 아닌, 재생산을 위한 문화 활동임을 아는 놀이축제가 되어야 한다.

인간의 욕구는 의식주 등 일차적인 욕구가 충족될 경우 점차 고차적 용구로 성장하게 된다고 한다. 이와 더불어 관광행동도 풍광관광風光觀光에서 역사적 관광으로 종국에는 교육과 참여의 민속관광을 지향하게 된다.[23] 그러므로 전통적인 민속놀이는 관광자원으로서 가장 가치 있는 대상이 된다.

이들 중 어른과 아이들이 같이 할 수 있는 놀이도 상당수 있어 이를 가족이 함께 하는 민속놀이로 채택할 수 있다. 이들 놀이가 가진 특성은 모두 단독 놀이가 가능한 것이 많고, 함께할 수 있는 공동 놀이로는 대체로 힘겨루기, 내기형 놀이가 많다. 따라서 축제에 참여하는 관광객이나 주민들은 편을 나누어 힘겨루기나 내기를 해서 승부를 내는 놀이를 행한다면 참여 의식도 높아지고 축제 열기도 고조될 것으로 본다.

셋째, 가족형 축제여야 한다.[24] 오늘날은 대가족제가 붕괴되고 소가족제도가

---

23 김홍운,「한국의 지방문화행사를 관광 상품화하는 방안에 관한 연구」,『한국학논집』 제10집, 한양대한국학연구소, 1986, 287쪽.
24 이광진, 앞의 책, 66~68쪽.

중심인 사회이다. 소수의 핵가족화 된 사회이기에 여행, 놀이, 행사가 모두 가족 중심이다. 그런데 가족이란 공동체로서 존재하기에 전통사회에서의 가족, 가문, 뿐만 아니라 마을공동체 구성까지도 그 원형성은 오늘과 같다고 할 수 있다. 가족공동체는 사고, 생활방식, 경제구조, 행동의식 등에서 동질성 내지는 유사성을 가진 집단이다. 그러므로 가족단위의 관광이나 축제 참여는 축제의 활동을 동질화하고 참여성을 높이며 나아가 축제에서 생겨나는 모든 경제활동의 구매력을 가진 대표 집단이 된다. 그래야만 관광산업으로서의 성공적인 축제가 되는 것이 당연하다.

넷째, 민속 문화 전통이 살아 있는 축제이어야 한다.

문화적 전통이란 과거에서 오늘에 이르기까지 우리의 오랜 풍토, 역사, 생활속에서 구축한 삶의 방식이며 의식이다. 새로이 출발하려는 "문경새재아리랑제"는 노래를 통해 농경공동체 사회에서 형성된 부락민의 의식과 삶의 표현 방식을 가진, 그 원형질로 다가서면 노동의 효율성을 보이게 위한 풍년제의요, 농경 종사자를 위무하고 그를 주목하려는 전통사회의 노동자 우대의식이다. 따라서 복원되더라도 이 정신을 무시하거나 도외시 할 수 없다. 그것은 겉만의 전통복원이요, 허상이기 때문이다. 행위에 내재된 본질적 성격을 버리고 외형적 형식만을 현대화 한다면 그것은 문화말살이다.

공동체가 공동으로 향유해 온 노래의 정신은 바로 공동체 스스로가 스스로에 대한 우대의식이요, 그들 스스로의 노고에 감사하는 부락공동체의 나눔 의식이자 배려심이다. 오늘날 농경중심사회가 붕괴되고 산업사회로 변모하였지만 근로종사자인 사람은 바뀌지 않았다. 기껏 노동절을 당사자의 휴일로만 기리고 그들의 노고에 감사할 것이 아니라 이를 축제화 하여 산업근로자의 축제일로 바꾸어 간다면 이는 전통문화의 제대로 된 복원력을 가지는 것이라 생각한다.

대도시 인접의 도농지역, 농공지역으로 변모해가는 문경시의 산업형태와 지리적 환경을 고려해 볼 때, 이곳에서의 산업근로자 축제는 민속 문화의 본원적 성격을 유지 발전 계승하는 길이 될 것이라 생각한다.

이상과 같은 축제화의 방향에 따라 이루어지는 문경지역 소리문화 관광화에

는 다음과 같은 개발 효과가 있을 것으로 추정한다.[25]

첫째, 역사적 문화적 자원의 보호, 보전 효과

둘째, 축제지역의 자연적 인공적 환경 개선 효과

셋째, 새로운 관광시설의 조성 없이 지역과 조화를 이루는 관광개발 효과

넷째, 지역 주민이 얻는 경제적 수입원 확보와 고용 창출 효과

다섯째, 관광객과 지역 주민간의 사회적 상호작용으로 인한 삶의 질 개선 효과

여섯째, 관련 산업의 생산유발효과 및 지역 문화의 전통 홍보 효과

4-3 〈문경새재아리랑〉 축제의 방안

축제의 궁극적 목적은 현실에서의 일탈과 내일을 위한 새로움의 충전이다. 축제의 출발이 인간의 바람과 기대에 의한 기원과 신을 향한 감사였기에 종교성, 제의성은 축제의 본질이며, 놀이를 통하여 세속적 현실에서 일탈하고 새로운 세계로 나아가려는 유희는 핵심 되는 그 과정이다. 그리하여 축제가 끝나는 순간 다시 새로운 현실로 돌아오는 복원력까지가 일반적인 축제의 기본구조이기도 하다.

또한 축제의 현대적 기능으로 1) 원초 제의상의 보존, 2) 지역 주민과의 일체감 조성, 3) 전통 문화의 보존, 4) 경제적 수익, 5) 관광적 의의 등을 잡는 것은 축제가 역사, 사회, 문화의 산물이기에 가능한 다양성이다.

전통사회에서의 축제의 기능은 종교적, 윤리적, 사회적, 정치적, 예술적, 오락적, 생산적 기능이다. 그러나 산업사회에서는 이러한 기능들이 약화되어 산업사회에 적합한 요소들인 오락적, 사회적, 예술적 기능 등이 관광적 기능으로 존재한다. 따라서 오늘날 축제를 전통문화에서 재현 또는 복원하려면 다음 사항

---

25 이광진, 앞의 책, 96~98쪽에서 미국인들의 축제의 참여 유형을 다음 세 가지로 나누고 있는데, 첫째, 가족(the family) 둘째, 민속음악팬(the foiknik) 셋째, 무뢰한(the outlaw)으로 나누고 있다.

을 주목해 두어야 할 것이다.

첫째, 복원과 재현의 타당성을 지역주민과의 공감대 형성을 통해 진단하여야 한다. 단순한 지역 사랑이란 감상적 층위의 접근은 결과적으로 형식적인 행사로 전락할 가능성이 높다.

둘째, 무대공연화는 산업사회에서 만들어지는 과장적이고 작위적인 '축제의 장'이 될 우려가 높으므로 전통사회의 문화기반을 바탕으로 이루어져야 한다. 이것이 바로 전통 민속 문화와 접목하여야만 성공적인 축제가 될 수 있는 이유이다.

셋째, 축제의 관광 상품화는 지역적 특성이 십분 고려된 관광 상품성을 매개하여야 하며 이를 위해 '문화관광', '체험관광'이 될 수 있는 내용물의 구축이 필요하다. 따라서 1) 놀 거리, 2) 먹을거리, 3) 볼거리, 4) 할 거리의 참여 체험을 통해 구축되는 축제가 되어야 할 것이다.

넷째, 복원 이전의 전승자원의 의의와 가치를 되살려 두어야 한다. 이것은 전통 보존의 가장 근원적인 태도이다. 그러나 그대로의 복원은 시대정신에 따라 또 다시 쇠퇴할 수 있으므로 현대에 맞도록 응용되어야 하는데 그 원형은 보존하는 것이 좋다.

이에 따라 문경시의 새로운 전통문화 축제로서의 "문경새재아리랑제"의 축제화의 보다 구체적 방안을 개략해 본다.[26] 이는 현행의 〈문경새재아리랑 축제〉와 〈향토민속문화축제〉가 결합한 형태이다. 그리고 이는 나아가 세계적인 민족 노래(민요) 축제가 되어야 할 것이다.

1. 대상

문경시 지역 주민 및 휴가를 맞는 산업노동자와 그 가족 그리고 참여하는 관광객

---

26 축제의 모델을 제시하는 것으로 개략적인 프레임만 제시한다. 보다 구체화된 방안은 연구자의 저작권과 관계하기에 여기에서는 생략한다. 따라 본서에 기록된 축제화 방안에 관한 내용은 저자의 허락 없이 인용, 전재, 사용을 할 수 없음도 밝혀둔다.

2. 시기

8월 첫째 토, 일요일로 고정(* 일정이 고정되면 홍보 및 참여자 확대에 유리함)

3. 축제 주관

축제위원회 구성(민관 협력체)

* 지역 문화원, 부락민 대표, 관광산업 종사단체 대표, 전문가로 구성

4. 참여 방식

각 산업체 산업종사자 및 주민의 신청 접수로 조직화(팀 구성)

5. 개최 장소

특설 공연장, 공설 운동장 등의 특설 공간

6. 축제의 성격

소리축제 및 민속놀이축제 : 일반 지역민 및 산업노동자와 가족들의 축제

7. 축제 구성

    -대동놀이(길놀이 - 풍물, 문경새재아리랑 소리극 공연)

    -겨루기대회(각종 민속놀이 경연, 〈문경새재아리랑〉 경창대회, 아리랑사설 창작대회)

    -전통 민속공연(문경 및 인근 지역의 민요, 탈춤 등 민속물 공연)

    -뒤풀이(참여하기 - 먹거리 장터, 볼거리 관람, 할 거리 참여 등)

    -각종 민속 관광물 전시 및 교육(지역 문화특성 알리기)

8. 구체적인 모델 예시

    가. 공동체 의례 참석하기 : 단체 및 개별 참여

        -길놀이(풍물) - 참여자 팀별 가장행렬-마을 굿(지신밟기놀이) 진행

        -부락제의 : 부락굿 형태의 〈문경새재 별신굿〉

        -농악과 일반의례 : 개막식 형식

    나. 겨루기 대회 : 팀별 선수층 참여

        -종목별 점수화 하여 종합 순위 평가 시상 :

        (1) 아리랑축제형

        * 문경새재아리랑 경창대회

        * 향토민 부르기 경창대회,

* 문경새재아리랑 사설 창작대회 등

(2) 민속축제형

* 남자종목 : 씨름, 줄당기기, 들돌들기, 풀베기, 닭싸움, 쌀가마 옮기기, 먹기 내기 등
* 여자종목 : 찌짐굽기, 들밥이고 옮기기, 그네타기, 널뛰기 등
* 아동종목 : 비석치기, 제기차기, 고누 뜨기, 팽이치기, 술래잡기 등등

(공통종목 : 천렵하기, 가족단위 경기, 장기, 바둑대회, 고누대회 등 실시)

다. 전통문화공연(보고 즐기기) : 예능인 또는 일반기예자 참석 - 무대공연물

* 풍물, 남사당놀이 등 전통 민속예술 공연 -예천 통명농요, 상주농요, 청단놀음 등
* 각종 〈아리랑〉 영화 상영
* 각종 아리랑 관련물 전시

라. 체험하기 : 별도의 공간 설정

* 성인 - 천렵하기, 성 뺏기, 그네 뛰기, 모래성 만들기, 김매기, 대장간체험(풀무질, 무두질 등), 모래 조각하기
* 아동/부녀자 - 전통음식 만들기(수제비, 메밀묵, 떡치기, 엿만들기, 찌짐굽기 등)
* 〈문경새재아리랑〉 녹음음반물 제작하기 - 직접 부른 아리랑노래를 제작 소유

마. 즐기기 : 민속음식 먹기 - 막걸리, 수제비, 메밀국수, 등등 계절 음식, 고기류 등

사. 뒤풀이(마무리) : - 난장 마당 - 음복과 난장의 신명 마당

아. 유의점

1) 주관단체에서 장기 기획하여 축제 종목이나 방식 개발 및 확장 필요
2) 반드시 산업노동자 축제라는 특성을 부각하여 특화 할 것
3) 민속놀이의 개발, 발굴에 지역민의 중지를 모을 것
4) 관주도보다는 민간주도형 축제, 군민참여 축제가 되도록 할 것
5) 점차 축제의 시공간을 확장해 나갈 것
6) 다시 찾는 축제로 만들 것

5 〈문경새재아리랑〉 축제의 미래적 지향

    주지하다시피 문경은 한국 국토 중앙부에 위한 산간지역이다. 아직까지 오래된 역사적 문화적 건강성이 존재하고 있고 문경새재와 주흘산의 천연적인 유람관광자원이 있는 곳이다. 이 같은 조건은 전통문화의 관광중심권역으로 허브화 할 가치가 높은 곳이다. 서울에서 2시간의 거리감, 영남문화권의 허브인 영주와 안동과의 근접성, 1시간이 약간 넘는 동해안 해양지역과의 근접성은 산과 물, 자연과 인공의 만남이 주는 그 가치를 주목하게 한다. 중원문화권(충청)과 영남 문화권의 접경지역으로서, 유교와 불교문화의 교차성을 함께하는 곳으로서 전통문화의 탐색과 개발이 필요한 곳이기도 하다. 이웃하는 영주권과 안동권과 연계하여 조선조 과거길의 복원, 보부상의 통로, 역원문화, 감영문화(감사 부임행사) 등은 문경이 미래적 시선으로 그 자원화를 필요로 하는 것들이다.

    오늘날 우리나라의 대표적이며 성공적인 지역축제로 꼽고 있는, "광주 비엔나레", "전주 소리축제"는 물론 "부산 국제영화제"나 "강릉 단오제" 그리고 "안동 세계탈춤페스티발"은 이 같은 역사적 문화적 원형질을 찾아 지역과 연계하여 특성화시켜 나간 세계적인 축제 모델이다. 모두 문화관광산업으로서 출발하여 이제 문화산업의 중핵이 된 것들이다.

    현재 문경은 인근한 안동, 영주의 불교 및 유교문화 와 상주 김천의 농경 및 농공업 지역체와 같은 핵심지역으로, 경제 교통의 중심인 대도시 관광허브지역으로서의 가능성 구비한 곳이고 한국전통에 기반을 두는 문화축제의 실효성을 지금도 조금씩 거두어 가고 있다. 도로망, 숙박시설, 먹 거리문화 등의 문화관광산업의 인프라도 구축하여 왔고, 영상세트촬영장이나 자연관광지 등으로 관광이 문경의 주산업으로 성장해 나가고 있다고 하겠다.

    이에 현재 문경문화원과 문경시가 주도하고 2008년도부터 시작한 〈문경새재아리랑축제〉를 보다 먼 미래지향적 산업으로서 그 지평을 간략히 펼쳐 보자.

먼저 1단계로 현행의 〈문경새재아리랑축제〉(The ARIRANG Festival in Mungyeong City)를 확장하여 발전시켜 나가는 방법이다.

이에는 지금껏 해 왔던대로 〈문경새재아리랑〉을 중심으로 하는 ① 아리랑의 무대공연이다. 이는 국내 아리랑 기능보유자나 명창을 중심으로 무대공연물로서 아리랑을 소개하고 알리는 가운데 〈문경새재아리랑〉이 가진 독자성과 향토성을 홍보하고 그 향유층이 자긍심을 확장해 나가는 것을 말한다. 이러한 가운데 2차적으로 ② 〈문경새재아리랑〉의 현대화 공연도 뒤 따라야 한다. "문경새재", "문경새재아리랑", "문경새재소리"를 기본적인 축으로 하여 이를 주제 또는 소재로 하는 전 예술 장르화를 꾀하는 것이다. 가곡으로, 합창으로, 춤과, 노래극으로, 가야금과 거문고 병창으로, 춤으로, 오케스트라로, 나아가 B-Boy공연으로 재즈로, 풍물로 우리가 할 수 있는 예술 전 분야의 활동을 통해 〈문경새재아리랑〉의 확장성을 실험하고 그 가치를 가늠해 보는 과정이다. 앞서 소개한 일본 고지현의 요코사이 축제는 전래의 노래의 후렴만을 살려 오늘에 전승시키고 나머지 부분은 모두 현대적 재창조물로 연행되고 있다. 요사코이 축제는 '요사코이춤'을 추어야 하고, 전래노래의 동일한 소절을 반드시 가창하여야 한다. 이는 전통계승과 시대적 재창조라는 두 마리 토끼를 동시에 잡는 방안이다.

다음으로 〈문경새재소리〉의 가창과 전승에만 머물러서는 안 되고 나아가 〈문경새재아리랑〉을 주제로 하는 ③국내외 예술인 아리랑 공연회(국내 및 해외교포 참가)도 주도해 나가야 한다. 그리고 이를 통해 〈문경새재아리랑〉을 중심으로 하는 국내외 및 외국인 아리랑 및 민요 공연(국내, 교포, 외국인 참가)의 공간을 마련하고 기회를 시간을 가져야 한다. 그래야만 궁극적으로 ④〈문경새재아리랑〉의 예술 총 장르 공연(세계적인 공연자 참가)에 이르게 될 것이다. 물론 앞에 제시한 놀이형 민속축제를 기반으로 하는 소리축제로서 말이다.

〈문경새재아리랑〉은 아리랑이다. 이 아리랑은 토속민요이며, 지역의 향토성을 지닌 〈문경새재소리〉에 기반을 둔다. 그렇다면 〈문경새재아리랑〉은 〈문경새재소리〉를 뿌리로 하는 민요의 꽃이라 할 것이다. 이 단계를 〈아리랑축제〉단계라 하겠다.

다음으로는 2단계 〈문경새재아리랑축제〉를 펼쳐 보자. 곧 〈세계 민요 축제〉(The World FOLKSONG Festival in Mungyeong City)의 공간을 펼쳐 보자는 것이다. 아리랑은 민요이다. 한국을 대표하는 민요이자 이제 세계 속의 민요이다. 문경새재아리랑을 씨앗으로 하여 이곳을 세계적인 민요의 축제장으로 만들어 가는 것이 2단계 방향이다. ① 국내외 아리랑 및 민족 고유 민요 공연장 ② 국내 및 외국인 초청 각국 민족고유의 민요 공연장 ③ 〈문경새재아리랑〉을 주제로 하는 민요댄스 Ballad Dance(무용축제) 축제장 ④ 세계 민요 및 〈문경새재아리랑〉공연 경연대회장을 열어 문경 이곳을 세계인의 축제장으로 만들어 나가자.

지역의 전통문화를 되살리고 재창조해 나간 일본의 마쯔리[축제]는 오늘날 세계인의 관광 상품이 되었고, 전 세계적으로 이름난 축제를 보기 위해 전 세계인은 천리 길도 멀다 않고 축제의 장으로 달려가고 있다.

전국적인 아리랑 축제의 장은 많다. 그러나 가장 오래된 〈정선아리랑제〉와 진도의 〈진도아리랑축제〉는 아직 교통이 불편하고 관광인프라 개발이 미흡하다. 무엇보다 교통의 불편으로 이동 시간이 많이 걸리는 결함이 있다. 따라 시간과 부대 관광효과를 지닌 현대의 관광자원으로서는 매우 불확실한 미래를 보여준다. 그리고 우리 경북지역의 각종 아리랑축제인 〈영천아리랑제〉·〈상주아리랑제〉·〈봉화아리랑제〉·〈예천아리랑제〉·〈구미아리랑축제〉·〈대구아리랑제〉 등은 역사성, 본질성, 가치성, 토속성 등등의 학술적 문제가 많다. 그래도 지자체에서 이들을 축제화 하고 있으나 몇몇 소수 기능인 중심의 무대공연물로 남아 있고 지역의 토착성과 역사성, 대동성에서는 수월성을 확보하지 못하여 시들어 가고 있는 실정이다. 대개 화석화된 전시대의 유물을 그대로 복원하여 "보여주는 아리랑"으로 존재하고 있다.

다시 바라보자. 남북 통일시대를 대비한, 세계인의 화합과 평화를 위한, "아리랑"의 시대를 국토의 중앙 문경에서 시작하고, 이를 세계인과 함께하는 날까지 나아가야 함을 다시 새롭게 인식하자.

한국의 대표적 아리랑을 중심으로 하는 민족음악 축제화에 있어 지금은 매우 적절한 시기이며 이제 타 지역보다 선점이 필요한 시기이다. 여타의 기존 아리랑축제들을 총괄하고 수렴하여 "범영남권아리랑축제"로서, 관광문화 산업의 최적지로서의 지역 인플라를 지닌 놀이와 소리의 전통 민속 문화 축제가 되면 이곳은 세계의 소리축제장이 되지 않을 수 없다고 본다. 앞서 살핀 것처럼 풍부한 경북 북부의 토속민요에 기반하고, 아리랑 사에 있어 그 앞자리에 자리하는 〈문경새재아리랑〉은 현대 축제의 원천으로서 가치를 가지고 있지 않는가. 무엇보다 문경을 중심으로 인근지역의 토속 민요관련 보존단체의 존재는 이곳이 인적자원이 풍부한 곳임을 알려준다. 예천통명농요, 예천 청단놀음, 상주 초산농요, 상주 공검들노래, 상주 채련가, 김천 빛내농악, 구미발검들소리 등등은 엮어주기를 기다리는 우리들의 무형문화재이다.

현재 세계적으로 열리는 축제는 민족문화형, 역사체험형, 전통문화형, 특수체험형, 관광산업형, 종교형 축제의 흐름을 가지고 있다. 우리의 문화자산을 어떻게 제조하고 창조하느냐는 지역문화에 대한 깊은 이해와 미래적 전망이 이를 확보할 수 있을 것이다.

6 결론

우리의 전통문화는 지나친 서구 편향적 문화 감각과 행동양식에 의해 그 기간이 결코 길지 않았음에도 불구하고 그 소멸 쇠퇴의 속도는 빨랐다. 이른바 개화기라는 시대의식이 그러했던 것처럼 우리 삶이나 문화라는 것이 새로운 '바람이 불어오는 곳'의 편서풍 아래 함몰되어졌던 것이다. 식민지 시대는 말할 것도 없고 심지어 1970년대의 근대화 바람까지 전통의 소멸에 큰 힘을 보태기도 하였다. 그러나 1980년대 후반 신민족주의 바람과 90년대 일기 시작한 관광문화는 새로운 전통의 부활을 불러 왔다. '신명'과 '신바람'으로 우리 문화를 재조명하고, 자연친화적 환경론들이 우리 전통문화의 우수성을 검토해 나가는 가운데 새로운 축제문화가 양산되기에 이르렀다. 그러나 본질론적인 검토 없이 활용적 측면만 강조되고 주목된 전통문화의 부활 논의는 많은 부작용을 만들었다. 전통이란 것은 '과거가 그 현재에 물려준 그대로의 것'이라기보다는 '과거가 어떤 것을 물려준 결과로 그 현재에 야기되는 것'이라는 개념으로 나아갈 때 제대로 나아갈 수 있음을 간과하였기 때문이다. 전통이 동일성 개념을 내포하는 것이 본질적이긴 하지만 인간의 활동에서 나타나는 동일성이 반복적 동일성일 수가 없음을 도외시한 채 무조건적인 복원에만 주목하였기 때문이다. 전통문화의 복원 논의에서 시각의 다양화가 필수적이고 필연적인 것임을 생각할 때 즉물적 차원의 논의가 빚어낸 현상이었던 셈이다. 이러한 기반 위에서 우리가 앞으로 전통문화를 복원하고 재창조하는 데 있어 해야 할 일은 방법론적 차원의 고양을 위한 노력이다.

본 〈문경새재아리랑〉의 축제 방안은 경주의 〈세계문화엑스포〉을 뛰어 넘는 "세계의 민요 축제"로 발전시켜 나갈 수 있다는 확신 위에 존재한다. 이는 세계적으로 널리 알려진 한국의 민요 "아리랑"을 축제의 본질적 바탕으로 삼기 때문이며, 한국 전통문화의 중심권인 영남의 북부권을 그 공간으로 하기 때문이며, 경상북도와 문경시의 역량과 전문 인력이 이 축제를 담당할 때 가능하다. 따라서 〈문경새재아리랑축제〉를 시발점으로, 이를 세계적인 〈문경세계 민요축제〉로 승화 발전시켜 문경을 세계 민요문화의 메카로 기능하게 하고, 한국 소리문화관광산업의 허브로 삼고자 하는 축제장이 펼쳐지기를 기대한다. 이를 위해 문경시나 경북도는 물론 중앙정부까지 정례적인 성원과 투자개념의 재정투자라는 접근이 필요함도 밝혀둔다.

이 글은 그 바람직한 목표를 제시하기는 하였으되 그 구체적 실천은 지극히 가정적 차원에 머무르고만 감이 없지 않다. 이것이 이 글의 취약점이다.

'서예로 담아 낸 아리랑 일만 수'의 의의와 가치

1 서론

지금까지 알려진 우리의 옛 노래들 중에서 오늘에까지 맥을 잇고 있는 존재는 아리랑이 유일하지 않을까 한다. 한때 '민족문학의 정수'라던 시조는 노래의 기능을 잃은 채 시문학으로 변해 버렸고, 화려한 모습으로 번창했던 타령 또한 왜소한 모습으로 몇몇 소리꾼의 전유물로 그 명맥만을 유지하고 있을 뿐이다. 뿐만 아니라 여타의 토속민요, 즉 '강강수월래'나 '옹헤야' 등도 음반과 방송으로 두루 알려지고 부르기도 하였지만 점점 더 그 영역을 잃어가고 있음에 비추어 볼 때 아리랑의 위세는 실로 대단하다 아니할 수 없다.

뿐만 아니라 아리랑은 문화적 층위에서 다면의 얼굴을 가지고 있다. 다면적 표상이란 시공의 통·공시적 공간을 통해 형성된 수용층의 가치이며 의미망이기에 그러하다. 이는 식민시대 초창기 연구자들의 아리랑에 대한 시대적 시각이 보태어지면서 더욱 촉진되었다. 일상사를 노래하는 것에서부터 시대적 아픔을 노래하는 시대요로서 아리랑은 바뀌어 갔고, 삶의 기쁨과 슬픔을 모두 드러내는 가락이 체념과 비탄조의 '한恨'으로 고정되어 가기도 한 것이 그러하다.

　민요는 민중의 노래이기에 그들의 향유의식이 중요하다. 이 의식은 문화소를 결정하는 주요 요인이 된다. 아리랑이 지닌 다면성과 다층성은 시공간을 따라 켜켜이 쌓이고 겹치며 이처럼 다양한 문화층위를 형성한 것이라 할 수 있다.

　근년에 이르러 아리랑에 관한 관심은 매우 높아졌다. 중국이 2011년 6월 11일 길림성 연길자치구에서 부르고 있는 아리랑을 자국의 무형문화재로 지정한 후 국내에서의 이 현상은 더욱 두드러졌다. 더욱이 2012년 12월 5일 밤, 파리에서 유네스코 세계문화유산으로 등재 결정됨에 이르러 이제 범국가적으로 아리랑 관련 행사는 풍족하기에 이르렀다. 또 지난 2015년 9월 22일 국가지정 중요무형문화재 129호로 지정되어 명실상부하게 귀중한 민족 문화유산으로 새삼 세인의 관심을 끌게 되었다.

　아리랑 유네스코세계무형문화유산 등재 1주년을 기념하는 한국서학회의 아리랑에 관한 시선 또한 이에서 크게 다르지 않다고 생각한다. 서예는 유구한 역사를 지닌 동양권 최고의 예술이며 독특한 문화이다. 정보의 교환과 축적을 위해 만들어진 문자를 진함과 옅음, 큼과 작음, 넓음과 좁음, 뾰죽함과 원만함의 미적 감흥을 담아 아름다움을 드러내 서예라는 예술로 재창조하였다고 본다. 글자를 단순히 언어로서만 기능하게 한 것이 아니라 미적 감흥을 주는 예술의 영역으로 재창조한 것이 서예인 것이다. 따라서 서예는 언어를 모태로 하여 새로이 태어난 문자언어의 꽃, 문자문화가 아니겠는가? 그러나 서예에 글 쓰는 행위만이 있는 것이 아니다. 글은 곧 사람의 정신이요, 혼이기 때문에 그러하다. 서예는 사유에 기반한 철학적 예술이기 때문이다.

　잘 알다시피 한글은 이 세상 모든 소리를 다 기록할 수 있는 표음문자이다. 또한 문자로서 가진 과학적 합리적 체계성은 세계적인 언어학자들이 이구동성으로 그 우수성을 말해 왔다. 따라 한글은 '소리를 기록하는 문자'인 음성문자요 표음문자로서 가장 우수한 언어로 자리하고 있는 것이다.

아리랑을 포함하는 민요, 즉 노래는 말소리로 표현하는 예술이다. 이들 노래는 말에 고저 高低, 장단長短, 청탁清濁을 주어 아름다운 선율을 만들어 낸 것이다. 마치 서예가 문자에 농담濃淡, 대소大小, 광협廣狹의 변화를 주어 예술로 만들어 낸 것처럼. 여기에 아리랑이, 한글로써, 서예를 통해 재창조되는 까닭이 여기에 있다. 바로 "소리를 담아내는 한글 서예", "붓으로 부르는 아리랑"이 가능한 것이다.

연극을 비롯한 많은 행위예술은 공연 후 사라지고, 그 기록만이 남는 예술이다. 모든 소리예술도 똑같이 기록된 자료로만 남는다. 소리로 존재하는 아리랑 같은 소리예술은 음성소리로만 존재하기에 연행 후에는 아무런 흔적도 남기지 않고 사라진다. 그래서 기록하고자 하는 것인가? 그러나 아리랑을 붓으로 쓰는 이유는 단순한 보존을 위한 갈무리에만 목적이 있는 것이 아니다. 서예가 걸어온 예술미학의 정신과 한글이 지닌 음성문자로서의 과학성이 만나 기록으로 남기는 것 이외에도, 이제 아리랑이 지닌 우리 민족의 얼과 혼, 즉 아리랑 정신이 이것들과 함께 어울려 신명나는 새로운 재창조의 길을 걸어야 하기 때문이다. 우리의 마음이, 가락이, 오래도록 남아 후세에 전해져야 하기 때문이다.

우리말의 아름다운 '소리 결'을 담을 수 있는 문자인 한글, 그 한글을 통해 민족 소리문화의 정화인 아리랑이라는 우리 얼과 혼을 지켜내어 한민족 전체의 사유를 예술로 만드는 작업이 〈서예로 담아 낸 아리랑 일 만 수〉가 아닌가 한다.

2 〈서예로 담아 낸 아리랑 일만 수〉 의 의의와 가치

지금까지 아리랑을 남기고 보존하는 작업은 1) 사설의 채록과 정리 보고, 2) 음원의 채록과 정리, 3) 기타 파생 아리랑의 보존-영화 필름, 음반, 사진, 출판물 등 이다.

그런데 이들은 모두 문학이나 민족음악 연구자, 또는 아리랑 운동가나 연구자들의 개인적 노작에 의하여 각기 산발적으로 이루어져 왔다. 이 또한 각기 장르별 자기 영역권에서 독자성을 지닌 채 이루어져 왔다고 해도 지나치지 않을 것이다. 아직 국가나 지자체 단위에서 총괄적인 자료 수집이나 정리 보관이 제대로 이루어진 바 없고, 이를 갈무리 하는 작업 또한 일관적 체계 위에서 이루어진 바가 없어 아리랑은 버려진 '한 때의 우리 민요'라 해도 과언이 아니다. 이는 최초의 영화 〈아리랑〉(1926년 제작, 나운규 감독, 주연) 필름의 소재조차 알길 없으며, 오히려 국가 중요무형문화재 지정 보다 앞서 유네스코에서 인류문화유산으로 먼저 지정되어 보호육성하고 있는 현실만 보아도 명약관화하다.

이러한 상황에서 (사)한국서학회가 문경시와 협약하여 아리랑 일 만 여 수의 사설을 서예 작품으로 담아내는 대업을 시작하였다. '민요 아리랑'과 '한글 서예', 설핏 낯선 만남이라 생각되지만 정말 제대로의 만남이라는 생각이다.

"아리랑은 천의 얼굴을 가지고 있다."라고 한다. 서예 또한 사람마다 다른 필법으로 "서예도 천의 얼굴을 가지고 있다."라고 말해도 틀림이 없을 것이다. 천의 다른 얼굴, 천의 다양성이 모여 하나의 모습으로 다가 올 때, 우리는 이를 하모니, 즉 조화라 한다. 아리랑은 모든 다름을 하나로 모아내는 조화의 소리요, 삶의 아픔을 치유하는 소리요, 보다 나은 세상으로 나아가고자 하는 열정의 소리이기에 아리랑은 오래 우리 곁에 있다.

서예 또한 그렇다. 짐승의 털과, 먹과 종이가 만나는 행위, 아니 사람의 마음과 정신, 근기筋氣까지 모두 모여 하나를 만드는 예술이기 때문이다. 여기에 개인과 전체가, 관과 민이 다시 하나로 힘을 모아 이 사업이 비롯되고 마무리 될 것이다.

Walter J. Ong은 〈구술문화와 문자문화〉라는 그의 저서에서 "말하기와는 달리 쓰기는 의식을 재구조화 하는 하나의 기술이다."라고 하였다. 즉 기억된 소리는 글쓰기를 통해서 의식을 재구조하고 이를 통해 새로운 세계를 창조한다는 것이다. 또 그는 "'그려낸 것Description'은 '교양이 있는 것Lettered'이 된다."고도 하였다. 이처럼 서예로 표현되는 작업은 단순한 정보를 기록하는 것을 뛰어 넘어, 또 하나의 교양 있는, 가치적 기술이 된다는 것이다. 이는 글쓰기가 가진 특장점이다. 서구 문학사가 문자적 기록인 글쓰기를 주목하고 있는 것도 이 때문이 아닌가 한다. 아리랑이란 구술문화가 서예라는 문자문화로 재구조화되면 이것이 그려내는 가치의 세계는 참으로 창대한 세계가 될 것이다. 그래서 이 기록화 사업이 매우 중요한 것이다.

이에 서예를 통한 아리랑 사설의 기록 보존 작업인 〈서예로 담아 낸 아리랑 일만 수〉 사업이 지닌 그 가치와 의의를 살펴보면 다음과 같다.

첫째, 〈서예로 담아 낸 아리랑 일만 수〉 작업은 매우 중요한 우리의 향토어이며 생태언어인 각 지역의 생활어를 그대로 기록 정착시키는 일로써, 나아가 모국어의 보전 전승에 있어 큰 획을 긋는 거대한 언어문화 사업이다.

제 나라의 말을 잊어버리거나 잃어버린 민족은 멸망한다고 한다. 그런데 글은 수단적 존재라면 말은 정신의 소산이다. 즉 두말할 나위 없이 "말이 곧 민족정신"이기 때문이다. 지역의 토착어로 빚어낸 각 지역의 아리랑 노랫말은, 그 표현구조는 물론이거니와 사용한 어휘 자체가 살아 있는 언어이다. 아리랑의 노랫말을 단순한 보고물로서가 아니라, 학술자료로서가 아니라, 서예로 모두 기록하는 일은 우리나라 문자언어학사에 있어 가장 획기적인 최초의 작업이며 이는 나중 후손에게 물려줄 가장 값진 언어문화 자산이 될 것이다.

민요를 흔히 생태문학이라 한다. 이는 민초들이 그들이 생활하는 삶의 현장에서 일상적으로 사용하는 생활언어를 그대로 노래로 담아낸 표현물이기에 그러하고, 생동감 있는 현실적인 삶의 모습을 그들이 직접, 그리고 실제 사용하는 언어로 표현하기에 그러하다. 지식인들이 추구해온 '있어야 할 세계'가 아니라 민요 향유자들의 삶의 현장에 그대로 '있는 세계'를 담아낸 것이기에 민요의 언어는 생태어라 한다. 바로 기층 민중의 삶이 만들어낸 소통문화재인 민요는 각 지역민의 생활언어, 즉 토착어의 예술적 변형물인 것이다. 따라서 그 지역의 토착어가 그대로 그들이 부르는 노랫말로 남아 있다. 이를 그대로 기록하고 남겨 보존하면 바로 또 하나의 생동감 있는 '언어사전'이 되고 '민중언어박물관'이 되는 것이다.

이 사업은 한글이 있기에 가능하다. 표음문자인 한글은 실제의 노랫말을 가감변개加減變改 없이 온전히 기록할 수 있기 때문이다. 이는 뜻 중심의 한자漢字 언어가 해낼 수 없는 소중한 언어영역인 것이다. 종내에는 수천 년 한자문화에 익숙해 있는 지식 성인들의 문자예술로서가 아니라 자라나는 성장 청소년들에게 서예의 예술적 세계에 다가설 수 있게 하는, 모든 사람들에게 우리말의 아름다운 '말결'을 느끼고 깨닫게 하는 한글과 순우리말의 문화운동 추동체로서 매우 높은 가치와 의의를 가지고 있다 하겠다. 즉, 젊은 세대에게 서예를 대중화하며 일을 계승하게 하는 가장 좋은 사업의 하나라 하지 않을 수 가 없다.

한글을 배우고 알고 있는 세계인 누구라도 이제 아리랑을 만날 수 있을 것이니 이는 아리랑의 전 세계적 확대이며 아리랑 한류의 첫걸음, 한글문화사업의 초석이 될 것이라 의심하지 않는다. 어찌 보면 한글의 문자적 가치와 기능을 이보다 더 잘 돋보이게 하는 일이 어디 있겠는가!

둘째, 아리랑의 사설 기록은 청각문화재聽覺文化材인 민요를 시가문화재視覺文化材인 서예로 전환함으로써 예술의 다양성과 복합성의 미를 추구하는 일대 문화변혁사업이라 할 수 있다. 이는 원본주의적 사고에 입각하여 예술장르 고유의 세계만을 고집하는 개별화 원론화의 길을 걷는 예술세계에 변화를 주어 장르 종 간에 통섭적統攝的 사고를 통하여 복합성의 미美를 확장하는 일이다. 알다시피 아리랑의 사설은 말음성언어(音聲言語)이다. 언어양식으로서 말은 곧 의사소통의 도구로 기능하고 있다. 그리고 이의 노래화는 언어를 뛰어 넘어 또 하나의 새로운 청각예술로, 언어문화로 존재가치화 한다. 흔히 노랫말은 욕망의 계기Wanting Moment, 주변(가창)환경Surroundings Situation, 인간사유Human Thinking가 만들어내는 복합물이라 말한다. 즉 노래의 노랫말은, 필요에 의해서 노래하는 사람 스스로가 만들어내는 복합적이고 총체적인 사유의 결과물이며 이의 계기는 어떤 '바람[기원(祈願)]'에 바탕 한다. 또 노래하는 환경이 음악적 장치나 노랫말의 형식적 틀을 만들어 낸다고 한다. 따라서 현전하는 일 만 여의 아리랑 노랫말은 곧 우리 민족 공통의 바람과 삶의 환경, 그리고 한국인의 사유가 만들어 낸 복합적인 존재물인 것이다.

따라서, '아리랑 노랫말 일 만 수'는 그냥 단순한 노래의 사설이 아니다. 아리랑은 수 세기에 걸쳐 우리 민족이 지닌 서정抒情의 정서적 수렴체收斂體로, 때로는 시대 모순에 대한 저항적 발현체發顯體로, 편향과 극단의 차단체로遮斷體로, 고난에 대한 극복의지의 추동체推動體로 삶의 현장과 시대의 현재에 창작되고 향유享有되었으며 가치화 된 '겨레의 노래'이기 때문이다. 한 마디로 아리랑 노랫말은 한 민족의 혼과 삶을 담은 표현물로 우리 민족의 확립과 유지를 위한 비석碑石과 같은 존재이다. 그러므로 '서예로 담는 아리랑' 작업은 글을 쓰는 행위가 아니라 우리의 혼과 정신이 빚어내는 자존적 가치의 세계이다.

또한 이번 노랫말 기록 보존의 작업은 우리나라 노래문화재의 괄목할만한 민관협동사업이다. 그리고 유수의 서예가들이 예술적으로 승화해 내는 작업으로써 처음으로 시작되는 구비민속자료의 예술적 보존 기록 자료화이며, 우리 민족 정서의 갈무리 길이다.

이 사업은 우리나라 노랫말 기록보존을 다른 예술양식으로 전환하는 최초의 사례가 되는 일로서 이는 무형문화유산이 유형문화유산으로 변환되는 일이며, 무형문화재가 가시적 유형화를 통해 새로운 장르성을 획득하는 최초의 일인 것이다. 관과 민이 모이고 힘을 합치는 그 추동의 본질은 곧 청각과 시각의 장르적 통섭 인식을 통해서 가능해졌고, 이는 나아가 '다름'이 아니라 '같음'을 인식한 데에서 수많은 다른 곳곳의 노래를 '아리랑' 하나로 묶어낼 수 있는 '아리랑의 정신'과도 그 궤軌를 같이한다고 생각한다.

셋째, 〈서예로 담아 낸 아리랑 일만 수〉 사업은 국내 최초의, 최다수인이 참여하는 아리랑사와 서예사에 길이 남을 창조적 문화예술활동이다.

서예인들이 이 땅의 많은 노래 중에서 왜 아리랑을 주목하였는가? 아리랑은 그리 오래된 노래가 아니라고 학자들은 말한다. 19세기 중엽에 나타난 근대민요의 하나였지만 우리가 매일 먹는 밥처럼 아리랑은 우리 민족의 노래로 존재하였다. 모든 것을 다 함께 싸고 아우르는 우리 심성의 열림, 단순하고 소박하며 간결한 노래 문법, 반복과 대응의 형질로 짜여 진 노랫말 구성, 현실의 모두를 수용하고 삶의 고통을 씻어내려는 열정 등이 어우르며 지난한 조선말 말살책 속에서도, 식민시대의 모든 것을 담아 다시 태어난 노래였기에 그러하다. 그래서 아리랑은 곧 한민족이며, 한국이기 때문이다.

아리랑은 우리나라에 존재하는, 아니 이 세계에 존재하는 노래 중 가장 최다의 노랫말을 가진 민요이다. 이는 간단한 노래구조와 동음반복형의 선율을 가진 쉽게 만들고 쉽게 부를 수 있는 노래이기에 수많은 노랫말과 종種이 만들어지고 남아 전하기 때문이다. 또한 아리랑을 성창하던 시기는 노래의 본질인 '카타르시스'나 '바람祈願의 표출'이 가장 많았던 한말과 일제식민 시대이었기 때문이기도 하다. 따라 20,000여 수에 육박하는 현존 아리랑 사설(2012년 12월 현재 채록보고 소개된 모든 사설을 대상)은 단일 노래로서는 최다의 노랫말을 가지고 불렸고, 부르는 노래로 현존한다. 또한 아리랑은 식민시대를 거치면서 부득이하게 고향산천을 떠나야만 했던 수많은 한민족의 디아스포라Diaspora를 드러낸 노래였기에, 북한은 물론, 일본, 중국, 소련의 연해주, 우즈베키스탄, 카자흐스탄, 키르키스탄을 비롯, 독일, 미국, 호주, 브라질 등등 세계 157개국 해외동포가 거주하는 곳이면 지금도 부르고 있는 단일민요로서는 세계최다분포의 노래이다.

따라 아리랑 노래를 서예로 담아내는 일련의 사업과정은 창조적 의식의 전환과 고도의 사명감 없이는 불가능한 프로젝트라 생각한다. 뿐만 아니라 이 기록화 사업에 참여하는 한국 유수의 저명 작가들이 가진 기량은 물론 한국의 대표 한글서예가가 전원 참여하는 (150명) 최초의 일이기도 하기에 그 기록이 주는 의의는 기네스북에 등재할 만큼 대단하다 할 것이다. 여기에 사용되는 문경한지韓紙의 물량적 가치는 물론이지만 제작 기간과 관계자들이 흘린 땀방울은 예외로 하더라도 말이다. 예견하건대 이 같은 일이 향후 다시 재현되기 매우 어려운 일일 것이다.

이제 한글 서예로 담아낸 아리랑 사설 기록 사업이 완성되어지면 이 〈서예로 담아 낸 아리랑 일만 수〉는 아리랑 노랫말의 최다 완전 갈무리라는 완전성과, 한글서예작품으로서의 온전한 예술성을 획득함으로써 서예사에서나 아리랑사에 있어 획기적 역사적 업적으로 남게 되는 것은 불문가지라 할 수 있다. 아리랑의 관점에서는 항구적 사설 자료가 확보되어 후손들에게 아리랑의 시대정신과 역사성, 노래정신을 확인하는 연구 질료가 될 것이며, 서예문화의 관점에서는 다양한 한글서체의 다양성을 확보하는 토대와 서체연구의 한 방향이 될 것이기 때문이다. 한지에 먹으로 쓴 작품의 생명성이 장구하듯 아리랑도 이제 화석처럼 오래 영구 보존되는 길을 여는 것이다. 이것은 유네스코가 우리 아리랑을 세계인류무형문화유산 중 보존해야할 문화유산에 분류한 것의 취지에 부합하는 일로써 우리가 인류문화유산에 대해 가져야할 민족적 국가적 책무이기도 하다. 따라서 이 사업은 대한민국, 대한민국 국민, 한민족이 아리랑에 대해 보이는 가장 가치 있는 존경의 하나로 후손과 인류에게 전해주어야 하는 것이다.

3 결론

아리랑은 매우 넓은 전승 지역과, 한민족이면 누구나 부를 줄 아는 전승의 견고한 기층을 가진 노래이다. 그럼으로써 다양한 층위의 사람들이 지닌 의식과 역사의 흐름 속에서 켜켜이 녹아든 삶의 숨결이 담겨진 적층성積層性의 노랫말을 가지고 있다. 그리고 아리랑은 노래를 넘어 영화가 되고, 그림이 되고, 산업이 되어간 장르의 무한 확장성을 통해 재생산되는 우리의 문화 자산으로 존재한다. 또한 세계 보편의 가치를 지닌 '인류 무형문화유산'으로 21세기 우리 곁에 자리하고 있다.

아마 앞으로 우리의 아리랑은 민족문화의 정수요 민족 상징으로서 저항·대동·상생의 3대 정신을 기저로 통일을 견인하고, 분열과 대립이 있는 곳에는 화해와 통합을, 아픔이 있는 곳에는 치유를, 새로운 세계로 나아가려는 열정을 담는 노래로 전 인류와 우리 민족에게 현저한 보편 가치로 자리할 문화형질로 존재해 나갈 것이다.

"아름다움은 깊은 정에 있다美在沈情"라고 이택후李澤厚(『華夏美學』의 저자)는 말하였다. 우리가 수많은 아리랑을 창작해 내고, 수없이 부르고, 또한 여러 모습의 문화로 꽃피워 나가는 것은 아리랑을 향한 우리의 깊은 정 때문이라 생각한다. 한국인이 가진 사물과 사람에 대한 깊은 정은 아름다운 노래를 만들고, 아름다운 서예 작품으로 갈무리 되어 승화되는 것이리라. '아름다움' 만이 인류를 한데 묶을 수 있는 가장 큰 감흥이지 않는가.

현재 일반인이 우리의 한글 글씨체에 관한 문자적 관심은 여러 가지로 존재한다. 대한민국 국새의 인문印文, 광화문 세종대왕 동상의 이름자, 각종 조형물에 쓰인 창제 글자, 새로 만드는 각종 관인에 사용하는 글씨체, 한글 서예 작품, 각종 활자 폰트 등에 많은 한글서체가 등장하였다. 앞으로 많은 연구와 탐색을 통해 훈민정음 문자창제 의도에 맞는 체계화된 올바른 한글 서체의 찬정이 필요하다고 생각한다. 그렇지 않으면 한글의 문자문화적 활용도를 높이지 못할뿐더러 소중한 정신적 가치와 품격을 우리 스스로 떨어뜨리는 일이 될 것이다.

이번 〈서예로 담아 낸 아리랑 일만 수〉가 가지는 또 다른 의미 속에는 서예가들의 한글 서체에 대한 진지한 탐색과 노력이 바닥에 있음도 주목해야 한다. 한글 서예가 발전 창달되면 될수록 지금 하고 있는 '붓으로 부르는 아리랑'은 빛나고 창대해질 것이다.

〈서예로 담아 낸 아리랑 일만 수〉 사업에 성공적인 유종의 미를 거두기 위해서 몇 가지 유의해야 할 점을 사족으로 붙이며 글을 맺을까 한다. 먼저, 이 사업이 시간, 재정, 여건에 얽매이어 졸속으로 작업이 진행되어서는 안될 것이다. 위대한 사업은 다 함께, 천천히, 그리고 오래 지속되어서 그 시너지 효과까지 안을 수 있어야 한다. 뿐만 아니라, 드러난 문제점, 취약점을 과감하게 수정 보완하여 순기능성은 확대하고 역기능적 요소는 과감히 버리는 지혜가 필요하다.

다음으로, 한국서학회 회원 여러분과 문경시 관계자께서는 1) 문경만의 것이 아니라 모든 아리랑을 전제로 한 2) 서예를 위한 서예가 아닌 우리의 말과 한글을 만들고 기리는 이 사업에 관해 역사적 소명의식과 철학을 가졌으면 한다. 국가적, 범국민적 반향反響을 유도하고 민족적 국가적 대단합을 이루는 계기를 제공하였으면 한다. 각기 역할 분담으로 조직 체계화하고 이를 통해 대통합하여 완성할 필요가 있다. 서예라는 예술행위가 그러하고, 아리랑이라는 노래가 그러하기에 더욱, "작은 다름이 모여 큰 하나로" 나아가는 길을 열어야 할 것이다. 특히 해외아리랑까지 총괄하여 민족적 대화합을 유도하여야 하고, 국내외 자료를 총합하여 디아스포라적 인식에서 통일까지 하나로 엮어 낼 철학적 인식을 창출해 나갔으면 한다.

마지막으로, 현존 아리랑 사설에 관한 자료들이 대개 표준어화 작업을 거친 것으로써 토속어나 지역 생태어의 질료가 훼손된 것이 많다. 이것은 아리랑의 향토성과 다양성을 훼손하는 일이다. 지역 향토어를 살아 있는 그대로 기록하고 보존함으로써, 나아가 노래로 부르는 아리랑의 리듬과 선율까지도 재현하였다고 자부할 수 있도록 작품화하여 마음의 결, 가락의 숨결까지도 드러낼 수 있는 방안을 모색해 나갔으면 한다.

앞으로 오랜 세월이 흐른 뒤 지금의 부르는 아리랑은 종내에는 노래되지 않음으로써 우리 곁에 있을 것이다. 그때에 박제된 유물로 문경의 옛길박물관 수장고에 잠자지 않도록 하기 위해서 지금 서예가들이 고민해야 할 연구과제는 한둘이 아닐 것이다.

part 2

지역문화

- '산유화가'의 전승과 교섭 양상

- '시집살이 노래'의 구연 특성과 그 의미 - 경북지역을 중심으로 -

- "상주민요"의 민요적 특성과 전승

- 함양 민요의 민요적 특성

- 고령군 '장승제'의 축제화 방안

- 경북지역 구비문학 연구의 현황과 과제

- 경북지역 구비문학의 문화기반 - 문화변혁에 따른 생성과 소멸 -

- 영·호남 노래문화의 지향과 감성

'산유화가'의 전승과 교섭 양상

1 서론

〈산유화가〉에 대한 지금까지의 연구는 여러 분야에서 진행되어 왔다. 크게 두 갈래의 진행과정을 살필 수 있는데, 그 하나는 민요, 한시, 설화, 현대시 등의 개별적인 공시적 검토이었고,[1] 또 하나는 백제가요로서의 산유화가가 어떻게 전승되었는가 하는 통시적 검토이었다.[2] 그 외에도 산유화의 어원적 접근과[3] 향랑고사香娘故事의 문학적 연변演變에 관한 검토도 이루어졌었다.[4] 그러나 이와 같은 여러 분야에서의 접근은 대체로 개별적 검토와 산유화의 성격을 밝히는데 주력해 왔기에 각 분야별로 심층적인 고찰은 할 수 있었지만 다양한 양식으로 전승되어진 〈산유화가〉의 총체적 분석에는 이르지 못한 점이 있었다.

---

1 중요한 연구결과로 이가원, 김동환, 박항식 등의 글과 현대문학에서 김소월의 '산유화'에 대한 검토가 이에 속한다.
2 이재욱, 조재훈, 이종출 등의 연구가 대표적이다.
3 이탁, 양주동, 권상로, 이병기, 조지훈 등의 연구가 대표적이다.
4 박왕빈의 "향랑고사의 문학적 연변", 이가원의 "「산유화」 소고" 등이 두드러진다.

특히 〈산유화가〉의 연원에 관한 두 갈래의 문헌적 기록으로 인하여 산유화의 의미와 노래의 성격을 규명하는 데 많은 교착을 드러냄으로써 오히려 〈산유화가〉의 실체에 접근하지 못한 점도 있었다.

이러한 점을 보완하기 위해서는 먼저 〈산유화가〉의 연원에서부터 전승Überlieferung과 전파Fortpflanzung[5]의 모습을 추적하고 이와 같은 양상이 어디에서 비롯된 건인가를 살펴야만 할 것이다. 뿐만 아니라, 민중Folk에 의하여 구연된 민요의, 사설만이 아닌 그 가락 및 기능적 측면의 검토를 통해서 현전하는 민요와의 연계적 분석도 이루어져야 할 것이다.

이와 같은 보완을 위해서, 보고에서는 〈산유화가〉의 여러 표현양상을 먼저 살펴 이들의 갈래를 가름하고 나아가 이러한 양상이 어떻게 하여 나타난 것인가를 살펴보고자 한다. 뿐만 아니라 여러 가지의 양식으로 전해지는 산유화가와 현전하는 민요와의 교섭을 살피고 그들 상호간의 관계를 밝히며, 나아가 이들의 가락 사설 기능을 〈산유화가〉와 대비 검토하여 산유화의 어원적 성격 규명에까지 이르고자 한다.

그러나 이러한 과정은 지금까지의 연구 성과에 힘입은 것으로 이들의 새로운 조명에 의해서 가능했던 것임도 밝혀둔다.

2 전승양상

〈산유화가〉의 연원에 관한 두 갈래의 출발점은 백제시대의 노래라는

---

[5] 전승(Überlieferung)이란 과거로부터 시간적으로 흘러 흘러 오늘에로 전해온 이를테면 시간적, 수직적 측면을 말하고, 전파(Fortpflanzung)는 어느 한 지역에서 다른 지역에로 옮아간 이를테면 공간적, 수평적 측면을 말한다.

것과 또 하나 조선시대의 노래라는 두 개의 기록에 근거하고 있다.

『증보문헌비고增補文獻備考』 권 246 예문고藝文考 5의 부가곡류附歌曲類 항목에 '선운산가禪雲山歌・무등산가無等山歌・정읍사井邑詞・지리산가智異山歌'의 순으로 기재한 다음,

> 山有花歌一篇 男女相悅之辭 音調悽捥如伴侶玉樹云 以上 百濟歌曲而今恐多不傳
>
> 〈加點 筆者〉

이라고 하여 분명히 백제가요라는 설명과 함께 같은책 속부락俗部樂에는 없는 '정읍사'와 아울러 "산유화가"를 보기補記하고 있으니 우선 '산유화'란 명칭의 노래가 하나임을 나타내고 있고, 또 하나는 동서同書 권 106 악고 속부락樂考 俗部樂 조에,

> 肅宗戊寅年間 善山府民女名香娘 早寡守節 其父母欲奪志 香娘作山有花歌此以見志 遂投洛東江以死 俗樂府世傳山有花歌曲
>
> 〈가점 필자〉

이라 하여 조선 숙종 때 선산善山의 향랑이 〈산유화가〉를 지은 것임을 밝히고 있다. 이 외에도 이광정李光庭의 '눌음문집訥隱文集', 엄경수嚴慶遂의 '부재일기孚齋日記', 이학달李學達의 '영남악부嶺南樂府', 신유한申維翰의 '청천집青泉集', 윤정서尹廷瑞의 '동환록東寰錄', '선산읍지善山邑誌' 등에 향랑과 관련된 기록이 풍부하게 전해지고 있다. 특히 백제가요라고 기록된 〈산유화가〉는 가사가 기록되지 않고 있는데 비해 엄경수(숙종조)의 '부재일기'에는 그 사詞까지 기록되어 있어 이를 보면,

> 初四日夕 李兄與其內從趙泰聖來話 趙居善山附 話府舊事 府民有女嫁同府良家子 不爲夫所待 逐遣還 父之後妻不容 又往夫家 又見逐 遂歸內舅家 舅與父 謨改

適 女知之 將子決 就吉治隱書院傍山下深潭 呼菜女兒 敎自製山有花一曲 使習之 其歌曰 "天高而高 地廣而廣 此身無所容 無寧水相沈 長爲魚腹葬"菜女兒誦 仍謂曰 汝歸語吾親 吾死于此水 遂入水死 事聞證 其女名香娘云

〈가점 필자〉

이라 기록하고 그 노래 내용까지 한역하여 놓았다.

이상의 기록들은 모두 문헌에 기록되어 전하고 그 방증기록도 존재하는 것으로써 동일명칭의 다른 〈산유화가〉가 전해지는 것으로 보아야 한다.

또 민요와 한시로 전해지는 〈산유화가〉도 적지 않아, 〈산유화가〉는 그 양적인 면에서나 양식상의 다양한 표현면에서 총체적인 접근이 요청되는 노래라 생각된다.

그런데 백제가요로서의 〈산유화가〉는 조선 숙종 조 향랑의 〈산유화가〉보다는 시대적으로 앞서 있기에 향랑이 〈산유화가〉를 부를 때 이미 백제가요인 〈산유화가〉도 어떤 형태로든지 전래하고 있었다고도 볼 수 있다. 왜냐하면 최근까지도 선산지방에 향랑의 〈산유화가〉와는 다른 〈산유화가〉가 전승되고 있기 때문이며[6], 또한 오늘날에도 부여·예산 등지의 구백제지역에서 산유화가가 불리어져 채록 보고되고 있는데, 이는 민요가 끊임없는 생장성生長性, 불견고성不堅固性, 무한정성無限定性을 지니고 유동의 형상으로나마 연속적으로 전승되어[7] 지는 힘을 지니고 있기 때문이다. 그러기에 백제시대 산유화란 제목의 노래가 선산지방까지 전파·전승된 것으로 볼 수 있다.

이제 〈산유화가〉에 관하여 열거한 기록을 종합해 보면, 첫째 『증보문헌비고增補文獻備考』예문고藝文考에 보이는 '남녀상열지사'의 "산유화가"와, 둘째 동상서同上書 악고 속부악의 기록을 위시한 동환록東寰錄, 부재일기孚齋日記 등 조선 숙종 이후의 문헌 기록에 나타난 선산녀 '향랑의 원가'로서의 "산유화가", 셋

---

6 임동권,『한국민요집 1』, 집문당, 1974, 27쪽.
7 Werner Danckert, Grundriss der Volksliedkunde, Berlin, 1939, 51쪽.

째 『조선가요집성』, 『한국민요집』, 『한국구비문학대계』 등에서 볼 수 있는 농요로서의 "〈산유화가〉", 넷째 이완중李完中, 이노원李魯元 등이 지은 한시로서의 "산유화가" 등으로 나타난다. 그러고 보면 명칭이 동일한 〈산유화가〉가 지역과 시대를 달리해서 내용과 성격조차 다르게 전승되고 있음을 보게 된다.

이에 현존하는 〈산유화가〉의 가사를 중심으로 이러한 양상의 성격을 가늠하고자 한다.

먼저 가사와 배경설화까지 있어 노래의 성격을 분명히 파악할 수 있는 향랑의 〈산유화가〉를 살펴보자.[8]

향랑의 원가를 기록해 놓은 사람으로는 조구상趙龜祥, 이광정李光庭, 엄경수嚴慶遂[9] 등이 있는데 각각 조금씩의 차이를 보이고 있다.

A. 조구상의 기록[10]

一其歌曰

天地高遠 하늘은 어찌 高遠하며

地何廣邈 땅은 어찌 廣邈한가

天地雖大 천지는 비록 크나

一身托 이 한 몸 부칠 곳 없으니

寧投此淵 차라리 연못에 빠져

葬於魚腹 고기밥이나 되리라

B. 이광정의 기록[11]

一乃作歌曰

---

8 예문고의 기록인 '백제가요 산유화가'는 사설이 전하지 않을 뿐 아니라 논의의 편의를 위해 부차적으로 검토하기로 한다.
9 정재륜등저 「해총(海叢)」(필사본, 서울대 고도서본), 편자미상의 「경상도읍지」(필사본, 규장각본), 「일선읍지」권지삼, (필사본, 규장각본) 등에 전함.
10 「눌은선생문집」(목판본, 1808년 국립중앙도서관본)의 '촌열부낭전(村烈婦孃娘傳)'에 전함.
11 엄경수, 「부재일기」(필사본, 규장각본)에 전함.

天高地遠何適兮 하늘은 높고 땅은 아득, 나는 어찌 해야 옳소

托體江流載漁腹兮 이몸 흐르는 물에 던져 고기배속에 담겨지고

C. 엄경수의 기록[12]

一教自製山有花一曲

天高而高 하늘은 높고

地廣而廣 땅은 넓고 넓은데

此身無所容 이내 몸 있을 곳 없어

無寧水相沈 차라리 물속에 잠겨

長爲魚腹葬 오래도록 고기밥이 되었으면

D. 이옥의 기록[13]

一歌山有花一曲

天乎高之乎廣 하늘은 높고도 넓은데

哀我身莫乎往耶 슬프다 이내 몸은 갈 곳이 없구나

    향랑이 불렀다고 기록된 이 노래는 향랑이 부른 원사原詞가 그대로 정착된 것이라기보다는 당시 선산의 부사였던 조구상趙龜祥이 한역한 것을 각기 나름대로 달리 본래의 뜻만 살려 기록한 것으로 보이나 그 기본 골격은 모두 일치되고 있다. 또 향랑이 낙동강에 투신하기 직전 직접 이 노래를 지어 불렀다고 기록되어 있는 바, 이는 설화에 나타난 향랑의 처지와 부합되고 있어 직접 지은 것으로 볼 수도 있으나 그 가사가 단순한 자탄의 토로에 그치고 있어 엄경수의 기록처럼 '自製山有花一曲'에는 미흡한 바가 있다. 이광정李光庭은 "言訖 哭良久 乃作歌曰"로, 일선읍지一善邑誌에는 "唱山有花一曲教其女"로, 김옥李鈺은 "歌山有

---

12 김려 편, 「연정총서(蓮庭叢書)」(필사본, 통문관) 중 '상낭전(尙娘傳)'에 전함.
13 위의 책.

花一曲 歎曰"로 기록하고 있는 바, 후자의 기록에도 준해 보건대 '제製'보다는 '창唱'의 의미가 더 뚜렷해진다 하겠다.

이로써 향랑의 〈산유화가〉와 '남녀상열지사'로 알려진 백제가요 산유화가는 상당히 거리가 먼 성격을 가진 노래임을 알 수 있겠으나 어찌하여 노래 이름이 똑같이 〈산유화가〉인지 궁금하게만 한다.

다음으로 유향儒鄕이라는 선산지방에서 열부烈婦로서의 삶을 보여주었던 향랑의 고사는 〈산유화가〉와 함께 오랜 세월을 통해 여러 사람들의 입으로 전해져 설화와 민요로 전해지기도 하고 혹은 관심을 가진 양반 문인들에 의해 전기轉記와 시문으로 문자화되었다. 이러한 시문하 또한 "산유화"라고 하는 동일한 제목으로 창작 기록되어져 있으니 이들을 살펴보는 것도 〈산유화가〉의 성격 규명에 일조가 되리라 생각된다.

한시로 되어진 〈산유화가〉는 크게 두 가지로 구별할 수 있다. 하나는 장편인 서사적인 작품들로 이학규의 '산유화'와 '〈산유화가〉', 신유한의 '산유화곡', 최성대의 '산유화녀가', 이광정의 '낭요', 이덕무의 '향낭시' 등이며 단편의 서정적인 것으로 이안중의 '산유화'와 '산유화곡', 이노원의 '산유화곡'과 '산유화후곡', 이원의 '산유화', 이우신의 '산유화', 김창흡의 '산유화삼장' 등 대단히 많다.

이들을 개괄하여[14] 살펴보면 다음과 같다.

먼저 서사적 성격을 지닌 장편시를 보면, 이학규의 '산유화'[15]는 장편구의 악부로 전반부는 향낭과 산유화에 대한 약기略記로 투신하는 모습을 사실적으로 묘사하고 있다. '산유화가'[16]는 모두 32행의 오언장편으로 비탄과 가련한

---

14 본고에서는 이들 작품들을 분석하고자 하는 것이 아니므로 동류의 성격을 지닌 작품들을 모아 개괄하나. 작품의 원문과 해석은 박옥빈, 「향낭고사의 문학적 연변」, 성균관대학교 대학원, 1982, 및 박항식, 「산유화 비역과 소조」, 『원광문화』 제4집, 원광대학교, 1965 참조 바람. 또 김영숙, 「〈산유화가〉의 양상과 변모」, 『민족문화논총』 2, 3집, 영남대학교 논문을 참조·인용한다.
15 영남악부(필사본, 서울대학교 가람문고본) 소재.
16 청천집(목판본, 규장각본) 소재.

심정을 전체에 깔아 놓은 것인데 모두 향낭을 시의 소재로 한 것이다. 신유한의 '산유화곡'[17]은 최성대의 '〈산유화가〉'를 보고 한대漢代의 악부구장樂府九章 미무지원蘼蕪之怨을 참고로 하여 지은 것으로 밝히고 있는데, 모두 구곡으로 나누어 꽃과 여인의 한을 비유와 은유로 나누어 다른 사람들의 서사시와는 다른 면모를 보여준다. 그리고 그 소재도 향낭과는 거리가 있는 것이다. 이덕무의 '향낭시'는 이광정, 최성대의 작품과 유사하며 향낭의 일대기적인 작품으로 시적 소재가 향낭이다.

이들 서사적 성격의 시들은 대체로 향낭의 고사가 그 시적 소재로 된 것으로 향낭이 부른 원가로서의 〈산유화가〉는 아니며 향낭고사를 시적 소재로 취하고 제목만 〈산유화가〉, 또는 곡曲으로 붙인 것이다.

다음으로 서정적 성격의 단편시들을 보면, 김창흡의 '산유화삼장'[18]은 꽃과 시냇물, 유녀遊女와 양사良士의 대응관계를 보여주는 시경시詩經詩 형태로 음악적인 면이 강조되어 있다. 또 "산에 피어 있는 꽃"이란 의미로 산유화란 제목이 붙은 듯이 보이는 남녀상열의 내용을 담은 작품이다. 이노원의 '산유화'와 '산유화후곡'[19]은 향낭의 전기와 고사를 듣거나 보고 지은 듯, 낙동강, 김오산, 향낭가 등이 소재로 나타나고 있다. 시의 의미보다 가歌에 더 중요성을 둔 듯한데 이는 제목의 '곡'을 통해서 알 수 있다. 이 또한 향낭이 고사가 소재일 뿐 향낭의 원가와는 거리가 먼 내용이다.

이안중의 산유화[20]는 한시 중 가장 자유로운 형식을 취하고 있는 장편구의 악부형식의 시이다. '산유화'라는 구절이 첫머리에 나타나며 다른 사람의 한시들보다 향낭에 대한 의식이 적게 나타나는 편이며 "山有花 我無家 我無家 不如花"라는 첫 귀는 이 노래의 소재가 '산에 핀 꽃'에 있음을 보여 준다. 이원의

---

17 청장관전서(영인본, 1966, 서울대 고전간행회본) 소재.
18 삼연집습유(필사본, 국립도서관본) 소재.
19 정총서(필사본, 통문관본) 소재.
20 위의 책

'산유화'[21]는 7언의 절귀시로 향랑의 전설을 들었거나 전기를 보고 지은 작품이다. 산과 꽃, 강과 물을 중심 소재로 하여 향랑의 한을 비유하고 있으나 이 또한 향랑의 원가와는 거리가 있다.

이상의 고찰에서 보면 한시에서의 '산유화'란 명칭은 향랑의 고사와 관련이 있는 작품들과 단순히 "산과 꽃"등을 소재로 한 작품(김창흡, 이용원)들로 나눌 수 있는데 전체적으로는 향랑이 부른 자탄적 성격과는 그 내용상 거리가 멀고 오히려 열녀의 원怨을 보여준 향랑의 고사를 시적 소재로 삼아 이를 '산유화가' 또는 '곡曲'으로 시화한 것으로 보인다.

한편 한시 중에는 이규상, 윤창산, 이사명 등이 지은 〈산유화가〉로는 이들과는 전혀 다른 내용의 작품들인데, 이규상의 '산유화사'[22]는 백제의 옛 자취를 보고 깊은 감회를 시로 나타낸 7언절귀로 〈산유화가〉가 시적 소재로 등장하고 있어 주목된다. 또 윤창산의 '산유화가'[23]는 백제의 흥망성쇠를 노래한 것으로 특기할 것은 "백제 유민들이 산유화 노래를 불렀다"遺民但唱山有花. 그 내용이 "사람을 울게 했다"山有花使人涕連連는 기록이다. 이사명의 '산유화'[24] 또한 백제의 망국에 대한 한을 노래한 시로 "身後悲歌山有花 山花落盡子規啼"라는 구절이 있다. 이들 편은 모두 그 시적 소재가 백제의 멸망과 그 망국의 한을 소재로 하고 있으며 '산유화가'가 슬픈 노래이며, 유민들이 이를 부르고 있음을 나타내 주어 증보문헌비고 예문고의 백제가요로서의 산유화에 가깝게 접근되고 있다. 물론 '남녀상열지사'라는 기록에는 거리가 있으나 곡조가 처완悽惋하여 반려옥수伴侶玉樹와 같다고 한 면에는 접맥되는 바가 있다 하겠다.

다음 민요로 구비전승되어 오늘날에까지 불려지는 〈산유화가〉를 살펴보겠다.

전술된 바와 같이 민요로서의 〈산유화가〉는 옛 백제 땅인 충남지역만이 아

---
21 임하필기(영인본, 1961, 대동문화연구원) 소재.
22 한산세 '악재'(석판본, 1963, 성균관대도서관본) 소재.
23 조재훈, 「산유화가 연구」, 『백제문화』 7, 8합집, 235쪽 참조.
24 박항식, 「산유화 -번역과 소조-」 참조.

니라 경상도지역, 관서지역에서까지 불리고 있다. 그리고 그 내용 또한 다양해서 어느 것이 백제가요로서의 〈산유화가〉인지는 쉽게 변별할 수는 없지만 특이하게도 모두가 농업노동요인 모심기노래의 원형을 가진 것에는 다름이 없다. 이는 민요의 전승과 전파의 힘이 시간과 공간을 뛰어 넘어서까지 그 원형이 유지될 수 있음을 보여주는 증좌證左가 된다 하겠다.

먼저 산유화란 명칭을 가진 노래를 공간적 근접성을 가진 충남지역의 것부터 살펴본다.

| 노래 1 |

산유화 노래[25]
산유화야 산유화야
저꽃피여 농사일
시작하야
저꽃지드락 필역하세
얼얼널널 상사뒤[26]
어여뒤여 상사뒤

산유화야 산유화야
저꽃피어 번화함을
자랑마라
구십춘광 잠깐간다

추영봉에 달뜨고
사자강애 달진다

25 김사엽·방종현·최상수, 『조선민요집성』, 정음사, 1948, 194쪽.
26 후렴으로 매연마다 나타나기 때문에 편의상 이후는 생략함.

저달떠서 들에나와
저달져서 집에돌아간다

농사짓는일이 바쁘거든
부모처자 구제하기
뉘손을 기다릴고

부소산이 높어있고
구룡포가 짚어있다
부소산도 평지되고
구룡포도 평원되니
세상일 뉘가알고

〈부여지방〉

| 노래 2 |

山有花謠[27]

산유홰혜 산유화혜
적룡죽은지 오랫연만
백마강수는 만고에 푸르도다
얼널널 상사뒤야(후렴)
어여뒤여 상사뒤야(후렴)

산유홰혜 산유화혜
꽃떠러진지 오랫언만

---

[27] 임동권, 앞의 책, 27~28쪽.

'산유화가'의 전승과 교섭 양상

락화암달빛 천루에 밝어라

(후렴)

산유홰혜 산유화혜

부소산 높아있고

구룡포는 깊어있다

(후렴)

산유홰혜 산유화혜

부소산도 平地되고

구룡포도 平原이라

(후렴)

(3개연 省略)

산유홰혜 산유화혜

농사짓기 힘들것만

부모처자 어이하리

(후렴)

산유홰혜 산유화혜

번화함을 자랑마소

구십춘광 덧없애라

(후렴)

〈부여지방〉

| 노래 3 |

山有花謠[28]

메나리꽃아 메나리꽃아

저꽃이피여 農事일 始作하여

저꽃이져서 農事일 畢役하세

얼럴럴- 상사뒤여

어뒤여- 상사뒤

메나리꽃아 메나리꽃아

저꽃이피여 繁華함을 자랑마라

九十春光 잠간가단다

얼럴럴상사뒤여 어뒤어 상뒤사

〈예산지방〉

| 노래 4 |

산유화가[29]

① 모심는 노래

(후렴 : 같이 부름) 헤~헤~헤~야~헤헤~에~헤~에~여루 상~사~뒤~요~

(이성룡) 궁야평~ 너룬들에~

논두많구~ 밭두많다아

씨뿌리구 모욍겨셔~

충실허니~ 가꾸어서

성실~허게~ 맺어~보세에~

(후렴)

(박흥남) 산유~화야~ 산유~화야

---

28 앞의 책, 조선민요집성, 211쪽에는 '메나리'라는 가명으로 채록되어 있다.
29 한국정신문화원,『한국구비문학대계』4~5, 충남부여군, 1984, 978~980쪽.

오초吳楚동남 가는배는

순풍에~ 돗을달고~

북얼둥둥 울리면서~

어기여차~ 저어가지

원포~귀범~이~ 이아~니냐아~

(후렴)

(이하생략)

② 빨리 심는 노래

(후렴) 어~화어~화 상~사둬요~

(이성룡) 산유~화유~ 산유~화야~

네꽃~지어~ 자랑~마라

어~화어~화 상~사둬요~

(박흥남) 네꽃~피어~ 자랑~마라

구십~소망~ 장관~같다~

어~화어~화 상~사둬요~

(이하생략)

노래(1)은 남성노동요로 모심기 때 불리어진다. 내용 또한 농부의 고된 삶과 농사짓기를 소재로 하여 산유화꽃이란 구체적인 대상으로 시작하여 해, 달, 산, 못을 등장시켜 삶의 무상감을 노래한다.

노래(2)는 노래(1)과 유산한 노래로 3연에서 9연까지는 같아 노래(1)과 (2)는 그 기본 골격에서 같다. 또한 노래(1)보다 세련되어 있어 (1)의 노래가 (2)의 노래로 변모된 듯하다. 노래(2)의 제 1, 2연은 노래(1)에는 없는 부분으로 백제왕조의 멸망을 그리워하는 정을 더한 것이라. 이로 볼 때 부여지방에서만 나타날 수 있는 민요의 지역성을 보여준다.

노래(3)은 노래(1)과 똑같은 노래이나 채록지역이 다르며 특이한 것은 "메나리꽃아"라고 하여 구체적인 꽃 이름이 나타나고 있는 점이다. 즉 산유화를 메나리꽃으로 인식하여 부른 것으로 보인다. 이는 처음에는 노래의 제목이었으나 후대로 오면서 꽃과 연결시켜 노래로 불렀다고 생각된다. 현재에도 '산유화'란 꽃이 있는 것으로 생각하는 사람이 있으나 '산유화'란 꽃은 실제 존재하지 않는다.

노래(4)는 1976년 전국민속종합경연대회에서 국무총리 상을 수상한 노래로 충남 부여군 세도면 장산리에서 채록된 것이다.

이 노래는 ① 모심는 노래 ② 빨리 심는 노래 ③ 벼 바심 노래 ④ 벼 부치는 노래 ⑤ 노적 노래로 각각 다른 곡조로 불리어지는데, ① 모심는 노래는 구룡포, 입포, 사비강, 고군도 등 부여지역의 기명이 나타나고 있고, ② 빨리 심는 노래는 노래(1)과 비슷한 사설이 나타나며 ③ 벼 바심 노래는 후렴이 길어지고 노랫가락조로 불려진다. ④ 벼 부치는 노래는 모심기 노래의 일반적인 사설과 '에~에~야라솔~비~야'라는 후렴을 가진다. ⑤ 노적 노래는 '받어라'라는 후렴을 가지는 짧은 사설의 화답창으로 불려진다. 노래(4)는 일반적인 모심기 노래의 사설과 크게 다름이 없는 노래이며 '산유화'란 말이 사설을 이끌어 내는 허두가의 성격을 지니고 있다.

이상의 부여지역의 〈산유화가〉 외에 타지역에서도 〈산유화가〉가 불리어지고 있는데,

| 노래 5 |

산유화[30]
어듸후후야 시셤곡
가리갈마구야
잔솔밭을 넘어

---

[30] 임동권, 앞의 책, 27쪽. 이병기의 『국문학개론』에는 '경북산유화'라고 소개되어 있다.

굵은솔밭으로 널어 가는구나

(후렴) 허허 후후야

(후렴) 가리갈마구야 이후후

동모네 벗님네야

어서가자 바빠가자

점심은 늦어가고

술도 늦어간다

山川草木은 젊어가고

우리父母는 늙어간다

空山落木 一墳土에

王侯子弟도 한번가면 구만이라

〈선산지방〉

| 노래 6 |[31]

이 논에 물이 좋아 일천가지 거됐구나.

이천 가지 거된 놈은 三千石을 비겠구나.

머리 곱고 실한 체니 줄뽕낡에 걸렸구나.

줄뽕 채뽕 내 따 줄게 명주 돌띠 나를 다고.

박달두 망치가 실실히 풀려두

네 손목 놓구는 나 못살겠구나.

모래나 샘은 파두새 나구

---

31 조지훈, 「산유화고」, 『고대신문』, 1948.3.25.

님의 나 생각은 하두새 난다.
총각의 낭군이 하 좋다 하니
웃간의 영감이 상투를 푼다.

夕陽은 재를 넘고 갈길 보니 千里로다.
千里龍馬 가자 울고 百年妻眷 잡고 운다.

〈관서지방〉

| 노래 7 |

산노래[32]
기경가자 기경가자
산에올나 기경가자
나물뜨더 엽헤끼고
꽃은꺾어 머리꽂고
닙흔뜨더 치금불고
만고장판 기경가자
친정에도 하직이요
싀집에도 하직이요
어듸로 갈거나

〈성주〉

| 노래 8 |

산유화[33]
기경(구경)가지 기경가자

---

32 이재욱, 「소위 [산유화가]와 [산유해] [미나리]의 교섭」, 『신흥』 6호, 1931. 12, 73쪽.
33 이병기, 『국문학전사』, 신구문화사, 1960, 548~549쪽.

망고 장판에 기경가자

하늘이 높고 땅이 넓어도

이 몸 담을 곳 없네

〈일선의열도―善義烈圖〉

등이다.

　노래(5)는 앞의 4가지 노래와는 전연 다른 사설을 가진 노래로서, 모심기 노래의 하나이긴 하나 제1연은 경상도 지역에서는 '어사용' 또는 '산타령'으로 지칭되는 노래의 사설과 같다. 후렴 또한 '얼널널 상사뒤야'와는 달라 주목된다.

　노래(6)은 일찍이 조재훈이 소개한 노래로 관서지방의 메나리라는 것이다. 내용은 남녀상열적인 것이고 후렴이 없는 것 또한 특징이다.

　노래(7)은 이재욱이 소개한 것으로 선산의 향랑이 부른 원가로서의 〈산유화가〉를 모방하여 지어 부른 것으로 보이는데 마지막 3행이 향랑의 심정을 그대로 드러내 보인 부분이다. 그러나 이 노래는 '산노래'로 지칭되며 부녀자들의 '나물 캐는 노래'로 전국적으로 나타난다.

　노래(8)은 이병기의 소개로 알려진 것인데 향랑의 〈산유화가〉가 이것이라고 한다. 이 노래는 환역되어 전하는 향랑의 〈산유화가〉와 매우 유사하다.

　이상 8편의 노래는 내용의 유사성에 따라 몇 개의 型으로 묶을 수 있다. 첫째, 백제의 멸망을 바탕으로 세사世事의 무상감을 나타내고 있는 농요로서 노래 (1)(2)가 여기에 속하며, 둘째 순수한 농요로 (3)(4), 셋째, 남녀의 애정을 바탕으로 한 농요로서 (6), 넷째 향랑의 고사가 밑바탕이 된 (7)(8) 등이다. 이들 중 노래 (5)는 채취노동요인 '산타령', '어사용', '나무하는 노래' 등으로 지칭되어 산과 관련성을 지니고 있다.

　이들 노래들에 대해 조재훈은[34]

34　조재훈, 앞의 글, 257쪽.

> 原來의 노래는 男女相悅의 내용을 담고 있었고 그것이 나라의 敗亡과 더불어 遺民의 怨歌쪽으로 바뀌게 되었으며 그 밖의 지방 이를테면 善山과 江西 等地로 男女相悅과 無常感이 뒤섞인 노래로서 전개되었다.

고 하고 또 이 노래는 주로 봄에 많이 불리어진 듯하며 경상도 지방으로 가서는 역시 봄에 나물 캐는 여인네들이 부르거나 봄의 아가씨들이 달밤에 강가로 나와 무리지어 춤을 추면서 불렀던 듯하다고 하였다.

지금까지 크게는 선산의 향장이 부른 원가인 〈산유화가〉 계열과 옛 백제지역 및 경상도 강서지역 등에서 불리어지는 민요인 〈산유화가〉 계열로 2가지의 큰 무리로 〈산유화가〉가 전승되고 있음을 보았다.

이들 전승된 〈산유화가〉들은 그 갈래로 보아,[35]

① 향랑이 불렀다는 〈산유화가〉는 (趙龜祥, 李光庭, 嚴慶遂, 李鈺의 기록 포함) "일반적으로 문학적 형상화를 전혀 느낄 수 없는 민요(ballad of no literary merit)"로, ② 李學逵 등이 지은 한시로서의 〈산유화가〉는 "민요와 구비전승물을 참고의 바탕으로 이용한 시(Poems that use balladry and folklore as a plane of reference)"로 보아야 한다.

또 농요로 불려지는 〈산유화가〉도 ① 노래 (1)(2)(4)는 "문학적 형상화를 일부 포함하는 민요(ballads containing flashes of literary merit)로, ② 노래 (3)(5)(6)(7)(8)은 "문학적 형상화를 전혀 느낄 수 없는 민요(ballads of no literary merit)에 속하는 것으로 보아야 한다.

결국 한시 양식으로 구체적 작가에 의해진 〈산유화가〉는 '창작된 시'일뿐 민요로서의 〈산유화가〉와는 별개의 갈래이며 이는 산유화의 성격을 규명하는 데에는 조금의 관련이 없는 것이었다.

---

35 Tristram, P. Coffin, "Folk Ballad and Literary Ballad"「Folk in Action」(Horace, P. Beak, ed) The American Folklore Society Inc, 1962, 4~5쪽 참조.

3 교섭[36]양상

지금까지 살펴 본 〈산유화가〉는 그 내용에서 볼 수 있듯이 다양하다. 백제시대에서부터 오늘날까지의 긴 시간성과, 민요와 한시 등의 다양한 장르성, 또한 자탄적인 것에서 애정적인 것까지의 내용의 다양성, 모심기 노래에서 어사용까지의 다기성 등이 〈산유화가〉가 보이는 양상이다. 이런 점에서 〈산유화가〉는 중요한 작품의 하나라 생각된다.

그런데 이와 같은 중요성만큼 〈산유화가〉가 보여주는 의혹도 적지 않다. 명칭이 동일하면서도 내용 및 성격조차 다르게 몇 종류가 전해지는 것은 무슨 까닭이며, 왜 모두 "산유화"라는 공통된 명칭으로 나타난 것일까? 또 증보문헌비고 예문고에 기록된 〈산유화가〉에 '남녀상열지사' 운운하는데 현전 노동요와 향낭의 〈산유화가〉에는 나타나지 않는 성격이니 현전의 충청도 지역 산유화와는 별개의 노래로 이미 사라진 노래인가? 또 유사하거나 같은 사설을 지닌 노래를 〈산유화가〉라 하지 않고 "미나리" 또는 "메나리"라고 지칭하고 있는 것은 무엇 때문인가?

이들 몇 가지 의혹들은 현전하는 노래를 선적인 측면에서의 검토로는 밝히기가 힘들다. 왜냐하면 순수하고 살아있는lebendig 민요는 '다이나믹'한 것이며, 하나의 정착된 상태로서의 대상일 수 없는 것이다. 그러므로 그것은 유동상의 연속으로 전승되기 때문이다.[37]

이에 〈산유화가〉의 성격을 살피기 위해 먼저 현전하는 민요 중에서 〈산유화가〉와 유관하다고 보이는 민요 각편version을 살펴보기로 한다.

---

36 교섭[Connection]이란, 민요가 전승되면서 시공 또는 창자의 변화에 따라 하나의 선적(線的)이 아니라 다면적인 변모를 하는 것으로써 이에는 사설, 가락, 기능의 교섭이 있을 수 있다.
37 Werner Danckert, 앞의 글, 51쪽.

경남 거창군 거창읍 가지리에서 1980년 2월 채록된 '산유회'[38]는 "산에서 나무를 하거나 풀을 베면서 부른 노래"라고 하면서 '산유화'란 명칭으로 불리어지고 있다.

| 노래 9 |

산유회(2)
올라가네 올라가네
양쪽끈에 목을 옇고
네이줄역태산 올라간다
마귀야 마귀야
이산밑에 갈가마귀야
너어니 가거덜랑
우런님 계신고데
이네말좀 전해주소—

(이하 13행 생략)

그런데 이 노래 이외 3편의 노래 모두 홀아비의 자탄적인 슬픈 삶과 운명을 토로한 내용으로 그 기능 또한 채취노동요로서의 성격을 가지고 있다.

이와 같은 성격의 노래들은 진술한 대로 '산타령', '나뭇군노래', '어사용' 등으로 지칭되는 초부가인데 이외 분포는 주로 경상도 지역에 널리 퍼져 있다.[39]

경북 월성군 현곡면 가정 1리 가정에서 1979년 2월 채록된 '어사용'은 다음과 같다.

---

38 『한국구비문학대계 8-5』, 경남 거창군, 1981, 481~482쪽.
39 경남 거창군 밀양군 지역, 전남 진도군지역, 경북 안동, 성주, 군위, 월성, 성주, 청송군 지역에서 채록되어 있다.

| 노래 10 |

●

어사용(1)⁴⁰

(김원락) 어이 시리산곡산 가리갈마구여

내가 가는데가 어디든고

산천초목 변함없고

우리인생 어이하야

백발을 재촉하노

(임대순) 구야구야 까마구야 허허허이

시리신곡산 가리갈가마구야 하하 하하하

산은 옛산이로되 에헤여

물은 옛물이라 할 수 없구나 하하하

주야로 후후후 흘러가니

옛물이라 하하하 할 수 있겠나

(김낙연) 새끼백발은 쓸곳이 있건마는

인간백발은 허무하게도

쓸곳이 없구나

    이 노래는 앞 노래(5) '산유화'에 나타난 후렴인 "어듸후후야 시섬곡 가리갈마구야"와 동일한 표현구일 뿐만 아니라 삶의 무상감을 표출하고 있어 동일한 작품으로 보이는데 가명歌名만 다를 뿐이다.

    이로 본다면 사설의 내용이나 성격으로 보아 〈산유화가〉나 '어사용' 등의 채취노동요인 나무꾼노래 등은 기본 골격이 같은 노래로 그 시원이 같음을 보여주고 있다.

●

40   『한국구비문학대계 7-1』, 경북 경주·월성군, 1980, 492쪽.

다음으로 '미나리' 또는 '메나리'로 전해지는 민요들을 보자.

'미나리' 또는 '메나리'로 지칭되는 민요는 '모심기 노래', '논매기 노래', '밭매기 노래'의 사설을 가진 농업노동요이다. 제보자들 또한 이 노래들을 농업노동요로 파악하고 있으며 왜 '미나리' 또는 '메나리'라는 명칭으로 부르고 있는지 잘 모르고 있다.[41]

| 노래 11 |

미나리[42]

이세~에 이에~에~

아첨 만낸~인~ 동무~

해멀어~지니까 이별을 하네~

반달같은 요논빼미~

연지입마큼만~ 주례를 줘요~

미나~리는 가는~구먼

받을~사람이 전혀~없네~

| 노래 12 |

메나리[43]

(제보자 : 논매기 소리를 하면 되겠습니다. 메나래로요)

매여주게 매여주게~에~

에~에~에~에~

매여주게~

---

41 경기도 양평군 단월면 산음리 수청의 김창호(남, 48세)는 '미나리고개'라하고 화전민이 식사 때를 기다리며 때에 맞춰 부르는 노래라 하며, 강원도 속초시 도문동 상도문리 오석순(남, 42세), 김남형(남, 59세) 등은 메나리는 '김을 맨다'는 지방속어라 한다. 그 외는 이유를 모른다.
42 『한국구비문학대계 2-6』, 강원도 횡성군(1), 1984, 515쪽.
43 앞의 책, 685~686쪽.

논~매여주게

이논자리를~ 매여주게~

놀다가 죽는거는

우물안의 괴긴데~

일하다가 죽는거는

우리나 농부라~

놀다가거라~

잠자다가거라~

놀다가서요

한보름달이 지새도록만

놀다가게

 노래 (11)과 (12)는 다 같은 논매기 노래인데 제보자들이 이를 "메나래로요", "미나리로 하겠다"는 설명이 있어 '메나리'의 성격을 밝히는 노래로 중요성이 있다. 이들은 공히 논을 맬 때 부르는 노래임을 알면서도 노래의 명칭을 '미나리' 또는 '메나리'라고 하고 있고, 또 이들의 견해가 이는 사설의 내용을 지칭하는 것이 아니라 가락을 지칭하는 것임을 보이고 있다. 즉 "논매기 소리를 하겠다"하고 "메나래로요"라고 부연한 것은 논을 맬 때 부르는 민요인데 그 가락이 '메나래'임을 보여 주는 것이 된다.

 그러면 '메나리'란 무엇인가? 이것이 '산유화'와는 어떤 관련을 가진 것인가 그렇지 않다면 왜 모심기 노래에 '산유화가'와 '메나리'가 가명歌名으로 쓰이고 있는가? 먼저 '메나리'라는 지칭이 있는 문헌기록을 살펴보자.

 가) 萬一 雜것 또 나오면 赤手空拳 이 身勢에 무엇으로 堪當홀가. 可憐훈 우리 夫婦 목숨신지 업슬터니 그여이 타랴거든 닉 허리와 훔씌켜쇼. 박통 우에 걸터 업져 慶尙道 머너리죠로 혼춤을 울어닉니 놀甫가 흐릴 업셔 져도 그

만 破意ᄒ여

(신재효, 박흥보가)⁴⁴

나) 興甫가 추어, 家和萬事成이라니 자네 져리 죠와ᄒ니 춤 器物 나오것ᄂ이 어듸 보시 잘 먹이쇼. 興甫듹이 메너리목으로 제법 먹여, 여보쇼 世上스롬 닉의 노닉 드러보쇼

(신재효, 박흥보가)⁴⁵

다) 〈界面調〉 어이가리 어이가리 皇城千里를 어이가리 여보소 뺑댁이네 예 길소리를 좀 받어 주소. 다리 아파 못 가겠네. 뺑댁이네가 길소리를 맡는데 어디서 매나리조를 들었는지 매나리조를 먹이것다. 〈메나리조〉 어이가리너 어이가리너 皇城千里를 어이가리. 날개 도친 학이나 되면 수루루 펄펄 날아 이날 이 時로 가련마는, 앞못 보는 奉仕家長 다리고 몇날을 걸어서 皇城을 갈고

(정권진 창 판소리 심청가)⁴⁶

라) 〈界面調〉 바루를 치고 인경을 치니 各집 하님이 開門을 하네 그려 〈메나리조〉 어너 어너 어너 어넘차 어가리 넘차 너하넘 〈界面調〉 그 때의 심봉사는 어린 아해를 강보에 싸서 귀덕 어미에게 맡겨두고

(상동)⁴⁷

이상은 판소리에 나타난 '메나리죠', '메나리목'이다. 이들은 모두 曲調를 지칭하는 것으로써 이 곡조에 실리는 사설의 내용을 보면, 가)에서는 놀부가 박을 타다가 낙담하여 있을 때 놀부처가 우는 장면이며 경상도(머너리조로 흐늚을 울

•
44 신재효, 박흥보가, 연세대학교 인문과학자료총서 5,『신재효전집』, 흥-47쪽.
45 앞의 책, 흥-25쪽.
46 문화재관리국,『무형문화재조사보고서』, 제55호, 판소리 심청가, 63쪽.
47 앞의 책, 25쪽.

어머니), 나)에서는 흥부가 박을 타다가 금은보화가 쏟아지니 지난 곤궁했던 생활이 생각나 그 처가 자신의 심정을 토로하는 장면이다. 또 다)에서는 심청의 아비인 심봉사가 맹인잔치에 초대받아 길을 떠나는데 뺑덕이네가 맹인과 동행하게 됨에 擧行의 난감한 심정을 읊는 장면이며, 라)에서는 심봉사의 아내가 죽자 그 상여를 내는 장면으로 모두 슬프고 애잔한 심정을 표현하는 부분에 나타나고 있다.

이혜구는 각 지역의 음악적 특색으로 그 토리Idom를 다음과 같이 지적한다.

> 金光彩君에 依하면, 어떤 대는 各道의 各各制가 다른 굿소리 흉내를 내고(例 京城의 노래가락制, 西道의 愁心歌制, 全羅道의 六字배기制, 慶尙道의 山有花制, 咸鏡道의 어랑타령制) 娥皇女英의 시늉을 하기도 한다.[48]

한편 국악인들은 메나리조, 메나리목을 산유화제라 부르고 있다. 그러면 메나리조란 어떤 음악이며, 메나리조의 음악적 특징은 경상도 지역에서 불리는 민요 '메나리'와 같은 것일까? 또 메나리조는 경상도 지역 민요에서 널리 쓰이는 것일까?

메나리조는 그 구성음이 re.do.la.sol.mi.이고 종지음이 la.mi이며 선율형은 do-la-mi로 되어진 곡조로 대체로 자유로운 리듬으로 부르고 약간의 비고정선율적인 점이 있다.[49]

이보형은 그의 '메나리조(산유화제)' 연구에서 다음과 같이 논급하고 있다.

> 메나리조라는 말의 실마리가 되었다고 보이는 慶尙道 民謠[메나리]의 旋律이 메나리조로 되었는지 알아보기 위하여 그 旋律을 살펴보니 構成音은 메나리조의 경우와 같이 mi.re.do.la(sol).mi로 되었고 終止音은 la音 혹은 mi로 되었다. 旋律

---

48 이혜구, 「무악연구」, 『한국음악연구』, 한국음악연구회, 1957, 174쪽.
49 이보형, 「메나리조」, 『한국음악연구』 2집, 1971, 126쪽 표, 참조.

型은 do-la-mi型이 주가 되었다. 즉 메나리는 메나리조로 되었는데, 이것을 뒤집어 말해서 메나리조는 民謠 메나리와 같은 旋律的 特徵을 말한다고 할 수 있다.[50]

그는 또

> 메나리는 일명 산유해로 불리우는데 國文學者들이 산유해는 古文獻에 여기저기 보이는 〈산유화가〉로써 〈산유화가〉는 現存 메나리이며 樵夫歌에 든다고 말해왔다. 산유해와 같은 말로 생각되는 全羅道「산야」, 樵夫歌 중에서 智異山 樵夫歌의 旋律을 살펴보니 音樂的 特徵이 메나리와 같았다. 넓은 의미에서「메나리」로 通稱되는「미나리」·「산유해」·「산야」·「얼사영」·「樵夫歌」·「맛물소리」따위는 名稱·辭說·旋律이 제각금 달리된 것으로 보이나 이것들은 모두「메나리조」로 되었고, 自由리듬이며,「이후후」「헤헤헤」와 같은 辭說로 장식음이 붙는 旋律型으로 된 점에서는 서로 一致하고 있다.[51]

고 하여 지금까지 제기된 의문을 해결하고 있다. 즉「메나리」와「산유화」는 음악적인 면에서 같은 곡조를 가리키는 말이며,「〈산유화가〉」나「메나리」나아가 '어사용', '나무꾼노래' 등의 초부가도 음악적인 면에서 동일한 것임을 지적하고 있다.

또한 메나리토리의 특징은 '정자소리'와 '어사용' 등에서 두드러지게 나타나는데 즉 메나리토리는 '모심기 노래'나 '나무꾼 신세타령'에서와 같이 mi를 잘게 떨어주고 re는 do로 흘러내리거나 꺾어주는 시김새를 갖고 있어[52] 〈산유화가〉가 지닌 교섭의 원인이 이와 같은 음악적 성격 때문임을 알 수 있다.

---

50 이보형, 앞의 글, 127쪽.
51 앞의 책, 127쪽.
52 한국정신문화연구원,『한국의 민속음악 2』, 1985. 5. 297쪽.

민요의 선율에는 그 지방의 토리와 율조가 있다. 이 특유의 민속음악적 요소가 민요의 자질을 파악하는데 기본이 되는 것은 당연하다. 이는 민요가 전승 전파되면서 대체로 그 초보적 단계의 구성이 창자의 구연방식과 창자가 속해 있는 향유층의 인식이 상호 작용하여 드러나 구연상황에서 비롯되며 이렇게 드러난 각 편의 '공감소'도 창자의 구연방식에 따라 얼마든지 유동성을 띠게 되므로 그만큼 민요의 자생적인 전승의 의존도가 큰데 이 중 토리와 율조는 전파·전승될 때 사설보다 그 변모의 폭이 크지 않기 때문이다.

그런데 지금까지 선학들의 연구를 살펴보면, 〈산유화가〉의 성격을 산유화의 어석을 통해서 밝히려는 노력이 중점적으로 이루어져 왔다. 이는 다양한 형태의 〈산유화가〉가 현전하는 원인을 밝히려는 노력이기도 하였고, 또한 산유화가 메나리로 지칭되는 근거를 찾는 일이기도 하였다. 이것은 〈산유화가〉의 명칭을 찬정하는 것일 뿐만 아니라 백제가요로서의 〈산유화가〉가 남녀상열의 성격을 띤 것이라는 기록의 진위를 밝히는 길이기도 하다.

먼저 지금까지 '메나리'와 '산유화'의 관계를 논한 학설을 살펴보면 다음과 같다.

첫째, "산에서 놀다"라는 뜻의 「산유화」에서 유래되었다는 주장이다. 곧, 산유화는 '산유화 > 뫼놀꽃 > 머나리꽃 > 미나리' 등의 변천과정을 거쳐 현재의 미나리가 되었고 그 산유가 산유로 바뀌어 산유화라는 명칭이 생겼다는 것이다.[53]

그러나 이는 민요가 가지고 있는 기능 곧 농업노동요로서의 성격을 외면하였다는 점과 명사 + 동사 + 어간 + 명사로 「메놀꽃」이 된다는 조어상의 모순점을 지니고 있다.

둘째, 이 노래의 첫 구가 "메나리꽃아 메나리꽃아"라 하여 꽃 이름을 부르기 때문에 속칭 「메나리」라고 부르게 되었는데 이것의 한역이 「〈산유화가〉」이며

---

53 이재욱, 앞의 글, 130~131쪽, 고정옥도 『조선민요연구』, 수선사, 1949, 183쪽에서 예산의 농요와 비교하여 이 주장에 동조하고 있다.

그 축약이 「산유화」라는 것이다. 그리고 모낼 무렵에 꽃을 피우는 산백합 권책으로 단정하고 있다.[54]

그런데 이는 "산백합"이 "당개나리"란 이름이 있는데도 "메나리"라 한 것은 아무래도 비약이 심하며 노래 중 "저꽃지더락 필역하세"란 내용은 산백합의 지는 시기와는 불일치되는 점으로 반론을 피할 수 없다.

셋째, 「〈산유화가〉」를 「메나리」의 이두식 표기로 보고 "구시대"라는 뜻으로 보는 견해다. "산유"를 '메누리'의 이두라 하고 여기에서 "메나리"가 나왔다는 것인데 "구시대"의 뜻으로써 그 어휘의 형태적 구조를 「메」와 「나리」의 합성어로 보고 「메」는 "녜"(古)의 전신 "멀다"(遠)의 '멀'이며 이것은 "메 〉 녜 〉 예"로 분화변천을 거쳐 "예(舊)"이며 「나리」는 '시대'라는 뜻이 된다는 것이다. 또 사뇌詞腦라는 말은 신시대라는 뜻으로 신시대조이고 「메나리」는 그 이전의 전래하는 구시대조의 원시가요형을 가리킨다고 한다.[55]

이것은 매우 심한 비약을 드러내고 있는데 "메나리"가 "구시대"라고 하면 기구起句의 "메나리꽃아"와는 전연 무관한 것이 되며, "싀뇌"의 이두식 표기가 "사뇌"라 한다면 구시대의 뜻을 갖는다는 "메나리"의 이두식 표기가 구태여 "산유화"라고 할 하등의 이유가 없다는 점이다.

넷째, "메나리"가 원래의 명칭이며 이 "메나리"의 한역이 「산유화」인데 유포니를 위해 한문투의 "有"字를 중간에 넣었다고 생각하여 "산의 꽃노래"의 汎稱으로 보며, 또 "메나리"의 어휘적 구조를 「메」와 「아리」의 합성으로 보고 히아투스를 막기 위해 "ㄴ"이 첨가된 것으로 본다. "메"는 '山'이며 "아리"는 "交·合·嫁·圓"등의 뜻을 지닌 '얼다'의 명사와 '얼'로 본다.[56]는 견해이다. 그런데 이는 "메나리"의 어휘적 분석에 치우쳐 현전하는 민요 중 산과는 무관한 모심기 노래, 김매기 노래 등에 쓰이고 있는 "메나리"라는 명칭과는 거리가

---

54 조지훈, 앞의 글.
55 이탁, 『한어학논고』, 정음사, 1958, 301쪽.
56 조지훈, 앞의 글, 240~241쪽.

먼 점, 특히 "메나리"가 "사랑을 담은 노래군"으로만 나타나지 않고 백제 패망의 슬픔, 홀아비의 "신세 자탄" 등의 내용을 가진 노래가 있다는 점에서 그대로 수긍하기 힘들다.

이상의 주장들을 통해 여러 의문점을 열거하였거니와 이에 필자는 「산유화」는 「메나리」가 본래의 명칭이며 그 뜻은 고유명사로서의 어느 꽃도 아니요, 산유, 또는 구조의 아역雅譯, 한역도 아니고 더구나 山이나 꽃과는 무관한 것임을 밝히고 싶다. 즉 산유화로 지칭된 노래는 메나리 가락의 노래라는 것이며, 메나리의 한역이 산유화일 뿐이다.

앞에서 살펴 본 바와 같이 '메나리'는 경상도, 충청도, 전라도 등지에서 민요의 기본토리로 존재하는 창조이다. 우리 민중음악에서 메나리조를 지닌 노래는 수 없이 많다.

표에서 보는 바와 같이 각지방 민요에서 메나리조에서와 같이 구성음이 mi,re,do,la,(sol),mi이고 終止音이 la 혹은 mi이고, 선율형이 re-do-la, do-la-mi 혹은 두 형이 절충되어 re-do-la-mi가 되는 것을 추려보면

- 江原道: 강원도 아리랑 · 정선 아리랑 · 한 오백년 · 밭메는 소리 · 아라리타령
- 慶尙道: 메나리 · 쾌지나칭칭 · 樵夫歌 · 地神밟기 · 모내기 소리
- 忠淸道: 김매기 소리農謠 · 만물소리
- 全羅道: 산야山野
- 제주도: 따비놀애

이와 같이 메나리조는 남부지방민요에 널리 퍼져 있지만 전라도 · 제주도에서는 극히 드문 예이며 강원도와 경상도에서는 그 예를 일일이 들 수 없을 만큼 많다.[57]

---

57 이보형, 앞의 글, 125~127쪽.

이와 같은 메나리조는 후대의 한 지역에서만 생성하고 유행된 것이 아니라 예부터 한국인, 특히 한반도 남부지역 사람들에게는 기본적이고 친숙한 노랫가락으로서 존재해 왔을 것이다.

그러므로 메나리조의 가락에 그들의 지난한 삶의 모습 즉 애정, 비탄, 고통 등을 직접적으로 담아 왔을 것이다. 현전하는 〈산유화가〉나 메나리 등의 노래에 이러한 삶의 모습을 사설로 보이고 있고, 이 속에는 역사적 시대적 상황과 그에 대한 정서도 담겨 있는 것이다.

그러면 "메나리"란 무엇인가? "메나리"를 "메"와 "나리"의 합성어로 보려는 노력은 오래전부터 진행되어 왔다. 그런데 대체로 '메'는 '山'이나 '舊'로, '나리'는 '꽃'이나 '時代' 또는 '아리愛'로 된 합성어라는 견해들이었다.

필자는 「메나리」의 어휘적 구조를 「멘」과 「아리」의 합성으로 보고 「아리」는 '아리랑'의 '아리'와 같은 것으로 생각하고자 한다. 「멘」은 '목이 메인'咽, 哽의 뜻으로 「아리」를 수식하는 관형어가 된다. 「아리」는 오늘날의 「아리다疼痛」의 어의語根「알」에서 파생되었으며 그것은 「아림」이나 「쓰라림」 또는 「아린」이나 「쓰라린」과 같은 어의 가진 어사로[58] 삶의 과정에서 누구나 갖게 되는 삶의 고통, 아픔의 소리라는 것이다. 그러므로 /메이-/+/-ㄴ-/+/-아리/ 〉 메인아리 〉 멘아리 〉 메나리로 되어져 "탄식과 슬픔의 소리", "목 메여 부르는 아린 삶의 소리"로서의 의미를 갖는 것이다. 앞의 노래(1)에서 보이는 농부의 고달픈 삶과 삶의 허무, 노래(2)에서 보이는 백제의 멸망이 주는 허무와 애상감, 무상한 자연과 덧없는 인생, 노래(4)에서의 삶의 무상, 노래(5)에서의 삶의 무상, 노래(6)에서의 애정의 욕구를 이루지 못하는 안타까움, 노래(7)(8)에서의 외로움과 이별, 노래(9)에서의 임과 이별한 외로움, 노래(10)에서 나타난 늙음에의 한탄, 노래(11)에서의 벗과의 이별, 노래(12)에서의 농부의 힘든 삶 등등은 모두 삶의 과정에서 드러나는 탄식이요 슬픔이며, 아리고 쓰림이 아닐 수 없다.

---

58 원훈의, 「「아리랑」계어의 조어론적 고찰」, 『관동향토문화연구』 1집, 1977, 91쪽.

이와 같은 의미를 가진 "메나리"는 농민들의 삶의 현장에서 만이 아니라 의지할 곳 없이 외로워 죽음을 각오한 선산의 향랑에게도, 백제 멸망을 본 유민의 가슴에서도 저절로 이 가락에 담아 그들의 처지를 표현할 수 있었을 것이다.

그러면 "산유화"라는 명칭은 왜 나타나게 되었을까? 일반적으로 삶의 현장에서 노래하는 민중들은 그 노래의 제명을 정하지 않고 대체로 그 노래의 구연 장소나 상황으로 이름 하기도 하며[59] 곡조를 지칭하며 이름 한다.[60] 그리고 그 이름들은 순우리말로 되어 있다. 그러나 지식층은 그들의 기록문자가 한자인 까닭에 거의 한자어로 즐겨 이름을 붙여왔다.[61] 그러므로 "메나리"로 부른 노래의 제목을 한자어로 바꿀 때 "메"는 "山"이요 "나리"는 "꽃"이니 산유라고 직역하여 시경의 「山有樞 野有梅 隰有苓 牆有茨」와 같이 유자有字를 첨가하여 "산유화"라 한 것이다. 그 뒤 지식층들은 이를 거의 다 산유화라 하였고 일반인들 또한 '산유화'와 '메나리'를 혼용하여 오늘에 이르렀다고 본다.

이에 앞서의 고찰에서 본 바와 같이, 增補文獻備考 卷 106 樂考·俗部樂의 "香娘作山有花歌以見志"는 향랑이 메나리곡조에 자신의 뜻을 담은 詞를 지었다고 보아야 하며, 엄경수의 부재일기의 기록인 "敎自製山有花一曲 使習之"했다는 기록도 이와 같다. 一善邑誌에 "唱山有花一曲敎其女"나 이옥의 "歌山花一曲 歎曰"등을 보건데도 이는 메나리곡에 따라 창唱한 것임을 그 사설의 내용이나 구연 상황을 보아 확실시 된다.

그러므로 "산유화"는 곡조명인 "메나리"의 한자식 직역으로 한학 지식인의 현학적 생각에서 기록된 것에 불과하며 현전 여러 문헌의 기록 또한 이의 단순한 용사에 불과한 것이다.

增補文獻備考 藝文考에 기록된 백제가요인 〈산유화가〉는 "남녀상열지사"로 곡조는 처완悽惋하여 반려옥수와 같다고 하였다. 이는 농요인 〈산유화가〉에

●

59 이의 민요채록시 누구나 갖는 생각이며, 또 현재 채록된 각종 민요의 歌名이 모두 기능적 측면에서 명칭이 부여되어 있음도 그 한 證左이다.
60 이의 예로는 '노랫가락', '타령', '염불' 등의 명칭이 붙는 노래가 많다.
61 時用鄕樂譜에 "歸乎曲-俗稱 가시리", "思母曲-俗稱 엇노리" 등으로 기록되어 있음이다.

서 보인 바 내용들과 성격을 달리 하는 것인데 이는 기록자(朝鮮 高宗朝 朴容大 等)의 착오일까?

반려伴侶는 곡조로서 六朝 齊의 음악인데 「唐書」 예악지에 보면 "齊將亡也 爲伴侶曲"이라 하여 슬픈 노래임을 짐작하게 한다. 옥수玉樹는 흔히 玉樹後庭花의 준말로 쓰이는데 「陳書」 後主沈皇后傳에 다음과 같은 내용이 보인다.

> 後主每引賓客 對貴妃等遊宴 則使諸貴人及女學士 與狎客共賦新詩 互相贈答 採其尤艶麗者 以爲曲調扷以新聲 選宮女有容色者 以千百數 合習而歌之 分部送進 持以相樂 其曲有玉樹後庭花.

가장 아름다운 곡들을 골라 수많은 궁녀로 하여금 노래를 불러 상락相樂한 곡들 중의 하나가 옥수인데 이는 대체로 남녀상열을 노래하는 것이다.[62]

현전 농요 중 모심기 노래의 주제가 성본능을 보인 것이 55%이고 식본능이 19%로 성과 노동을 농민의 근원적 삶의 문화로 본 김무헌의 분석[63]을 보더라도, 농요의 거개가 남녀 간의 애정을 담고 있고 노래 방식도 남녀화답창을 주로 하고 있음을 볼 때 예문고藝文考의 지적 또한 별개의 〈산유화가〉가 아닌 메나리조로 부른 남녀상열의 노래임을 알 수 있다.

이로써 〈산유화가〉 즉 메나리조로 부르는 노래는 백제시대에서부터 오늘에 이르기까지 삶의 무상과 고통, 남녀 간의 애정, 망국의 슬픔, 개인의 가혹한 운명적 시련을 다양한 양식으로 불러왔고 또한 한국인들에 가장 사랑받는 노래양식으로 존재해 왔던 것이다.

---

62 조지훈, 앞의 글, 248쪽. 재인용.
63 김무헌, 『한국노동민요론』, 집문당, 1986, 199쪽.

4 결론

　　한 민요가 불리어진 뒤 얼마 가지 않아서 그 민요는 이미 어긋나게 불리어지며, 심지어 동일 가창자조차 얼마 전에 부른 것과 얼마 후에 부른 것이 달라지는 예가 적지 않다.

　　즉 가창자의 개인적 능력에 따라서만 민요가 변창되거나 변개되는 것이 아니고 동일 가창자에 있어서도 민요는 그때그때의 생활환경, 생활감정의 변화에 따라, 이를테면 무의식적, 본능적, 가동적으로 이렇게 되는 것이다. 그러므로 민요의 생명력은 이러한 형태변화의 원인이 된다고 바꾸어 말해도 무방할 것이다. 즉 민요는 민중생활과 더불어 호흡하는 생명체이며, 시대 사회의 변천에 따라서 생성, 변형, 소멸하는 것이라 좋을 것이다.

　　생활환경, 생활감정, 년령, 소질 등의 「차이성」 때문에 무한한 변모의 가능성을 가지는 민요는 「정형」이란 있을 수 없다. 이와 같은 모습을 〈산유화가〉에서 보았다. 〈산유화가〉는 현전 민요 중 가장 다양한 양식으로, 내용으로 전승되어지고 충청, 경상, 전라, 관서, 강원지역까지 널리 전파되었으며 오랜 생명력을 가지고 자생력도 보여주어 왔다.

　　지금까지의 논의를 간추려 보면 다음과 같다.

　　첫째, 선산의 향낭이 지은 〈산유화가〉는 자탄적 성격의 노래이나 이후 이를 바탕으로 지어진 이학규 등의 한시는 민요와 구비전승물을 참고로 하여 지어진 시로 이들은 별개의 성격을 지닌 것이다.

　　둘째, 〈산유화가〉와 명칭이나 사설의 성격이 유사한 '산유회', '미나리', '메나리', '어사용' 등은 그 음악의 창조에서 모두 「메나리조」에서 벗어나지 않아, 같은 곡조의 다른 이름을 가진 노래이다.

　　셋째, "메나리"란 「멘+아리」로, 이는 "탄식과 슬픔의 소리", "목메어 부르는 아린 삶의 소리" 로서의 어의를 지닌 삶의 토로로서의 노래라는 뜻이다.

넷째, '산유화'는 '메나리'의 한자식 직역일 뿐이며 식자층의 현학적 취미에서 나온 단순한 용사用辭이다.

다섯째, '〈산유화가〉' 즉 '메나리조로 부르는 노래'는 시간적으로는 삼국시대로부터 오늘날까지 전승되고, 공간적으로 충청, 경상, 전라, 강원, 관서지방에까지 전파되었으며, 내용면으로는 남녀상열 뿐만 아니라 망국의 슬픔, 개인의 운명적 자탄, 인생의 무상 등 모든 삶의 모습이 담겨진 노래이다.

이상의 고찰은 보다 천착된 부분, 즉, 민요의 가락과 사설 및 구연상황을 포함한 기능적 측면의 대비적 검토가 필요함에도 이를 제대로 살피지 못한 느낌이다. '메나리조' 가락의 민요에 대한 이와 같은 검토는 다음 기회를 빌기로 하고 본고의 대상이 된 자료들의 제대로의 모습을 살피지 못한 점도 아쉬움으로 남겨둔다.

'시집살이 노래'의 구연 특성과 그 의미
- 경북지역을 중심으로 -

1 서론

　민요는 노래를 부르는 주체인 "가창자", 노래의 내용인 "사설", 노래의 정서라 할 수 있는 "가락", 그리고 노래 환경인 "기능"이 한데 어우러져 있는 미분화의 원시 종합 예술 양식체이며 구비전승의 표현물이므로 하나는 "구비전승"이란 측면과 다른 하나는 "표현물"이란 측면에서의 접근을 필요로 한다. 즉 전자는 민요가 특정 개인과 구연 집단의 관계 속에서 형성, 구연, 전승되어 시대상황 등의 환경적 변이에 따라 변화되어 온 것이므로 철저한 현장연구를 바탕으로 하여 역사적 사회적으로 이해하여야 한다는 것이며, 후자는 노래의 내용과 가락을 중심으로 여하한 사상과 정서가 어떤 양상으로 표출되는가를 살펴야 한다는 것이다. 물론 이 두 측면은 따로 떨어져 있는 것이 아니므로 서로의 연관 아래 검토되어야 할 것이다.
　본고는 이러한 점들을 중시하면서 경북지역의 민요 중 여성민요를 살피되, 논의를 확연히 하기 위해 〈시집살이 노래〉를 대상으로 한다. 이를 통하여 이 노래가 어떠한 환경 속에서 불러 왔고 불리고 있는가를 논의의 핵으로 삼아 노래가 지닌 실제적 의미를 파악하고자 한다. 이 노래를 선별적으로 취하게 된 까닭은 이 노래가 한 여성이 겪은 개인적 체험의 세계이면서 여성 보편의 경험인 시집살이를 통해서 보여주는 풍부한 사설의 서사적 세계뿐만 아니라, 여성민요의 가장 핵심적인 표현세계이기 때문에 주목되는 것이며, 또한 여성적 삶의 민속학적 접근을 용이하게 하고 있기 때문이다. 뿐만 아니라 경북지역은 풍부한 서사적 민요의 전승지역으로서 이 노래의 구연과 전승의 문제를 현장론적으로 접근하기가 수월하며 전승되는 노래의 양, 질 모두가 우세한 지역이기 때문이다. 그리고 이러한 존재의 양상은 경북 이외의 지역과 차이를 드러내지 않을 뿐 아니라 노래의 서사적 구조는 타 지역과 변별되는 양상이 드물다고 보이기 때문에 이것으로도 전반적인 〈시집살이 노래〉의 노래문법을 파악하는 데 기여하리라 믿기 때문이다.

이의 검토를 위해서 현장론적 방법[1]을 중시하여 그간 필자가 행해 온 현장조사를 바탕으로 논의를 진행할 것이며 보조적 재료로 한국정신문화연구원의 "구비문학대계" 경북 편[2], 조동일의 "서사민요 연구"[3] 등 현장조사가 나름대로 수행된 자료들을 참고물로 삼는다.

2 구연 특성과 그 의미

〈시집살이 노래〉는 민요를 내용에 따라 분류할 때의 명칭으로서 "여성

---

1 현장론적 방법이란 "민요의 가창이 창작자와 수용자의 미적반응으로 이루어지는 예술행위"라는 관점의 연구방법으로서 작품의 내적인 성격이 작품 외적 환경에 의해 형성될 수 있다고 보는 구비문학 연구의 한 방법이다.-Dan Ben-Amos, Toward New Perspective in Folklore, The Univ. of Taxas Press, 1972, 참조.
2 한국정신문화연구원,『한국구비문학대계』7~1~19, 1983~1991.
3 조동일,『서사민요연구』, 계명대출판부, 1972.

들에 의해서 지어지고 불린 노래로서 시집간 여자가 시집생활에서 보고 듣고 느끼고 겪은 생활체험을 감정을 표현한 노래"라고 우선 규정할 수 있다.

이 노래의 보편적인 성격을 보다 구체화하기 위하여 구체적인 상황을 구연집단과 구연환경의 성격을 통하여 특성별로 살펴보자.

이 노래는 전문적인 소리꾼이 아니더라도 여성이면 누구나 부를 수 있는 보편적인 민요의 하나로 여성민요의 대다수를 점한다고 해도 과언이 아니다. 주로 길쌈노동을 하면서(주로 두레삼을 삼으면서) 불리지만 밭일이나 기타 가사노동 시에도 불리는데, 때로는 놀이공간에서 노동과 상관없이 불리기도 한다.

2.1 〈시집살이 노래〉는 또래집단[4]에서만 구연되는 폐쇄적인 노래이다.

여성의 일대기적인 삶을 가정생활을 매개로 하여 그 환경에 따라 구분하면 크게 3기로 나눌 수 있을 것이다. 결혼하기 전의 처녀로서의 생활, 결혼 후의 시집살이를 하며 자식을 낳아 기르는 생활, 자식을 혼례시킨 뒤의 시어머니가 되어 노년을 보내는 생활이 그것이다. 즉 여성은 처녀로서, 어머니(다른 측면에서는 며느리)로서, 할머니(또는 시어머니)로서의 삶을 살아가는 셈이다. 이것을 여성의 시집살이라는 축을 중심으로 집단화하여 보면, 시집살이를 예비하고 있는 큰애기 집단, 시집을 살고 있는 며느리 집단, 그리고 시집살이에서 벗어나 이제 며느리에게 시집살이를 시키는 시어머니 집단[5]으로 단계화 할 수 있다.

〈시집살이 노래〉가 시집살이에 관한 내용을 지닌 것이라고 한다면 시집살이를 할 예비집단이나, 현재 시집생활을 하는 집단, 나아가 시집살이를 한 경험집단인 시어머니 집단까지 포함하는 그들의 노래여야만 여성적 삶의 중핵을 형성할 수 있는 노래가 될 것이다. 즉 넓게 보면 〈시집살이 노래〉는 이 3개의 집단이

---

4 "또래집단"이란 연령적으로 비슷하다고 인식되는 知己들로 구성되어 비슷한 삶을 살아가는 정서적 공동집단을 이름한다.
5 서영숙, 「시집살이 노래의 존재양상과 작품세계」, 한국학대학원 1982, 6쪽.

공유하는 노래여야만 한다. 뿐만 아니라 각 집단마다 그들대로의 현실적 세계와 현실인식 지향점이 다르기 때문에 여성적 보편성은 있으되 그 차이도 있어야 하는 것이 당연하다. 그런데도 현전 〈시집살이 노래〉의 사설에서는 연령별 집단이 갖는 개별성은 드러나지 않는다. 〈시집살이 노래〉는 시집살이에서의 고난으로 인한 "갈등 발생-해소의 시도-좌절-갈등의 해소"라는 구조[6] 속에서 시집살이로 인한 고통이 열거되고 있다.

그 속에서 나타나는 갈등의 주된 양상 또한, 시부모, 시누이나 올케, 남편, 친정식구와의 갈등이다. 이는 시집살이를 하고 있는 계층의 현실토로이지 예비집단인 큰애기들이나 시집살이를 거친 시어머니 집단의 것이 아닌 것이다.

이러함에서 볼 수 있듯이, 이 노래를 3집단 여성 공유의 노래라고 단정하는 것은 성급한 결정일 것이다. 이를 좀 더 면밀히 살피기 위해 구연환경을 주의해 볼 필요가 있다.

〈시집살이 노래〉의 구연에 있어서 가창행위가 연령에 의한 집단화 경향을 드러내고 있음은 쉽게 볼 수 있는 광경의 하나이다. 즉 시어머니 집단, 며느리 집단, 그리고 큰애기 집단[7]으로 3대별되어 각 집단끼리의 사람들만 모인 단위공간에서 구창이 이루어지는 것이다.

이중 시어머니 집단은 이미 "시집살이"에서 벗어나 며느리를 거느리고 며느리에게 시집을 살게 하는 위치에 있는 연령층의 가창집단이기 때문에, 시집살이에 대해서 회고적 위치에서 가창하는 계층이다. 이들은 보다 자유로운 노래환경을 스스로 확보하고 느긋한 상태에서 주위의 간섭이나 도덕적 규제에서 벗어났다고 생각하는 집단이다. 그러므로 그들은 심리적 긴장감이나 주위의 타인에 대하여 별다른 위축감이 없이 쉽게 가창하며, 자기의 시집 생활이 혹독하였으며 그것을 극복한 것을 자랑삼으려는 태도까지 보이고 있다. 그러기에 그들

---

6 조동일, 앞의 책, 85~94쪽.
7 큰애기 집단은 실제 구연환경에서는 만날 수 없는 집단으로서 이 노래의 전승에 관계하는 집단의 성격을 띨 뿐이지 실제 구연하는 모습은 오늘날 만날 수 없다. 그러나 이는 오늘날 민요 구연에 있어서 변화된 모습일 뿐, 이전에는 이들도 노래하고 있었던 집단이기도 하다.

이 부른 노래는 다분히 유희적 성격까지도 띠고 자유로운 노래 환경을 구축하고 있다.

며느리 집단은 현재 시집살이를 하고 있는 집단으로서 노래 부르기를 조심스러워 하는데, 지나칠 정도의 폐쇄적인 동질집단을 구축하며, 다분히 개인적이고 주관적인 시집살이의 내용을 표출하면서도 이를 극히 자제하려는 자세까지 보이고 있다. 이들은 가창공간에 대해서도 예민하게 반응하여 타 집단의 사람들이나 그들과의 동질성이 부족하다고 인식하는 사람이 있을 때 가창을 심히 꺼려하는 극히 폐쇄적인 가창집단이기도 하다.

큰애기 집단은 현재의 조사 채록 상황에서는 만날 수 없는 집단이 되고 말았지만 이 노래의 습득기 집단으로서 노래의 전승에 있어 매우 중요한 역할을 담당하고 있는 집단이다. 그러므로 시집살이에 대한 예비적 집단으로서 대단히 자유분방한 자세를 가지며 다분히 개방적이다. 더욱이 이 노래에 대한 그들의 인식 또한 상당히 유희적이어서 자유로운 구연 공간을 형성하고 있었다고 증언하고 있다.[8]

이 3개의 집단은 강제적이거나 특수한 상황이 아니면 3집단이 동일 공간에서 구연하는 일은 없다. 또한 같은 계층집단이라도 마음을 터놓을 수 있을 정도의 친숙한 사이이거나 시집살이의 애환이 동질적이라고 인식되는 사람들만이 함께 어울려 구연의 자리를 하고 있다. 예로서, 동성同姓의 집성촌集姓村에서 시집살이 노래의 구연을 쉽게 볼 수 없는 까닭이 여기에 있다. 특히 동일 집단이더라도, 또한 동일 가문의 여자들이 모인 자리라 할지라도 친족의 위상(예, 시누이와 올케)에 있을 때 이 노래는 쉽게 구연되지 않으며 구연되었다면, 한 여성 창자의 시집살이의 고초가 만인주지萬人周知의 또는 동정받을 수 있는 혹독한 것인 내용을 가질 때만 구연된다.

---

8 경북 상주군 낙동면 용포리 중용담, 김들룡, 여, 81세, (1986.8.12. 조사)는 어릴 때 이 노래를 배워 시집가기 전 "동무들캉 어울려 밤에 바느질 함시로 많이 불렀지요" 한다. 이외 이러한 제보는 흔하게 들을 수 있었다.

2.2 〈시집살이 노래〉는 성적(性的) 변별이 뚜렷한 노래이다.

이 노래는 여성들만의 노래일 뿐이며 남성의 노래가 아니라는 것이다. 그렇기 때문에 여성들만의 구연공간이 마련되었을 때가 아니면 불리지 않고 혹 남녀 혼석의 공간이 있더라도 남성이 있으면 이 노래는 구연되지 못하고 회피된다. 이때의 남성이 창자의 친동기일지라도 상황은 바뀌지 않는다. 다른 여성 민요가 남성의 공간 참여가 허용되는데 비해 이 노래에서의 남성공간은 전무하다 할 수 있다. 이는 이 노래의 내용이 남성에 의한-그것이 직접적인 가해(加害)이건, 제도적, 관습적인 현상이건 간에- 여성의 고난을 주로 하고 있기 때문이기도 하지만, 한편 남성적 삶과 여성적 삶의 이질성이 빚어낸 노래라고 하는 점을 여성 창자가 인식하고 있기 때문에 여성 스스로의 이 노래에 대한 위상 설정과도 깊은 관련을 맺고 있음이라 생각한다.

한편 현재의 조사과정에서 남성에 의해 가창되는 시집살이 노래가 간혹 조사되는데,[9] 이는 유희민요적 성격으로 인식한 남성 창자가 그의 기억력에 의존해 단순 암기된 사설을 부르는 것이다. 이때의 노래는 상당히 선율을 가지고 유창하게 불리는 특성을 가진다.

이와 같이 시집살이 노래의 구연집단은 여성만으로 구성되며 그 집단의 성격은 동질적이거나 폐쇄적이다. 이질적이라고 생각되는 사람이 함께 자리하고 있다면-남자나 다른 처지의 여자라도-구연의 분위기는 위축되고 있다. 설혹 구연이 이루어졌다고 하더라도 곤란한 사건으로 전이되는 경우[10]가 있다. 시집살이 노래를 부르고 듣는 사람들은 한두 번 그러한 경험을 가지고 있다고 부언(附言)하

●
9 경북 청도군 운문면 서지동, 최기수, 남 58세 (1986.12.3. 조사)
   경북 청도군 운문면 오진동, 홍명출, 남 62세 (1986.12.4. 조사)
   경북 의성군 가음면 가산동, 이숭원, 남 55세 (1987.6.6. 조사)
   경북 성주군 벽진면 운정1동, 배길환, 남 76세 (1987.7.14. 조사) 등 외 13인 조사됨.
10 사설의 내용에 대하여 진위문제로 말다툼이 생겨 조사작업이 중단된 일이 있다. 서영숙, 「시집살이 노래의 존재양상과 작품세계」, 한국학대학원, 1982, 12쪽에서도 이 점을 보고하고 있다.

고 있다.

　이처럼, 〈시집살이 노래〉는 동질적인 환경과 연령층, 시집을 사는 여성, 그리고 그 생활이 남으로부터 고통의 정도를 인정받는 집단의 노래로 다분히 한정적, 폐쇄적 성격을 지닌 집단의 노래이다. 그러므로 이 집단은 단순하거나 보편적이지 못하고 특수화되며 비밀 공유의 은밀한 집단을 형성한다. 이러한 환경에서 사회적으로나 정신적인 이질감을 일으킬 타인의 참가는 제한되지 않을 수 없고 그 점이 노래의 가창환경(구연과 전승)을 이루는 중요한 관건이 된다. 〈시집살이 노래〉가 장형의 서사물이면서도 많은 이들에게 있어 오래 불리는 이유가 여기에 있다.

2.3　〈시집살이 노래〉는 여성민요의 구연에 있어 구연의 가장 마지막 단계에서 가창되는 노래이다.

　제보자를 통해 〈시집살이 노래〉를 조사 채록할 때의 가장 큰 특징 중의 하나가 바로 이 점이다. 조사자가 이 노래의 구청을 원하면, "그런 노래는 짜잔해서", "그기 무슨 노래고" 등으로 사양하면서 쉽게 부르려 하지 않는다. 대체로 '아리랑'이나 '타령'조의 유희요를 부르다가 분위기가 무르익어 정서적으로 신명이 지핀 후에 가서야 불리게 된다. 여성들만이 모여서 노래를 부를 때를 크게 두 가지로 나누어 보면, 여러 명이 모여 일을 할 때와 잔치 등과 같이 놀 때로 나눌 수 있다. 전자에서는 능력 있는 소리꾼이 주위의 요청에 의해서 먼저 노래가 시작되는데 대체로 타령류의 노래, 신민요 등을 시작으로 전체로 확산되어 가고 있고 후자의 경우는 신명이 먼저난 사람이 노래를 시작하면 합창의 형태로 노래판이 이루어져 간다. 이때에도 〈시집살이 노래〉는 불리지 않고 있다. 〈시집살이 노래〉는 흥겨운 노래가 아니며, 내놓고 부를 노래가 아니기 때문일 것이다. 이는 가창자인 여성 스스로가 이 노래의 사설이 지닌 내용을 남에게 들려줄 만큼 훌륭한(?)내용이라고 생각하고 있지 않다는 점 때문이다. 앞에서 언급된 바대로 이 노래의 구연이 폐쇄적인 구연집단인 또래집단에 의해서 가창되고 있어 이는 〈시집살이 노래〉가 갖는 또 하나의 전승상의 중요한 요소가 되고 있다. 그들 스스로가 그들의 삶의 애환을 노래해 왔으면서도 당당하게 펼쳐 낼 수 없다는 불안감, 위축감의 표출이라 하겠다.

이 노래는 가창집단에게 있어서 무엇보다도 노래 부를 수 있는 분위기, 즉 구연환경이 중시되어 있는 노래이다. 이러한 점은 이 노래가 지극히 사회적 제도적 저항력을 지니고 형성된 노래라는 면과도 무관하지 않으리라 생각하게 하는 것이다.

2.4 〈시집살이 노래〉는 개인적 가락에 의해 혼자 음영(吟詠)하는 노래이다.

〈시집살이 노래〉는 혼자서 부르기도 하고, 여럿이 모여 부르기도 하는데, 혼자 부를 경우에는 낮은 소리로 느리게 부르며, 단조로운 리듬만으로 음영된다. 여럿이 모여 부를 경우에도 제창이나 합창되는 것이 아니라 한 사람씩 불러 혼자 부르는 경우와 다름이 없다. 혹 2인이 함께 시작했더라도 가락이나 사설이 점차 달라져 종내에는 혼자 부르는 것이 되어 버리는 경우가 많다.

이것은 이 노래의 사설이 한두 가지가 아니라 여러 가지이기 때문이며 그러므로 전체성, 획일성의 노래가 아니라 개별성 주관성이 중시되는 노래이기 때문이다. 즉, 비록 여성의 시집살이라는 보편적인 생활양식은 동질적이라 하더라도 그 양태나 정도는 각양각색이며, 시집살이를 인지하는 층위가 달라 사설로 형상화되는 정도가 다르기 때문이다. 이 노래에 있어 서사구조의 근간 모티프는 대동소이하나 지엽 모티프가 다양하게 나타나 수많은 각편Version을 형성하고 있음이 이 같은 구연양식을 보여주는 것이다. 그러므로 여러 사람이 똑같은 사설의 노래를 함께 불러낼 수가 없는 것이다. 이 같은 예는 서정민요를 제외한 모든 장형의 서사형민요의 전승에 있어서 제기되는 문제겠지만 〈시집살이 노래〉는 이러한 면만이 아니라 사설의 내용이 주는 다양성, 다시 말하자면 자탄적 시집살이에 대한 삶의 다양한 모습이 개별화되고 있다는 점이 가장 무시할 수 없는 요인이라고 하겠다.

임동권의 분류에 의거해 보더라도, 〈시집살이요〉의 분류는 각편의 양상에 따라 분류[11] 소개되어 있고 조동일의 조사자료에서도 모두 21개의 각편[12]이 소개되어 있다. 이들을 살펴보면 사설의 내용이나 줄거리가 조금씩 다르게 나타나고 있는데, 이는 위에서 말한 "시집살이"라는 특수한 삶의 노래이기 때문에 일어난 현상이라 하겠다.

2.5 〈시집살이 노래〉는 일하면서 부르는 노래이다.

이 노래는 여성들이 가사노동을 하면서 주로 불러왔다. 물론 밭매기 등 농업노동과 화전놀이 등의 유희를 할 때에도 불리긴 했지만 주로 길쌈노동과 결합되어 구연되었다. 이 노래가 지니고 있는 바, 완만한 성격을 지닌 가락과 일정한 선율을 가지지 못하고 읊조려진다는 점 그리고 개인적 구창에 의해 불린다는 점은 길쌈노동과의 유관성을 배제할 수 없다.

길쌈노동 중 길쌈내기는 하루의 가사가 끝난 뒤인 밤중에, 여자들만에 의해서 그야말로 동질집단만의 노작으로 행해지는 노동행위였다. 더구나 하루의 피로를 이기지 못한 상황에서 잠과 싸워가며 행하는 노동이었다. 그러므로 잠잘 수 있는 남성에 비해 여성으로 태어나 고통 받고 있다는 현질적인 불평등함과 피해의식, 이로 인한 남성 및 시집에 대한 불만 등이 개입될 수 있는 상황이며, 길쌈행위 자체가 손과 발 그리고 입까지 동원해야 하는 노동집약적인 작업과정과 이의 반복적 과정을 갖기 때문에 함께 모여 일하는 사람 중에서 현재 직접 노동을 하는 사람이 아닌 잠시 쉬고 있는 사람에 의해 불린다고 볼 수 있다. 그러

---

11 임동권,『한국민요집』1, 집문당, 1974, 121~146쪽.
  시집살이요 ( )안은 이 책에 수록된 노래 각편의 個數임
  1. 男使謠: (4) 2. 잠노래: (5) 3. 親庭行謠: (5) 4. 父母計音謠: (5)
  5. 娘家에 抗議요: (7) 6. 媤妹와 不和謠: (4) 7. 生活苦謠: (7) 8. 四寸兄謠: (6)
  9. 傳親庭謠: (3) 10. 媤族죽어 생각謠: (4) 11. 꼬댁각시謠: (3)
  위 집필자는 시집살이 노래를 내용상의 특징에 따라 분류하여 수록하였음
12 조동일, 앞의 책, 194~219쪽.

므로 나머지 사람은 창자의 역할만 하게 되고 창자의 노래 내용에 개입할 수 없는 노동환경이 되고 만다. 비록 직접적 개입은 하지 않더라도 묵시적인 동조자로서의 역할이 되기 때문에 '함께하는 노래'로 존재하게 되고 이와 같은 관습이 개별적 노래 부르기의 방식을 가지게 되었던 것이다.

뿐만 아니라, 길쌈작업은 손과 발로만 작업을 하는 여타의 노동에 비해 삼을 찢어 잇기 위해 반드시 입(치아)이 필요한 노동이다. 그러므로 노래하기란 길쌈을 중단하고 있을 때뿐이다. 길쌈을 하면서 이 노래를 불렀던 제보자들은 혼자서 이 노래를 부를 때는 "그냥 혼자 심심해서" "하도 속이 상해서 혼자"라고 얘기[13]한다. 그리고 모두가 "여럿이 일할라꼬 모이가 일함시로 부르지요." "삼삼는 이가 우째 소리하능교 입이 없는데"라고 한다.[14] 이는 시집살이 노래의 본래적 구연환경이 두레삼을 삼는 다수인의 공통공간 속에서 불리고 불렀음을 말해주는 것이 된다.

길쌈노동과 불가분의 관계를 가지고 불리고 있었으나, 이에 한정되어 길쌈노동요로서만 한정되지는 않았다고 볼 수 있다. 비록 그 연원은 길쌈노동과 맥을 같이 하고 있으나 여성의 가사노동 중 단조로운 육체적 반복이나 혼자의 무료한 소외공간에 있을 때 자탄조로 이 노래는 읊조려 질 수 있었다.

집안의 일이거나 집밖의 일이건 간에 여자들의 노동은 혼자, 그것도 오래도록 단조롭게 계속되는 것이라는 공통점이 있다. 이러한 노동은 일이 주는 단조로움과 노동의 고통을 잊기 위해, 또는 현실적인 삶의 고통을 덜어내기 위해, 일의 성취욕구나 자기 표현욕구에 의해, 카타르시스적인 감흥에 의해서 자탄적인 노래를 부르지 않을 수 없었을 것이다. 즉, 불때기, 바느질, 빨래 등의 가사노동

●
13 경북 성주군 초천면 문덕1동, 이우임, 여 72세, (1990.1.23. 조사)
14 경북 울진군 근남면 수산리에서 집단적으로 상업용 길쌈을 하는 현장에서 조사에 응한 전원이 이렇게 증언하고 있다. (1991.1.28. 조사)
대구시 북구 불로1동 소재의 할머니 경로당 조사시, (1987.7.14. 조사)
김을생(여, 72세)은 조사자의 물음에 "말도 안되는 소리하고 있네. 사람 입이 둘이만 몰라도 삼삼으면서 노래는 무신 노래라. 바빠서도 소리할 여가 없어요"라고 말한다.

은 노동의 형태나 육체적 운동의 반복성이 길쌈과 유사하기 때문에 쉽게 노래환경이 다른 노동으로 전이가 가능한 것이다. 다수의 제보자가 밭 매면서 불렀다고는 하나 이는 〈시집살이 노래〉가 여타의 다른 민요들과 같이 그 본래적 성격이 다수 일탈된 후대의 노래환경 변화에서 일어난 현상일 가능성이 높다. 다시 말해, 노동 기능의 노래가 다수 유희 기능, 또는 비기능의 노래로 변모하는 후대의 민요 상황에서 파생된 현상이라는 것이다.

지금도 시어머니 집단과 큰애기 집단이 이 노래에 대해 가지는 인식의 정도가 "실제"와 "가상"이라는 태도로 달리 나타나고, 그들의 현재 삶의 모습이 노래 사설과 크게 다르지 않다고 인식하고 있는 며느리집단에서의 이 노래에 대한 태도 또한, 앞의 두 집단보다 심각하다는 면에서-현실적 리얼리티의 문제가 아니라 현실의 문학적 여과라는 측면에서-여성의 노동공간이 만든 노래라는 것이다.

2.6 〈시집살이 노래〉는 청자를 한정하여 은밀히 부르는 노래이다.

전술한 바와 같이 〈시집살이 노래〉는 하루의 가사노동을 마친 뒤 밤잠을 포기하면서 시작하는 노동이 길쌈이기 때문에, 또한 시집살이를 하는 동질의 피해집단, 공공연하게 그들의 인간적 침해를 드러낼 수 없는 소외집단의 정신적 공감대를 확인하고 동질적 위안을 공유해 가는 "어둠의 노래"였다. 그러므로 이는 밝은 세계에서, 사회적 관습상 남의 시선을 아랑곳 하지 않고 공공연하게 토로할 수 있는 노래가 아니라 그들의 운명을 내칠 노래였기 때문에 이 노래는 은밀한 밤에 그들 집단만의 은밀한 구호가 되어 불리는 노래가 된다.

현재의 가창환경에서도 아직까지 동질집단이 있을 때만 오래 노래를 구연할 수 있다는 점은 의식적이건 무의식적이건 가창자들이 이러한 점을 인식하고 있다는 것임에 틀림없다.

특히 필자가 중점적으로 현지조사를 수행했던 안동지역에 있어서, 이 노래는 공개성을 띠지 못하고 있었다. 양반가의 부녀자들이 지은 규방가사는 화전놀이나 환갑잔치 등에서 타인에게 공개되는 것이 상례였으나 노래는 부르지 않는 것이 되었고 두레삼을 삼는 일조차 일부 가정에서는 금지되어 왔었다고 한다. 타 지역에서 쉽게 찾을 수 있는 두레삼삼기는 극히 일부에 있어서만 볼 수 있는 집단작업인 것이다. 이는 이 지역이 갖는 문화적 환경이 유교문화의 보수적 성향을 띄고 있었던 데 있다고 본다.

현재 상업적 길쌈노동을 집단적으로 하고 있는 경북 울진군 근남면 수산리, 망양리의 경우나 안동군 후직면의 경우에 〈시집살이 노래〉는 거의 불리지 않고 있다.[15] 이것은 생산성에만 관심이 쏠려 노래를 통한 자기표현욕구를 발산할 필요를 느끼지 못한 탓도 있지만 이 노래를 부르기에 적합한 은밀한 공간을 확보하지 못하고 있기 때문이다. 즉, 동질 또래집단이 형성되지 않았고, 그러한 내용을 스스로 내놓아 속을 내보이는 사람이 되고 싶지 않다는 생각 때문이었다. 이러한 점에서 〈시집살이 노래〉는 청자를 한정하는 가창환경을 지닌다.

또한 〈시집살이 노래〉는 남편 앞에서나 남편의 형제 앞에서는 절대로 부르지 못하는 금기의 노래이다. 비록 사설의 내용이 가창자의 시집살이와는 전혀 다른 것이라 할지라도 이를 현실과 동일시하는 경우 오히려 가창자의 생각과는 다른 결과를 빚는 일이 빈번하였기 때문이다. 시집살이계의 노래 사설에 나타나는 다음의 끝 귀와 같은 것은 노래의 내용을 동일시하는 남편의 압력 때문에 덧붙여진 사설이라 할 수 있다.

> 질로질로 가다가/ 찔레를 따다가 //
> 열두폭 새긴 보신/ 골고리 수를 놓고//
> 임을 보고 보신보니/ 임줄 뜻이 전혀없네//
> 임아임아 노해마소/ 노래 끝이 그리가네이더//   (가점 필자)
>
> 〈안동 풍산, 박신덕, 여 64, 1990.8.12. 조사〉

전술한 바대로 〈시집살이 노래〉는 개인적인 음영의 형태로 불리는 노래이

---

15 〈시집살이 노래〉보다 '꽃노래', '첩노래', '부모은상가' 등과 "타령"요가 많이 불리고 있었는데 가족환경이나 가창환경의 변화가 이루어 놓은 양상으로 판단된다.

다. 여성들의 노동행위 자체가 여타의 남성노동에 비해 단조롭고 단순한 반복의 행위이기 때문에 공동의 작업환경 속에서도 행동의 통일을 필요로 하지 않으며, 오랜 시간의 노동행위를 필요로 하면서도 과격한 호흡이나 운동량을 필요로 하지 않는다. 그렇기 때문에 풍부한 사설을, 흥미 있는 짜임새로 차분하고 객관적 심리적 거리를 유지하면서 노래를 짜 만들 수 있었을 것이다. 그러므로 〈시집살이 노래〉는 노래의 리듬과 노동의 리듬이 꼭 일치하지 않아도 되는 노래환경에서, 개인적 리듬인 음영으로 노래할 수밖에 없었고 이러한 점이 후대에 여러 노동환경―삼삼기 밭매기 빨래하기 등―에서도 자연스레 구창될 수 있었던 것이 되었다고 하겠다.

2.7 〈시집살이 노래〉는 노동과 삶의 고통을 동시에 해소하는 노래이다.

〈시집살이 노래〉는 주로 밤일을 하면서 부르던 노래이다. 고된 하루의 가사를 마치고 남들이 잠을 잘 시간에 가족들의 의복을 마련하기 위하여, 부족한 살림을 위한 재원을 확보하기 위한 당대의 유일한 공업노동이었던 길쌈과정에서 불린 노래이다. 그렇기 때문에 이 노래는 현실적으로 부딪치게 된 여성들의 밤잠을 물리치는 또 하나의 기능이 포함된 노래이다. 종일 가업에 시달리다가 밤이 되어 또 다시 일을 하려는 그들에게 잠은 육체적으로나 정신적으로 이기기 힘든 고통의 하나이었을 것이다. 이를 극복하기 위해 그들은 노래를 불렀고 그렇기 때문에 이 노래는 재미가 있거나 흥겨울 수가 없었다. 그리고 그들의 가슴 밑바닥에 응어리 되어 남아 있는 한과 슬픔의 "기막힌 사연"만이 잠을 쫓는 심리적인 대사활동을 하게 하여 지난한 현실의 고통을 떠올림으로써 육체적 고통인 잠을 쫓게 하는 노래가 생겨난 것이다.

> 잠아 잠아 짙은 잠아   이내 눈에 쌓인 잠아
> 염치 불구 이내 잠야   검치 두덕 이내 잠아
> 어제 간밤 오던 잠아   오늘 아침 다시 오네

— (중략) —

낮에 못한 남은 일을	밤에 할랴 마음 먹고
언하당 황혼이라	섬섬옥수 바삐 들어
등잔 앞에 고개들어	실한 바람 풀어내여

— (중략) —

난데 없는 이내 잠이	소리없이 달려드네
눈섭 속에 숨었는가	눈알로 솟았는가
이눈 저눈 왕래하며	무삼 요수 피우는고
맑고맑은 이내 눈이	절로절로 희미하다
잠아 잠아 오지마라	시어머니 눈에 난다
시어머니 눈에 나면	임의 눈에 절로 난다

— (하략) —

〈김을생, 대구시 북구 불로1동, 여 72세, 1987.7.14. 조사〉

 이처럼 생리적 현상인 잠마저도 마음대로 할 수 없던 며느리들에게 있어서 시집살이가 주는 고통은 현실적인 무게로 다가서는 괴로움이 아닐 수 없었다.
 그러므로 그들이 부른 〈시집살이 노래〉는 기능적으로는 노동요이면서도 사설로서는 시집살이요로서 다음과 같은 이중구조로 구성된 것이다.

노동	A. 노동행위	→	능률제고 무료해소 잠쫓기	→	작업의 율동적 요소 작업의 진행과정	: 전승의 골간 형성
시집살이	B. 현실적 삶	→	고통과 비애 해소	→	소망적 사고의 전개 현실적 고통의 반추	: 내용의 독자성 유지

 현실적인 노동행위는 바로 시집살이가 주는 고통이요 비애와 맞닿아 있는 것이어서 이를 극복하는 길이 곧, 일의 능률을 제고하거나 무료함을 벗어나게 하거나 잠을 쫓는 일이다. 이러한 면이 한편으로는 시집살이의 회고와 이를 극복

할 수 있는 소망적 세계로 나아가 "시집살이의 노래화"가 이루어진다. 여성들의 길쌈노동이 대체로 밤에 이루어지는 노동이고, 같은 처지의 또래집단에 의해서 이루어지는 노동이며, 나아가 시집살이를 하는 며느리들만의 노동이기에 또 노동행위 자체가 과격한 운동량을 요구하지 않고 반복적으로 되풀이되는 완만한 노동행위이기 때문에 그들이 현실적으로 받고 있는 시집생활의 어려움을 객관적인 거리를 유지한 채, 장형으로 풍부한 내용을 짜임새 있게 구성해 나갈 수 있는 것이다. 이러한 노래행위는 노래의 구연과 동일 공간에서 진행되고 있기 때문에 가창자는 육체적으로는 노동의 고통을 정신적으로는 시집살이의 고통을 동시에 해소하는 것이다. 물론 여타의 노동요가 이러한 성격을 지니고 있기도 하지만 〈시집살이 노래〉처럼 보다 밀착한 관계는 되지 못한다.

3 결론

　　민요의 현장조사에 있어서 구연의 문제는 민요의 생성과 전파 나아가 전승에 이르기까지 민요의 성격을 구명하는데 있어서 매우 중요한 문제이다. 이는 민요가 사설만이 아니라 가락이나 그 기능까지도 유기적으로 검토되지 않으면 아니 되는 종합적인 미분화의 표현체이기 때문이다. 지금까지의 선학들에 의해 이루어진 민요조사 작업이 이러한 면을 소홀하게 취급하였다고[16] 해도 지나치지 않을 만큼 최근 몇몇 분의 관심을 제하고 나면 그 성과는 미미하기 때문에 더욱 그 중요성이 강조된다.

　　민요는 사람의 입으로 구연되는 현장 연희물로서, 흔히 말하는 "노래 부르지

16　한국정신문화연구원. 『한국구비문학대계』의 민요편을 보더라도 경북지역의 임재해 등이 실시한 조사 외에는 면담을 통한 가창환경에 대한 언급이 거의 담기지 않고 있다.

않는 민요는 민요가 아니다"라는 명제를 내세우지 않더라도 현장성이 중시되는 것이다. 이 현장성은 오늘날 급격하게 변화된 가창환경을 생각할 때 주의 깊게 검토하고 자리매김을 해야 할 것으로 생각한다.

    전승민요의 가창자들이 고령화하고 민요를 부르는 노래환경까지도 상업적 대중가요에 의해 파괴되어 버린, 산업구조의 변화로 일상적 작업환경이 바뀌어 그 기능마저 잃어버린 작금의 민요현장은 겨우 민요조사자들이 마련한 인공조건의 가창환경 밖에 만날 수가 없다. 이러한 현실 속에서 본고는 나름대로의 영역을 확보해 보고자 하는 시도에 불과하다. 그렇기 때문에 구비문학 연구에 있어서 현장조사 자료에 의존하는 문제점인 객관화의 타당도 문제가 그대로 남아 있게 되었다. 덧붙여, 구연과 맞물려 있는 전승실태의 제 특성을 지면관계로 함께 다루지 못하는 결함을 안고 있다. 이는 후일을 기약하고자 한다.

'상주민요'의 민요적 특성과 전승

1 향토민요[1]의 가치

　사람들은 오랜 태고 적부터 그들이 살아가면서 느끼고 생각한 것과, 삶의 현장에서 몸을 움직일 때 생긴 리듬으로 노래를 만들었다. 이것으로 소망한 바를 드러내기도 하고 또한 삶의 현장에서 얻어진 고통을 '소리함'으로써 씻어 내어 왔다. 말로 이루어 온 모든 것들이 비록 불안전하고 제약이 많은, 그래서 쉬 바뀌고 뒤섞였을지라도 삶과 가장 가까이 연결된 일차적 생활문화였기에 오랜 세월에 걸쳐 공동체 문화의 핵심이요 대표적 존재물로서 자리하게 된 것이다. 따라 각 지역에 전승하는 향토민요는 그 지역민의 삶이 만들어 낸 가장 기본적인 생태문화이자 지역 고유문화이다. 현재 나라에서 이들을 문화재로 지정하며 보호 전승하고 있는 것도 향토민요가 한낱 노래로서가 아니라 우리의 역사요, 삶이며, 민속생태이었기 때문에 그러하다. 새삼 다져 말할 필요도 없지만 상

---

[1] '향토민요' 란 전국적으로 널리 부르고 있는 유희적 성격의 민요인 '통속민요'에 상대되는, 각 지방에서 생성 향유되어 전승하는 지역의 토속적 민요를 이름 한다.

주 지역에 전승되는 향토민요는 상주 지역 문화의 핵인 구비문학이며 지역공동체의 독자성을 지닌 가장 오래된 보편적 향토문화의 하나인 것이다. 상주의 역사와 문화, 상주 사람들의 의식과 정서가 만들어 낸 민요이기에 그러하다. 비록 다른 곳에서 만들어져 전해져 온 것이라 할지라도 상주사람들의 생각과 맞아지면 그대로 이곳에 머물러 '상주의 민요'가 되기도 하였기에 그것은 상주의 민요이고, 또 다른 지역으로 전해 옮겨져 그곳의 민요가 되기도 하였다.

그간 우리 사회는 농경생활에서 급격한 산업화를 거치면서 농경문화를 바탕으로 한 마을공동체가 형성해 온 전통사회의 제반 요소가 붕괴되었다. 농업경제가 산업경제로 바뀌면서 급격한 도시화가 이루어짐에 전통 농경사회 속에서 구축해온 문화자산은 심각하게 소멸 붕괴된 것이다. 향촌지역 사회의 인구는 격감하였고 주민들의 고령화로 인하여 이미 농업공동체는 사라졌다. 다문화가족이 형성되기도 하였고, 발달한 전자매체로 인해 문화가 획일화되어졌다. 이에 따라 전승의 담당집단은 고령화되어 민요를 재생산하거나 온전하게 향유하지 못한지 오래 되었고, 오로지 '기억된 유산'으로서 민요의 세계를 안고 있을 뿐이다.

이 같은 문화변동이 불러온 '전승구비물의 위기론'에 학계는 계속적인 관심과 모색을 시도해온 바 있다.[2] 그러나 그 현실적인 대응은 미미하기 이를 데 없으며 오늘날 많은 민요 연구자들은 '민요의 위기'라고 말하는데 주저하지 않는다. 이는 삶과 더불어 향유 전승해 오던 민요가 환경 변화에 따라 그 역할과 정체성을 상실하여 변모하거나 소멸하고 있음에 기인한다. 그러면 앞으로 시간이 더 흘러가면 민요라는 존재는 정말 사라지고 말 것인가? 그러나 누구하나 이에 명징한 답을 제시할 수 있는 사람은 없다고 본다. 그리하여 민요의 보전과 전승이라는 미래적 전략은 현전하는 대표적 유산을 무형문화재로 지정하여 갈무리

---

[2] 1996년 한국구비문학회 동계학술대회 "구비문학연구의 길 찾기"나, 2010년 (사)한국민속학술단체연합회에서 주최한 "2010 한국민속학자대회-문화변동과 한국 민속학의 대응과 역할" 등은 그 대표적인 예이다.

하는 데만 급급해 왔다.

　상주는 소백산맥이 충북과의 도계를 이루는 경상북도의 서북단에 위치한 곳이다. 소백산맥의 주봉을 이루는 속리산 등이 낙동강을 향해 동남쪽으로 경사를 이루면서 곡창지대로 불리는 상주분지와 함창들을 펼쳐 내었다. 이 속에서 "상주민요"가 만들어지고, 불러 전해지고 있다.

　상주 지역의 대표적 향토민요로 지정 보전되고 있는 "상주민요"는 상주시 초산 1리(쌍암마을)에서 농사를 지으면서 부르던 민요의 갈무리 된 무형유산이다. 예부터 오랜 농경문화를 꽃피워 왔던 상주가 만들어 낸 향토민요인 것이다.

　함창의 공검지恭儉池를 둘러싸고 불러온 아름다운 채련요採蓮謠와 너른 상주벌에서 모를 심고 김을 맬 때 부르던 논농사요는 가히 영남 농요의 큰 줄기를 이루고 있기에 이웃하는 예천 통명의 농요나 풍양의 공처농요와 더불어 대표적인 경상북도 지정 무형문화재로 자리하고 있는 것이다.[3] 그리고 이렇게 보전 되지 못하는 몇몇 지역의 민요들도 있는데 상주의 노래라 할 수 있는 채련요로 알려진 〈공갈못노래〉[4]나 〈상주 서보가〉 등도 그러하다.[5]

　"상주민요"는 1989년 제29회 전국민속경연대회에서 민요부분 최고상을 수상함으로써 그 우수성을 인정받고 전국적으로 이름을 알리게 됨에 오늘에 이르고 있다.

　그러나 오늘날 향토민요가 처한 현실은 그 가치와 위상보다는 온전한 전승과 보존의 문제가 다급한 현안이 되었다. 따라서 그 보존책과 미래적 가치의 확장

---

[3] 대구 경북에서는, 국가중요문화재인 경북 예천군 통명리 〈예천통명농요〉(제84-나, 1986.11.1.지정)와 경상북도 지정무형문화재인 경북 예천군 풍양면 〈공처농요〉(제10호: 1986.12.1.지정), 상주시 초산리 〈상주민요〉(제13호: 1986.4.1.지정), 구미시 발검동의 〈구미발검들소리〉(27호: 1999.4.23.지정), 경산시 자인의 〈자인계정들소리〉(제31호: 2005.8.11.지정)가 있다. 그리고 대구광역시 동구 평창동의 〈공산농요〉(제7호: 1990.5.15.지정), 대구광역시 달성군 〈하빈들소리〉(제16호: 2008.4.10.지정) 등이 그러하다.
[4] 2010년 공검면 사람들로 구성된 '상주함창공갈못노래보존회'가 구성되어 전승하고 있다.
[5] 이 노래는 〈상주 모심기소리〉라는 명칭으로 중학교 3학년 음악교과서(세광출판사, 천재교육) 등에 실려 교육되고 있으며, 현행 "상주민요"에서 〈모심기소리〉로도 부르고 있다.

을 모색하는 일이나, 그리고 유지·전승의 시급한 책략 마련이 임박한 존재 위기를 극복하는 과제가 되고 말았다. 쇠퇴 소멸의 길로 접어든 민요에 있어 "상주민요"도 또한 예외가 아니기 때문이다.

그러나 한 존재물의 온전한 보존과 관리 유지에는 무엇보다 그 실체와 정체성을 정확하게 알아내는 데서부터 출발해야 함은 되물을 필요도 없는 중요함이다. 이에 "상주민요"가 가진 민요적 특징과 가치를 정확하게 파악하여야 이를 통해 전승 보전을 위한 전략적 구상을 제대로 해 나갈 수 있으리라 생각한다. 지역의 향토민요인 "상주민요"가 사라지면 지역의 전통사회가 만들었던 그 삶의 모습이 사라지고, 옛 사람들이 가진 의식과 정서마저 잃게 되는 것이니 지역의 향토민요가 사라지는 것은 곧 지역의 역사와 문화, 문학이 사라짐은 물론 그 얼마저 사라지기 때문이다.

2 "상주민요"의 문화성, 역사성

"상주민요"는 농사를 하면서 부르는 노동요이다. 모심기와 논매기가 중심이 되는 논농사와 논매기 일을 마치고 집으로 돌아가면서 부르는 유희적 성격의 칭칭이소리, 그리고 농작물을 타작할 때 부르는 타작소리로 구성된다. 이들 노래는 앞소리를 매기면 뒷소리를 받는 선후창이나, 서로 주고받는 교환창 방식으로 부른다.

"상주민요"에서 나타나는 모심기 때의 교환창법이나 논매기 때의 선후창법은 대개 소수의 개별적인 노동을 할 때가 아니라 많은 사람들이 함께 집단노동을 할 때에 구연하는 노래 방식이다. 집단적으로 모를 심을 때나, 논의 김을 매고, 논매기를 마치고 장원질草宴(초연)⁶을 할 때나, 나아가 타작소리까지 어우르는 이 같은 노동요의 구창 형식은 조선조에 성행한 모심기농법移秧法(이앙법)이나 두레노동과 결코 무관하지 않다.

우리나라 농법에서 이앙법, 즉 모 옮겨심기 방식이 최초로 등장한 것은 고려 말엽이다. 그러나 이것은 전국적으로 성행한 것이 아니고 경상도 일부지역에 시험적으로 등장한다.⁷ 그 이전까지 수경직파水耕直播, 즉 물 논에다 씨를 뿌려 곡식이 여물 때까지 그대로 논에 심어 두고 수확만 하는 방식이었으나, 이때부터 모심기가 시작된 것으로 보인다.⁸ 14세기에 발아적 형태로 경상도 일부 지역을 중심으로 모심기는 발생하였지만 대규모 확산이 안 되었다가 16세기로 넘어가 보편적으로 이루어지기 시작하여 17세기 후반에는 남부지방까지 거의 확산되었다.

그러나 1799년 양익제梁翊濟의 『응지농서應旨農書』에 이르면 직파直播⁹에 대한 언급이 사라지고 있다.¹⁰ 연구자들은 19세기 초반 모내기소리의 분포경계선을 경기도와 강원도를 잇는 선으로 여기기도 하니 삼남지역은 이때에 이르러 모심기가 보편화되었다고 보아야 한다.

조선조 초기에 많은 문헌에서 〈논매기소리〉의 흔적을 발견할 수 있다. 태종은 상왕으로 물러앉은 뒤 농부들로부터 농요를 들었다 하고, 잘하는 사람에게

---

6 이는 칠월 백중 무렵, 세벌논매기를 마치고 나면 벼농사일이 수확하는 일만 남게 되니 논 주인이 일꾼들에게 술과 음식을 장만하여 노고를 치하하며 베푸는 작은 잔치이다. 곳에 따라 세벌논매기를 마치고 나서 하는 것도 있다. 이를 지역에 따라 풍장(豊場), 풀굿, 초연(草宴), 호미씻이, 백중놀이, 장원놀이 등으로 부르고 있다. 이때 칭칭이소리나 잡가류 등을 부르며 흥겹게 즐긴다.
7 고려 말 백문보(白文寶)는 삼남지방에서 모 옮겨심기를 하고 있음을 기록에 남기고 있다. 『高麗史』 권4 五行 2.
8 『課農小抄』水利 條 이외에도 박효수(朴孝脩)의 시속에 "들바람은 때로 삽앙가(揷秧歌)를 보낸다"고 하여 〈모심는소리〉의 존재를 알 수 있다.[『신증동국여지승람』 권28 성주목(星州牧) 임풍루(臨風樓) 條].
9 직파(直播)는 씨를 뿌려서 수확을 할 때 거두어들이는 방식이니, 수경직파(水耕直播)와 건답직파(乾畓直播), 즉 무논에다 씨를 뿌리거나 마른 논에다 씨를 뿌리거나 하는 방법이 있다.
10 주강현, 『두레』, 들녘, 2006, 271쪽.

상을 주기도 하였다 한다. 성종 때는 친경親耕시에 농부들이 농요를 불렀다고들 한다.[11] 세종 조 강희맹姜希孟이 농사일을 다룬 책인 금양잡록衿陽雜錄 말미에 붙인 〈농구農謳 14장十四章〉에는 후렴으로 적힌 만조慢調의 "뇨응하지리尿應何地利"나 촉조促調의 "확자고로농穫者古老農"이란 기술이 있는데 이때 이미 〈논매기소리〉에 2종류의 부르기가 있음을 보여준다. 〈논매기소리〉에 빠른 것과 느린 것이 있음을 말하고, 또 후렴이 있어 선후창으로 불림을 알 수 있게 하는 것들이다.[12] 조선 전기에 이미 오늘과 같은 〈논매기소리〉가 존재하고 있으니, 직파直播를 하든지 이앙移秧을 하든지 간에 논의 김은 매어야 하기에 〈논매기소리〉를 일찍부터 부르고 있었던 것이다. 이를 정리해보면 다음과 같다.

김매기와 모내기노래의 변천과정[13]

	고려중기	여말선초	조선후기
김매기	황두형 김매기노래	황두형 김매기노래	두레형 김매기노래 (두레풍장굿) (황두형노래 잔존)
모심기	(직파법)	직파법 (이앙법의 발생) (모내기노래의 발생)	이앙법 확산 모내기노래의 정착 (모방고)

이 같은 논농사의 변천 속에서 조선조 후기 또 하나 주목되는 현상이 있었으니 바로 '두레'의 출현이다. 두레는 조선후기 새롭게 태어난 문화사회집단이다. 이 분야 연구자 주강현이 두레의 성격을 밝힌 것 중 민요와 관련된 것을 모다 보면 다음과 같다.[14]

첫째, 두레는 강력한 '두레류 노동요'의 출현을 가지고 왔다. 즉 품앗이형 노래가 아닌 집단노동을 위한 노래가 생겨난 것이다.

---

11 『세종실록』 2년 5월 26일조, 6월 20일조, 『성종실록』, 19년 1월 22일조.
12 강등학, 『한국민요학의 논리와 시각』, 민속원, 2006, 239쪽.
13 주강현, 앞의 책, 275쪽.
14 주강현, 같은 책, 287~290쪽.

둘째, 별도의 문화조직인 풍물굿을 보유하고 있었다. 노동의 활력과 들일에서 논매기소리를 받쳐 주는 역할을 하였다.

셋째, 두레에서는 노동요뿐 아니라 일반 잡가인 타령도 불렀다. 일할 때나 쉴 때, 집단적 힘을 발휘하고자 할 때 불렀다.

넷째, 두레 담당층은 소 빈민층을 중심으로 하며, 두레노래는 농업생산력과 향촌사회의 변동을 반영하고 있었다.

두레와 김매기는 초벌(아시)논매기와 두벌논매기, 세벌논매기, 만물논매기로 이루어진다. 세벌논매기에서 바로 만물로 이어지기도 하고, 한두 개가 생략되기도 한다. 모든 논매기가 획일적으로 이루어지지는 않는다. 두레가 분화되면서 고지雇只기, 품앗이 등의 다양한 두레 노동이 생기기도 하였다. 제초 방식도 손으로 훔치기, 호미로 매기 등 토질이나 잡초상태, 논매기 횟수에 따라 달랐다.

두레의 본질적 속성은 노래와 장원질(풍장굿)을 함께 했던 일과 놀이의 수미일관된 순환구조에 있다. 논에 도착하면 풍장을 치면서 두레꾼들은 일렬로 선다. 좌상座上의 지시에 따라 풍물꾼들이 먼저 논에 들어가는데 꽹과리·장고·징·북 정도의 사물四物이었다.

'선소리꾼(소리를 메기는 사람)'이 사설을 하며 '두레꾼(들소리를 받는 사람들)'이 후렴[여음]을 받으며 〈논매기소리〉를 부른다.[15]

현재 전승되는 "상주민요"를 살펴보면 이러한 점에서 두레 노동시에 부른 논농사요의 형태를 그대로 유지하고 있다. 〈모심기소리〉에 이은 〈논매기소리〉의 분화나 풍장굿의 형태인 〈칭칭이소리〉, 〈타작소리〉 등은 두레노동의 절차와도 일치하고 있음을 발견하게 된다. 따라 현재의 〈상주농요〉는 조선조 후기 농촌사회에 형성된 두레조직과 그들의 소리 연행을 계승 전승한 노동요라 단언할 수 있다.

상주지역에 두레조직이 정확하게 어느 때에 결성되고 연행連行 활동을 시작

---

15 주강현, 같은 책, 292~294쪽.

하였는지는 알 수 없지만 일반적인 경우에 비추어 볼 때 빨라도 19세기 전반을 넘을 수 없다고 본다.

두레조직은 일반적으로 '모심기'라는 농법의 변화와 맥을 같이 하며 모찌기, 모심기, 김매기, 타작하기 등으로 이어지는 벼농사가 집약적인 노동력을 필요로 하고 그 노동력의 정점기와 맞물려 있다. 조선조 달라진 농법에서 수확력의 증산을 위한 '모 옮겨심기'나 논밭의 '지심[김, 잡초]'을 제거하는 일은 매우 획기적이고 중요한 증산작업의 하나였으며, 한시적인 시간에 묶여 있는 일이었기에 집약적 노동을 필요로 하였다. 집단적 노동력의 일시적 투입 없이는 농사짓기가 어려워지면서 두레는 자연적으로 형성되었고 두레풍장은 필연적인 농사관행으로 자리하였을 것이니 이는 19세기 초반에 이르러 보편적인 문화로 자리하게 되었을 것이라 보인다.[16] 현재 우리나라에 전승되는 많은 농업노동요나 일반민요들이 19세기적 성행물임을 생각한다면[17] 더욱 그러하다.

상주는 경북 서북부 내륙에 자리한 영남의 고읍이다. 소백산맥 남동사면에 위치한 사고동동형의 지형으로 낙동강 본류가 동부지방을 관통하여 산과 물, 자연자원이 풍부하고, 연평균 기온은 12~13℃ 정도이며 연간 강우량은 1,050mm 내외로 넓은 평야와 적정한 강우량, 여름철 높은 기온, 많은 일조량 등 농작물 재배에 좋은 조건을 가지고 있다. 예로부터 '삼백三白'의 고장이라고 불릴 만큼 쌀 · 누에고치 · 곶감의 산지로 유명하였다. 그 명성 그대로 현재에도 상주 쌀은 전국 최고급으로 인정받고 있다.[18]

농경으로 인해 일찍이 이 지역에는 많은 사람들이 모여 살았고 따라 여러 국가가 성립했던 것으로 생각되며, 신라시대부터 주요한 지역으로 주목받아 큰 고을이 되었다. 고려조에는 도독부가, 조선조에는 도호부와 경상감영이 자리하는 등 경상도라는 도道 이름에 이곳 이름이 차용될 정도로 큰 영남의 읍이었으며,

●
16 주강현, 앞의 책, 126~129쪽.
17 김무헌,『한국노동민요론』, 집문당, 1986, 202쪽.
18 한국정신문화연구원,『한국민족문화대백과사전』11, 559~570쪽 발췌.

우리나라 중부지역에서 매우 주요한 위치를 점하던 곳이다.[19]

벼농사에서 무엇보다 중요한 것은 관개 수리의 존재이다.

상주시 공검면 양정리陽亭里에 있는 공검지恭儉池는 남한에서는 규모에 있어 가장 큰 못으로 알려져 있었다. 서력 기원을 전후한 시기에 벼농사의 중요성과 함께 정치적·사회적 발전에 의한 노동력의 징발에 의해 거대한 저수지가 축조되었는바, 제천 의림지義林池, 밀양 수산제守山堤, 김제 벽골제碧骨堤 등과 비슷한 시기에 만들어졌다고 지역민들은 믿고 있다.[20]

문헌 기록으로는 고려 때인 1159년(명종 25) 상주사록尙州司祿으로 있던 최정빈崔正份이 예로부터 있어 오던 제방을 그대로 수축했다고 하며, 제방의 길이는 860 보步이고, 너비가 800보라고 한다. 저수지의 둘레는 22리나 되며, 이 저수지에 의해서 혜택을 받는 몽리蒙利면적은 260결結에 이르렀다고 한다.

조선 초에 홍귀달洪貴達이 쓴「공검지기恭儉池記」에 의하면 축조연대는 언제인지 모르고 공검恭儉이라는 이름은 쌓은 사람의 이름에서 비롯되었다고 한다. 평상시 못의 둘레가 1만 6,647척尺이며 이때 물의 깊이는 4, 5장丈이나 되었다.

이 제방은 고대의 제방들에서 흔히 볼 수 있듯이, 토사土砂를 판축版築(판자와 판자 사이에 흙을 넣고 다짐)하여 단면이 사다리꼴이 되도록 쌓아 올린 것이다.

예로부터 농업 특히 벼농사를 중심으로 하는 우리나라는 6~8월에 집중해 내리는 강수를 효과적으로 관리하기 위한 저수지의 축조가 국가적 관심사였다. 이미 4세기경인 삼국시대에 김제에 벽골제, 제천에 의림지, 밀양에 수산제, 정읍

---

19 고려 때인 940년(태조 23) 상주로 개칭되었으며, 이어 안동도독부로 고쳐졌다. 그 뒤 983년(성종 2) 12목을 설치할 때 상주목으로, 1012년(현종 3)에는 안동대도호부로, 1018년에는 다시 상주목이 되었다. 조선시대 때 8도체제가 확립되면서 1408년(태종 8) 상주에 경상도감영을 두어 경상도감사가 상주목사를 겸하였다. 1457년(세조 3) 진이 설치되어 군사적 요지가 되었으며, '경상도'라는 말은 '경주'와 '상주'에서 머리자를 따 만든 명칭이다.
20 한국정신문화연구원,『한국민족문화대백과사전』2, 731쪽.
상주시,『상주의 문화』(1994), 394~392쪽.
상주시청 관광상주 홈페이지(http://www.sangju.go.kr/tour/main.jsp?home_url=tour&code=TOUR_TOUR_5&table_name=TOUR&pageNumber) 등 참조.

에 눌제訥堤와 만석보, 익산에 황등지, 당진에 합덕지, 광주에 경양지景陽池, 수원에 축만제祝萬堤 등과 함께 상주에도 공검지가 존재하였다. 그밖에도 중소 규모의 저수지가 전국 곳곳에 산재해 있었으나, 대부분은 수리기술이 미약하여 산간계곡의 물을 이용하여 관개하는 보洑 형태였다.

그 뒤 근대적인 저수지는 일제강점기인 1906년 '수리조합조례'가 발표되고 근대적인 토목기술과 기계가 도입되면서 축조되기 시작했다. 이는 식민지 약탈을 위한 산미증산계획이 실시되면서 본격화되었다.[21] 이때 공검지도 개축조를 하게 된다.

일제는 조선의 토지 확보와 수확량증대를 위해 일본인 농업기업가를 이용하여 광범한 토지를 침탈하는 한편 수리사업에 적극적인 관심을 가졌던 것이다. 그에 따라 수리조합조례水利組合條例(1906) · 국유미간지이용법國有未墾地利用法(1907) 등을 발표했고, 1908년 옥구서부수리조합(지금의 전북농지개량조합 구역)의 설립을 시작으로, 주로 일제의 토지침탈이 심했던 지역에서 대규모 수리조합을 설립했다.[22]

공검지는 일제 식민지 시대에 대대적인 콘크리트 못으로 개수 확장되어[23] 이 지역의 관개로 역할을 하다가 1964년 식량증산시책에 따라 다시 못을 메워 논으로 규모가 축소 개답되고, 만수 시 약 1,000평 정도의 작은 규모로 그 흔적만 남아 있다. 현재 유허비를 세워 문화유산으로 그 흔적을 보존하고 있으나[24], 수리시설로서의 기능은 사라진 채 남아 있다. 이러한 배경 속에서 공검지는 상주시 지역 일원의 넓은 들판에 주요 관개灌漑로 자리하면서 상주벌로 수로를 연결

•
21 브리테니커백과사전(http://100.daum.net/encyclopedia/view.do?docid=b19j0104b001#ID8).
22 위와 같음.
23 공검지(恭儉池)를 현재 〈공갈못〉으로 부르고 있는 바 이는 "공검의 사투리"가 아니라(국어학적으로 '공검 〉 공갈' 같은 음운변화는 불가능함) 아마도 일제 때의 못을 '콘크리트'로 재축조함으로 인하여 지역민들이 콘크리트를 '공구리'라고 발음함에서 파생된 말(공구리; 공굴 〉 공굴 〉 공갈)이거나, 못의 재축조시에 부역을 통해 '공굴(公屈)'[공동 노동 작업]을 하였음에서 형성된 어휘일 수 있다.
24 경상북도 기념물 제121호로 지정 보호되고 있다.

하게 되었다.

옛 함창현에 속해 있었던 공검못에서 연꽃을 따는 처녀의 아름다운 모습을 함창 공검을 중심으로 〈연밥 따는 노래採蓮謠, (공갈못노래)〉가 만들어져 지역 사람들이 널리 부르며 전승하다 나중 상주 지역의 모심기를 하는 노동 속에서 〈모심기소리〉로 구창하였다. 점차 이 노래는 영남권 전역으로 두루 퍼져 나갔고, 곳에 따라 자기 지역의 못 이름으로 개사하여 부르기도 하였으니 영남권 〈모심기소리〉 한 유형으로 존재하게 되는 것이다.[25]

또, 상주시에서 서쪽으로 4km 국도를 따라 가노라면 서보西洑가 있다.

상주시 낙양동 개운 저수지에서 내려오는 하천의 제방 둑에 상주尙州 서보西洑 낙양수문비洛陽水門碑가 있는데, 이 비의 뒷면에 서보의 연혁이 기록되어 전한다.

> "옛부터 수리의 편리를 주는 보가 없어 몽리자들이 애타게 생각하던 중, 숙종 27년에 고을 원인 이시필李時弼이 처음으로 서보를 수축하였다. 이때가 1701년(숙종 27년)이다. 80여년 뒤인 1783년(정조 7년)에 서필수徐必壽가 개축하고 박래설朴來說, 이기도李璣道 등이 서로 번갈아 개수했다. 박정준朴正準 등이 관리할 때 수원지의 암거 및 수문 입구를 서로 번갈아 개수했다. 세월이 흐름에 따라 매년 내리는 장마에 의하여 보가 허물어져 관개에 막대한 지장이 있으므로 그때그때 몽리자蒙利者들의 출자로 임시 보수 조치하였으나 장구한 대책을 수립할 수 없는 형편이었다. 그래서 1927년에 면에 협력을 얻어 박정열朴正烈 등 8명이 주동이 되어 관개 조합을 조직하고 공사비를 몽리 지주에게 분담시켜 크게 보수하고 보의 면모를 새롭게 하였다."

서보는 1701년에 축조되어 오늘에 이른 오랜 관개임을 알 수 있다.

상주 서보의 근원지는 상주시 남장동 입구의 냇바닥의 땅속 도랑暗渠(암거)인

---

25 상주시·군, 『상주지』, 1989, 121쪽에는 공검지 축조와 연관되는 용갈이(龍耕), 매아(埋兒)설화, 인주(人柱)설화, 용투(龍鬪)설화 등이 기록되어 있다.

데, 아무리 가물어도 여기에선 물이 솟아올라 상주 앞들의 목을 축여 주었다고 한다. 인근 면적 230ha에 176.2ha의 논밭에 물을 대어 주었다. 근원지에서 상주 앞들까지의 물줄기는 20여 리에 걸쳐 있다고 볼 수 있다.[26]

이처럼 '공검지'나 '서보西洑' 등은 벼농사에 필수적인 관개 수로로서 상주 지역의 논농사 문화가 지닌 역사적 장구함과 그 지역적 분포나 경작자의 양적 크기를 가늠하게 하는 농경문화유산이다. 이것으로 하여 〈모심기소리〉인 〈채련곡(공갈못노래)〉이나 〈상주서보가〉[27]가 생성·향유되어 오늘날 상주 민요의 중요한 몫을 차지하고 있는 것이다.

"상주민요"의 본향인 상주시 초산 1동(쌍암마을)은 '대평들'이라 불리는 곳이다. 마을이 칠성바위와 샛별바위 등의 큰 바위로 둘러싸여 있어 쌍암이라 불러 왔으나 일제 때 풀초 '초草'자를 써서 초산草山이라 이름을 바꾼 곳이다. 아마도 벼가 푸르게 자란 들판에서 나온 이름으로 보이니 논농사를 크게 한 지역임은 분명하다. 또한 쌍암마을은 풍물로도 유명한 곳이다. 현 기능보유자인 육종덕 씨의 제보에 의하면, 풍물로 유명한 마을이었는데, 6·25때 풍물이 흩어졌다고 한다. 일제가 태평양전쟁의 무기를 만든다고 풍잠을 모두 거두어 가버려 해방되던 해 풍물 장구匠具들은 가위, 쌀 등을 내어 마련하였고, 상주에서 정월 초하루 오후부터 보름 사이에 마당걸립을 통해 지역에서 풍물로 그 유명세를 타기도 하였다 한다. 즉 '풍잠하면 쌍암'이라는 말을 들었다는 것이다.[28]

잘 알다시피 농업노동요의 번성에는 넓은 들, 관개 수로, 두레노동, 풍물패 등

---

26 상주군,『상주의 얼』, 상주군문화공보실, 1985, 268~270쪽.
27 〈상주서보가〉: 상주서보 유명하다 / 서보 수문만 열어 놓으면 / 상주 앞들 수천 두락에 / 이논 키 저논키 물이 넘네 // 물 댈라고 애쓰지 말고 / 수금포 가래만 어깨에 메고 / 상주 남장 모퉁이로 / 우리네 농부들 보치려 가세 // 장하도다 농부들 장하도다 우리네 농부들 장하도다 / 일년 열두달 지은 농사 / 백옥 같은 흰쌀 일세 // (후렴) 애헤야 얼럴려 상사디야 / 애헤야 얼려려 상사디야 / 애헤애루와 좋고 좋다 / 풍년 이로구나. 상주시,『상주의 문화』, 1994, 406쪽, 이 노래는 1930년대 만들어 부른 근대 민요이다(양임술 증언과 왈츠곡 리듬, 수금포 어휘 등『상주의 문화』, 408쪽 참조.
28 김유희,「쌍암마을 '육종덕' 어른을 통해 본 민요의 기능과 인식」,『상주문화』제4호, 상주문화연구회, 2010, 90쪽.

이 가장 중요한 요인으로 작용한다. 상주 초산 1리에서 "초산농요", 즉 "상주민요"가 1986년 10월 17일~18일 충남 천안시 오룡경기장에서 열린 제27회 전국민속경연대외에서 경상북도 대표로 60여 명이 참가하여 MBC 사장상을 수상하고, 3년 뒤인 1989년 9월 28일~30일 마산종합운동장에서 열린 30회 전국민속경연대회에 65명(남 43명, 여22명)이 출전하여 국무총리상을 수상함으로써 전국적으로 그 명성을 드날린 것은 이 같은 문화적 배경이 자리하고 있었기 때문이다.

이때 상주민요보존회장 강남식(작고), 기능보유자 육종덕, 후보자 김화경, 전수생 남시준, 연구지도교수 성병희(안동대), 김택규(영남대) 그리고 마을 주민과 함께 모심기, 논매기, 타작의 구성과 실기(동작과 노래)로 상주민요의 산파역을 한 박찬선(당시 상주고 교사)씨와 상주시 문화계장 박우홍(작고)씨의 노력과 도움이 있었기에 가능한 일이었고, 이후 경상북도무형문화재 제13호로(1987.5.13지정) 오늘에 이르고 있다.[29]

이처럼 한 문화재가 자리하는 데는 오랜 역사 속에서 응축하고 펼쳐 온 문화소가 내재해 있다. 상주의 오랜 논농사 역사, 넓은 평야와 발달한 관개 수로, 모심기와 논매기의 문화적 구성체인 풍물까지 녹아들어 꾸며내고 있기에 상주 초산리의 민요마을은 전통적인 농본문화의 매우 중요한 요소를 두루 가지고 있으며, 그 정체성을 유지하고 있는 중요한 지역이라 할 수 있다.

3 "상주민요"의 민요적 특성

민요는 어떤 민족의 기본층에 속하는 사람들이 삶의 현장에서 생겨난

---

29 상주시,『상주의 문화』, 1994, 430쪽.

그들의 생각과 느낌을 즉흥적인 구창口唱에 의하여 입으로 전해 가며 그들 스스로가 좋아서 즐겨 불러온 노래이다.[30]

민요는 사설과 가락으로 구성되는데, 노래 사설은 노래하는 사람들이 일상생활에서 느끼고 생각한 것이나 일의 내용, 진행과정 등을 말로 표현한 것이다. 때로는 즉흥적으로 노래하기도 하고, 때로는 말로 구술하기도 한다. 그리고 그 노랫말이 '입맛'에 맞으면 많은 사람들은 이를 그들 스스로의 것으로 만들어 불렀다. 그리고는 부르는 사설이 노래하는 사람들의 '입맛'과 맞아떨어지는 어떤 요소가 있으면 후대로 전승되거나 다른 사람들에게 전파되면서 전해지는 것이다.

사람들이 지닌 사상과 감정은 사설로 만들어지고 노동의 현장이나 의식의 진행이 사설의 주된 내용이다. 그러므로 전국적인 유사성도 있고 때로는 지역적 독자성도 가지는 등 다양한 내용을 지니고 있다.

모든 구비전승물이 그러하듯이 말로 구연되고, 말로 전해지고 퍼져 나가기 때문에 부분적으로 바뀌어 지고 사라지고 보태어져서 여러 각편을 만들어 내는 것이 사설이다.

노동현장에서 일하며 부르는 노동요는 노동 행위를 즐겁게 하기 위해서거나 행동의 통일을 위하여 노래한다. 그래서 일의 진행상 필요한 말이거나, 일의 내용을 나타내는 말, 일과는 직접 관련이 없으나 일꾼의 감정이나 의식을 나타내는 사설이 즉흥적으로 만들어지기도 한다.

많은 농업노동요, 특히 논농사 때에 부르는 〈모심기소리〉, 〈논매기소리〉 등에는 이 같은 현상이 두드러지게 나타난다. 그런데 오늘날 많은 일노래들은 사라지거나 잊혀 간다. 삶의 환경과 방법이 바뀌면서 자연스레 사라지고 변해 가던 이 지역의 일노래들은 문화재로 지정될 당시 전국민속경연대회라는 특수한 공간에서 한정된 시간과 무대 위에서 불러야 하기에 더 많은 변화를 하지 않을 수

---

30 김기현, 『영남의 소리』, 태학사, 1998, 3쪽.

없었다. 지금 우리가 만나는 "상주민요", 즉 초산동의 민요는 이렇게 만들어 변한 것이라 할 수 있다. 물론 이 지역에서 옛날부터 불러온 그 민요를 토대로 정리하고 다듬은 것이지만 다소의 드나듦이 없을 수 없었고, 무엇보다 지금은 '문서화' 되어 고정체로서 부르고 있는 것이다.

옛 일터에서의 소리들은 구비전승 하였던 구비물이기에 '말'이 지닌 특성 그대로 쉬 변하고 바뀌고, 즉흥적 소리로 다른 사설이 만들어지며, 때로는 잊혀 사라지는 것이 본원적인 운명이다. 곧 민요는 살아 있는 생명체처럼 가변적인 존재이다. 그러나 한번 문화재로 정해지면 원형보존을 위해 변개가 이루어질 수 없다. 변하지 못하는 '문서'가 되는 것이다.[31]

"상주민요"라는 이름으로 지정되어 진 초산 1리의 민요에서 부르는 사설을 가지고 그 문학적 특징을 살펴보자.

현재 가창하는 "상주민요"는 1) 모심기소리(공갈못노래) 2) 논매기소리 (1) 아시논매기소리(소호니소리) (2) 두불논매기소리(방해소리), 3) 논매기를 마치고 돌아오며 부르는 소리(칭칭이소리) 4) 타작소리 (1) 자리개타작소리 (2) 도리깨타작소리로 구성되어 연행하고 있다.

이 중 대표적인 것이 '공갈못노래'라고도 하는 모심을 때에 부르는 노래와 논맬 때 부르는 소리이다. 칭칭이소리는 풋굿[장원놀이]에서 부르는 소리이지만 대개 세벌논을 매고 돌아오면서 부르는 소리이기에 이 또한 논맬 때 부르는 소리의 일종으로 분류하기도 한다. 그리고 타작소리이니 이 타작 또한 이모작 경작 시에 모심기와 교체되는 노동행위인 까닭으로 크게 보면 논과들에서 부르는 소리로 판을 짜고 있는 셈이다.

---

31 우리 문화재보호법 제3조는 다음과 같이 무형문화재의 변화를 차단하고 있다. "제3조(문화재보호의 기본원칙) 문화재의 보존·관리 및 활용은 원형유지를 기본원칙으로 한다."

3-1 〈모심기소리〉[32]

초산 1리에서 〈모심기소리〉로 부르는 〈공갈못노래〉는 상주뿐만 아니라 경상도 지역에서 널리 발견되는 〈모심기소리〉 사설 중의 하나이다. 현재의 "상주민요"는 이 지역에서 모심을 때 불러 온 수많은 〈모심기소리〉 사설 중에서 함창 공검지역에서 불러 널리 유포된 '공갈못소리'와 '능청능청소리'로만 그 사설을 짜서 부르고 있다.[33] "상주민요"의 〈모심기소리〉 사설은 함창의 공검지에 가득 찬 연꽃을 따는 처녀에게 보이는 연정을 토로하는 '채련요採蓮謠'[34] 사설이 앞 2소절이다. 3째 소절 또한 경상도 지역에서 두루 나타나는 '능청능청' 소리이다. '채련요'는 3줄 양식이고 '능청소리' 일반적인 모심기 소리의 사설인 2줄 양식의 사설이다. 모를 심을 때 부르는 노래 사설이 2줄 양식인 이유는 유의미한 사설을 부르기 때문에 주고받아 부르기가 쉬워야 하기 때문이다.

사설이 이 같은 3줄, 2줄 형식의 혼재는 아주 드물게 나타난다. 왜냐하면 교환창으로 부르는 〈모심기소리〉 노래의 사설이 3줄 양식으로 나타나면 교환하면서 불러 가기에는 짝이 맞지 않아 교환하기에 부적절하기 때문이다. 선소리꾼이 노래 1마디(3줄) 전부를 부르지 않으면 교환이 되기 어렵다. 현재 선소리꾼 육종덕씨가 부르면 뒷소리를 받는 사람들이 선소리꾼의 소리를 그대로 반복해서 부르는 것도 이 때문이다.[35] '능청소리'는 낙동강을 중심으로 전파되어 경남북 전 지역의 모심기 현장에서 두루 부르고 있는 사설의 하나이다.

●

32 〈모심기소리〉사설: 상주함창 공갈못에 연밥따는 저처자야 / 연밥줄밥 내따줄게 이네품에 잠자주소 / 잠자기는 어렵잖소 연밥따기 늦어가요 // 상주함창 공갈못에 연밥따는 저큰아가 / 연밥줄밥 내따줌세 백년언약 맺어다오 / 백년언약 어렵잖소 연밥따기 늦어가요 // 능청능청 벼리 끝에 시누올케 마주 앉아 / 나도야 커서 시집가면 우리낭군 섬길라네.
33 이소라, 『상주의 민요』, 상주군, 1993, 57쪽.
34 홍재휴는 이를 1)기본형, 2)생략형, 3)복합형, 4)후렴생략형 등으로 유형화 하고 있다「공갈못 조사보고」 II, 『어문학』 13집, 1965와 상주시, 『상주의 문화』, 1994, 394~406쪽 참조].
35 예천통명농요 또한 전국민속경연대회 출품의 노래로 판짜기 한 노래이다. 선후창으로 이상휴(기능보유자)의 앞소리로 모심기소리를 부르는데 상주민요와 같이 드문 양식이다. 보통 모심기소리는 교환창으로 부르고 김매는 소리는 선후창으로 부른다.

현재 구성되어 있는 2종의 사설은 남녀 간의 애정을 담은 노래와 짝 없는 누이의 죽음을 통해 부부의 연을 흠모하는 사연을 담고 있다. 둘 다 모심기를 하는 저녁나절에 주로 부르는 사설이며, 워낙 많은 지역에서 부르고 있다 보니 여러 각편이 생겨 다양한 사설이 나타나고 있지만 이는 이 사설에만 일어나는 일이 아니라 인기 있는 사설에서 흔히 나타나는 현상이다.[36]

이소라는 상주지역의 민요를 조사한 보고서에서 다음과 같은 주목할 만한 견해를 제시하고 있다.[37]

> 공갈못 가사는 으레 '상주 함창 공갈못(공골목, 공검못)'으로 시작한다. 공갈못은 옛 함창군에 위치해 있으나 오늘날 상주를 호칭할 때 '경북 상주군'이라 부르는 것처럼 상주가 함창의 상급 행정관청일 적에 나오는 가사라 볼 수 있는가 하면, 다른 한편 공갈못의 수리水利를 상주 사람들이 많이 취하였던 사실과 함창지역에선 모노래를 그리 부르지 않았다는 점으로 보아 함창 사람들이 아닌 상주사람들이 이 가사를 지어 부르면서 '상주'를 '함창'보다 먼저 읊은 것이라고도 생각된다.

그는 상주권 민요를 북부권[함창·공검 등 지역]과 남부권[상주·낙동 등 지역]으로 나누어 이들 구분이 지역 특성이 아니라 역사·문화적 이질성으로 생겨난 것으로 보면서 북부권 농요에서 〈모노래〉가 발견 되지 않음을 주목하고, 또 〈공갈못노래〉는 주로 옛 상주목 지역[남부권]에 전파되어 있고, 충청도 일부 지역에서는 잘 모르는 '함창' 대신에 익숙한 '합천'으로 부르고 있음도 제시하였다.

이로 보아 모심을 때 부르는 〈공갈못노래〉, 즉 채련요는 옛 상주목이 있던 지역[지금의 상주들 권역]에서 모심는 소리로 더 많이 불렀음을 알 수 있고, 정작 공검지가 있고 '연꽃을 따는 처녀'들의 모습을 보던 곳인 함창권은 오히려 모심

---

36 임동권, 『한국민요집』에는 "밀양 청도 궁노섶에 연밥 따는 저처녀야" : "삼가 합천 큰못 섶에 연밥따는 저처자야" 등 지역의 못과 연꽃, 처녀를 연결하는 노랫말을 가진 사설 등이 산재하고 있다.
37 이소라, 앞의 책, 99쪽.

기와는 관계없이 일반적인 민요를 불러 와 그야말로 〈채련요〉로 함창 공검 등 북부권역에서 두루 존재했을 것 같다고 말한다.[38]

이것은 곧 예로부터 불러 온 〈공갈못노래〉가 초산을 비롯한 상주지역과 경상도 전 지역으로 전파되어서 모심을 때 노래되었다고 보아야 한다. 즉 연정을 노래하는 〈공갈못노래〉는 비록 함창지역에서 형성되고 오래 향유되어 온 것이지만 상주지역의 여러 논농사 현장에서 〈모심기소리〉로 전이되어 불렸으며, 1980년대 "상주민요"로 자리 매김을 할 때 그대로 수용되어 고정되었다고 할 것이다. 이는 모심기 현장이나 논매는 현장에서 널리 일어나는 보편적인 현상이면서 노래의 기능 변화에 따르는 구연에서 일반적으로 일어나는 일이다.

좀 더 구체적으로 〈모심기소리〉 즉, 〈공갈못노래〉를 중심으로 살펴보자.[39] "상주민요"의 〈모심는소리〉는 다른 지역 〈모심는소리〉와 달리 앞소리꾼 육종덕씨에 의해 독창으로 불린다. 비교적 느린 속도로 불리며, 박자는 음절에 따라 3소박의 3박과 2박이 주류를 이룬다 이 곡은 속도가 느린 반면 한 음이 긴 음가보다 비교적 짧은 음가로 노래되어 한 음절 당 네 개 음 미만의 선율적 움직임을 갖는다. 형식은 론도형식을 취하며, 동기적 선율의 리듬형태는 단순한 것에서 점차 복잡성을 띠며 잘게 나누어진다. "상주 함창" 부분에서는 '라'에서 '솔'을 거쳐 '미'로 하행선율로 시작한다. '미'는 다시 최고음 '도'로 상행하는 과정에 '라-솔-라'의 보조음이 시김새로 사용되었다. "공갈못에"는 '미'에서 '라'로 완전4도 상행하며 '도'로 상행하는 과정에 앞에처럼 '라-솔-라'의 보조음이 사용되고 다시 '라'는 '솔'을 거쳐 '미'로 하행하는 선율선을 갖는다. "연밥 따는"에서는 '도-라-솔-미'로 하행한 후 '미'에서 '솔-미'를 거쳐 '라'로 상행한다. "저 처녀야"에서는 '라'가 '미'로 하행하면서 '솔'을 거쳐 종지하는 전형

---

38 역사성으로 보아 '공갈못노래'의 형성이 먼저일 것이다. 그리고 이 노래의 사설구성법으로 보아 주로 유희 마당에서 집단창 또는 단독창으로 부르던 노래일 가능성이 높다. 이것이 후대에 〈모심기소리〉의 사설로 녹아들었다고 보는 것이 타당할 것이다.
39 유대안, 「경북 내륙지역 모심는소리의 리듬구조와 선율구조」, 『한국민요학』 33집, 한국민요학회, 2011, 213~215쪽 인용.

적인 하행 선율선이다. "연밥 줄밥"에서는 '라-도-레-도-라-솔'의 산형의 선율선을 갖는다. "내 따줄게 에이"에서는 앞의 '라-도-레-도-라-솔'과 유사한 산형 선율선을 갖지만 마지막 음은 '솔'로 내려오지 않고 다시 '도'로 상행한다. "이내 품에 잠자 주소"는 "연밥 따는 저 처녀야"와 동일한 선율구조를 갖는다. 단지 '미'가 '라'로 완전4도 상행하는 과정에서 시김새로 사용된 '솔-미'가 생략되었을 뿐이다. "잠 자기는 어렵잖소"는 "연밥 줄밥 내 따 줄게 에이"와 유사한 선율구조를 띠고 있지만 음보말과 행말에는 하행하여 '미'로 하행한다. "연밥 따기 늦어가요"는 "연밥 따는 저 처녀야"와 동일한 선율구조를 갖는데 음계는 전형적인 메나리토리의 음계적 특성을 갖는다.

3-2 〈논매기소리〉

〈논매기소리〉는 논농사 판에서 부르는 노래 중 가장 오래된 것이라 할 수 있다. 이는 '모를 옮겨 심는 일'보다 '김을 매는 일'이 더 오래되었기 때문인데, 여러 문헌기록에서도 일찍이 〈논매기소리〉의 존재를 찾을 수 있다.[40] 〈논매기소리〉는 작업의 내용이나 작업 상황에 따라 만들어지는데, 논매는 회수차와 일의 속도에 따라 소리 구성이 달라지기에 다양한 노래가 생겨난다. 따라 〈논매기소리〉는 사설구성보다는 가창방법이 발달한 노래이다.

주로 '메기고받는소리(선후창)'법으로 부르고 있는데 받아 주는 뒷소리가 지역마다 다르게 나타나고 이를 권역을 구분하는데 사용한다.

상주권에는 대개 받는 소리로 '소호니'계, '저러구한다'계, '잘하네'계, '오장소리'계, '사대소리'계, '방해야'계, '에용'계, '상사소리'계, '칭칭이'계 등이 있는데, 상주 초산지역은 '소호니', '방아', '상사', '칭칭이' 계가 중심이

---

[40] 강희맹(姜希孟), 『금양잡록(衿陽雜錄)』〈농구 14장(農謳十四章)〉에 이때 〈논매기소리〉에 2종류의 부르기가 있음을 보여준다.

다.⁴¹ 이들은 대표적인 경북 북부권의 〈논매기소리〉 계열로서 이 지역의 오랜 농경생활과 무관하지 않다.

〈논매기소리〉는 대개가 '메기고받는소리'법으로 가창한다. 이는 논매기 노동이 힘든 노역이기 때문에 선소리꾼이 유의미한 사설을 부르면 받는 소리꾼들(다른 일꾼)이 모두 뒷소리[후렴]를 받아 가며 부르기 때문이다.

김매는 작업은 보통 3번 이루어지는데, 모를 심고 나서 처음 매는 것을 '아시논매기', 그리고 '2벌 논매기', 마지막으로 '3벌 논매기'를 하고, 그리고 토질에 따라 '4벌 논매기'를 하기도 한다. 1회나 2회는 호미로 매고 2, 3회 때는 손으로 매는 일이 많은데 이는 토질과 잡초의 양과 크기에 따른 노동의 강도와 관계있다.

"상주민요"에서의 〈논매기소리〉는 2번의 논매기로 한정되어 〈아시논매기소리〉와 〈두불논매기소리〉로 부르고 있다. 〈아시논매기소리〉는 후렴으로 "호호호 호야 해해해 해야 에하 소호니 절로 한다"는 받는 소리가 있어 흔히 '소호니'계 소리로 칭한다. 이것은 상주시와 선산 등을 본고장으로 하는 소리인데 '소호니'는 '손이'라는 말이 긴소리 과정에서 늘어진 말로 추정된다. 즉 '호호호 호야 해해해 해야 에하 소호니 절로 하네'는 '오호 에헤이'라는 영탄과 "김매기 손이 절로(자동으로) 놀아 논을 잘 맨다"라는 바람希望의 표현을 담은 것이다.

매김구는 '변화부+고정부'로 짜이며 고정부는 받음구의 뒷부분에 해당하는 '에헤이 소호니 절로 한다'이다. 상주시(옛 함창지역은 제외)·선산군·김천시를 비롯하여 의성군·구미시·칠곡군·영동군·청원군 일부 지역에까지 파급되어 있다. 이것은 상주 등 영남서부지역에서 충청권으로 전파된 것으로 보인다.⁴²

기능보유자 육종덕씨가 부르는 앞소리, 즉 메기는 소리는 유교의 덕목인 오

●
41 이소라, 앞의 책, 99쪽.
42 권오경, 「영남권 〈논매는소리〉의 전승양상과 사설 구성의 특질」, 『한국민요학』 12권, 한국민요학회, 2001, 14쪽.

류을 주로 들어냄으로써 보통 〈모심기소리〉나 〈김내기소리〉에서 일반화되어 나타나듯 남성들의 긍정적 세계관을 가진 사설로써 논매기 현장의 상황을 담아내는 표현으로 되어 있다.

〈두불논매기소리〉는 소위 '방아소리'이다. 이 소리는 한강을 중심으로 집중적으로 분포하는데, 충청권과 문경·예천·상주를 거쳐 고령지역에까지 분포하는 소리이다.[43] 또 현재 3벌 논매기 때 부르는 '쌈싸는 행위'까지 결합한 형태로 노래를 마무리하고 있다. 흥겨운 통속민요 〈방아타령〉으로 널리 알려진 사설에다가 "에이오 방해야"라는 규칙적 리듬을 가진 소리로 받음으로써 일의 흥겨움을 북돋우는 소리로 부른다. 뒷부분에는 "에이오 상사디야"를 부르고 '쌈싸는 일'을 하면서 "응해 응해"나 "오오사아 / 오오사아 // 오오사아 / 우여"를 부르며 마친다. 이어서 부르는 '저러구 한다' 곡은 '소호니'의 자진 소리에 해당하는 것으로 상주시에서도 서부쪽과 보은군이 전파의 중심권을 이룬다.[44]

이 〈두불논매기소리〉는 매우 복합적이다. 먼저 노동의 행위로 보아 보통 3벌 논매기를(대개 이것은 모든 논매기의 마지막 작업이다)할 때 하는 '쌈싸는소리'를 함께 부르는 일이며, '방해소리'나 '상사디야'를 섞어 부르고 있다는 점이다. 이것이 혹 무대화 되면서 생긴 일은 아닌지 지금으로서는 알 길이 없다.

〈아시논매기소리〉는 노동의 양이 크고 강하여 매우 느리게 '긴소리'로 불러내고 〈두불논매기소리〉는 상대적으로 노동의 강도가 약하기 때문에 짧고 경쾌하게 '짜른소리'로 불러 민요의 가락이 노동 형태와 직결되어 있음을 잘 보여준다.

'두불 논매기'를 마치고 쌈을 싸면서 논에서 나오며 부르는 소리로 흔히 '칭칭이소리'라 하는 "치나 칭칭 나네"를 부른다. 논을 다 매고 상일꾼을 걸채에 태

---

43 위의 책, "그런데 이 방아소리는 충북 보은, 금릉, 김천, 구미, 칠곡에는 전승되지 않는다"고 한다.
44 이소라, 앞의 책, 109쪽.

우고 "치나 칭칭 나네" 노래를 부르면서 집으로 돌아올 때 부른다고 한다.

이 노래는 경상도의 대다수 지역에서 발견되는 '장원질소리'라고도 하는데, 이는 3번 정도 논을 매고 나면 대개 모든 논매는 작업을 마치게 됨에, 집으로 돌아오면서 상머슴을 앞세우고 부르거나, 따로 농꾼들을 위무하기 위해 논 주인이 마련한 음식자리가 파한 뒤(그래서 달리 이를 파연요罷宴謠라고도 한다) 노는 자리에서 부른다. 지역에 따라 상머슴은 걸채를 타고 오거나, 소를 타기도 하였고 또 풍물을 치며 걸어오면서 부르기도 하였다.[45]

〈칭칭이소리〉는 대표적인 '메기고받는소리'로 불러내는 선후창법으로 부르는데, "치나 칭칭 나네"라는 후렴구를 부른다. 후렴으로 받는 소리가 짧고 경쾌하기 때문에 앞소리 메기는 사람이 짧은 메김소리를 빨리 만들어 내야하고 이것이 이 노래의 길이를 결정한다. 따라 경상도의 대표적인 소리의 하나인 "쾌지나 칭칭 나네"는 경상도 권의 가장 흔하고 신명나는 가락의 선후창 노래이다.

선소리 사설은 농사꾼의 찬양, 부부애, 효친, 백발차탄 등 일을 마친 자부심과 풍년들기를 비는 마음에서 빚어낸 사랑과 연정, 늙음에 대한 안타까움 등을 사설로 담아내어 앞소리로 메기고 있다. 그러나 이 같은 '칭칭이 소리'의 사설은 얼마든지 앞소리꾼에 의해서 개작과 창작이 가능하기에 사설은 수많은 각편으로 존재하며 고정적이기보다는 오히려 유동성이 더 많다.

'칭칭이'는 아마도 '칭칭 동여매다'에서의 '단단히'라는 의미의 경상도 사투리에서 온 말 같다. 두레나 향약에 의해 운영되던 시대에 마을 주민들이 결속을 다지고 단합을 하자는 뜻하는 낱말이 아니겠는가.

〈선소리〉	〈뒷소리〉
치나 칭칭 나네	치나 칭칭 나네
바다같이 넓은 논을	치나 칭칭 나네

●
45 상주의 동부지역에서는 걸채를, 화북을 제외한 중앙지역에서는 소를, 함창과 화북은 걸어왔다는 조사기록도 있다(상주시, 『상주의 민요』, 1994, 116쪽).

다메였네 다메였네	치나 칭칭 나네
가세가세 집으로 가세	치나 칭칭 나네
춤도추고 노래도 하고	치나 칭칭 나네
가세가세 집으로 가세	치나 칭칭 나네
하늘에는 잔별도 많고	치나 칭칭 나네
뒷내강변엔 자갈도 많고	치나 칭칭 나네
대나무밭에는 마디도 많고	치나 칭칭 나네
우리 마을엔 인정도 많고	치나 칭칭 나네
우리야 집에는 우애도 많고	치나 칭칭 나네
우리야 마을엔 효자도 많고	치나 칭칭 나네
우리야 마을엔 열녀도 많다	치나 칭칭 나네
앞동산엔 봄춘자요	치나 칭칭 나네
가지가지 꽃화자요	치나 칭칭 나네
굽이굽이 내천자라	치나 칭칭 나네
동창에 돋은 달은	치나 칭칭 나네
서창으로 다시나고	치나 칭칭 나네
창밖에 국화심어	치나 칭칭 나네
국화밑에 술을 빚어	치나 칭칭 나네
술익자 국화꽃 피자	치나 칭칭 나네
임오시자 달 떠나온다	치나 칭칭 나네
치나 칭칭 나네 치나	칭칭 나네[46]

---

[46] 경상북도, 『경북예악지』, 1989, 588쪽. 1980년대 채록한 사설이다.

3-3 타작소리

〈타작소리〉는 〈자리개타작소리〉와 〈도리깨타작소리〉 두 가지로 구성되어 있다. '자리개 타작'이란 마당의 좌우 가장자리를 이용하여 보리타작을 하면서 풍석자리로 알곡을 가리며 타작하는 형태를 말하고, '도리깨 타작'은 도리깨를 사용하여 알곡을 터는 행위를 말한다. 여느 타작소리가 그러하듯, "상주민요"에서의 〈타작소리〉 또한 대표적인 선후창, 즉 '메기고받는소리'로서 상도리깨꾼이 선소리로 소리를 메기면, 나머지 참여자들은 "에하"라고 하는 후렴인 뒷소리를 받아가며 부른다. 〈타작소리〉는 일의 진행에 맞추어 행동을 통일하기 위한 소리이다. 그래서 사설은 타작하는 행위를 지시하기도 하고, 진행 상태를 알려주기도 한다. 즉 함께 일하는 사람을 부르기도 하고, '이쪽 때리라', '저쪽 때리라' 하고 일을 지시하기도 한다. '참'을 내어 달라 부탁도 하고, "영감 할마니 안방에서 놀고, 처녀 총각 골방에 놀고 도리깨 장치 내 손에 놀고"라며 도리깨질을 잘한다고 격려도 한다. "에하"라는 짧은 뒷소리는 힘을 싣거나 흥겨움을 고조하며, 짧게 이어지는 타작 행위의 진행에 맞도록 약동성과 박진감을 노래한다. 〈자리개타작소리〉나 〈도리깨타작소리〉의 사설은 큰 차이가 없다.

자리개타작소리		도리깨타작소리[47]	
〈선소리〉	〈뒷소리〉	〈선소리〉	〈뒷소리〉
에이 주야산이 또 들어간다	에하	에이 주야산이 또 들어간다	에하 에하
에하	에하	때리라	에하
헌단이	에하	어깨도	에하
나가고	에하	질숙	에하
새단이	에하	허리도	에하

---

[47] 2006년도 상주시에서 간행한 "상주민요" 유인물(팸플릿)에 있는 자료이다. 상주민요보존회장;김황식.

또 들어온다	에하	주척	에하
어깨도	에하	힘써	에하
질숙	에하	때리라	에하
다리도	에하	상도리깨	에하
즛척	에하	어디갔나	에하
에하	에하	에하	에하
때리라	에하	때리라	에하
큰 애기	에하	김서방	에하
허리매	에하	어디갔나	에하
같은 단	에하	박서방	에하
또 걸렸네	에하	때리라	에하
에하	에하	이서방	에하
때리라	에하	먼 산에	에하
잘한다	에하	잘도한다	에하
자부나	에하	까막까치	에하
에하	에하	나무에 놀고	에하
에하	에하	메뚜기 땅개비	에하
에	에하	풀밭에 놀고	에하
에	에하	영감 할마니	에하
때리라	에하	안방에 놀고	에하
먼 산에	에하	총각처녀	에하
비 묻었다	에하	골방에 놀고	에하
이쪽 때리라	에하	도리깨 노리	에하
저쪽 때리라	에하	공중에 놀고	에하
둘러처라	에하	도리깨 장치	에하
잘도 한다	에하	내 손에 놀고	에하
얼시구나	에하	일꾼들은	에하

잘도 한다	에하	마당에 놓고	에하
절시구나	에하	이쪽 때리라	에하
잘도 한다	에하	저쪽 때리라	에하
잘한다	에하	디비 때리라	에하
잘한다	에하	잘도 한다	에하
타작 다했네	에하	잘한다	에하
에하		잘한다	에하
		타작다 했네	에하
			에하

  민요는 말로 존재하고 말로 구연되는 구비전승물이다. 따라서 지역의 사람들이 사용하는 말이 곧 민요의 음악적 형질을 결정하는 작은 요소가 된다.

  민요에서의 가락은 그 지역민이 지닌 언어적 환경, 즉 말의 음성학적 특성에 따라 결정된다고 해도 지나친 단정이 아니다. 그리고 정신적 환경인 민중의식과 민속예술, 문화, 사상 등과도 무관하지 않다. 가창민요가 가락과 선율을 지니고 노래의 형식적인 면, 즉 음악성을 중시하여 부른다면 음영민요는 단순한 리듬만으로 표현하려는 내용적인 면, 즉 사설을 중시하여 말해진다. 그러나 가창되거나 음영되더라도 소리로 표출될 때 나타나는 말은 음성학적 통상성의 울을 벗어나지 못한다.

  상주지역의 민요는 경남과 강원도 그리고 함경남도까지를 포함하는 소위 메나리토리 지역으로 모두 뿌리를 같이 하는 계면조 계열의 선법을 쓰고 있으나, 특히 미-솔-라-도-레의 5음 중 '솔'이 경과음으로 쓰이는 것과 쓰이지 않는 것 두 형이 나타나고, '레'음은 '도'음으로 떨어지려는 특성을 보여주고 있다.

  이 중 같은 경상도 방언지역이지만 "상주민요"는 레-도-라-솔-미를 주 구성음으로 '라'와 '미'를 종지음으로 하며, 도-라-미로 된 선율형이 주종을 이룬다. 그러나 북부권에서는 충청도 소리에서 보이는 선율구조가 나타나기도 하여 예천 함창은 서로 같은 소리권을 형성하고 있다. 이는 인접하는 지역과의 문화교류와 무관하지 않음을 보여 주는 것이다. 또한 같은 메나리토리의 경남 지역 민요에 비하여 다소 그 가락이나 선율은 변화가 심하지 않고 완만하여 전체적으로는 느긋한 맛을 보이기도 한다. 또, 상주 지역의 민요는 강원도나 함경도 지역과는 달리 대개 한배의 장단을 많이 쓰고 있으며, 중모리를 중심으로 하여 세마치, 중중모리, 자진모리, 단모리 등의 빠른 장단과 뒤섞임이 잦으며 변조되면서 보여주는 경쾌한 리듬과 완곡한 선율적 변화를 추구한다는 점이 특징이라 하겠다. 가장 많이 쓰이는 박자는 3분박 4박자 계열이다. 노래의 빠르기는 일의 기능에 따라 다르나 대체로 불규칙한 빠르기를 보이기도 한다.

　가창방식은, 앞서 살핀 바대로 메기고 받는 선후창과 주고받아 부르는 교환창 방식이 대종을 이루고 있다. 〈모심는소리〉는 교환창으로 〈논매는소리〉와 〈타작소리〉는 선후창으로 다양한 후렴구[받는소리]로 부르고 있다. 그리고 선율구조는 그 성격이 강렬하고 또 감정 표현의 폭이 넓게 나타나는데, 앞소리가 강하게 발음되면서 뒷소리가 처지는 이 지역 방언의 음성적 성격과 대체로 일치하며 크게 질러 소리 내는 발성법으로 인하여 '강약약'의 리듬을 보이는 점은 경상도인의 기질과 상통한다 하겠다.

　경북은 명백한 경상도쪼의 소리가 존재하는 곳으로 강원도의 '메나리토리'와는 다른 '어사용토리'가 세밀하게 발달한 지역이기도 하다. 그러나 전반적으로 볼 때, 경북민요는 곡조나 선율의 발달보다는 사설의 발달이 앞선 특징을 지니고 있다.[48]

48　『한국민요대관』, 지역해제.
　　http://yoksa.aks.ac.kr/jsp/um/HajeView.jsp?gb=2&cd=005-004&um53no=kh2_je_d_mha_002_005

4 "상주민요"의 전승과 보존

누구나 아는 것처럼 민요의 자연스런 전승이 중단된 지는 이미 오래 되었다. 이러한 사정은 토속민요에서 더욱 심하다. 토속민요는 사람들이 살아가면서 필요에 의해 생성되었기에, 그 필요가 없어지면 자연스레 사라지에 되어 있는 것이니만큼 오늘과 같은 전승의 단절은 필연적인 일이라고 하겠다. 전통사회와는 다른 생활환경이 펼쳐지고 생활환경과 삶의 방법이 달라지면서 민요의 필요성이 지속적으로 유지되기 어렵기 때문이다.

이에 민요를 보존하려는 노력은 대체로 정부나 지방자치단체, 방송국, 지역사회 및 문화단체, 교육기관 또는 관련 단체, 그리고 전문 예술인이나 민요를 애호하는 개인 등에 의해 민속과 국악에 대한 보호의 한 분야로서 이루어지기도 하고, 특정 민요자체를 대상으로 국가적인 보호책으로 1960년 초부터 광범위한 노력을 기울여 왔다. 이처럼 민요를 보전하려는 노력은 곳곳에서 확인되고 있지만, 민요의 전승을 어떻게 해야 하는가에 대한 논의는 그리 실팍하지 못했다.[49]

민요의 전승이란 무엇을 의미하는 것인가? 단지 겉으로 보기에 예전에 하던대로 노래를 부르고 있다면 그것을 전승으로 받아들일 수 있는 것인가? 민요는 대중가요와 같은 개인적 귀속물이 아니라 전승공동체 공유물이다. 그러므로 민요는 장르 단위의 공유물이었기에 갖게 된 장르적 · 문화적 특성이 있다. 민요 전승이라는 개념 속에 민요가 문화물로서 인식되고 설정되어 있는 것이라면, 그

---

49 강등학,「민요적 전통의 계승과 21세기를 향한 전망」,『아시아민속연구』제1집, 북경:민족출판사, 1997;「충남 민요의 축제활용을 위한 모색」,『한국민요학』6집, 한국민요학회, 1999;「노래의 말하기 기능과 민요 전승의 방향 모색」,『한국민요학』14집, 한국민요학회, 2004; 이창식,「구비시가의 지역성과 계승화 문제」,『구비문학연구』8집, 한국구비문학회, 1999 등이 대표적인 논고들이다.

전승이 민요의 장르성과 문화성이 살아가도록 전개되어야 할 것이다. 장르성과 문화성이 사라진 전승은 단지 외형만 유지시키는 결과를 가져오기 때문이다.[50]

"상주민요"는 알다시피 논농사인 모심기, 논매기와 보리타작 때 부르는 농업노동요이다. 농업노동요는 두레 작업을 할 때 부르는 노래이면서, 일을 할 때의 고된 몸과 마음을 풀어내어 노동의 효율을 높이는 노래이다. 지역공동체가 기반이 되지 않으면 노래의 생명은 줄어들고 사라지게 되는 것이다. 노동 환경이나 노동 방법이 바뀌어 사라지기도 하지만 지역공동체가 외면하면 그 파괴와 소멸의 속도는 엄청나다.

초산 1리 쌍암 마을도 이미 주민구성이 노령화로 접어든 지 오래이다. 일에서 멀어져 가는 노인세대에서 오래전에 불렸지만 이제는 단지 기억되고 있는 소리가 되면 이제 그 보존력은 사라지고 없다고 보아야 한다. 일에서 멀어진 노동요는 그 리듬과 선율이 변하고 그 기능 또한 변한다. "상주민요"도 변했다. 논에서 떠나 운동장이나 무대로 간 농업노동요는 어느 것 할 것 없이 변하여 현재 경상북도 무형문화재로 지정된 여러 농요도 같은 실정이다. 공연화 · 무대화 과정에서 변질하기 시작한 것이다. 그 구성이 주는 시간적 · 공간적 제약에서 자유로울 수가 없었기에 그러하고, 노래하는 사람의 생각이, 그들의 노래관습이 전통의 것과 다르기에 그러하다.

현재의 기능보유자 육종덕씨와 보존회 회원들이 부르는 소리는, 1987년 5월 13일 경상북도 무형문화재 제13호로 지정되고 그 기능보유자로 고 이종완님이 지정될 때와는 달라졌다고 한다.[51] "상주민요"의 노래 환경이 판연하게 달라짐에 그러한 것이다.

1999년 10월 초산동 90번지에 전통한식양식으로 단층 132m² 규모의 〈상주민요보존회관〉을 건립하여 연습장과 사무실을 겸하여 보존에 힘쓰고 있지만 민

50　강등학, 『한국민요학의 논리와 시각』, 민속원, 2006, 135쪽.
51　2004.6.10. 성병희 조익현의 전승실태조사보고서에서는 "애초에 이종완을 보유자로 지정할 때의 가락에서 벗어나 부분적으로 보완 연습이 필요하다"고 지적하였다.(http://www.chis.go.kr/cas/ 경상북도 지정문화재 정보화시스템).

요의 전승에 무엇보다 중요한 것은 민요를 향유하는 사람을 지키는 일이다. 민요의 전승 보전에는 건물이나 장비보다 최우선적으로 노래하는 사람이 우선되어야 할 것이라 생각한다.

초산동에서 보존회원이 아니면 부르지 않는 노래는 이미 박제화 된 것이다. 노래는 사람이 부르는 것이다. 변화와 쇠퇴는 문화적 · 역사적 생활관습이 변하였기에 일어나는 필연적 현상이니 이를 두고 올바른 전승이나 복원에 힘쓸 것이 아니라, 아이돌 노래나 트로트 가요에 빠져든 사람들을 민요 판으로 불러오는 것에 더 힘을 쏟아야 할 것이다. 그것에는 "상주민요"만이 가진 가치와 특수성이 향유 공동 집단 전부에게서 의식되어야 가능할 것이다.

현재 "상주민요"의 문화성 · 역사성은 지역의 오랜 농경문화에 뿌리를 둠을 살펴보았다. 지금은 예전의 넓고 화려한 모습조차 희미해진 공검지와 상주서보에서 시작된 관개 수로, 넓은 상주 대평들은 "상주민요"의 뿌리이자 바탕이며 본질이다. 경상도 지역 〈모심기소리〉의 중요한 유형으로 자리하고 있는 〈공갈못노래〉며 논매기에서 부르는 〈소호니소리〉며 〈방해야소리〉, 〈치나 칭칭 나네〉 그리고 〈타작소리〉는 매우 경쾌하며 건강한 느낌을 주는 몇 되지 않는 우리의 농업노동요 중 하나이다. 설령 이제는 논에서 부르지 못할지라도, 무대 공간으로 자리를 옮겨서라도 그 건강함을 보여주어야 하는 '우리의 소리', 향토민요이다. 관과 지역민이 힘 모아 노력하지 않으면 안 되는 향토문화의 최고봉이다.

아울러 또 하나 공검지를 둘러싼 〈공갈못노래〉는 이제 함창 공검 사람들만의 전유물이 아니다. 이미 경상도의 대표적인 〈모심기소리〉로 자리한 지 오래이다. 함창의 노래, 공검의 노래를 넘어 상주의 노래이고 경상도의 노래인 것이며, 나아가 한국의 대표적인 〈모심기소리〉가 되어 있지 않는가. 또한 "상주민요"도 초산 1리 주민들의 민요가 아니다. 이제 경상북도민이 모두 지키고 가꾸어 보존해야 하는 민요인 것이다. 민요의 전승보전에 '누구의 민요' 라는 것은 없다.

이 세상 어디에 넓은 들이 없으며, 이 세상 어디에 연꽃 가득 피어난 아름다운 못이 공검지 하나뿐이겠는가? 고된 모심기 노동 공간에서 일은 고되고 아직도 심을 공간이 많이 남았다면, 노동의 고통을 잊기 위해 스스로 피어오르는 연정의 노래가, 그 어디엔들 없었겠는가?

물론 이 〈공갈못노래〉는 독자성과 예술성을 가진 좋은 소리의 하나이다. 그러나 이 소리가 아무리 좋은 것이라 하여도, 그것이 특정한 지역에 기반을 두는 소리라 하여도 민요는 본시 기득권이 없는 노래이다. 바람처럼 어디에서 생겼는지 어디에서 불어오는지 모르고, 또 바람처럼 어디로 사라지는 것인지 모르는 것이 민요이기에 그러하다.[52]

지금 그 민요가 소용되는 바가 있다면 그냥 다시 부르면 될 것이다. 그것이 〈모심기소리〉로도 좋고 〈논매는소리〉여도 좋다. 아니면 그냥 노래하며 즐기는 민요 〈공갈못노래〉여도 좋다. 놀고 즐기면서 남녀 간의 사랑을 노래하는 민요로 그냥 불러도 좋다는 말이다. 그것이 바로 사라지는 향토민요를 전승하는 방안이다. 민요에 있어 이제 많은 이들이 잊지 않고 부르는 것만이 민요 소멸을 막고 이를 전승하는 최상의 길이기 때문이다.

---

52 청조 말 곽말약(郭沫若)은 민요를 바람에 빗겨, "風不知道 是從甚麼地方吹來的 在空氣中 不知道 是甚麼地方偶爾起了一個波瀾 同時四方傳去 或涼或暖 或大或小 同時吹入人的耳中 同時吹入人的心坎 風是這樣生出來的 民間歌謠也 是這甚樣生出來的-古人稱民間的歌謠叫着風 眞是把歌謠的性質表示得恰好了 空氣中不斷也有風吹來 風一吹過 便渺無蹤迹 民間也 不斷地有歌謠流行 流行不久之後 幸則傳播地方不幸則渺然散去-" 라 하였다.

함양 민요의 민요적 특성

1 서론

    사람들은 태고 적부터 그들이 살아가면서 느끼고 생각한 것과, 삶의 현장에서 몸을 움직일 때 생긴 리듬으로 노래를 만들었다. 이것으로 소망한 바를 드러내기도 하고 또한 삶의 현장에서 얻어진 고통을 '소리함'으로써 씻어 내어 왔다. 말로 이루어 온 모든 것들이 비록 불안전하고 제약이 많은, 그래서 쉬 바뀌고 뒤섞였을지라도 삶과 가장 가까이 연결된 일차적 생활문화였기에 오랜 세월에 걸쳐 공동체 문화의 핵심이요 대표적 존재물로서 자리하게 된 것이다. 따라 각 지역에 전승하는 향토민요는 그 지역민의 삶이 만들어 낸 가장 기본적인 생태문화이자 지역 고유문화이다. 현재 나라에서 이들을 문화재로 지정하며 보호 전승하고 있는 것도 향토민요가 한낱 노래로서가 아니라 우리의 역사요, 삶이며, 민속형태이었기 때문에 그러하다. 새삼 다져 말할 필요도 없지만 함양 지역에 전승되는 향토민요는 함양 지역 문화의 핵인 구비문학이며 지역공동체의 독자성을 지닌 가장 오래된 보편적 향토문화의 하나인 것이다. 함양의 역사와 문화, 함양 사람들의 의식과 정서가 만들어 낸 민요이기에 그렇다. 비록 다른 곳에서 만들어져 전해져 온 것이라 할지라도 함양사람들의 생각과 맞아지면 그대로 이곳에 머물러 '함양의 민요'가 되기도 하였기에 그것은 함양의 민요이고, 또 다른 지역으로 전해 옮겨져 그곳의 민요가 되기도 하였다.

그간 우리 사회는 농경생활에서 급격한 산업화를 거치면서 농경사회의 부락공동체가 형성해 온 전통사회의 제반 요소가 붕괴되었다. 농업경제가 산업경제로 바뀌면서 급격한 도시화가 이루어짐에 전통 농경사회 속에서 구축해온 문화자산은 심각하게 소멸 붕괴되었다. 향촌지역 사회의 인구는 격감하였고 주민의 고령화로 인하여 이미 농업공동체는 사라졌다. 다문화가족이 형성되기도 하였고, 발달한 전자매체로 인해 문화가 획일화 되었다. 이에 따라 전승의 담당집단은 고령화되어 민요를 재생산하거나 온전하게 향유하지 못한지 오래 되었고 오로지 '기억된 유산'으로서 민요의 세계를 안고 있을 뿐이다.

이 같은 문화변동이 불러온 '전승구비물의 위기론'에 학계는 계속적인 관심과 모색을 시도해 온 바 있다. 그러나 그 현실적인 대응은 미미하기 이를 데 없어 또한 오늘날 많은 민요 연구자들은 '민요의 위기'라고 말하는데 주저하지 않는다. 이는 삶과 더불어 향유 전승해 오던 민요가 환경 변화에 따라 그 역할과 정체성을 상실하여 변모하거나 소멸하고 있음에 기인한다. 그러면 앞으로 시간이 더 흘러가면 민요라는 존재는 정말 사라지고 말 것인가? 그러나 누구하나 이에 명징한 답을 제시할 수 있는 사람은 없다고 본다. 그리하여 민요의 보전과 전승이라는 미래적 전략은 현전하는 대표적 유산을 무형문화재로 지정하여 갈무리하는 데만 급급해 왔다.

함양군은 경상남도의 서북단에 위치하며, 동으로는 산청군, 서쪽으로는 전북 남원시와 장수군, 남쪽으로는 하동군, 북쪽으로는 거창군과 연접하고 있다. 소백산맥의 최고봉이며, 영남의 진산鎭山인 지리산을 남쪽에 두고 있다.

함양의 지리산 자락에서 불러 온 풀베기 나무하기 소리, 모를 심고 김을 맬 때 부르던 논농사요, 부녀자들이 밭매기나 나물 캐기, 무명 삼베 길쌈을 하면서 부르던 서사민요들은 이웃하는 거창의 농요와 더불어 대표적인 경상남도의 소리문화라 할 수 있다. 특히 〈함양 들놀이소리〉는 2011년 5월 제3회 경상남도

민속예술축제에서 동상을 수상함으로써 그 우수성을 인정받아 오늘에 이르고 있다.

그러나 오늘날 향토민요가 처한 현실은 그 가치와 위상보다는 온전한 전승과 보존의 문제가 다급한 현안이 되었다. 따라서 그 보존책과 미래적 가치의 확장을 모색하는 일이나, 유지 전승의 시급한 책략 마련이 임박한 존재 위기를 극복하는 과제가 되고 말았다. 쇠퇴 소멸의 길로 접어든 민요들에게 있어 "함양 민요"도 또한 예외가 아니기 때문이다.

그러나 한 존재물의 온전한 보존과 관리 유지에는 무엇보다 그 실체와 정체성을 정확하게 알아내는 데서부터 출발해야 함은 되물을 필요도 없는 중요함이다. 이에 함양 민요가 가진 민요적 특징과 가치를 정확하게 파악하여야 이를 통해 전승 보전을 위한 전략적 구상을 제대로 해 나갈 수 있으리라 생각한다. 지역의 향토민요인 함양 민요가 사라지면 지역의 전통사회가 만들었던 그 삶의 모습이 사라지고, 옛 사람들이 가진 의식과 정서마저 잃게 되는 것이니 지역의 향토민요가 사라지는 것은 곧 지역의 역사와 문화, 문학이 사라져 그 얼마저 사라지기 때문이다.

2 함양 민요의 민요적 특성

민요는 어떤 민족의 기본층에 속하는 사람들이 삶의 현장에서 생겨난 그들의 생각과 느낌을 즉흥적인 구창口唱에 의하여 입으로 전해가며 그들 스스로가 좋아서 즐겨 불러온 노래이다.

민요는 사설과 가락으로 구성되는데, 노래 사설은 노래하는 사람들이 일상생활에서 느끼고 생각한 것이나 일의 내용, 진행과정 등을 말로 표현한 것이다. 때로는 즉흥적으로 노래하기도 하고, 때로는 말로 구술하기도 한다. 그리고 그 노랫말이 '입맛'에 맞으면 많은 사람들은 이를 그들 스스로의 것으로 만들어 불렀다. 그리고는 부르는 사설이 노래하는 사람들의 '입맛'과 맞아떨어지는 어떤 요소가 있으면 후대로 전승되거나 다른 사람들에게 전파되면서 전해지는 것이다.

사람들이 지닌 사상과 감정은 사설로 만들어지고 노동의 현장이나 의식의 진행이 사설의 주된 내용이다. 그러므로 전국적인 유사성도 있고 때로는 지역적 독자성도 가지고 있으며, 다양한 내용을 지니고 있다.

말로 구연되고, 말로 전해지고 퍼져 나가기 때문에 부분적으로 바뀌어 지고 사라지고 보태어져서 여러 각편을 만들어 내는 것이 사설이다. 모든 구비전승물이 그러하듯이.

노동현장에서 부르는 일하며 부르는 노동요에서는 노동 행위를 즐겁게 하기 위해서거나 행동의 통일을 위하여 노래한다. 그래서 일의 진행상 필요한 말이거나, 일의 내용을 나타내는 말, 일과는 직접 관련이 없으나 일꾼의 감정이나 의식을 나타내는 사설이 즉흥적으로 만들어지기도 한다.

많은 농업노동요, 특히 논농사 때에 부르는 〈모심기소리〉, 〈논매기소리〉 등에는 이 같은 현상이 두드러지게 나타난다. 그런데 오늘날 많은 일노래들은 사라지거나 잊혀져 간다. 삶의 환경과 방법이 바뀌면서 자연스레 사라지고 변해가던 이 지역의 일노래들은 문화재로 지정될 당시 전국민속경연대회라는 특수한 공간에서 한정된 시간과 무대 위에서 불러야 하기에 더 많은 변화를 하지 않을 수 없었다. 지금 우리가 만나는 '함양의 들놀이 소리'는 이렇게 만들어 변한 것이라 할 수 있다. 물론 이 지역에서 옛날부터 불러온 그 민요를 가지고 정리하고 다듬은 것이지만 다소의 드나듦이 없을 수 없었고, 무엇보다 지금은 '문서'화 되어 고정체로서 부르고 있는 것이다.

옛 일터에서의 소리들은 구비전승 하였던 구비물이기에 '말'이 지닌 특성 그대로 쉬 변하고 바뀌어 지며, 즉흥적 소리로 다른 사설이 만들어지며, 때로는 잊혀 사라지는 것이 본원적인 운명이다. 곧 민요는 살아 있는 생명체처럼 가변적인 존재이다. 그러나 한번 문화재로 정해지면 원형보존을 위해 변개가 이루어질 수 없다. 변하지 못하는 '문서'가 되는 것이다.

현재 가창하는 함양지역의 민요는 크게 일노래[노동요]와 놀이노래[유희요], 그리고 의식노래로 나눌 수 있다. 그리고 일노래는 다시 노동 공간에 따라서 세분할 수 있는데 1) 논농사소리 2) 밭농사소리 3) 산과 들일소리이며, 일을 하는 사이나 놀고 즐기는 자리에서 부르는 놀이노래가, 그리고 장례 등의 의례 때 부르는 의식노래 등이 있다.

2-1 일노래

일노래로 가장 많이 들을 수 있는 노래는 농사일 노래이다. 이는 우리가 오래전부터 농사일을 주업으로 삼아 왔기 때문이다. 농사 일노래는 '논일 노래'와 '밭일 노래', '산과 들일 노래', '집안일 노래' 등으로 다시 나눌 수 있다. 이중 논일 농사로는 〈모찌기소리〉, 〈모심기소리〉와 〈김매기소리〉가 주종을 이루는데 함양에서 〈김매기소리〉는 매우 듣기 힘든 노래가 되었다. 아마도 다락논이 많아서 집단적으로 김을 매는 일이 흔하지 않음에서 기인할 수 있지만 이미 제초제를 사용함으로써 김매는 일을 하지 않은지 오래 되었기에 가장 먼저 기억에서 사라진 것이라 생각한다. 그리고 다른 지역처럼 마지막 논매기를 하고 난 뒤 하는 '풀굿'[초연草宴, 머슴잔치, 호미씻이 등으로 부르기도 함]이 없는 것으로 보아 함양들에서의 김매기 행위는 중요한 농사일이 아닌 것으로 파악된다. 그러나 '칭칭이소리'가 있음으로 보아 이 또한 전승이 오래전에 중단된 것이 아닌가 한다.

〈모찌기소리〉와 〈모심기소리〉는 남녀 모두 가창이 가능한 노래로 남아 전한다. 이들 노래는 인공조건상황에서의 개인창 중심의 조사였기 때문에 구체적 가창 방식을 제대로 알 수는 없었지만 대개 다른 지역과 같이 주고받는 교환창의 가창방식으로 불렀다 한다. 이 '논일 노래'는 노동의 기능성에 맞는 가락을 가지고 있으므로 대개 유장하게 부르기 때문에 높은 가창력을 가진 사람이 잘 부르는 특성이 있다. 함양에서는 몇몇의 남성들에 의해 좋은 소리를 들을 수 있었으나 극히 그 수는 적었다. 그리고 이들 소리는 모두 놀 때 부를 수 있는 놀음 노래의 사설로 사용하기도 한다.

'밭일 노래'로는 남자들의 〈보리타작소리〉와 여자들의 〈밭매기소리〉가 주종을 이루고 있다. 〈보리타작소리〉는 일품은 적지만 힘이 많이 들어가는 일인 까닭에 여러 타작꾼들의 힘을 모르고, 행동을 통일하기 위해서 사설이 매우 짧고 간결하다. 함양의 〈보리타작소리〉는 특이하게도 우스개 이야기를 담고 있다. '혀가 짧은 사람'이 내는 〈보리타작소리〉로 성적언어 유희성을 지니고 있다. 함양군 전 지역에서 들을 수 있었으며 여자들의 조사에서도 왕왕 채록되는 것으로 보아 함양에 두루 알려진 노래로 보인다.

여자들의 밭일을 하면서 부르는 소리는 서사민요형이 주류를 이루고, 서정적인 소리는 노랫가락과 청춘가 곡조로 부르는 짧은 노래이다. 서사형 민요는 모두 시집살이형이라 해도 과언이 아니다. 그런데 이 밭일 노래는 들일 노래인 〈나물하기소리〉를 부를 때도 부르기도 하여 공간적 변별력은 없다. 이는 대개의 민요가 그렇듯이 일노래로서의 기능성이 약해지면 여러 기능 공간에서 두루 노래 부르기 때문에 쉽게 놀음노래로 부르기에 자연스러운 현상이라 본다.

'산과 들일 노래'는 들과 산에서 부르는 노래로는 남자들의 〈망깨소리〉, 〈풀베기소리〉, 〈나무하기소리〉, 〈목도소리〉 등이 있고 여자들의 〈나물하기소리〉, 〈뽕잎따기소리〉 등이 있다. 〈망깨소리〉는 못 둑을 쌓거나 터를 다질 때 부르는 소리로 여러 사람이 힘을 모아 망깨를 구령에 맞추어 들어 올렸다 놓는 방법으로 일을 하면서 부르는 소리이나 이제는 경지정리로 관개수로가 잘 이루어져 그리 흔하게 들을 수 없는 소리가 되었다. 〈풀베기소리〉와 〈나무하기소리〉는 아직도 전승력을 가진 노래로 많이 기억하고 있다. 그러나 소백산맥 자락에서 나무를 하러 가서 부르는 〈어사용〉[갈가마구소리]은 듣기 힘들어졌고 대신 〈노랫가락〉이나 〈청춘가〉를 부르거나 〈모심기소리〉를 노랫가락조로 부르는 경우가 많다. 여자들의 〈나물하기소리〉 또한 〈노랫가락〉이나 〈청춘가〉가 대종을 이루고 있으며 독자적인 나물소리는 듣기 어려워졌다. 그러나 〈남산밑에남도령〉, 〈바람난춘향노래〉, 〈못갈장가〉 등의 서사형 민요를 많이 부르는 것이 두드러진 현상의 하나이다. 이미 지리산 자락의 나물하는 일이 산 속에서 장시간의 노동을 필요로 하는데다 대자연 속에서 보다 자유로운 환경이기에 '큰애기'의 관심과 서정을 드러내기에 적합해서 일 것이라 생각한다.

'집안일 노래'는 여성들의 노래이다. 길쌈을 하며 부른 노래가 대다수이다. 함양은 예로 면화 재배와 삼베 길쌈 일이 많아 방직조紡織造 노동이 성행한 곳이다. 따라 〈베틀노래〉를 비롯하여 〈물레소리〉, 〈삼삼기소리〉, 〈물레질소리〉 등이 많았다. 이 책에서는 이를 세분하지 않고 모두 〈길쌈소리〉로 묶었다. 이들 〈길쌈노래〉는 장시간을 동일한 노동 행위를 반복하여 하는 데다 낮의 밭일이나 각종 가사노동을 한 뒤 밤에 잠을 자지 않고 하던 일이었기에 대개 노래를 불러서 잠을 내기 위해 노래를 부른 것이다. 내용도 긴 서사형이 주로이고 가창집단이 홍미를 가진 재미있는 에피소드를 지닌 서사적인 내용을 읊조리며 불러 나가는 것이다. 함양지역에서는 이러한 〈길쌈노래〉가 매우 다양하고 많은 양이 존재한다. 특이하게도 남자들이 〈길쌈소리〉를 장형임에도 기억하고 있어 주목된다. 이는 어릴 때부터 사설이 좋아서 배우고 기억해 둔 '문서'로서 노래되어진 것이라 생각한다. 한편, 제분 노동을 할 때 부르는 〈방아소리〉나 〈맷돌질소리〉는 잘 발견되지 않는데 이는 이 지역에 발달한 물레방아와 무관하지 않을 것으로 본다.

함양군 지역의 일노래를 살펴보면 논일 노래인 〈모심기소리〉가 주류를 이루고 있고 여자들은 밭일 노래인 〈밭매기소리〉와 〈길쌈소리〉가 대종을 이루고 있다. 그러나 이들 노래는 이미 그 본질적 기능성을 상실하고 쇠퇴하여 대다수가 〈노랫가락〉이나 〈청춘가〉 같은 놀음노래가 그 자리를 바꾸어 차지하고 있는 공통 특성을 보이고 있다. 〈노랫가락〉이나 〈청춘가〉, 〈양산도〉 가락은 〈모심기소리〉, 〈풀베기소리〉, 〈나무하기소리〉, 〈나물하기소리〉, 〈밭매기소리〉로 부르고 있어 이미 이곳의 일노래는 기능이 쇠퇴함에 따라 다기능요로 변하였다 할 수 있다.

2-2 의식 노래

　　민초들의 삶은 여러 형태의 의례행위를 통해 규범화 되고 가시화되며 이것은 곧 의식으로 자리한다. 의식은 1년을 단위로 주기적으로 반복되는 세시의식과 돌이나 결혼 장례 등 일생을 살며 가지게 되는 통과의례로 나눌 수 있다. 그리고 병을 치료하기 위한 치방의식과 민간신앙과 결합한 신앙의례 등도 있다.

　　장례의식 노래로 함양군에서는 〈상여소리〉 몇 편만 만날 수 있었다. 이 〈상여소리〉는 장례에서 영구를 운반하는 의식에서 중요한 소리였기에 아직 그 전승력을 가지고 있으나 앞으로 곧 사라질 것이다. 이제 장례는 더 이상 상여를 메고 나가는 의식이 아니다. 화장을 하거나 하여 장례의식에서 상여 사용이 사라진지 오래고, 마을 부락에도 노령의 부락민들만이 있어 상여를 지고 장례를 치를 수도 없기에 그러하다. 이와 같이 〈달구질소리〉도 사라지고 없다. 세시의식요로 가장 많이 들을 수 있는 것이 〈지신밟기소리=매구소리〉이다. 정월 초나 보름에 마을 곳곳을 돌며 액운을 몰아내고 초복을 기원하는 정화굿놀이의 하나로 축원을 담은 노래인데 함양에서는 이를 '걸궁'이라 한다. 그러나 이 의례 또한 풍물패에 의해 부분적으로 읍을 중심으로 놀이형태로 연행되고 있으나 대다수가 다 사라지고 있다. 안의면에서 발견한 〈함양걸궁소리〉는 바로 이 〈지신밟기소리〉의 함양형이다. 경상남도 서부지역에서는 이를 〈매구소리〉나 〈걸궁소리〉라고도 하는데 모두 〈지신밟기소리〉이다. 얼마 전까지 함양의 마을마다 〈지신밟기〉가 있었다고는 한다.

　　한편 〈성주풀이〉와 성주풀이 무가와 비슷한 내용인데, 솔씨를 뿌려 그것이 자라 그 재목으로 집을 지어 만들고 성주가 거기에 좌정하는 내력, 그리고 그 집에서 자손을 얻어 과거 급제하고 부귀공명을 담는 내용이다. 이것 또한 지신밟기놀이 속에 함께 하는 것인데 따로 떨어져 독자성을 지니고 전승되고 있다.

　　이외에 가정신앙으로 부르는 〈비손〉이나 〈객구소리〉 등은 기억하고 있는 사람이 드물어 이미 전승이 단절되었다.

　　함양군에서의 의식기능을 가진 노래는 극히 단순화되거나 소멸하였다. 문서가 좋은 사람들이 기억하는 〈상여소리〉를 제외하고는 제대로 전승되는 의식노래는 드물었다. 이는 이제 지역 공동체가 깨어지면서 부락 주민들이 함께 어울려 만들어 가지던 마을 주민이 모두 함께 즐기는 일이 사라졌고, 모든 놀이문화는 TV 등의 전자매체가 주도를 하며, 비합리적이고 비과학적인 사유에서 많이 벗어날 수 있어 졌기에 각종의 의례나 의식행위가 전통사회에서 행한 기능을 그대로 수행하지 못하기 때문이라 생각한다. 이와 같은 현상은 함양만이 아니라 우리나라 전역에서 발견되는 일이다.

2-3 놀이 노래

　　놀이를 하면서 그 놀이의 진행과 밀접한 관계를 유지하며 놀이의 재미를 배가시키고 놀이의 박자를 지키기 위해서 부르는 민요를 놀이노래라고 한다. 그러나 함양군의 '놀이 노래'는 이 같은 놀이 공간 속에서 부르는 것보다, 잔치 등의 모임 공간에서 부른 노래는 물론 일을 하다가 틈틈이 쉬면서 부르는 노래까지도 이에 포함시켰다. 따라 놀이 노래는 휴식의 노래이자 즐김의 노래이기도 한다.

　　가창되는 레퍼토리는 주로 통속적인 민요를 중심으로 노래한다. 그런데 함양군의 놀이노래는 함양읍 지산면 수동면을 사이에 두고 남과 북으로 다른 차이를 보인다. 남쪽 지역인 마천, 휴천 등지에선, 주로 일을 하며 쉬는 틈틈이 이런 노래를 즐겨 부르고 북쪽인 안의, 사상, 서하지역에는 놀이 휴식공간에서 놀이 노래를 즐겨 부른다는 점이다. 전 지역에서 공통적으로 부르는 것은 〈칭칭이소리〉를 들 수 있고, 북쪽 지역은 대체로 서사형을, 남쪽은 서정형의 노래가 많았다. '함양산천 물레방아~' 사설을 가진 노래는 이 지역을 드러내는 노래인 까닭으로 전 지역에서 두루 들을 수 있다.

　　〈사위노래〉나 〈권주가〉를 위시하여 〈사랑타령〉, 〈화투타령〉, 〈범벅타령〉, 〈각설이타령〉 등의 타령조나 〈첫날밤노래〉, 〈장기노래〉, 〈달거리노래〉 등은 어느 곳에서나 쉽게 들을 수 있는 보편화된 노래들이고, 안의, 서상, 서하의 북쪽

지역에서는 인근 거창에서 쉬 발견되는 민요들을 들을 수 있어 생활 공동권, 역사 문화적 동화권임을 확인할 수 있다. 역사적으로 옛 안의현에 소속되어 오랫동안 공동문화권을 유지해온 안의, 서상, 서하 지역은 거창군과 인접 문화권이고 나머지 남쪽 지역은 함양읍을 중심으로 하는 문화권이어서 그러한 현상이 일어남을 확인할 수 있다. 따라서 북쪽 지역에서는 봄철 화전놀이나 용추폭포 유람 시에 즐겨 부른 〈질꼬냉이〉나 〈동풍가〉가 널리 부르고 있는 노래였으나 이들 노래는 함양읍의 남쪽이나 주변지역에서는 쉽게 들을 수 없는 노래이기도 하다.

2-4 기타 노래

이상의 일노래, 의식노래, 놀이노래 이외에도 부르는 것들이 더러 있다. 노래 부르는 것 자체가 즐거워서 부르는 노래이다. 대체로 통속민요라 지칭하기도 하지만 가사나 불찬가 등도 이런 것들 속에 포함된다. 이들 노래는 노래 사설이 문학적으로 우수하고 서정성이 있다. 〈쌍금쌍금쌍가락지〉나 〈홍글래비타령〉, 〈달거리노래〉, 〈꽃노래〉, 〈돈노래〉, 〈첫날밤노래〉 등등이 그러하다.

특히 병곡면 김차순, 서상면 조옥이 제보자 등이 부른 〈달거리노래〉는 사설을 완전하게 기억하고 있어 자기 술회를 드러내는 뛰어난 노래로 기억한다. 또 〈바람난춘향노래〉는 타 지역에서는 잘 들을 수 없는 노래인데도 함양지역에서는 흔하게 들을 수 있었음은 춘향의 고장으로 알려진 전라북도 남원시와 이웃하고 있기에 그 파급력과 전승력이 뛰어났을 것이라 판단된다. 많은 유형이 존재하는 〈시집살이소리〉와 〈달거리노래〉는 모두 여성들의 삶 속에 배어 있는 질곡과 애환을 담은 노래이기에 노래 어떤 공간에서도 쉽게 부를 수 있는 노래이지만 함양에서는 놀 때, 일할 때, 쉴 때를 구분 없이, 여럿이 있는 곳에서나 혼자 있을 때를 막론하고 부르고 있어 여성들의 삶 속에서 민요가 가진 카타르시스적 기능을 다시 한 번 확인할 수 있다. 아울러 제보자들이 유소년시기에 불렀던 〈호랑이타령〉이나 〈다리세기노래〉 등 아이들의 노래도 부르고 있다.

민요는 말로 존재하고 말로 구연되는 구비전승물이다. 따라서 지역의 사람들이 사용하는 말이 곧 민요의 음악적 형질을 결정하는 작은 요소가 된다.

민요에서의 가락은 그 지역민이 지닌 언어적 환경, 즉 말의 음성학적 특성에 따라 결정된다고 해도 지나친 단정이 아니다. 그리고 정신적 환경인 민중의식과 민속예술, 문화, 사상 등과도 무관하지 않다. 가창민요가 가락과 선율을 지니고 노래의 형식적인 면, 즉 음악성을 중시하여 부른다면 음영민요는 단순한 리듬만으로 표현하려는 내용적인 면, 즉 사설을 중시하여 말해진다. 그러나 가창되거나 음영되더라도 소리로 표출될 때 나타나는 말은 음성학적 통상성의 울을 벗어나지 못한다.

함양지역의 민요는 경남과 강원도 그리고 함경남도까지를 포함하는 소위 메나리토리 지역으로 모두 뿌리를 같이 하는 계면조 계열의 선법을 쓰고 있으나, 토리와 박자의 활용 양상에서 다른 지역의 음악적 양상이 혼재함을 알 수 있다. 함양은 지역적으로 경상도의 메나리토리 지역과 전라도의 육자배기토리 지역의 사이에 위치하고 있어서 논농사와 상여소리, 자장가 등에서는 메나리의 음악 어법이 활용되고 있고, 길쌈소리나 놀음요에서는 경토리와 육자배기토리 등의 어법이 활용되고 있다. 그리고 많은 민요들이 경토리의 통속민요 중 창부타령, 노랫가락 등의 선율을 차용하여 만들어진 형태로 전승되고 있었다. 이와 같이 함양의 민요에 다른 지역의 음악적 양상이 혼재한다 하더라도 그 가운데 함양 민요의 특수성 역시 존재한다.

함양 민요의 선율은 경토리와 메나리토리가 중심이 되고, 육자배기토리, 수심가토리, 요나누끼음계로 된 것도 있다. 음계는 3음에서 5음 음계로 구성되고, 노래의 기능을 반영하여 보리타작, 목도소리 등은 일정한 음고 없이 말하듯이 부르는 형태도 있다. 박자는 3소박 4박이 대부분을 자치하고, 여러 종류의 3박이 활용되고 있으며 노랫가락을 차용한 변박자와 가창자의 가창방식에 따라 여러 가지 변박의 민요가 나타난다. 형식과 가창방식은 유절형식, 통절형식, 기능에 따른 형식, 한배에 따른 형식 등이 있으며, 통절형식의 민요는 주로 혼자 부르지만 그 외에는 메기고 받으며 여럿이 같이 부른다.

특히 주목할 만한 민요는 〈질꼬냉이〉와 〈함양걸궁소리〉가 있다. 안의면 이점수(여, 81세)가 부른 〈동풍가〉와 〈질꼬냉이〉는 리듬이 생기가 있고 선율의 변화가 다양한 형태를 지니고 있어서 기존의 민요와는 구별된 음악적 특성을 보여준다.

이 중 같은 경상도 방언지역이지만 남쪽지역인 마천 등지에는 전라도 육자배기에서 보이는 선율구조가 나타나기도 하여 북쪽인 안의 등의 메나리 선율과는 서로 다른 소리 구조를 보이기도 한다. 이는 역사적 문화적 환경과는 무관하지 않아 인접하는 지역과의 문화교류와 무관하지 않음을 보여주는 것이다. 또한 같은 메나리토리의 경남 지역 민요에 비하여 다소 그 가락이나 선율은 변화가 심하지 않고 완만하여 전체적으로는 느긋한 맛을 보이기도 한다.

이 같은 함양 민요의 특성은 이 지역 민요의 대다수가 다른 지역 민요의 유입으로 이를 수용하면서 일어난 민요전파의 결과이며 전승 또한 놀이와 휴식의 공간에서 이 노래들이 두루 불러지면서 일어난 현상으로 파악된다. 독자적이고 개별적인 이 지역의 토속적인 '들일 노래'들이 다른 지역의 통속민요에 의하여 잠식당해 가는 현상의 일단을 보게 되는 것이다.

3 결론(함양 민요의 전승과 보존)

누구나 아는 것처럼 민요의 자연스런 전승이 중단된 지는 이미 오래 되었다. 이러한 사정은 토속민요에서 더욱 심하다. 토속민요는 사람들이 살아가면서 필요에 의해 생성되었기에, 그 필요가 없어지면 자연스레 사라지게 되어 있는 것이니 만큼 오늘과 같은 전승의 단절은 필연적인 일이라고 하겠다. 전통사회와는 다른 생활환경이 펼쳐지고 생활환경과 삶의 방법이 달라지면서 민요의 필요성이 지속적으로 유지되기 어렵기 때문이다.

이에 민요를 보존하려는 노력은 대체로 정부나 지방자치단체, 방송국, 지역사회 및 문화단체, 교육기관 또는 관련 단체, 그리고 전문 예술인이나 민요를 애호하는 개인 등에 의해 민속과 국악에 대한 보호의 한 분야로서 이루어지기도 하고, 특정 민요자체를 대상으로 국가적인 보호책으로 1960년 초부터 광범위한 노력을 기울려 왔다. 이처럼 민요를 보전하려는 노력은 곳곳에서 확인되고 있지만, 민요의 전승을 어떻게 해야 하는가에 대한 논의는 그리 실팍하지 못했다.

민요의 전승이란 무엇을 의미하는 것인가? 단지 겉으로 보기에 예전에 하던 대로 노래를 부를 수 있다면 그것을 전승으로 받아들일 수 있는 것인가? 민요는 대중가요와 같은 개인적 귀속물이 아니라 전승공동체 공유물이다. 그러므로 민요에는 장르 단위의 공유물이었기에 갖게 된 장르적 · 문화적 특성이 있다. 민요전승이라는 개념 속의 민요가 문화물로서 인식되고 설정되어져 있는 것이라면, 그 전승이 민요의 장르성과 문화성이 살아가도록 전개되어야 할 것이다. 장르성과 문화성이 사라진 전승은 단지 외형만 유지시키는 결과를 가져오기 때문이다.

함양 민요의 주류는 알다시피 논농사인 모심기, 보리타작이나 밭매기 때 부르는 농업노동요이고 밭일을 하거나 나물 캐러 갔을 때 부르는 노랫가락이나 청춘가 등이 주류를 이루고 있다. 농업노동요는 대개 두레 작업을 할 때 부르는 노래이면서, 일을 할 때의 고된 몸과 마음을 풀어내어 노동의 효율을 높이는 노래이다. 지역공동체가 기반이 되지 않으면 노래의 생명은 줄어들고 사라지게 되는 노래이다. 노동 환경이나 노동 방법이 바뀌어 사라지기도 하지만 지역공동체가 외면하면 그 파괴와 소멸의 속도는 엄청나다.

함양지역은 전국적인 장수지역으로 노령인구가 많아 그나마 토착소리를 많이 들을 수 있는 곳이다. 그러나 일에서 멀어져 가는 노인세대에서 오래 전에 불렀지만 이제는 단지 기억되고 있는 소리가 되면 이제 그 보존력은 사라지고 없다고 보아야 한다. 일에서 멀어진 노동요는 그 리듬과 선율이 변하고 그 기능 또한 변한다. 〈함양의 들소리〉도 변했다. 논에서 떠나 운동장이나 무대로 간 농업노동요는 어느 것 할 것 없이 변하여 현재 경상남도 무형문화재로 지정된 여러 농요도 같은 실정이다. 공연화 무대화 과정에서 변질하기 시작한 것이다. 그 구성이 주는 시간적 공간적 제약에서 자유로울 수가 없었기에 그러하고, 노래하는 사람의 생각이, 그들의 노래관습이 전통의 것과 다르기에 그러하다.

'함양들소리보존회' 보존회원만 부르고 나머지 함양 사람들이 부르지 않는 함양의 민요는 이제 박제화 된 것이다. 노래는 사람이 부르는 것이다. 변화와 쇠퇴는 문화적 역사적 생활관습이 변하였기에 일어나는 필연적 현상이니 이를 두고 올바른 전승이나 복원에 힘쓸 것이 아니라, 아이돌 노래나 트로트 가요에 빠져든 사람들을 민요판으로 불러오는 것에 더 힘을 쏟아야 할 것이다. 그것에는 함양의 민요만이 가진 가치와 특수성이 향유 공동 집단 전부에게서 의식되어야 가능할 것이다.

설령 이제는 논과 밭에서 부르지 못할지라도, 무대 공간으로 자리를 옮겨서라도 그 건강함을 보여주어야 하는 '우리의 소리' 향토민요이다. 관과 지역민이 힘을 모아 노력하지 않으면 안 되는 향토문화의 최고봉이다.

바람처럼 어디에서 생겼는지 어디에서 불어오는지 모르고, 또 바람처럼 어디로 사라지는 것인지 모르는 것이 민요이기에 그러하다.

지금 그 민요가 소용되는 바가 있다면 그냥 다시 부르면 될 것이다. 그것이 〈모심기소리〉로도 좋고 〈밭매기소리〉여도 좋다. 아니면 그냥 노래하며 즐기는 민요 〈동풍가〉도 〈질꼬냉이〉여도 좋다. 놀고 즐기면서 남녀 간의 사랑을 노래하는 민요로 그냥 불러도 좋다는 말이다. 그것이 바로 사라지는 향토민요를 전승하는 방안이다. 민요에 있어 이제 많은 이들이 잊지 않고 부르는 것만이 민요 소멸을 막고 이를 전승하는 최상의 길이기 때문이다.

고령군 '장승제'의 축제화 방안

1 서론

    오늘날 전통사회에서 유지되던 민속의례는 급격한 산업화로 인하여 사라지거나 쇠퇴하는 등 많은 부분에서 변했다. 대개의 세시풍속이 전승되고 형성되는 데에는 자연환경에 대한 의존도가 큰 농경에 기반을 두고 있었기에 산업화는 세시풍속의 환경을 급격하게 바꿀 수밖에 없었던 것이다. 산업화에 따른 기계화는 자연부락내의 공동체집단이 두레를 통해 품앗이를 하고 풋굿을 하던 집단협동형 농경형태를 사라지게 하였고 도시화, 이농현상은 농촌사회를 붕괴시켜 전통세시를 사라지게 한 가장 큰 요인으로 등장하였다.
    오늘날 농촌사회는 심각한 공업화 현상을 보이기도 한다. 농공단지, 산업단지를 건설한다든지, 지역산업의 특화단지를 만드는 등 농촌사회는 점차 산업, 공업사회로 진입하고 있다. 이는 대도시 인근 지역일수록 심하며 고령지역 또한 예외가 아니다.
    이에 고령지역에 오랜 세시민속으로 전승되어 오다가 특이한 형태로 변화를 보이며 사라진 고령군 개진면 양전 2동의 '장승제'를 다시 복원하여 오늘날에 맞는 새로운 민속문화로 자리 잡게 하는 방안을 모색하고자 한다. 이는 오랜 역사를 지니고 있던 지역 민속의 보존과 전승의 두 길을 함께 모색하는 것이 될 것이다. 또한 사라지는 전통민속을 다시 살리고 거듭나게 하여 새로운 관광산업 자원으로서의 가치를 높이고자 하는 노력의 일환이기도 하다.

2 장승제의 전승 환경

고령군 개진면 양전동에 전승되었다는 속칭 〈풍동골 장승제〉는 복합성을 가진 세시풍속이다. 이는 1980년 전후 개진면 양전 2동의 고 조용찬 옹의 구술에 의하여 소개되어 처음 세상에 알려졌고 1982년에 기록 소개되었다.[1] 그리고 필자 또한 4차례에 걸친 조용찬 옹과의 면담조사와 현장답사를 통해 구술 채록한 바 있다.[2]

구술되어진 내용을 간략히 소개하면 다음과 같다.[3]

風童이와 長栍
① 전라도 무주 소농가에서 얼굴도 잘 생겼고 영리하였으나 임란 때 부모를 잃은 고아 소년 風童이가 머슴살이를 하고 있었다.
② 하루는 주인이 "앞으로 10년간 바람피우지 않고 부지런히 일하면 데릴사위로 삼겠다"고 하였다. 이에 10년을 하루같이 열심히 일했다.
③ 그러나 주인은 약속을 어기고 딸을 다른 부잣집 남자와 결혼시키려 하였다.

---
1 고령군, 『대가야의 얼』, 고령군 문화공보실, 1982, 167~171쪽
2 1986년 4월 2일, 1989년 10월 14일, 1994년 5월 7일, 1996년 12월 18일 등 4차례 있었다.
3 논의의 편의상 주요 줄거리를 모티프 중심으로 기술한다.

④ 그 집을 나와 방황하다가 개진면 양전 2동 장승백이에 도착하였고, 이곳에서 마음 착한 이의 도움으로 포목장사를 시작하였다.

⑤ 어느 무더운 여름날 포목을 지고 장승백이를 지날 때 갑자기 폭우가 쏟아져 옷이 젖게 되자 옷을 벗어 장승에 걸어 말리고 잠깐 잠이 들다.

⑥ 꿈에 장승신이 나타나서 "내가 오랫 동안 비바람에 시달려 왔는데 오늘 너 덕분으로 좋은 옷을 걸치게 되었으니 은혜를 갚고자 한다." 하고, "지금 당장 예전 머슴 살던 집으로 3일 안에 가면 너와 약혼한 그 집 딸과 결혼을 하게 될 것이다" 라고 예언을 한다.

⑦ 꿈을 깨어 급히 전라도 옛집으로 가니, 마침 혼인 예식을 마치고 방으로 들어가려던 신랑신부가 갑자기 장승귀신에 걸려 발이 떨어지지 않고 바닥에 붙어서 버렸다.

⑧ 풍동이가 마당으로 들어서자 모인 사람들이 "저 신랑 신부는 배필이 아니고 풍동이와 결혼하라는 신의 지시이다" 라 하였다.

⑨ 이에 처녀 부모들이 풍동이와 다시 혼인을 허락하여 결혼식을 올렸다.

⑩ 그 후 풍동이는 장승방의 장승의 은혜에 감사하여 매년 여름이면 그 장승 앞에 제사를 지냈다는 전설이 있다.

⑪ 그 후 이 장승백이는 長柱房 또는 風童골로 불러 오다가 지금은 豊登골로 부르니 바로 개진면 양전 2동이다.

⑫ 이후 매년 7월 백중이면 인근지역 머슴들이 모여 會聚 겸 세벌논을 메되 驛畓을 중심하여 메고는 장승신에게 그해 시절 풍년이 들기를 기원하는 놀이를 즐겼다.

⑬ 祭需는 공동으로 부담하고 음식은 대농가에서 푸짐하게 준비한다.

날이 새자마자 우렁찬 고딩[오동나무 나팔]소리로 마을 사람들을 소집한다. 마을의 농악기 일체를 손에 들고 나가되 식전 아침에는 쇠 소리를 내지 않고 먼저 작업에 들어간다.

머리에는 수건을 동여매고, 양 손목에는 새끼줄을 동여매고, 허리끈에는 대나무 가지를 꽂아 두루고 작은 준비를 한다.

⑭ 다시 고딩이 소리가 울리면, 모두 일렬횡대로 서서 논에 들어가서 논을 매며 선창자의 "이후후" 하는 소리에 따라 나머지 사람이 〈옹헤야〉를 합창한다.

(옹헤야 생략)

⑮ 마치면, 모두 논에서 나와 손발을 씻고 잔디밭에 둘러 앉아 간단한 안주와 막걸리를 마시며 쉰다.

⑯ 이어 〈장승제〉가 시작된다. 마을의 '상머슴'이 좌상이 되어 머리에는 관을 쓰고, 손에는 "농자천하지대본"이라 쓴 붉은 기를 들고 소를 타고 맨 앞에 서고, 미리 선정된 '숫총각'이 삿갓을 쓰고, — 여덟모가 난 삿갓 모서리에다 수숫잎을 주렁주렁 달고 — '도롱이'를 입고 지게에 올려 수명이 메고 그 뒤를 따른다.

⑰ 그 뒤를 마을 사람들이 거들먹거리며 뒤 따르는데 이때 〈방아타령〉을 흥겹게 부른다.

(방아타령 생략)

⑱ 장승 앞에 이르러, 상머슴이 소에서 내려 붉은 농기를 장승 앞에 세우고, 제상에 여러 가지 음식을 정성스레 진설하고, 숫총각이 제관이 되어 물로 세수하고 제상 앞에 꿇어앉는다. 다음에 마치 풍동이 비 맞은 것처럼 물통의 가득한 물을 수총각 제관의 등에 붓는다. 제관은 부들부들 떨면서 정성 들여 향을 피우고 술잔을 올리고 나면 앞서 소를 타고 온 상머슴 좌상이 축문을 읽는다.

"유세차 오늘 百中에 무식한 좌상은 삼가 長栍神 前에 讀祝하오니 부디 많이 많이 應感하시고 이 들판에 豊年들게 하시고, 동리 늙은 총각들 부잣집 딸들에게 장가가게 하소서" 하고는 일제히 큰 절을 올린다.

⑲ 제의가 끝나면 제물을 둘러 앉아 음복하고, 술기가 얼큰해지면 흥겨운 농악놀이를 논다.

⑳ 얼마간의 농악놀이가 끝나면 다시, 앞서 장승으로 올 때의 행렬과 같은 순서로 서서 〈방아타령〉을 흥겹게 부르며 장승을 빙빙 돌아 놀다가, 마을로 돌아온다.

* 부락에 초상이 나면 장승제를 연기하였고, 국상이 나면 3년간 행사를 중지하였다.

이상은 조용찬 옹의 구술을 펼쳐 다시 정리한 것이다.

위의 20개 모티프 중, ①~⑪은 풍동의 인물설화 내지는 長栍報恩談이요 ⑫~⑳은 풋굿의 祭次에 해당한다. 그런데 제보자인 조용찬 옹은 풋굿보다는 장승제의라고 강력하게 주장하고 있다. 고령군 개진면 양전 2동의 초입에 자리한 장승백이는 예전 고령으로 진입하는 관문격인 금산재 아래에 자리하고 있기 때문에 이곳에 장승이 서 있었다 한다. 또 이곳에 옛날 驛站이 있었는데, 장승백이 옆의 전답은 모두 옛 驛畓이었다고 한다. 고령으로 진입하는 고개 앞 길목인 이곳에 장승이 서 있었고, 장승 앞에 마을 사람들이 모여 부락굿이나 풍년제의를 올렸으니 이는 분명한 장승제라고 하는 것이다.[4]

일반적으로 장승제는 마을의 除厄招福을 위해 벌이는 부락굿이다. 장승제의 신앙적 대상이 되는 장승은, 1) 지역간의 경계표시 2) 이정표 3) 마을의 수호신으로 기능한다. 이중 수호신으로 세운 장승에는 이정표시도 없으며, '천하대장군' 류의 표시도 없고 마을의 신앙 대상으로서 주로 厄病을 제거하기 위해 빌었다. 오늘날 현전하는 거개의 장승제의는 유교식 제차에 엄숙한 산신신앙을 바탕으로 전승되고 있다.[5] 현재 충청남도 청양군 칠갑산 지역의 장승제는 호환을 막기 위한 부락민의 기원제이며, 부락민의 안가태평을 기원하는 부락제의이다.

그러나 양전동의 장승제는 이와 거리가 먼 풍년제의이거나⑱ 김매기 등을 마친 농사꾼들의 노고를 치하하는 자리이면서⑫, 머슴들의 잔치놀이 형태임(⑭, ⑮, ⑲, ⑳)을 부정할 수 없다. 이중 ⑯ 이후의 행위는 풋굿과 동일하다. 크게 보아 ⑫~⑳에서 보인 바 제의 공간은 장승 앞이지만 그 진행 형태는 풋굿에 다름 아니다.

풋굿은 음력 7월 보름인 백중을 전후하여 논과 밭에 김을 다 매고 난 후, 농사에 참여한 농군들에게 음식을 마련하여 그들을 위무하고 그들의 노고를 치하하

---

4 이곳이 역참이라는 역사적 기록은 전무하다. 그리고 이러한 주장을 뒷받침할 실증적 증거도 없다. 지역 현지조사 중에 제보자 이외의 어떤 부락민도 이를 충분하게 증언하지 못하고 있었다.
5 국립민속박물관. 충청남도, 『장승·솟대신앙 -충청남도-』, 1991에서 요약 정리함.

는 머슴들의 잔치이다. 전국적인 분포를 가지고 있는데, 대체로 전북지역은 '술 멕이', 전남지역은 '장원내기', 경상도는 '풋굿', 경기도의 '호미걸이', 충청도는 '두레먹기' 등으로 불리며 따로 '백중놀이', '머슴대접하기', '길꼬냉이', '두레', '백종일', '백중', '파접', '꼼비기', '초연', '세서연', '두레장원', '호미씻이', '飮酒禮' 등등으로 다양하게 지칭하고 있다. 경상도에서는 이날을 '머슴날', '洗鋤宴', '호미씻이', '壯元禮', '머슴날', '中元節', '두레먹기', '草宴', '백중놀이', '농현', '파접', '꼽백이참놀이' 등으로 부르고 있다.[6]

풋굿은 고령군 지역에서도 널리 성행된 세시풍속의 하나였지만 지금은 그 전승이 매우 미약하다. 그러나 필자가 조사한 덕곡면(노2리)에서는 '머슴 위하는 날', 쌍림면(평지리)에서는 '깽말타기', '머슴 위하는 날', 우곡면(봉산1리)에서는 3벌 논매기를 마치는 날을 '일꾼날'이라 하여 일꾼들에게 음식을 만들어 대접하고 용돈까지 주는 일이 아직도 남아 전해지고 있음으로 하여, 이는 고령지역에서도 아직도 유효한 세시풍속임을 확인할 수 있었다.[7]

한편, 고령군내 풋굿의 전승이 쇠퇴해진 지역에서는 정월 보름이나, 2월 1일을 '머슴 대접하는 날', '머슴날',[8] '일꾼 대접하기'[9] 등이라는 이름으로 머슴들을 위한 위무와 접대가 변이되어 전승되고 있다. 이로 보면 농경중심의 산업이 성행했을 시 고된 노동을 하는 논농사지역에서는 어느 곳에서나 진행되었을 풋굿 세시의례는 고령지역도 예외가 아니라 전통사회의 대표적인 농업세시의례로 자리하고 있음이 확인된다.

6 　김미숙,『밀양백중놀이』,국립문화재연구소, 2004, 16면.
　　주강현,『두레』, 들녘, 2006, 546~548쪽 참조.
7 　필자의 이에 대한 조사 작업은『경상북도의 세시풍속과 민속문화』, 2006, 경북대 영남문화연구원 참조.
　　이 외에도 고령군에서 간행된 기록물인,『내고장 대가야』, 고령군교육청, 1989 〈세시풍속〉편, 136면에는 '서레치'라고 하는 음식 대접을 받는다. 또『고령군지』고령군, 1996, 965면 〈제5절 세시풍속〉조 7월 월중행사로 〈호미씻이〉, 〈초연〉, 〈머슴날〉이 전승된다 하였다.
8 　『고령군지』, 고령군, 1996, 965면 〈제5절 세시풍속〉조 2월 월중행사로 〈머슴날〉이 있다고 한다.
9 　문화재청,『경상북도 세시풍속』, 국립문화재연구소, 2002, 416면, 428면, 444면 등에 기록되어 있음.

특히 개진면 장승제는 축제적 성격을 다분히 가지고 있는 세시풍속이다.[10]

3 장승제의 문화적 의의

3-1 장승제의 본질성과 새로운 인식

전통적인 장승제는 부락민 전체의 辟邪進慶을 위해 금제禁制와 의식儀式과 유희遊戲를 통합하여 재현하는 부락 굿이다. 그러나 고령군 개진면의 장승제는 신앙대상이 장승이고, 제의 공간이 장승 앞이라는 제의적 요소를 가지고 있지만, 다른 지역의 장승제처럼 부락공동체 전체의 제액초복을 위한 신앙적 제의가 아니라 특정 집단인 머슴이나 농업노동자들의 놀이 축제로서 성격이 뚜렷하다.

그 출발이 되는 풍동설화는 한 개인의 보은을 기린 보은담이지 종교적 설화가 아니다. 즉 부락공동체 전체의 길흉화복과는 거리가 먼 인물설화이지 장승의 유래담도 아니다. 그 주인공인 풍동은 또한 부락민이기 보다는 무주지역에서 이주해 온 뜨내기로 부락굿이 가진 공동체적 결속력도 근본적으로 가지고 있지 못하다. 그는 대개의 부락굿에서 보듯 부락공동체의 신앙적 대상이 되는 양전동의 골매기신도 아니다. 단지 이러한 장승보은의 이야기로 인하여 마을 사람들이 그 같이 장승보은을 입었으면 하는 축원적 의미가 강한 설화의 주인공일 뿐이다.

고령 장승제의 놀이로서의 특징은 풋굿과 다르지 않다. '풋굿'은 두레집단

---

10 1998년 7월 19일 오후 3시, 以山刻研究所 주최로 고령문화원 앞에서 복원 작업을 한 바 있으나 이는 문제성이 있는 1회성 작업이었다.

에서 행하던 농민의 축제요 놀이이기 때문이다.[11] 지역 농민들이 고된 농사일을 마칠 무렵인 백중에 그들의 노고를 치하하는 놀이이자 제의인 농민 축제인 것이다. 그리고 이 장승제는 고령지역에서도 전반적으로 행해지던 세시풍속의 하나였지 개진면 양동2동의 장승백이라는 특수공간이 만들어 낸 유별난 놀이문화가 아니라 보편적인 놀이였다.

고령 장승제의 1) 부락민의 대동적인 참석과 공동의 음식 장만, 2) 상머슴의 선출과 제관인 총각의 선출, 3) 논매기 이후 제의 진행, 4) 농기를 앞세우고 마을 순행, 5)축문 기원 중 풍년기원, 6) 기원 중 총각 장가가기 기원,[12] 7) 제의 후 음복 및 농악놀이의 난장 등의 제의 내용은 풋굿으로서의 본질성을 그대로 가지고 있다.

이 같은 점을 고려해 볼 때, 고령 개진면 장승제의 발굴소개자인 고 조용찬 옹의 진술은 여러 가지 측면에서 마을공동 제의였고 풍년제의요 머슴 축제놀이인 풋굿을 장승제적인 부락굿으로 확장하여 진술한 것으로 판단된다. 따라서 이 장승제는 다시 풋굿으로 환원되어야 제대로의 전승 민속문화로서 자리 매김 할 수 있다고 본다.

민속문화는 지역을 기반으로 발생하여 지역민과 함께 성장 변모해 온 문화이다. 따라 민속문화는 향토의 토속문화로서 향토민이 지닌 민속지식Folk Knowledge 또는 전통생태지식Traditional Ecological Knowledge의 보고로서 가치를 지닌다.[13]

단순한 보은담이나 인물담에서 연기되어진 '장승제'라는 명칭을 떠나, 지역민의 현실적인 농경생활 속에서 구축되고 전승되어진 '풋굿'으로서의 민속제

●
11 주강현, 앞의 책, 511~575쪽.
12 옛말에 '백중날 머슴 장가간다'라는 말이 있다. 안동지역에서는 마을 어른들은 머슴이 노총각이나 홀아비면 마땅한 처녀나 과부를 골라 장가를 들여 주고 살림도 장만 해 주는 습속을 구두 진술하고 있다.
    http://www.sesistory.pe.kr/main/left-12.htm 참조.
13 주강현, 「언어생태 전략과 문화종 다양성 -민속지식을 중심으로」, 습지생태와 생태언어 연구 학술대회 유인물, 2008. 11. 11. 경북대학교, 13쪽.

의 전환이 필요하다. 이것은 고령지역 공동체 문화가 지닌 노동과 놀이의 민속 지식을 담고 있는 살아있는 문화이기에 그 가치가 주목되어야 하는 것이요, 중앙문화에 대하여 지나치게 폄하되고 경시되어온 지방 문화의 가치적 세계에 대한 새로운 주목거리를 주기 위해서요, 나아가 사라져가는 우리 지방 토속전통문화의 소중한 자산이며 이 지역민이 가진 생활문화임을 재인식해주는 관점의 전환을 위해서 그렇다. 풋굿과 같은 민속놀이는 그 인멸을 바라보고 있어야 하는 존재가 아니다. 민속에 대한 지역의 기개와 의지, 환경에 적응 하며 삶을 일구었던 조상의 지혜가 녹아 있는 생활문화재이기 때문이다.

축제란 제의성을 가질 뿐만 아니라 놀이와 즐김을 통해 공동체의 새로운 활력을 불어 넣어 동질적 집단의 의식을 고양하는 사회성도 가지는 문화행위이다. 현대에 계승하여 삶을 보다 풍요롭게 할 수 있는 기제가 될 수 있으며, 이러한 인식이 나아가 지역문화를 새롭게 보는 바탕이 되어야 할 것이기 때문이다.[14]

3-2 산업근로자형 축제로서의 의의

우리나라의 농촌사회가 산업화에 밀려 세시풍속의 소멸 속도가 빨라졌다. 많은 젊은이들이 도시로 이동하고, 고향에 남겨진 젊은이들은 자괴감에 빠져듦으로써 전승의 기반이 남아 있는데도 불구하고 일부 세시풍속은 전승 주체들에 의해 의도적으로 전승되지 않게 되었다. 무엇보다 농업형태가 변하면서 전통적 농경사회에 뿌리를 둔 세시풍속은 세시가 성립되지 않으면서 사라지게 되었다. 예로 비닐하우스 농업은 자연의 시간적 순환과 무관한 농작형태이기 때문에 세시풍속이 유지될 수가 없었던 것이다. 더욱이 이제 근교뿐만 아니라 도시에서 상당히 떨어진 농촌지역까지도 교통의 발달과 농업 형태의 변화로

---

14 김기현 외, 『경상북도의 세시풍속과 민속문화』, 경북대학교영남문화연구원, 2006, 204쪽.

농경 의례력은 그 기반의 상당 부분을 잃어버렸다. 또 산업화와 도시화는 동시에 일어난 변화이다. 도시화의 특징으로 핵가족의 확대, 생활주기의 단축, 여가문화의 발달, 대중문화의 확산 등을 꼽아 볼 때, 이러한 요인들은 세부적인 측면에서 세시풍속의 존립을 위협했다. 다시 말하면 세시풍속을 낡은 것으로 치부하게 되고, 감각적 문화의 등장으로 인해 재미없고 귀찮은 것으로 인식했다고 볼 수 있다. 이러한 가운데 변형된 세시풍속이 새로운 세시전통인 것처럼 형성되고 있다. 단오나 백중 같은 명절의례는 설, 추석 명절을 중심으로 수렴되어 지고, 어버이날, 어린이날 같은 가족중심의 행사가 새로이 세시화 되는 현상이 일어난 것이다.[15]

새로운 세시의 생성은 전통사회와는 다른 의미를 낳는다. 예컨대 설날은 조상숭배와 효사상에 기반한 민족 최대의 세시풍속이었으나 연휴의 법정 공휴일로 지정되면서 도시생활과 산업사회에서 오는 긴장감과 강박감을 일시적으로 해방하는 정신적 휴식과 정서적 이완이라는 새로운 기능을 가진 휴일이 되었다.

우리에게 있어서 도시화, 산업화가 거부할 수 없는 시대적 흐름이 되었듯 산업화 도시화가 불러온 전통적 생업력에 기반 한 세시풍속의 단절과 왜곡 또한 거역할 수 없는 현실이 되었다. 더구나 서양문물의 유입과 세계화라는 시대적 흐름만이 아니라 서구화된 생활기반으로 인하여 외국의 풍속마저 우리 것으로 변용되는 현상까지 일어나고 있다. 이는 잘못된 전통문화에 대한 인식과 우리 문화에 대한 교육의 부재, 왜곡된 상업문화가 빚어낸 현상이다.

한편 이러한 현실에서 우리의 전통문화에 대한 국민들의 알고자 하는 욕구와 전통문화에 대한 새로운 자각이 확장되고 있는 것도 사실이다. 지역 자치단체를 중심으로 하는 전통문화형 축제가 그 촉진의 한 요인이 되었다고 본다. 그러나 무엇보다 산업화 도시화가 만들어 낸 휴식의 필요성은 새로운 체험을 통한

●
15 김기현 외, 앞의 책, 108쪽.

즐김으로 나아가게 하였고 또 이는 부의 축적으로 인한 삶의 여유에 기반하고 있다.

산업노동자는 생산의 주체이다. 그러나 그들은 대개 고용되어 노동을 제공하고 자본가로부터 일정의 대가를 받는 계약 조직원이며 공동 노동자다. 마치 전통 농경사회에서 지주에 종속된 머슴이나 소작인과 다름 아니다. 전통사회에서는 일정의 두레조직을 통해 공동 노작을 하며 협업을 통해 노동 상의 문제를 해결하였으나, 현대 산업사회에서는 그들은 노동에서 얻어진 고통의 해소를 공동체인 노동조합의 힘이나 아니면 개인의 자발적 노력으로 해결을 하지 않으면 안 된다. 현대 산업사회에서의 쉼 없이 되풀이 되는 동일한 노동행위는 육체적 고통의 가중만이 아니라 정신적 고통까지도 가해져서 끊임없는 휴식의 유혹을 받아야 한다.

하여, 일정 기간의 휴가제도가 마련되고 바캉스라는 현대의 휴일문화가 생겨났지만 정작 강과 산, 바다를 찾아 자연 속에서 많은 인파와 각종의 상업문화와 만나야 하고, 교통 혼잡, 바가지요금 등으로 휴가의 여유로움이 사라지는 것도 사실이다. 무엇보다 산업노동을 통해 쌓여진 육체적 정신적 피로를 씻어내지 못함으로써 재충전의 활력을 찾을 수가 없게 되었다는 점이다.

노동자에게 있어 일과 휴식의 순환은 노동자에게 있어 끊어 낼 수 없는 사슬이다. 그러나 또한 필요한 사슬이다. 노동만 있고 휴식이 없는, 휴식만 있고 노동이 없는 산업근로자는 없다. 때문에 이들의 생활을 위한 배려의 문화공간이 필요한 것은 당연한 일이다. 오늘날 우리 사회에는 전통사회에서 있었던 풋굿과 같은 산업노동자들을 위한 배려된 문화가 없는 것은 안타까운 일이다. 물론 현명하지 못한 자본주의의 약점이다. 이제 이들을 위한 특별한 배려의 문화공간이 필요한 것이다.

장승제를 새롭게 축제화 하여 이를 산업근로자의 축제로 만들자는 이유는 바로 여기에 있다. 이미 전승되던 장승제는 풋굿으로서 농업근로자의 축제였기 때문이요, 다른 하나는 우리나라에 제대로 된 산업근로자를 위한 민속축제가 부재 한다는 것이 그 이유이다. 대도시 인근의 농공단지가 설정된 고령 지역이야

말로 대가야 이후의 전통문화와 새로운 현대문화 그리고 전통적인 민속문화를 아우를 수 있으므로 새로운 축제지역이 될 수 있을 것이다.

　미래학자 허만 칸은 일찍이 "앞으로 21세기는 세계의 많은 사람들이 세계의 구석구석을 찾을 것이다. 그것은 단순히 자연 경관을 보기 위해서가 아니라 그 땅 사람들의 전통적인 생활을 보기 위해서이다."라고 말했다. 지금 이러한 예언은 그대로 적중하였다. 이제 세계의 많은 사람들은 아프리카 오지나 아마존의 밀림까지 찾아가 그들의 삶을 보고 있다. 바로 그들의 민속을 살펴보고 있는 것이다. 우리가 이 땅에서 살며 구축해 온 전통적인 삶의 모습이 민속 문화일 진데 이의 소중함은 날로 가치를 더해 가고 있는 것이다.

　삶의 환경이 급속도로 변함으로 하여 전통의 민속 문화가 변하고 사라진 것을 안타까워만 하거나 시대적 흐름이라고 손 놓고 있어서는 안 될 것이다. 그 가치를 제대로 인식하고 새로운 미래 산업으로 만들어 가는 지혜가 필요하다. 이를 위한 특별한 정책도 필요하고, 또한 이에 대한 현실적인 지원이 필요하다. 지방자치단체는 이를 감안하여 민속행사를 시행할 수 있는 적극적 지원을 아끼지 않아야 할 것이다.

　주지하다시피 세시풍속이나 민속신앙, 민속놀이는 전승지역과 지역주민과도 매우 밀접한 관련을 맺고 있다. 그것들의 생성이나 보존, 전승이나 쇠퇴 등에 지역민의 참여 없는 민속문화의 구현은 있을 수 없다. 특히 현대적 계승과 보존에 있어 지역민의 참여는 필수불가결한 것이다. 민속 문화는 생명력이 있다. 상황과 환경에 의한 변수를 적극적으로 받아들여 향유 전승하는 사람이 재생산하는 것이다. 따라서 민속놀이가 항상 본래의 모습 그대로 보존되어야 한다는 당위도 어느 정도 설득력을 가지지만, 반면 창조되는 재생산도 적극 도모되어야 한다. 관은 원초적 보존이라는 인식에서 탈피하여 변모와 개발에도 더욱 무게를 실어야 할 것이다. 이를 위해 지방 자생 조직을 활성화할 필요가 있다. 지방의 문화를 담당할 담당층을 적극 지원하고 지방의 문화가 세계의 문화가 될 수 있도록 지원하여야 한다. 지방의 문화인을 적극 우대하고 지방의 문화를 우선하는 정책을 펴야한다. 중앙의 문화를 어설프게 흉내 내는 것에서 벗어나 지방의 것을 특화시키는 정책이나 방안을 끊임없이 생산해 내야 한다. 그리하여 지역의 민속 문화가 제대로 축제로 재현되어 지속적인 전승 방안을 가지게 될 때 새로운 산업문화로서 민속 문화는 자리매김을 할 것이다.

3-3 전통민속문화 축제로서의 의의

개진면 양전동의 세시풍속이었던 '장승제'를 현대적 놀이문화로 바꾸어 재창조하기 위해서는 다음과 같은 본원적 의미와 형태를 주목하기로 한다.

먼저, 장승제가 가진 제의성이다. 이 장승제는 제의이면서 놀이요, 놀이이면서 제의로서 농경중심사회의 부락 대동굿으로서의 성격을 지니고 존재해 왔다. 그리고 이 제의의 주체는 농업 노동자들이었다. 이 같은 본질적 성격은 그대로 존치되어야 한다고 본다. 따라서 새롭게 만들어질 이 축제의 주체 또한 도시 산업노동자와 지역 공동체의 생산노동자인 농민이어야 한다. 그리고 농경사회에서의 풍요와 노동의 고통을 해소하고 스스로의 위무를 위한 놀이형 축제이어야만 풋굿이 지닌 제의적 원형이 파괴되지 않을 것이다.

전통적인 지역 공동체 놀이에서 볼 수 있듯이 민속놀이는 기본적으로 강한 제의성과 주술성을 지니고 있다. 민속놀이는 민간의 신앙행사에 부수되었던 예능 활동이었다. 즉 그것은 신에게 삶의 안위와 풍성함을 기원하면서 그 신을 즐겁게 하고 동시에 신의를 탐지하기 위하여 발생 전개되었던 神事行爲의 일종이었다. 신 앞에서의 농악, 탈춤, 굿 등이 신을 즐겁게 하기 위한 娛神 행위였다면, 신 앞에서의 씨름, 줄다리기, 편싸움 등은 神意를 탐지하기 위한 경기였다. 이러한 神前행사가 후대로 내려오면서 민간에 유포되어 보편화됨으로써 그 원래의 신성성은 약화되고 오락성이 강화되었다. 神事와는 관계없는 일반 민중들의 놀이가 되어 민중의 유희적 욕구를 충족시켜 주는 오락이 되었던 것이다. 이렇게 볼 때 민속놀이에는 싸움을 뜻하는 경쟁의식과 흥을 뜻하는 유희성, 즐김을 나타내는 오락성, 아름다움을 추구하는 예술성이 복합적으로 녹아 있다고 할 수 있는데 이를 축제 속에서 제외할 수 없다.

다음, 장승제가 가진 유희적 놀이성이다. 현대 축제가 가진 가장 큰 의미는 놀이와 즐김, 휴식과 재충전이다. 일반적으로 놀이는 생활상의 이해관계를 떠나서 자발적으로 참여하는 무목적적 활동으로써 즐거움과 흥겨움을 동반하는 가장 자유롭고 해방된 인간 활동이다. 놀이는 다음과 같은 특징이 있다.

1) 놀이는 자유스러운 것이다. 놀이하는 사람은 강요당하지 않으며, 갈등으로부터도 자유롭다. 만약 놀이에 갈등이 생기면, 자아에게 자유롭게 보상을 주는 방법으로 갈등은 변형된다. 2) 놀이는 자발적이다. 놀이는 항상 내부로부터 자발적인 욕구가 있어서 하게 되며 남이 시켜서 하는 것이 아니다. 자기가 하고 싶을 때 참여하는 활동인 것이다. 3) 놀이의 목적은 즐거움이다. 항상 쾌락의 원칙에 근거하여 진행되기 때문에 놀이를 하는 사람은 놀이를 통하여 어떤 의미로든지 즐거움, 특히 정신적인 즐거움을 얻어야만 한다. 4) 놀이는 비조직적이며 비지시적인 활동이다. 놀이는 미리 계획되고 구성되어 조직화된 활동 속에서 이루어지는 것이 아니라, 때와 장소에 따라 또는 그날의 분위기에 따라 역할이나 활동의 양상 모두 변할 수 있다. 5) 놀이는 비생산적인 활동이다. 놀이는 어떠한 재화나 부를 만들어 내지 않는다. 놀이는 그 자체에 목적이 있는 자기 목적적 활동이다. 6) 놀이는 고유의 규칙을 갖는다. 놀이 속에서의 질서와 긴장은 놀이라는 일시적인 세계에 적용되고 통용되는 규칙에 의해 만들어지는 것이다. 이 규칙은 절대적인 구속력을 갖고 있으며, 무엇이 놀이이고 아닌가를 규정한다. 7) 놀이는 정해진 공간과 시간의 범위 내에서 한정되어 있는 분리된 활동이다. 놀이 장소의 격리성과 시간의 한계성으로 인해 제한된 시공 속에서만 놀게 된다. 이로 인해 일상적인 삶과 구분되는 것이다. 8) 놀이는 허구적인 활동이며 현실 생활에 비하면 이차적인 현실이나 비현실이라는 특수한 상황을 수반한다. 놀이는 현실적인 필요와 욕망의 직접적인 만족 여부의 바깥에서 욕망의 과정을 차단하는 탈일상성을 지닌다.[16]

---

16 윤재훈, 『민속의 현대적 이해』, 세손, 2000, 314쪽.

한편 민속놀이는 각각 다른 지역에서 전승되어 오는 동안 그 고장의 특유한 자연이나 인문환경의 영향을 받아 독특한 개성을 지닌 향토 놀이로 발전된다. 그리고 전승과정에서 군더더기가 빠져나가고 알맹이가 닦여 세련미가 더 심화된다. 게다가 민속놀이는 주로 집단놀이의 형태로 이루어진다. 즉 지연 공동체 구성원 대다수의 참여와 후원 아래 행해지는 놀이로서 세시라는 비일상적인 시공간에서 연행되었으며, 공동체 구성원 전체가 하나 되는 대동을 지향하는 과정이었다. 향토성은 전통으로 승화하고 그것이 지역의 정체성 형성에 기여하였다.

마지막으로 주목해야 할 것은 예술성이다. 제의와 놀이적인 유희성만이 전통문화의 복원력을 확보하는 것이 아니다. 전통문화는 향유하는 공동체 집단의 예술적 역량을 총합하는 표현물이기도 하다. 전통문화가 전통적인 전승력을 확보하는 데에는 전통문화 자체에 내재하는 미적 감흥이 있기 때문이며, 이 감흥은 향유 공동체의 미의식과 직결됨으로써 그 문화적 가치를 확보하고 있는 것이다. 이러한 미적 감흥만이 향유자들을 감동하게 하고 오래도록 기억하게 함으로써 새로운 문화를 창출하는 원동력으로 자리하게 한다. 단순한 유희적 오락으로서의 축제는 놀이 행위에 불과하다. 문화적 질료로서의 감동은 축제의 기본적인 요소이기도 하며 새로운 여가문화의 핵심적인 충전원이 될 것이다.

앞서 논급한 대로 고령군 지역은 대도시 인접의 지리적 환경을 가지고 있고 전반적인 산업화가 진행되는 지역이다. 장성제가 전승되었던 고령군 개진면 일대에 이미 농공단지와 지방 산업단지가 설립되어 산업형태가 농업에서 공업으로 바뀌어 가고 있는 실정이다.[17]

오늘날 풋굿이나 장승제 같은 전통 세시풍속은 급격한 쇠락의 길을 걷고 있고, 아울러 전통사회 속에서 형성되고 보존되었던 삶의 意識과 행위인 儀禮마저

---

[17] 개진비방산업단지(148,341m²) 개진농공단지(138,894m²)로 주로 섬유 기계업종 들이 들어서 대구지역권과 협력공단으로 자리하고 있다. http://www.goryeong.go.kr/ 04industry/03_03.asp 참조.

사라지고 있다. 곰곰이 살펴보면, 전통문화의 쇠퇴 소멸은 그것 자체만의 단순한 잃어버림이 아니다. 존재의 상실과 더불어 그 속에 녹아 있던 意識도 사라져 가는 것이다. 우리 전통 민속은 '제의성', '유희성', '사회성', '예술성'을 통합적으로 아울러 가진 존재물이다. 따라 우리 조상들이 행하였던 '유희' 또는 '놀이'는 단순한 즐김이 아니라 삶의 여가를 통해 재생산의 효율을 높이는 문화적 생산 활동이었다. 이러한 과정을 거쳐 삶은 풍요로워지며, 새로운 창조의 원천은 고갈된 수원을 회복하여 갔던 것이다.

오늘날 산업화나 도시화 현상으로 전통의 민속문화 환경이 도시적 공간에 제한을 받게 되자, 전통적 의미에서의 건전한 '즐김'의 의식이 단순한 소비의 하나로 바뀌고 말았다. '즐김'은 휴식이나 정력의 소비가 아님에도 불구하고 자본주의 사회는 우리에게 '즐김'은 남는 시간을 보내는 소비적 활동이며, 또 힘을 다해 추구해야 하는 무엇으로 인식하게 하고 있다.

전통사회에서의 즐김은 지역민 혹은 놀이에 참가하는 사람들이 하나 되는 大同의 場이었으며, 이를 통해 새로운 힘을 충전하는 계기이기도 하였다. 따라 놀이는 정신적 측면과 육체적 측면의 두 부분이 동시에 충족되어야 한다. 육체에 활력을 불어넣고 이를 통해 정신을 건강하게 만드는 것이 전통적 놀이의 방식이었다. 더구나 소외된 개인이 아닌 하나 된 우리의 힘을 과시함으로써 만족이 배가되었던 것이다. 놀이는 노동과는 다른 자기 충족적이고 의미 있는 형식의 활동이다. 몸과 몸이 부딪치고 힘을 함께 하면서 목적을 공유하는 사이에 동류의식은 강화된다. 그것이 승부이건 단순한 즐거움을 위한 것이건 무언가를 함께하는 사이에 나는 '우리' 속에 녹아 하나가 될 수 있다. 놀이하는 개인을 놀이에서 소외시켜 정신적 충족만을 추구한다는 점에서 놀이하는 사람을 개별화시키며, 집단의 동질감을 느낄 수 없게 한다는 점에서 사회를 파편화한다. 민속놀이는 사람과 사람의 유대를 강화시키며 동시에 향토애를 고양시킨다. 그러므로 '놀이'의 진정한 의미는 우리의 전통 민속놀이가 채워줄 수 있다. 이를 통해 우리는 사회적 동질성, 파편화된 개인의 소외를 다소 해결할 수 있을 것이다.

고령군의 장승제의는 전통적인 세시풍습이고, 지금은 쇠퇴 소멸하는 민속놀이요 의례이지만 '놀이'와 '즐김'을 통한 공동체 문화를 재창조해 낼 수 있는 문화 질료라 생각한다. 이것은 전통사회에서부터 얼마 전까지 전승되고 있었던 이 지역민의 '삶의 표현물'이기 때문이요, 또 새로운 산업사회에서도 근로 노동자들의 휴식과 즐김을 매개할 수 있는 '놀이문화'이기 때문이다.

바뀐 생활환경과 문화 양태로 소멸해 가는 전통문화는 궁극적으로 2가지의 길을 걷게 된다. 하나는 자연적인 소멸이요 하나는 문화재란 이름으로 박제화 되는 길이다. 삶과 유리된 문화유산이란 이미 죽은 문화이며, 따라 사라진 문화이다. 사람들에 의해 향유되지 못하고 변해진 시대상황이나 문화 환경에 적응하여 생존력을 잃어버린 것이라면 아무리 잘 보관하고 기록 전승을 하더라도 소멸한 것과 다름이 없다. 따라서 우리의 전통 민속문화의 보존과 전승은 무엇보다 시급한 당면과제이다. 이에 고령군 개진면 장승제에 관하여 그 보존과 전승 방안을 모색하기 위해서 우리는 다음과 같은 점을 재인식 하지 않으면 안 된다. 이것은 단순히 특정한 전통민속에만 국한되는 것은 아니지만, 양전동의 장승제는 그 구성과 전개가 특수하여 이를 초점화하기 위한 전략적 검토이기도 하다.

4 장승제의 축제화 방안

4-1 풍등제 축제화의 의미

오늘날 관광문화에서 관광객이 추구하는 것은 독특함을 가지고 있는 '현지' 그 자체이다. 현지는 나름의 독특한 문화를 가지고 있으며 오랫동안 윤색되고 강조되어진 삶의 응축물이 존재하기 때문이다. 관광자원이란 관광의 주체인 관광객으로 하여금 관광 의욕을 일으키는 관광 대상이며 관광의 동기를 유발하는 촉매재이다. 따라 이것이 나름의 독특한 문화적 특성과 전통적 맥락을 가지고 있을 때, 관광객들은 현지에서 그 지역 사람들이 살면서 획득해간 삶의 지혜와 습관과 전통을 이해하게 되고 그 지역을 독특하게 하는 것이 무엇인가에 대하여 오래 기억하게 될 것이다. 그것이 유형물이건 무형물이건, 또 인공물이던 간에 관광객을 유인할 수 있고 관광수입을 얻을 수 있는 경제성이 있다면 관광자원이 될 것이다.[18]

관광자원은 일반적으로 관광산업의 입장에서 보면 경제적 가치를 가지며, 관광객의 입장에서는 오락적, 문화적 가치 나아가서는 교육적 가치를 지닌 관광행동의 목적물이라 말할 수 있다. 그러나 최근에 이르러 다양해진 관광행동의 지향성에 따라 소박한 향토 경관과 인정, 풍속 및 생활자료 등도 재평가 되었고 이들에 대한 관광자원화를 추진해 가고 있다.[19] 특히 특정한 지역의 전통 민속이 주목받는 이유는 관광을 통해 과거의 삶을 통해 현재 자신의 삶을 되돌아보고, 다른 생활 양태를 수용하여 자기 개발 및 발전을 도모하고자 함에 있다. 특정 지역의 공동체 구성원들의 삶에서 압축되어진 세시풍속이나 민속놀이는 관광집단들이 단시간 내에 과거의 역사와 배경을 살펴보게 함으로써 아울러 미래까지 가늠하게 하는 자료로서 색다른 흥미를 유발하기 때문이다.

관광이 무엇보다도 타자가 보인 삶의 다양한 모습을 통해 자기 삶의 지평을 확장하고 새로운 자극을 통해 자기를 성찰하고 보다 나은 삶을 열고자 함에 있는 것이라면 전통 민속은 확실히 관광자원으로서의 가장 큰 가치세계라 할 수 있다.

현대사회가 산업화되고 산업체제가 복잡해지면서 인간의 삶은 점점 더 기계화되고 파편화되어 간다고 해도 지나치지 않다. 이러한 현실에서 여가와 관광을 통한 휴식은 인간의 삶의 질을 높이는 절대적 가치로 자리 한다. 우리의 삶이 결국 자연과 인간, 타자와 자아의 대립을 통한 응전과 화해라고 한다면 이러한

●
18 김상훈, 『관광학 개론』, 집문당, 1985, 119쪽.
19 신정화·문창희, 「전통민속놀이의 관광자원화에 관한 연구」, 『논문집』 16집, 성지공업전문학교, 1993, 74쪽.

과정 속에서 만들어진 많은 노폐물들을 씻어 낼 일정한 공간과 시간이 필요하다. 이것이 놀이문화인 휴가요 즐김이며 축제인 것이다.

휴식은 헛된 '놀기'가 아니다. 다음의 노동을 예비하는 활력소로서 '재창조'의 그것이다. 그러므로 그 휴식, 즉 놀음은 마음 놓고 신바람 나게 놀 때 효과적이다. 그래서 자기 자신조차 가늠하기 힘든 '난장판'이 바로 놀음의 최대치인 것이다. 속된 공간에서의 모든 것을 버리고 새롭고 성스러운 시간으로의 이행을 위해서는 당연한 행위이기 때문이다.[20] 축제는 바로 이러한 공간이요, 시간이다. 오늘의 축제는 이러한 놀이의 시공간을 위한 인위적 행위이다.

축제는 문화적 사회적 동질성을 밝히는 가장 좋은 방법이다. 전통사회에서는 풍농이나 풍어 등을 목적으로 하는 제의성이 있어 집단 공동체의 유대의식을 함양해 왔다. 또 '기쁨' '즐김'이라는 정신적 상태의 의식 고양을 통해 삶의 동기와 목표를 끌어올리기도 했다. 엑스타시를 통해 삶의 고통을 淨化하고 새로운 삶으로의 이행을 놀이에서 얻어 왔다.

놀이문화의 바람직한 양상은 민속축제에서 발견할 수 있다. 민속축제는 생활공동체 또는 노동공동체를 기반으로 구축된 문화이다. 그리고 공동체 구성원들에 의해 오랫동안 공통의 관심과 가치로 다듬어지고 지켜진 것이기에 제3자에게도 매우 순응적이다. 동일한 자연환경과 유사한 역사 문화적 환경 속에서 구축된 것이라면 약간의 차이는 있을 지라도 모두에게 함께 할 수 있는 공통요소가 내재되어 있기에 그렇다. 비록 지금은 사라졌거나 변했지만 의식의 바닥에 기억되고 있는 유전자로써 약간의 자극으로도 곧 되살아 날수 있을 것이기에 그렇다. 민속축제를 우리의 가장 성공적인 축제로 제시하는 이유가 바로 여기에 있다. 오랜 역사를 통해 누적되어 온 동일한 유전형질이 우리 내면에 존재하기에, 또 전혀 다른 환경 속에서 살았어도 인간의 본연적 삶의 모습이 상징화되고 윤색되어진 것이기에 이를 통해 다른 삶의 모습을 확인하고 자기를 되돌아

---

20   M. Elade, 이동하 역, 『성과 속』, 학민사, 1983에서 개념을 따온 것임.

볼 수 있기에 관광객이 내국인이든 외국인이든 민속축제는 가장 좋은 관광문화 자원으로서 빛나는 가치를 가진 것이 될 수 있다.

이에 덧붙여, 축제의 이름을 "풍등제"로 하여 복원하고자 한다. 이는 장승제로서의 명칭은 본디 잘못된 것이었기에 버리고 부락공동체의 풋굿으로서의 기능을 중시하여 "풍년의 기원"이란 의미를 지닌 "豊登祭"로 함이 타당하기 때문이다. 그리하여야만 산업근로자의 축제로서 풋굿이 지닌 원형성이 훼손되지 않기 때문이며, 또한 지역민의 기억된 전통이란 문화인자를 고스란히 유지할 수 있기 때문이다.

4-2 풍등제의 유형적 성격

고령군의 장승제의는 부락공동체 전원이 참여한 두레의 성격을 지닌 참여형 축제였다. 그러나 세태가 바뀌고 삶의 변화가 옴에 따라 그 전승력을 상실하고 소멸 쇠퇴한 전통민속이었기에 그 본질적인 축제로서의 원형이 환원되어야 하는 당위성을 내포하고 있다.

이에 '풍등제'는 다음과 같은 축제 유형으로서의 성격을 가져야 한다.

첫째, 참여형 축제가 되어야 한다. 관광객이든 부락공동체 구성원이든 모두가 주체로서 참여하고 축제의 중심이 되어야 할 것이다. 전통 공동체였던 주민이 배제되고 연예인들이 중심이 되어 부락민이나 관광객들이 바라보기만 하는 축제로서는 민속축제의 성공을 기대하기 어렵다. 전승 공동체 사람들이 보여주었던 삶의 양태와 그들의 의식을 알려면 모두가 함께 참여하고 주체가 되는 참여형 축제가 되어야 한다.

둘째, 민속놀이형 축제가 되어야 한다. 인간에게 있어 놀이는 단순한 즐김의 대상만이 아니라 현실을 초극해 나가는 힘이며 새로운 세계를 열어 나가는 원동력이다. 놀이의 상실과 더불어 사라져 간 '놀이' 의식을 복원하기 위해서 — 놀이가 단순한 정력의 소비요 휴식이 아닌 힘을 다해 추구해야 하는 무엇임을 아는 — 현대 자본주가 만든 오락처럼 물질적 낭비와 소비의 즐김과 추구가 아닌,

재생산을 위한 문화 활동임을 아는 놀이축제가 되어야 한다.

인간의 욕구는 의식주 등 일차적인 욕구가 충족될 경우 점차 지적, 교양적 등 고차적 욕구로 성장하게 된다고 한다. 이와 더불어 관광행동도 風光觀光에서 역사적 관광으로 종국에는 교육과 참여의 민속관광을 지향하게 된다.[21] 그러므로 전통적인 민속놀이는 관광자원으로서 가장 가치 있는 대상이 된다.

현재 고령지역에서 전승되거나 복원 가능한 민속놀이는 다음과 같다.

구분	민속 놀이	놀이수
남성용	연날리기, 줄당기기, 닭싸움놀이, 씨름, 돈치기, 엿치기, 윷놀이, 석전, 돌들기, 목마타기, 깨금발싸움, 골패, 화투, 지신밟기, 목도매기, 모심기놀이, 풍물, 장치기, 제기차기, 고누뜨기, 풀치기, 팔씨름, 낫치기, 비석치기, 목침뺏기, 시조놀이(가투)	26
여성용	널뛰기, 놋다리밟기, 그네뛰기, 성돌기, 공기놀이, 다리밟기, 실뜨기, 비석치기, 봉사놀이, 술래잡기, 시조놀이(가투), 창포머리감기	12
아동용	연날리기, 장치기, 제기차기, 술래잡기, 고누뜨기, 쌍육놀이, 윷놀이, 쥐불놀이, 목마다기, 공기놀이, 땡삩기, 펭이치기, 풀리시놀이, 팔씨름, 실뜨기, 글렁쇠돌리기, 고무줄놀이, 비석치기, 보물찾기, 봉사놀이, 시조놀이(가투)	21

이들 중 어른과 아이들이 같이 할 수 있는 놀이도 상당수 있어 이를 가족이 함께 하는 민속놀이로 채택할 수 있다. 이들 놀이가 가진 특성은 모두 단독 놀이가 가능한 것이 많고, 함께할 수 있는 공동 놀이로는 대체로 힘겨루기, 내기형 놀이가 많다. 따라서 축제에 참여하는 관광객이나 주민들은 편을 나누어 힘겨루기나 내기를 해서 승부를 내는 놀이를 행한다면 참여 의식도 높아지고 축제 열기도 고조될 것으로 본다.

셋째, 가족형 축제여야 한다.[22] 오늘날은 대가족제가 붕괴되고 소가족제도가 중심인 사회이다. 소수의 핵가족화 된 사회이기에 여행, 놀이, 행사가 모두 가족 중심이다. 그런데 가족이란 공동체로서 존재하기에 전통사회에서의 가족, 가문,

---

21 김홍운, 「한국의 지방문화행사를 관광상품화하는 방안에 관한 연구」, 『한국학논집』 제10집, 한양대학국학연구소, 1986, 287쪽.
22 이광진, 앞의 책, 66~68쪽.

뿐만 아니라 마을공동체 구성까지도 그 원형성은 오늘과 같다고 할 수 있다. 가족공동체는 사고, 생활방식, 경제구조, 행동의식 등에서 동질성 내지는 유사성을 가진 집단이다. 그러므로 가족단위의 관광이나 축제 참여는 축제의 활동을 동질화하고 참여성을 높이며 나아가 축제에서 생겨나는 모든 경제활동의 구매력을 가진 대표 집단이 된다. 그래야만 관광산업으로서의 성공적인 축제가 되는 것은 당연하다.

넷째, 민속 문화 전통이 살아 있는 축제이어야 한다.

문화적 전통이란 과거에서 오늘에 이르기까지 우리의 오랜 풍토, 역사, 생활 속에서 구축한 삶의 방식이며 의식이다. 복원하려는 장승제는 풋굿이라는 농경공동체 사회에서 형성된 부락민의 풍년제의요, 농경 종사자를 위무하고 그를 주목하려는 전통사회의 노동자 우대의식이다. 따라서 복원되더라도 이 정신을 무시하거나 도외시 할 수 없다. 그것은 겉만의 전통 복원이요, 허상이기 때문이다. 행위에 내재된 본질적 성격을 버리고 외형적 형식만을 현대화 한다면 그것은 문화말살이다.

풋굿의 정신은 바로 공동체의 특정집단인 농경종사자에 대한 우대의식이요, 그들의 노고에 감사하는 부락공동체의 나눔 의식이자 배려심이다. 오늘날 농경 중심사회가 붕괴되고 산업사회로 변모하였지만 근로종사자인 사람은 바뀌지 않았다. 기껏 노동절을 당사자의 휴일로만 기리고 그들의 노고에 감사할 것이 아니라 이를 축제화 하여 산업근로자의 축제일로 바꾸어 간다면 이는 전통문화의 제대로 된 복원력을 가지는 것이라 생각한다.

대도시 인접의 도농지역, 농공지역으로 변모해가는 고령군의 산업형태와 지리적 환경을 고려해 볼 때, 이곳에서의 산업근로자 축제는 민속문화의 본원적 성격을 유지 발전 계승하는 길이 될 것이라 생각한다.

이상과 같은 축제화의 방향에 따라 이루어지는 고령 지역 풍동제의 관광화에는 다음과 같은 개발 효과가 있을 것으로 추정한다.[23]

●
23 이광진, 앞의 책, 96~98쪽에서 미국인들의 축제의 참여 유형을 다음 세 가지로 나누고 있는데,

첫째, 역사적 문화적 자원의 보호, 보전 효과

둘째, 축제지역의 자연적 인공적 환경 개선 효과

셋째, 새로운 관광시설의 조성 없이 지역과 조화를 이루는 관광개발 효과

넷째, 지역 주민이 얻는 경제적 수입원 확보와 고용창출 효과

다섯째, 관광객과 지역 주민간의 사회적 상호작용으로 인한 삶의 질 개선 효과

여섯째, 관련 산업의 생산유발효과 및 지역 문화의 전통 홍보 효과

4-3 풍등제 축제화 방안

축제의 궁극적 목적은 현실에서의 일탈과 내일을 위한 새로움의 충전이다. 축제의 출발이 인간의 바람과 기대에 의한 기원과 신을 향한 감사였기에 종교성, 제의성은 축제의 본질이며, 놀이를 통하여 세속적 현실에서 일탈하고 새로운 세계로 나아가려는 유희는 핵심되는 그 과정이다. 그리하여 축제가 끝나는 순간 다시 새로운 현실로 돌아오는 복원력까지가 일반적인 축제의 기본구조이기도 하다.

또한 축제의 현대적 기능으로 1) 원초 제의상의 보존, 2) 지역 주민과의 일체감 조성, 3) 전통 문화의 보존, 4) 경제적 수익, 5) 관광적 의의 등을 잡는 것은 축제가 역사, 사회, 문화의 산물이기에 가능한 다양성이다.

전통사회에서의 축제의 기능은 종교적, 윤리적, 사회적, 정치적, 예술적, 오락적, 생산적 기능이다. 그러나 산업사회에서는 이러한 기능들이 약화되어 산업사회에 적합한 요소들인 오락적, 사회적, 예술적 기능 등이 관광적 기능으로 존재한다. 따라서 오늘날 축제를 전통문화에서 재현 또는 복원하려면 다음 사항을 주목해 두어야 할 것이다.

- 첫째, 가족(the family) 둘째, 민속음악팬(the foiknik) 셋째, 무뢰한(the outlaw)으로 나누고 있다.

첫째, 복원과 재현의 타당성을 지역주민과의 공감대 형성을 통해 진단하여야 한다. 단순한 지역 사랑이란 감상적 층위의 접근은 결과적으로 형식적인 행사로 전락할 가능성이 높다.

둘째, 무대공연화는 산업사회에서 만들어지는 과장적이고 작위적인 '축제의 장'이 될 우려가 높으므로 전통사회의 문화기반을 바탕으로 이루어져야 한다. 이것이 바로 전통 민속문화와 접목하여야만 성공적인 축제가 될 수 있는 이유이다.

셋째, 축제의 관광상품화는 지역적 특성이 십분 고려된 관광상품성을 매개하여야 하며 이를 위해 '문화관광', '체험관광'이 될 수 있는 내용물의 구축이 필요하다. 따라서 1) 놀 거리, 2) 먹을거리, 3) 볼거리, 4) 할 거리의 참여 체험을 통해 구축되는 축제가 되어야 할 것이다.

넷째, 복원 이전의 전승자원의 의의와 가치를 되살려 두어야 한다. 이것은 전통 보존의 가장 근원적인 태도이다. 그러나 그대로의 복원은 시대정신에 따라 또 다시 쇠퇴할 수 있으므로 현대에 맞도록 응용되어야 하는데 그 원형은 보존하는 것이 좋다.

이에 따라 고령군에 전승되던 제의적 놀이이자 놀이적 제의였던 '풋굿'에서 유래한 새로운 전통문화 축제인 "풍등제"의 축제화 방안을 개략해 본다.[24]

    1. 참여자 : 휴가를 맞는 산업노동자 및 가족 / 참여하는 관광객 / 고령 주민

    2. 개최시기 : 8월 첫째 토, 일요일로 고정

       * 일정이 고정되면 홍보 및 참여자 확대에 유리함

    3. 축제 주관 : 축제위원회 구성 (민관 협력체)

       * 지역 문화원, 부락민 대표, 관광산업 종사단체 대표 등

    4. 참여 방식 : 각 산업체 산업종사자 신청 접수로 조직화 (팀 구성)

---

24 축제의 모델을 제시하는 것으로 개략적인 프레임만 제시한다.

5. 개최 장소 : 공설 운동장 및 특설 무대

6. 축제의 성격 : 산업노동자와 가족들의 민속축제 – 체육대회 겸 문화체험 행사

7. 축제 구성

   - 대동놀이(길놀이, 장승제)

   - 겨루기대회(각종 민속놀이 경연, 힘겨루기 대회)

   - 전통민속공연(민요, 판소리, 탈춤 등 공연)

   - 뒤풀이(참여하기 – 먹거리장터, 볼거리 관람, 할거리 참여 등)

   - 각종 민속 관광물 전시 및 교육(지역 문화특성 알리기)

8. 구체적인 모델

   가. 공동체 의례 참석하기 : 단체 및 개별 참여

      - 길놀이(풍물) - 참여자 팀별 가장행렬 - 마을 굿(지신밟기놀이) 진행

      - 부락제의 : 부락굿 형태의 〈고령군 안가태평민속굿〉

      - 농악과 일반의례 : 개막식

   나. 겨루기 대회 : 팀별 선수층 참여

      - 종목별 점수화 하여 종합 순위 평가 시상 :

         * 남자종목 : 씨름, 줄당기기, 들돌들기, 풀베기. 닭싸움, 쌀가마 옮기기, 먹기내기 등

         * 여자종목 : 찌짐굽기, 들밥이고 옮기기, 대장경 경전이고 옮기기, 등

         * 아동종목 : 비석치기, 제기차기, 고누뜨기. 팽이치기, 술래잡기 등등

         (공통종목 : 천렵하기, 가족단위 경기, 장기, 바둑대회, 고누대회 등 실시)

   다. 전통문화공연(보고 즐기기) : 예능인 또는 일반기예자 참석 – 무대공연물

         * 판소리, 민요, 탈춤, 풍물, 남사당놀이, 가야금 연주회 등 전통민속예술 공연

         * 민요(향토농요) 부르기 경창대회

   라. 체험하기 : 별도의 공간 설정

         * 성인 – 천렵하기, 성 뺏기, 그네뛰기, 모래성 만들기, 김매기, 대장간체험

　　　　　(풀무질, 무두질 등), 모래 조각하기

　　　* 아동/부녀자 — 전통음식 만들기(수제비, 메밀묵, 떡치기, 엿 만들기, 찌짐굽기 등)

마. 즐기기 : 민속음식 먹기 — 막걸리, 수제비, 메밀국수, 등등 계절 음식, 고기
　　류 등

바. 뒤풀이(마무리)

　　1) 우승자 시상

　　2) 난장 마당 — 음복과 난장의 신명 마당

사. 유의점

　　1) 주관단체에서 장기 기획하여 축제 종목이나 방식 개발 및 확장 필요

　　2) 반드시 산업노동자 축제라는 특성을 부각하여 특화 할 것

　　3) 민속놀이의 개발, 발굴에 지역민의 중지를 모을 것

　　4) 관주도보다는 민간주도형 축제, 군민참여 축제가 되도록 할 것

　　5) 점차 축제의 시공간을 확장해 나갈 것

　　6) 다시 찾는 축제로 만들 것

5 결론

　　우리의 전통문화는 지나친 서구 편향적 문화 감각과 행동양식에 의해 그 기간이 결코 길지 않았음에도 불구하고 그 소멸 쇠퇴의 속도는 빨랐다. 이른바 개화기라는 시대의식이 그러했던 것처럼 우리 삶이나 문화라는 것이 새로운 '바람이 불어오는 곳'의 편서풍 아래 함몰되어졌던 것이다. 식민지 시대는 말할 것도 없고 심지어 1970년대의 근대화 바람까지 전통의 소멸에 큰 힘을 보태기도 하였다. 그러나 1980년대 후반 신민족주의 바람과 90년대 일기 시작한 관광문화는 새로운 전통의 부활을 불러 왔다. '신명'과 '신바람'으로 우리 문화

를 재조명하고, 자연친화적 환경론들이 우리 전통문화의 우수성을 검토해 나가는 가운데 새로운 축제문화가 양산되기에 이르렀다. 그러나 본질론적인 검토 없이 활용적 측면만 강조되고 주목된 전통문화의 부활 논의는 많은 부작용을 만들었다. 전통이란 것은 '과거가 그 현재에 물려준 그대로의 것'이라기보다는 '과거가 어떤 것을 물려준 결과로 그 현재에 야기되는 것'이라는 개념으로 나아갈 때 제대로 나아갈 수 있음을 간과하였기 때문이다. 전통이 동일성 개념을 내포하는 것이 본질적이긴 하지만 인간의 활동에서 나타나는 동일성이 반복적 동일성일 수가 없음을 도외시한 채 무조건적인 복원에만 주목하였기 때문이다. 전통문화의 복원 논의에서 시각의 다양화가 필수적이고 필연적인 것임을 생각할 때 즉물적 차원의 논의가 빚어낸 현상이었던 셈이다.

  이러한 기반 위에서 우리가 앞으로 전통문화를 복원하고 재창조하는 데 있어 해야 할 일은 방법론적 차원의 고양을 위한 노력이다. 이 글은 그 바람직한 목표를 제시하기는 하였으되 그 구체적 실천은 지극히 가정적 차원에 머무르고 만 감이 없지 않다. 이것이 이 글의 약점이다.

경북지역 구비문학 연구의 현황과 과제

1 서론

　　지역 어문학의 정체성을 확인하고 이를 향유하는 집단의 생각과 뜻을 살피는 일은 매우 중요하다. 이것은 문학 연구의 중요한 영역의 하나이기 때문이다. 그럼에도 불구하고 우리 국어국문학 연구가 작가나 기록물, 또 그 표현에 지나치게 집중하여 왔기에 우리 문학의 지역적 성격이나 특질을 밝히는 일에는 소홀하였다고 하여도 지나치지 않다. 따라서 구비문학에 관한 관심 또한 오래거나 많지 않았다. 그런데, 문학 연구에서 보다 중요하게 인식하여야 할, 결코 간과해서 안 될 문학이 지역의 구비문학이다. 이것은 지역문학이면서도 원초적 문학이며, 과거의 문학이자 동시에 당대문학이며, 그리고 미래지향성을 가진 문학이라는 점에서 매우 가치 있는 것이기 때문이다.

　　구비문학은 지역공동체가 가진 가장 기본적인 문화이자 문학이다. 사람이 존재한 이래 그들은 의사소통과 정보전달, 생각과 느낌의 표현을 '말'로 하여 왔기에 가장 원초적이고 핵심적인 기층문화가 바로 구비문학인 셈이다. 말로 이루어져 온 모든 일들이 비록 불안전하고 제약이 많은, 그리고 가변성이 높은 형태일지라도 전승적인 성격으로 오랜 세월에 걸쳐 공동체 문화의 축적을 가능하게 한 것이다. 곧 지역문학의 핵은 구비문학이며[1] 지역공동체의 독자성을 지닌 가장 오래된 보편문화이기도 하다. 따라 경북지역의 구비문학은 곧 경북지역만의 독자적인 문화이자 문학으로 가치 있는 것이다.

지역 구비문학에 관한 접근은 1910년대 일제 식민지 총독부의 조사 작업에서부터 본격적인 출발점을 가지고 있다.[2] 이 조사는 지역을 구분 기준점으로 하여 조사한 것으로 경북지역의 구비물에 대한 최초의 접근이라 할 수 있다. 이후 1970년대 한국정신문화원의 『한국구비문학대계』 조사 사업과 출판, 이후 2009년부터 시행하고 있는 〈구비문학대계 증보사업〉 등이 경북지역 구비문학 자산에 대한 가장 대규모의 조사 활동이다.

경북지역에서 이루어진 구비문학에 관한 본격적인 학술적 접근은 1968년 유증선의 〈영남(경북)지방의 민간 전설 연구〉[3]가 그 첫머리를 장식하였다. 이 보다 앞서 192-30년대 경성제국대학 조선어문학부와 대구사범학교 학생들에 의해 민요와 설화 현지조사가 개인적으로 개괄적 접근을 하였고 이 결과물을 김사엽, 이재욱 홍사용 등에 의해 이 지역 민요를 중심으로 단편적으로 보고 소개되기도 하였다.[4]

1990년대에 이르러서야 본격적으로 이루어지기 시작한 이 지역의 구비문학 연구는 주로 설화 민요 무가 탈춤에 한하여 연구가 되어 왔고, 수수께끼나 속담 등에 관한 연구는 대단히 영성한 편이다.

본고는 특정지역인 경북의 구비문학 전반에 관한 지금까지의 연구 성과와 앞으로의 과제를 살피는 것이 주목적이다. 이를 수행하기 위해 먼저 다음 사안을

---

1 김헌선, 「21세기 구비문학의 문화사적 위상」, 『구비문학연구』 6집, 1990, 446쪽.
2 1912년에 시작한 조선총독부의 「俚謠·俚謠及 通俗的 讀物等 調査」가 바로 그것이다. 이는 임동권의 『한국민요집』 VI에 소개되어 있다.
3 유증선, 「영남(경북)지방의 민간 전설 연구」, 안동교육대학, 1968.
4 김사엽, 『남방이앙가』(1932, 신조선), 이재욱, 「소위 〈산유화가〉와 〈미나리〉의 교섭」(1931.7, 신흥 6호), 홍사용, 「조선은 메나리의 나라」(1928.5, 별건곤), C.S.C의 『다한 다루한 경북의 민요』 등이 그 한 예이다.

주목하여 논의를 전개해 나가겠다. 첫째, 경북지역의 구비문학을 대상으로 하는 연구 성과를 갈래별로 접근하여 그 성과를 살펴보고 실태를 파악하고자 한다. 둘째, 연구 실태를 바탕으로 하여 앞으로의 연구 방향까지도 논의하고자 한다. 이는 경북지역에 풍부한 구비문학 자원이 있음에도 불구하고 그 연구가 증폭되지 못한 것을 극복하려는 생각에서이다. 또한, '위기의 구비문학'을 극복하기 위해 하루 빨리 사라지는 자료나 제보자, 구연상황 등을 공유하기 위해서이기도 하다.

잘 알다시피 연구 성과를 통괄하여 조명해 보는 일에, 그것도 수 십 년간 축적되어 온 주옥같은 성과들을 빠짐없이 챙긴다는 것이 결단코 쉽지 않다. 그래서 이들을 모두 모으고 이를 꼼꼼하게 살피는 일에 많은 오류가 있을 것이라 생각한다. 많은 질정을 부탁드리며 가능한 개별 연구물을 주시하면서 전체적인 흐름만을 살펴보겠다.

2 경북지역 구비문학 연구의 현황과 과제

경북지역의 구비문학에 관한 연구 현황을 살피는 데는 먼저 2가지 방안이 필요하다. 하나는 경북지역을 대상으로 하는 구비문학 연구의 동향을 파악하는 일이고, 또 하나는 그 연구 성과들을 꼼꼼하게 점검하는 일이다.

구비문학의 연구동향을 쉽게 파악하는 길은 구비문학 관련 학회의 활동을 주목하는 일이다. 학회야 말로 학계의 연구동향을 가장 잘 보여주는 연구현장이기 때문이다. 우리나라의 구비문학을 연구하는 순수한 학술단체로는 〈판소리학회〉[1984년 창립], 〈한국민요학회〉[1989년 창립], 〈한국구비문학회〉[1992년 창립]뿐이다. 이들은 학회답게 정기학술대회나 한국연구재단의 등재지(등재후보지 포함)로서 정기적으로 학회지를 간행하는 학회 이상을 두고 한정 했을 경우이다. 구비문학의 갈래별 학회는 2개뿐이며 설화나 신화 등의 이야기문학은 독자적인 학회를 구축하지 못하였고 주로 〈한국구비문학회〉나 〈고소설학회〉 등이 주된 활동 공간이다. 또, 〈한국무속학회〉[1999년 창립]가 생겼으나 이는 무가만을 연구하는 학회이기 보다는 무속 전반을 연구하는 학술단체로서 자리하고 있다. 물론 이외에도 〈민속학회〉, 〈비교민속학회〉, 〈실천민속학회〉, 〈남도민속학회〉 등의 민속학회나, 국어국문학 관련 학회들이 구비문학 연구물들을 담아내고 있다. 그러나 그 분야의 전담 연구자들이 모인 학술단체의 이러한 실상은 우리나라 구비문학 연구의 현주소를 보여주는 셈이다. 보다시피 이들 학회 또한 1980년대 중반과 90년대 초반에 주로 창립되어 30년의 일천한 우리나라 구비문학 연구를 담아내고 있다.

기성의 학회에서 특정지역이나 지역구비문학에 한정하여 학술적인 접근을 한 예는 극히 드물다. 〈한국구비문학회〉에서 2002년 동계학술대회(2003.2.12-13)를 "경기도 양주군의 구비문학"으로 다룬 것이 처음이자 마지막이다. 구비문학 자체가 지역성을 특질로 하기에 아직 별도의 지역 구비문학에 관한 다각적 분석이나 심도 있는 접근은 이루어 내지 못한 셈이다. 〈한국민요학회〉는 민요의 특성상 지역 민요의 조사와 이를 토대로 한 연구가 이루어지고 있으나 대개 개인의 접근만 있을 뿐 학회 차원의 심도 깊은 종합적 작업은 이루어지지 못하고 있다. 지역 순회방식으로 전국학술대회를 열고 있어 지역민이나 지역공동체 민요와의 조우는 많은 편이나 아직 특정지역에 국한하는 민요연구에는 열정이 부족하여 심도 있게 나아가고 있지 못한 상태이다. 잘 알다시피 판소리는 경북지역에는 연구자들이나 창자는 있지만 주 전승지역이 아니기에 향유조차 잘 되지 않은 지역이라 학회 차원에서 이 지역의 판소리를 다루거나 검토 한 일도 없으며 연구 성과 또한 전라도 지역이나 판소리 일반론에 대한 논의가 주류를 이루고 있다. 〈한국무속학회〉의 무가에 대한 접근은 조금의 현장적 접근과 연구에 강도를 가지고 있다. 이것은 주 연구대상인 동해안 별신굿 무가의 전승 향유지역이 경북의 해안지역에 고정 되어 있고, 연구자들이 무가를 단순한 텍스트가 아니라 굿 현장을 통한 컨텍스트적 이해를 하고 접근하고 있기 때문인 것으로 보인다. 1990년대 후반부터 경북 동해안지역의 별신굿 현장을 조사하고 이를 자료화 하는 일단의 작업이 왕성하다.

1960년대부터 본격화된 경북지역 구비문학 연구의 시대적 흐름을 간략히 살펴보자.

식민 시대나 그 이후 있은 자료집(주로 민요와 설화 류)의 출간을 제외하면 유증선의 〈영남(경북)지역 민간 전설 연구〉를 처음으로 이 지역 구비문학은 연구의 장을 연다. 1970년과 80년대는 안동, 영덕, 군위, 울릉도, 동해안 지역의 민요, 전설 무가에 대한 조사보고가 나타나기 시작하였고 그 정점은 〈한국구비문학대계〉의 경북편 18권의 조사와 갈무리를 한 출판이다. 특히 이 시기에 하회별신굿놀이의 탈춤과 동해안 무가에 대한 자료 발굴, 조사 접근이 주류를 이루고 있고 석사학위논문도 나타나 지역 구비문학의 본격적인 연구가 이루어지기 시작했다. 1990년대는 민요연구가 주류를 형성하며 경주 성주 상주 포항 지역의 민요 조사와 채보 등이 출판되기도 하였다. 하회별신굿 탈놀이에 관한 연구물도 꾸준히 나오며 탈춤과 굿과의 관련성을 주목하는 연구나 비교론적 시각을 가진 연구물들이 나타났다. 민요연구에 있어서도 경북 지역의 〈시집살이요〉나 〈어사용〉〈동해안 어업노동요〉 등 하위 유형의 민요들에 대한 집중적 조명이 시작되었다. 악보 채보와 음악적 접근도 시작되었다. 설화연구는 효행설화 견훤설화 등 모티브 중심으로 설화를 보려는 연구물이 나타났고 비교론도 생겨났다. 설화의 문화콘텐츠, 축제화 연구 성과도 주목된다.[5]

2000년을 들어 이 지역 구비문학에 대한 연구물은 괄목할 만한 성과들을 쏟아내기 시작하였다. 지역의 민요에 대한 보다 집중적인 조망이 이루어져 문학적 분석은 물론 음악연구자들의 연구가 본격화 되었고, 민요의 통속화 문제나 특성 연구가 많아졌고 교섭이나 문화권, 전승 논의도 진행되었다. 특히 〈논매기

---

5   이창식, 안상경, 「〈경주 불교 문예의 재조명〉; 신라인 문화유산의 문화콘텐츠 개발 방안 - "원효전승"을 중심으로」, 『온지논총』vol.23, 온지학회, 2009./ 이정옥, 「경주소재 신라설화의 현장조사와 문화관광 상품화에 관한 연구」, 『신라학연구』vol.1, 위덕대학교 부설 신라학연구소, 1997.

소리〉에 대해 매우 높은 집중력을 보인다. 설화 연구는 지역의 인물설화에 대한 관심이 높아졌으나 여전히 심도 있는 접근은 이루어 내지 못한 편이다. 지역전설을 중심으로 비교연구와 변용에 관한 논의, 유형연구가 나타나나 여전히 열세를 면하지 못하고 있다. 한편, 하회탈춤 연구에서는 매우 다각적인 접근을 이루어 내고 있다. 일본 노能와의 비교연구나 통속성 연구, 공동체와 연극적 지향성에 관한 논의까지 심도를 더하고 있다. 동해안 별신굿에 관한 시각은 무가의 특성 연구를 바탕으로 가창자와 가창집단 연구가 주목을 끌고 연극적 특성을 주목하는 논의가 나타난다.

이 시기 지방자치단체의 구비문학자료에 대한 총합적인 자료 발굴 작업에 힘입어 고령군, 성주군, 경주시, 상주시 등에서 총괄적인 자료집 간행이 있었다. 또한 안동대학 민속학연구소 주관의 〈구비문학대계 증보사업〉이 4년째 진행되고 있어 향후 이 지역 구비문학 자료-설화, 민요, 무가 등-의 채록과 정리가 아카이브 구축 및 출판 작업이 있을 것이다.

지금까지의 통시적 흐름을 통해 연구의 특성을 살펴보면, 경북지역 구비문학 연구는 안동하회별신굿놀이의 탈춤과 관련한 일련의 연구와 동해안 별신굿 연구, 민요 연구가 주류를 이루고 있다고 해도 과언이 아니다. 살펴 본 바와 같이 이 지역의 수수께끼나 속담, 판소리 등은 거의 그 모습을 파악하기조차 힘들다. 설화연구도 아직 채록과 정리 수준에 머무르고 지역의 인물설화나 유형설화연구로 아직 그 깊이를 더하지 못하고 있다 하겠다.

전반적으로 이 지역 구비문학에 관한 연구들은 방법론적 다양성이나 심도는 찾기 힘들고 권역 구비문학에 대한 초기적 정리와 분석에 그친 느낌이다. 이는 이 지역이 역사문헌주의적인 방법론이 우세한 기록문학의 중심 연구지역이기 때문인지도 모른다. 즉 구비문학 연구자들이 수적으로 열세인데다 기록문학보다 구비문학에 대한 관심조차 크지 않다.

다음으로, 각 갈래별로 연구 상황을 좀 더 가까이 살펴보자.

먼저 지역의 설화문학에 대한 접근의 대부분 현장조사의 보고물로 나타나고 있다. 따라 설화 자료의 소개와 해설에 그치고 있다. 김광순[6]이나 안동교육청[7] 임석재[8], 정호완[9], 이동근[10], 김환대[11] 등의 작업이 그러하다. 주목되는 것은 70-80년대의 대구시나 경북도, 경북교육연구원 등에서는 지명유래나 지명유래총람[12]을 간행하여 부락공동체의 설화를 주목한 바 있다. 단행본으로 간행된 조동일[13]과 김재웅의 저술은 단단한 이론적 바탕과 서사물에 대한 예리한 시선을 일정하게 유지한 괄목할 성과물로 보인다. 본격적인 학술적 접근으로 지역의 설화 중 효행, 여성고난극복, 인물설화 등이 석사학위 논문으로, 경산지역의 전설을 연구한 박사학위논문의 출현이 있었으나 모두 문제의식을 갖지 못한 채 자료의 일차적 해석에 그치고 있어 주목할 만한 성과를 도출해 내지 못한 아쉬움이 있다.[14]

지금까지 학술지에 발표된 연구물들은 대체로 지역 중심의 설화 연구와 모티브 중심의 연구물이다. 전자의 것으로는 경주, 대구, 고령, 안동, 성주, 포항의 설화가 주로 그 대상이었고,[15] 후자는 효행설화, 인물설화를 중심으로 유형과 의

---

6 김광순, 『경북민담』, 형설출판사, 1977; 김광순, 「경북민담의 분류에 관한 일 연구」, 『어문연구』 제3호, 경북대학교 어문연구소, 1978.
7 안동교육청, 『안동의 설화』, 경상북도 안동교육청, 1992.
8 임석재, 『한국 구전설화 : 경상북도편』, 평민사, 1993.
9 정호완 외 4명, 『경산의 전설과 민담』, 용성출판사, 2003.
10 이동근, 『경산 지방의 설화문학연구』, 중문출판사, 2005.
11 김환대, 『내고향의 전설 : 경북군 편』, 한국학술정보, 2010.
12 경북교육연구원, 『경북지명유래총람』, 경북인쇄소, 1984; 대구직할시교육위원회, 『우리고장 대구 : 지명유래』, 1988; 경상북도, 『산과 숲 나무에 얽힌 고향이야기』, 2004; 대구시, 『대구지명유래총람 - 자연부락을 중심으로』, 2009.
13 조동일, 『인물전설의 의미와 기능(경북 영해 지방 인물 전설)』, 교보문고, 2001; 김재웅, 『대구 경북 지역의 설화 연구』, 계명대학교 출판부, 2007.
14 최덕민, 「팔공산의 왕건 설화 지명과 공산 전투의 지리학적 탐색」, 경북대학교 교육대학원 석논, 2005; 이종선, 「〈죽령 다자구 설화〉와 〈오녀산 설화〉의 비교연구」, 부산교육대학교 석논, 2006; 김종국, 「경산지역 전설의 현장적 연구」, 대구대학교 박사논문, 2007; 박재형, 「정만서 설화 연구 - 경상도 경주지역 중심」, 경성대학교 교육대학원 석논, 2008.
15 이태일, 「안동지방의 전설과 민간설화」, 『문교 경북』 제34집, 경상북도교육청, 1972; 임갑량, 「성주지역의 설화와 민요 연구」, 『한국학론집』 제24집, 계명대학교 한국학연구소, 1997; 이인경, 「경주지역 전승설화의 성격과 의미」, 『경주문화연구』 제3호, 경주대학교 경주문화연구소, 2000; 김재웅, 「대구 지역 설화의 양상과 지역적 특징」, 『한국학 논집』 제28집, 계명대

미 분석 및 특정설화의 비교연구[16]가 이루어졌다. 이러한 연구 들은 대개 학회나 연구소를 중심으로 하는 기획 연구의 하나로 이루어진 것이 많아 필연적인 문제제기와 그 해결을 얻어내는 데는 미흡한 점이 많고 그 결과 또한 당위론적인 결론에 그치고 있는 아쉬움이 많다. 한편 국어학자인 고영근[17]의 논의는 새로운 방법론적 접근과 시각을 보여 경북지역 설화 연구의 주목되는 성과의 하나라 할 수 있다. 그리고 생애담 연구가 나타나기 시작하였다.[18] 그러나 전반적으

- 학교 한국학연구소, 2001; 권도경, 「대구, 경북 지역의 "지역전설"에 관한 연구」, 『영남학』 제10집, 경북대학교 영남문화연구원, 2006; 김윤규, 「포항 지역 구전 설화의 유형과 의미」, 『국어교육연구』 제43집, 경북대 국어교육연구회, 2008; 이지하, 「고령지역 설화의 특징과 가치」, 『퇴계학과 한국문화』 제45호, 경북대학교 퇴계연구소, 2009; 김재웅, 「고령지역 설화의 역사성과 비극성」, 『퇴계학과 유교문화』 제47집, 경북대학교 퇴계연구소, 2010; 최천집, 「경주 지역 설화의 양상과 특성 - 특히 『한국구비문학대계』와 『삼국유사』를 중심으로」, 『동방학』 제20집, 한서대학교 부설 동양고전연구소, 2011; 임재해, 「풍기지역 구비문학의 전승양상과 지역적 성격 - 설화를 중심으로」, 『민속연구』 vol.3, 안동대학교 민속학연구소, 1993; 조정현, 「마을 성격에 따른 인물전설의 변이와 지역담론의 창출 - 안동지역 서애 류성룡 관련 설화를 중심으로」, 『구비문학연구』 vol.29, 한국구비문학회, 2009; 최무환, 「포항지역 구비설화 고찰 서」, 『한국어문연구』 vol.18, 한국어문연구학회, 2009; 김윤규, 「포항 지역 구전 설화의 유형과 의미」, 『국어교육연구』 제43집, 경북대 국어교육 연구회, 2008; 조정현, 「안동지역 공민왕 관련 민속의 전승양상과 주민들의 '문화 읽기와 쓰기'」, 『구비문학연구』 vol.30, 한국구비문학회, 2010; 박기석, 「신라시대 경주 배경 설화문학 이해의 한 방법」, 『태릉어문연구』 vol.16, 서울여자대학교 인문과학대학 국어국문학과, 2010; 김종군, 「〈경주 불교 문예의 재조명〉- 선도성모 설화의 변개 양상과 그 의미」, 『온지논총』 vol.23, 온지학회, 2009.
- 16 강은해, 「인물 설화에서 살펴 본 대구, 경북의 문화 원류 - 민족혼을 진작한 원효, 일연, 최제우의 설화를 중심으로」, 『한민족어문』 제48집, 한민족어문학회, 2006; 강은해, 「이야기꾼과 이야기의 세계 - 성주지역 두 제보자를 중심으로」, 『인문학연구』 vol.43, 계명대학교 인문과학연구소, 2010; 노영근, 「〈시어머니 길들인 며느리〉 유형의 갈래와 의미」, 『어문연구』 제36집, 한국어문교육연구회, 2008; 박현숙, 「〈시어머니 길들인 며느리〉 설화에 반영된 현실과 극복의 문제」, 『구비문학연구』 제31집, 한국구비문학회, 2010; 유증선, 「암석신앙전설 - 경북지방을 중심으로」, 『한국민속학』 제2집, 한국민속학회, 1970; 구성애, 「경북의 전설과 민담에 나타난 효렬행」, 효성여자대학교 문리과대학 학도호국단, 1981; 이관록, 「영남지역 구전설화에서 산(山)의 기호학적 인식에 관한 연구」, 『한국산림휴양학회지』 vol.9, 한국산림휴양학회, 2005.
- 17 고영근, 「희방사 창건설화와 '池叱方(寺)'의 해독에 대하여」, 『지명학』 제14집, 한국지명학회, 2008.
- 18 강은해, 「이야기꾼과 이야기의 세계 -성주지역 두 제보자를 중심으로」, 『인문학연구』 vol.43, 계명대학교 인문과학연구소, 2010; 천혜숙, 「농촌 여성 생애담의 문학담론적 특성」, 『한국고전여성문학연구』 vol.15, 한국고전여성문학연구, 2007; 신해진, 「고전문학과 지역성 -구전 견

로 보아 설화연구는 연구적 역량이나 접근 시각에 있어 아직 깊이를 더하지 못하고 있고 다양성의 부족이라는 아쉬움이 있다.

민요 연구는 설화에 비하여 다양하고 깊이 있는 논의를 보이고 있는 편이다. 대체적으로 지역 민요의 특성 분석물이나 개괄적 소개물[19]도 있으나, 크게는 특정 민요 갈래에 대하여 문학적 접근과 음악적 접근을 고루 보이면서 지역의 대표적인 민요인 논농사요-〈모심기소리〉와 〈김매기소리〉 등-연구에 괄목할 만한 성과를 얻어내고 있다.[20] 특히 강등학의 연구는 이 지역의 농요를 통해 우리나라 논매기소리의 지형도를 그려낸 큰 성과를 보였다. 서사민요[21]와 〈아리랑〉[22],

- 휜 설화의 설화의식을 중심으로」, 『어문론총』 vol.41, 한국문학언어학회, 2004.
19 김기현·권오경, 『영남의 소리』, 태학사, 1998; 박창원, 「포항지역 구전민요」, 포항문화원, 1999; 한계현, 「영덕지역의 농업노동요 연구」, 대구대 석사논문, 2006; 박효실, 「경북 상주 민요의 특성 연구」, 안동대학교 석사논문, 2012; 김기탁, 「상주 공갈못 민요 소고」, 『상주문화연구』 제4집, 경북대학교 상주문화연구소, 1994; 김기문, 「경주지방의 민요(1)」, 『경주문화』 제2집, 경주문화원, 1996; 김헌선, 「경상북도 지역의 논농사와 민요」, 『구비문학연구』 제3집, 한국구비문학회, 1996; 김기문, 「경주지방의 민요(2)」, 『경주문화』 제3집, 경주문화원, 1997; 김덕환, 「영남민요의 기능적 특징」, 『향토문화』 제11·12합집, 대구향토문화연구소, 1997; 박정양, 「경북 토속민요의 발굴 - 군위지방을 중심으로」, 〈안동대학교 논문집 9-2〉, 안동대학교, 1976, 김기문, 「경주지방의 민요(3)」, 『경주문화』 제4집, 경주문화원, 1998; 김태균, 「민요 찾아 떠나는 길 10 - 군군하고 해학이 넘치는 경상도 특유의 예천 농요」, 『국토』 제198집, 국토연구원, 1998; 김성혜, 「경주 안강지역의 민요(2)」, 『경주문화』 제7호, 경주문화원, 2001; 방경남, 「계정들 소리의 현장론적 연구」, 『경산문화연구』 제5권, 경산대학교 경산문화연구소, 2001; 권오경, 「영남민요의 전승과 특질」, 『우리말글』 제25집, 우리말글학회, 2002; 권오경 「경북 고령군 민요의 전승양상과 갈래별 특징」, 『퇴계학과 한국문화』 제45호, 경북대 퇴계연구소, 2009.
20 한계현, 「영덕지역의 농업노동요 연구」, 대구대 석사논문, 2006; 권오경, 「영남권 논매기 소리의 전승양상과 사설구성의 특질」, 『한국민요학』 제12집, 한국민요학회, 2003; 강등학, 「경북지역 〈논매는 소리〉의 기초적 분석과 지역적 판도」, 『한국민속학』 제40집, 한국민속학회, 2004; 유대안, 「하빈 들소리의 음조식과 선율구조」, 『음악과 민족』 제37집, 민족음악학회, 2009; 유대안, 「경북 내륙지역 모심는 소리의 리듬구조와 선율구조」, 『한국민요학』 제33집, 한국민요학회, 2011; 정한기, 「영남 지역 〈모심는소리〉의 애정 노랫말에 나타난 정서와 그 의미」, 『한국 민요학』 제31집, 한국민요학회, 2011.
21 김기현, 「「시집살이 노래」의 구연특성과 그 의미 -경북지역을 중심으로」, 『어문논총』, 제26호, 경북대학교 문리과대학 국어국문학과, 1992; 김종식, 「시집살이요 비교 연구 - 제주·경북·전남지방의 민요를 중심으로」, 고려대학교 교육대학원 석사논문, 1994; 서영숙, 「영남지역 서사민요의 전승적 특질 -호남지역 서사민요와의 비교를 위하여」, 『고시가연구』 제26집, 한국고시가문학회, 2010.
22 김기현, 「〈문경새재 소리 아리랑〉의 아리랑사적 위상」, 『한국민요학』 제29집, 한국민요학회,

〈나무꾼소리〉[23]에 관한 연구나 사라져 가는 이 지역 어업노동요[24]에 관한 조사와 연구도 있어 연구의 다양성이 눈에 띈다. 특히 지역 민요의 전승에 관한 연구성과[25]는 괄목할 만하다. 최은숙의 문제제기 및 방법론적 접근 시각은 학계의 주목을 받았고, 김기현은 사라져 가는 유능한 지역 소리꾼인 송문창(공산농요 기능보유자)에 관한 구비문학 담당자 연구라는 측면에서 좋은 성과를 얻었다 할 수 있다. 권오경 또한 지역 공동체권과 민요 전승, 전이지역의 특성 등의 문제를 열심히 고구하고 있다. 무엇보다 음악계의 이 지역 민요에 관한 연구는 매우 주목할 만한 성과를 얻어 내고 있다. 다양한 소재적 접근과 정치한 음악적 분석은 민요의 지역성 연구에 있어 매우 모범적인 사례로 평가된다.[26] 이소라의 상주지역 조사 자료는 처음으로 전 사설에 악보가 붙는 노작으로 연구보고물의 모범적 사

- 2010; 김기현, 「문경새재아리랑의 축제화 방안」, 『문경새재아리랑축제위원회』 유인물, 2012.
- 23 정한기, 「영남지역 〈나무꾼노래〉에 나타난 신세탄식의 양상과 의미 - 문헌 소재 〈山有花〉와의 비교를 중심으로」, 『한국민요학』 제29집, 한국민요학회, 2008.
- 24 김기현, 「경북 동해안 지역 어업노동요」, 『한국민요학』 제7집, 한국민요학회, 1999.
- 25 최은숙, 『민요 담론과 노래 문화- 대구, 경북 지역 농요 전승의 현황과 계승 방안』, 보고사, 2009; 김기현, 『송문창과 공산농요』, 한빛사, 2010; 권오경, 「영남민요의 전승과 특질」, 『우리말글』 제25집, 우리말글학회, 2002; 최은숙, 「대구·경북 지역 전통 민요 계승의 현황과 현재적 활용 방안」, 『대구경북 개발연구』 제1집, 대구경북연구원, 2006.
- 26 홍승란, 「경북민요의 선법 고찰」, 영남대 석사논문, 1985; 강혜순, 「경상도와 전라도 지방의 민요 비교연구」, 계명대학교 석사논문, 1986; 배경숙, 「영남민요의 연구 - 토속민요의 통속화 중심으로」, 영남대학교 석사논문, 2004; 임우상 외 1명, 「경북 민요의 채보와 연구 - 북부지방을 중심으로」, 『한국학논집』 제4집, 계명대학교 한국학연구소, 1976; 김동환, 「경북 민요의 채보와 연구」, 『한국학논집』 제3집, 계명대학교 한국학연구소, 1980; 조웅순, 「경상도 예천지방과 고성 지방의 전통민요에 대한 고찰」, 『인문연구』 제9집, 영남대학교 인문과학연구소, 1988; 이해식, 「경북지방 전승동요의 연구」, 『한국음악산고』 제8집, 한양대학교 전통음악연구회, 1997; 최 헌, 「경주 지역 민요의 음악적 특징 - 노동요를 중심으로」, 『경주문화연구』 제3집, 경주대 경주문화연구소, 2000; 양광호, 「경상북도 지역의 토속민요에 나타난 시김새 연구」, 『국악교육』 제19집, 한국국악교육학회, 2001; 이용식, 「경상북도 서사민요의 음악적 연구」, 『한국민요학』 제11집, 한국민요학회, 2002; 신은주, 「경상북도 밭매는 소리의 유형 분석」, 『한국민요학』 제21집, 한국민요학회, 2007; 유대안, 「공산농요의 음악적 특성연구」, 『음악과 문화』 제16집, 세계음악학회, 2007; 최 헌, 「경상도 음악문화의 형성과 특징」, 『우리춤연구』 제4집, 우리춤연구소, 2007; 유대안, 「하빈 들소리의 음조식과 선율구조」, 『음악과 민족』 제37호, 민족음악학회, 2009; 유대안, 「경북 내륙지역 모심는 소리의 리듬구조와 선율구조」, 『한국민요학』 제33집, 한국민요학회, 2011.

례로 평가된다.[27] 유대안의 지역 민요의 음악적 접근 분석은 서양음악이론을 방법론으로 사용하고 있어 그 시각이 매우 서구적이지만 지역 농요의 뛰어난 선율을 포착하여 음악적 특성을 살피는 데 앞장 서 있는 편이다.

경북지역에는 많은 농요가 성창되고 있다. 국가중요무형문화재 19호인 〈예천 통명농요〉와 경북도 지정문화재인, 〈상주민요-초산농요〉, 〈공처농요〉, 〈구미발검들소리〉〈패정들소리〉, 대구의 〈공산농요〉 등은 전국적으로 잘 알려진 농요들이다. 아직 전승력도 좋고 왕성한 발표를 통해 좋은 문화유산으로 자리하고 있다. 이에 음악적 접근이 왕성할 수 있었고, 농요의 보고인지라 민요의 음악적 연구 또한 왕성할 수가 있었다고 본다. 단행본으로 나온 문화재청이나 국립문화재연구소 등의 간행물은 이러한 경북지역 농요의 저변을 잘 알려주는 저작물들이다.[28]

무가 연구는 최길성, 서대석의 동해안지역 별신굿 무가에 대한 연구가 그 선편이다. 이는 한국무가연구의 단초적인 업적물이기도 하다. 최길성, 이두현[29]은 주로 이 지역 조사 자료를 소개하고, 서대석[30]은 자료와 더불어 연구물을 내었다. 무가 연구는 대체로 2가지 성향을 보인다. 하나는 동해안 별신굿에 관한 연구이고 다른 하나는 경북지역의 마을굿에 관한 연구이다. 전자는 주로 현장론적 접근을 통해 매우 밀도 있는 성과들을 보여주고 있는데 이균옥[31]의 활동은 가장 두드러진 것의 하나로 볼 수 있다. 그는 동해안 지역의 탄탄한 현지조사

---

27 이소라, 『상주의 민요』, 상주군, 1993.
28 공처농요보존회, 『예천 공처농요 - 공처농요의 오늘이 있기까지』, 동보전회, 1995; 국립문화재연구소, 『예천통명농요』, 국립문화재연구소, 1999; 문화재청, 『경북지방의 상부 소리』, 문화재청, 2001.
29 최길성, 『한국무속지 2, 경북·강원·제주·서울·황해도 편』, 아세아문화사, 1992; 최길성, 『영동지역 무악 및 구포호랑이굿』, 문화재관리국, 1971; 이두현, 「동해안 별신굿 - 경북 삼가리와 백석동 사례를 중심으로」, 『한국문화인류학』 제13집, 한국문화인류학회, 1981.
30 서대석, 『한국무가의연구』, 문학사상사, 1980; 최정여·서대석, 『동해안무가』, 형설출판사, 1982.
31 이균옥, 「동해안 지역 무극 연구」, 경북대학교 박사논문, 1997; 이균옥, 『동해안 별신굿』, 박이정, 1998.

를 통해 연구 작업과 자료집 작업을 치밀하게 밀고 나가 구비문학연구의 좋은 본보기를 남겼으며, 무당 굿놀이에 연극적 해석을 함으로써 굿놀이의 연극학적 영역을 본격적으로 확보하는 계기를 마련하였다고 본다. 동해안 별신굿 무가는 1990년대에 들어 매우 많은 이들이 학위논문으로 연구 발표하였는데 전승집단 이나 편입가요, 개별굿거리, 사상층위, 전승집단 연구까지 시각의 다양성을 보이고 있다.[32]

마을 굿에 관한 연구는 주로 안동대 민속학과를 중심으로 왕성히 연구되어 졌고 조사되고 있다. 그 결과 매우 좋은 연구자를 배출하였다. 조정현[33]은 아주 정치한 현장조사와 분석으로 생태민속학적 시각을 드러내고 있고, 김헌선과 김형근의 비교론적 시각이나[34] 경산단오축제나 민속신앙에 대한 지역 무속에 관한 연구 성과도 있다.[35] 무가 연구는 지역 문화의 한 특성이 되는 동해안의 별신굿과 경북 북부지역의 무속관련 설화나 민간신앙 등이 현존함으로써 현장론적 접근을 가능하게 하여 앞으로도 많은 연구 성과를 축적해 나가리라 생각된다.

●
32 김선영,「동해안 서사무가 〈심청굿〉 연구」, 서울대 석사논문, 1989; 박노진,「동해안 무가에 나타난 유·불·도 사상의 수용양상」, 경북대학교 교육대학원 석사논문, 1994; 정운성,「동해안 "오기굿"과 무가 연구 -현장론적 연구를 중심으로」, 관동대 석사논문, 1998; 이희주,「동해안 서사무가의 편입가요 연구」, 동아대 박사논문, 2004; 김형근,「동해안 오귀굿 구조의 현장론적 연구」, 경기대학교 석사논문, 2006; 최성진,「동해안 별신굿의 계면굿 연구」, 대구대학교 석사논문, 2007; 김구한,「동해안 세습무 김영희의 무가 사설 연구」, 울산대학교 박사논문, 2008; 김영인,「동해안 별신굿 전승집단에 관한 연구」, 안동대학교 석사논문, 2008; 윤동환,「동해안 굿의 전승과 변화」, 고려대학교 박사논문, 2008; 홍순이,「경산자인단오제 굿춤 연구 - 권명화의 굿춤을 중심으로」, 용인대 석사논문, 2009; 정기효,「동해안 명무 송동숙의 초망자굿 연구」, 금오공대 교육대학원 석사논문, 2010.
33 조정현,「마을굿에 나타나는 경북 풍물굿의 지역적 특성」,『실천민속학연구』제2호, 실천민속학회, 2000; 조정현,「마을공동체신앙과 생태민속 -하회별신굿의 생태민속학적 해석」,『비교민속학』제 41집, 비교민속학회, 2010.
34 김헌선,「동해안 오구굿과 한국의 굿 비교」,『한국학연구』제25집, 고려대학교 한국학연구소, 2006; 김형근,「동해안 오구굿의 지역 편차」,『한국학연구』제26집, 고려대학교 한국학연구소, 2007.
35 김약수,「경산 단오축제 한장군놀이의 한장군에 대한 연구」,『대구미래대학 논문집』제24집, 2006; 김기탁,「견훤설화의 신성성과 민속신앙 - 상주 견훤사당, 성신각의 선신제를 중심하여」,『상주문화연구』제8집, 경북대 상주문화연구소, 1998.

이제는 자료 확보가 아니라 다양한 연구적 시각을 확보하여 방법론적 밀도를 더해 갈 필요가 있다고 본다.

하회 지역에서 연행되고 있는 안동하회탈춤에 집중되어 연구되어진 탈춤 연구는 별신굿 탈놀이에 대한 보고서적인 해설과 총체적 시각에서의 접근이 있는 한편 연희성이나 성격, 발생론적 접근 등 다양한 연구물을 내고 있다. 박진태는 "하회별신굿 탈놀이의 형성과 구조연구"라는 박사학위논문[36]을 선편으로 발생론이나 유희성, 계보 논의 등 공동체와 하회탈춤의 관련성, 부락굿과의 연계성 등에 끊임없이 연구하는 의욕을 보여주고 있다.[37] 그는 무당굿을 탈춤의 기원으로 입증하려는 노력을 통해 탈춤기원설의 한 축을 마련하는 성과를 구축하였다. 탈춤에 관한 연구는 경향 각지에서 학위논문으로 연구하여 매우 수준 높고 정치한 논의를 이끌어 내고 있다.[38] 또한 이정복, 임재해, 손태도, 이영배의 연구

---

36 박진태, 「하회별신 굿탈놀이의 형성과 구조연구」, 고려대 박사논문, 1988.
37 박진태, 「판소리와 탈놀이의 비교발생론 - 춘향가와 하회별신굿탈놀이의 발생설화와 제의적 구조를 중심으로」, 『국어국문학』 제100집, 국어국문학회, 1988; 박진태, 「하회별신굿 탈놀이」, 『비교민속학』 제6집, 비교민속학회, 1990; 박진태, 「탈놀이와 지역공동체 - 하회마을의 공동체적 성격과 언어문화의 연극적 수용」, 한 국어교육학회지 제116호, 2005.
38 원미영, 「하회별신굿 가면극 연구」, 이화여대 석사논문, 1983; 배주옥, 「별신굿 탈놀이 춤사위 구성에 관한 연구」, 이화여대 석사논문, 1985; 조용기, 「하회별신굿 탈놀이 연구」, 서울대 석사논문, 1987; 이미화, 「하회 가면극에 관한 연구」, 한양대 석사논문, 1988; 박찬미, 「탈춤의 변천양상에 대한 사회미학적 일고찰 - 하회 별신굿 탈놀이와 봉산탈춤을 중심으로」, 서강대 석사논문, 1992; 표중근, 「하회 별신굿 탈놀이에 관한 연구」, 영남대 석사논문, 1992; 이정희,「수영 들놀음과 하회 별신굿 탈놀이의 비교 연구」, 동아대 석사논문, 1993; 조미정, 「하회 별신굿 탈춤과 강릉 관노탈춤의 비교연구」, 중앙대 석사논문, 1993; 고시정, 「한국 전통 탈의 감정표현 기법과 그의 적용 - 하회탈에 나타난 분장성을 중심으로」, 성균관대 석사논문, 2003; 강은주, 「하회탈춤과 일본 노오무용에 관한 비교 연구」, 공주대 석사논문, 2004; 김소희, 「민속극의 통속성 연구 - 하회별신굿탈놀이·양주별산대놀이·꼭두각시놀음을 중심으로」, 가톨릭대 석사논문, 2004; 이상우, 「한국 가면극의 연행방법 연구 - 경상도 지역을 중심으로」, 경성대 석사논문, 2004; 5중촌화대, 「전승집단과 연행상황에 따른 하회탈춤의 지속과 변화」, 안동대 석사논문, 2005; 유경숙, 「구경꾼의 반응과 개입으로 본 하회탈놀이의 변화와 재창조」, 안동대 석사논문, 2007; 주현식, 「하회탈놀이의 연극기호학적 연구」, 서강대 교육대학원 석사논문, 2007; 김유미, 「하회 별신굿 탈놀이의 표현적 상징성에 관한 연구」, 이화여대 석사논문, 2008.

성과는 탈춤 연구에 깊이를 더해 나간 우수한 연구물로 평가된다.[39]

한편, 이 지역에 전승 향유되고 있는 속담이나 수수께끼에 관한 연구는 매우 저조하여 그 현황을 논하기가 어렵다. 이미 현대에 구비문학으로서의 활용가치가 소멸되어 언중으로부터 언어적 가치를 인정받지 못한 결과가 아닌가 한다. 그러나 좀 더 면밀히 살펴보면 아직도 이들을 주목하는 연구자가 나타나지 않았기에 일어난 현상일 수도 있다. 또한 이들이 언술행위로서 어학적 접근이 필요한 부분이라 구비문학 연구자들이 등한시한 결과라 생각한다. 앞으로 학제적 연구로서 좀 더 접근해야 할 분야가 아닐까.(과문한 탓으로 연구 성과를 확보할 수가 없었다)

이상과 같은 각 갈래별 연구 현황을 조망해 보건데, 아직 구비문학 자료가 전승되고 향유되어 지는 구비문학 갈래는 연구가 다양성과 깊이를 더해 가며 일정한 성과를 축적하고 있음에 비해 그렇지 못한 분야는 연구 또한 열악한 상태이다. 그리고 전체적으로는 자료 조사나 보고물적 성격이 강하여서 앞으로 본격적인 학술적 접근이 있어야 하겠다는 생각이다. 이를 극복하기 위해서는 대학의 구비문학강좌가 많이 열려 더 많은 연구자들이 양성되어야 하고, 구비문학을 바라보는 원론적이고 다각적인 시야 확보도 시급하다는 생각이다.

3 경북지역 구비문학 연구의 제언

지금의 공동체 문제나 문화변동 상황을 새로운 구비문학 시대가 도래

---

[39] 이정복,「영남 지역 탈춤 대사의 사회언어학적 분석」,『어문학』통권 제88집, 한국어문학 회, 2005; 임재해,「세계문화유산으로서 하회마을 민속의 문화적 가치」,『국학연구』제13집, 한국국학진흥원, 2008; 손태도,「하회 서낭신의 정체와 하회탈놀이의 공연예술사적 의의」,『실천민속학연구』제16호, 실천민속학회, 2010; 이영배,「시선과 형상 - 하회별신굿 탈놀이의 징후적 독해」,『탈경계 인문학』3권 1호 제5집, 이화여대 이화인문과학원, 2010.

한 것으로 볼 수 있는 것인지, 아니면 구비문학의 위기에 닥친 것인지 단언하기가 쉽지 않다. 그러나 다수의 구비문학 연구자들은 이러한 상황을 위기라고는 보지 않는다. 주지하다시피 '말'이 사라지지 않는 한 구비문학은 존속할 것이며, 새로운 환경에 맞는 새로운 형태의 구비문학이 생겨날 것이다. 단지 그것을 보는 관점의 문제이다. 과거적 시각과 이미 교조화 된 범주와 개념으로써 새로운 변화를 만났을 때의 그 혼란이 있을 뿐, 사람이 있고 말이 있어 언술행위가 있다면 구비문학은 언제나 살아 있을 것이다. 구비문학은 없어지지 않고 계속 생성된다. 따라 구비문학에 대한 연구 또한 새롭게 이루어질 수 있다고 본다. 지금껏 구축한 전통구비문학에 대한 일방적인 애정을 버리고, 현대 구비문학의 독자적인 의의를 인정하고 성실하게 연구하는 것이 마땅하다.[40]

 오늘날 세계화가 가속화되면 대다수의 언어가 소멸하고 구비전승이 심각한 타격을 받으리라고 하는 것도 근거 없는 우려이다. 지금 세계화의 잘못된 흐름으로 지방화가 이루어져, 지역의 대단치 않은 유산이라도 소중하게 여기는 흐름이 생겨났지 않은가. 구비문학의 다양한 내용과 기능을 다른 문화 현상이나 사회 변동과 관련시켜 광범위하게 연구하는데 힘써야 할 것이다. 연구 결과를 활용하는 다양한 새로운 강좌를 계속 열어 나가야 할 것이다.

 공동체와 관계된 구비문학을 논하려면 공동체의 범주도 분명하게 한정하고 문제의식을 명확히 할 필요가 있다. 구비문학의 자료실상을 무시하고 수많은 공동체를 논하는 것은 혼란을 가중시킬 뿐이다. 공동체 의식이 반영되고 공동체의 삶과 직결되어 구비문학의 향유되고 전승되는 양상을 논하여야 한다.

 앞으로 지역의 구비문학 연구는 다음과 같은 방향으로 진행되었으면 하고 제안한다.

 먼저, 구비문학을 기록문학과 다른 문학으로서 구비문학만이 독특하게 지닌 구비문학다운 성격을 포착하여 분석하는 작업이 있어야 한다. 즉 구비문학을

---

40 조동일, 「구비문학의 미래, 무엇이 문제인가?」, 『구비문학연구』 18집, 2004. 1쪽.

구비문학답게 분석하고 그 분석모형을 이론화 하는 작업이다. 이는 현장론과 연행론에 입각한 연구를 말한다. 이것은 향후 생산자와 수용자, 작품이 동시적으로 존재하며 상황에 따라 가변하기에 수용자 중심의 문학이론도 개척할 수 있을 것이다. 이 과정에서 지역공동체의 특성을 함께 엮어 내는 것 또한 매우 중요한 요소의 하나가 될 것이다.

둘째, 구비문학을 보는 패러다임을 변화시켜야 한다. 구비문학을 종래처럼 고전문학의 한 영역으로 보거나 민중적 계급문학으로, 또는 지역적으로 시골문학으로 한정해서 주목하는 고정관념에서 벗어나야 할 것이다. 구비문학이 오랜 역사성을 지닌 전승문학임에 틀림없지만 지금도 막 지어져 유통되는 현대문학, 당대문학인 것도 명백한 사실임을 알아야 한다. 현대구비문학의 생산과 수용은 도시 신세대 젊은이들로서 즉각적 순발력과 재치가 번득이는 언술에 초점을 둔다. 각종 농담시리즈, 개그, 카피 등이 그 한 예이다. 창작구비문학도 주목해 보자. 사이버문학, 유튜브의 언술 등도 그 대상이라는 생각을 하자. 판소리나 탈춤이 죽어 버린 유동성을 가지고 있음에 새로운 이야기 구성을 넣어 현대화 하는 것도 다시 이들을 박제에서 풀어내는 것이 새로운 연구 분야임을 알아두자.

셋째, 구비문학의 영역을 넓혀 나가 국제적인 비교 연구에까지 이르러야 한다. 구비문학이 전승의 역사성으로 시대를 뛰어 넘는 것처럼 전파의 확산성이 국경을 뛰어넘어 세계성을 지닌다. 전파론에 입각한 구비문학의 역사지리학적 방법은 사실 설화의 국제적 비교연구가 아니던가? 세계화 시대 문화권 단위의 구비문학 비교연구와 국제적 규모의 지역연구는 계속 확산될 것이다. 문화권 단위의 같고 다름을 추적하는 구비문학 비교연구는 경제적 세계화의 한계를 극복하고 문화적 세계화를 강화하는 디딤돌이 될 것이다. 물론 그 기저에는 지역 구비문학에 대한 엄정하고도 다각적이며 충실한 연구가 선행되어야 성공 확률이 높다. 구비문학의 비교연구는 국문학의 국제적 역량을 강화하는 동시에 세계화의 현실적 대안이다.

마지막으로, 구비문학은 인문학이 안고 있는 문제도 해결해야 하는 대안적 문학이다. 지금 죽었다고 야단하는 인문학의 가치를 주목하도록 만드는 구실을 만들어 주어야 한다. 구비문학은 인간이 생산하고 인간만이 아니라 세상 만물이 수용하는 문화이다. 농부의 노래로 작물이 자라고 무당의 노래로 신이 강림하니 인간의 음성과 소리는 만물에 닿는 것이 아닌가? 구비문학의 역할은 인간만의 것이 아니라 인간을 둘러 싼 모든 존재에게 알림의 소리이자 공유의 소리로 전승된다. 설화는 스토리텔링을 거쳐 새로운 문화콘텐츠로, 민요와 무가는 K-POP의 음원으로, 등장인물들은 캐릭터물로 재생산되어 문화산업, 문화관광, 문화축제의 핵이 되어야 할 것이다. 문화는 인문학의 꽃이고 그 질료는 바로 구비문학이다.

경북지역 구비문학을 연구하는데 꼭 필요한 몇 가지를 짚어 둔다.

먼저, 지금까지 경북지역의 구비문학 연구에서 드러난 가장 큰 한계점은 연구물이 지역성을 잘 담아 내지 못한다는 것이다. 구비문학이 민속학적 관점과 멀어지게 되면 많은 것들이 소실된다. 먼저 사람이 사라지게 되고 그 삶들의 환경이 사라지며 종내에는 삶의 역사가 사라진다. 앞으로 연구자들이 자료를 단순한 연구텍스트로서만 받아들이지 말고 텍스츄어로서 인식하여야 제대로의 구비문학 연구가 됨을 인식해야 한다. 현장조사를 통해 얻어진 구비물들은 텍스트가 아니라 상호텍스트성 속에서 존재한다. 구연자, 구연상황, 기능과 목적만이 있는 것이 아니라 전제보자나 전승집단 모두의 삶이 담겨진 것이다. 지금까지의 연구에서 보인 텍스트 인식은 단순 텍스트로서 보는 눈이 많다. 현장조사 또한 이러한 관점에서 지속되어야 함은 말할 필요가 없다. 조사자료집과 연구 텍스트는 다르다.

다음으로, 이야기꾼과 소리꾼, 또는 연희꾼의 모습을 담아내는 연구 또한 매우 중요하다. 전승이 사라지거나 변화하는 갈래일수록 이것은 더욱 중요한 연구 대상이다. 민요나 무가, 탈춤 등의 전승자는 매우 유능한 종합예술인의 모습을 보이고 있다. 이들의 전승과정이나 연희, 구연에서의 생각은 구비문학 전승 연구에 큰 몫을 차지하고 있다. 구비물의 유동적 성격을 간과하는 요체가 될 수 있기 때문이다. 아직 경북지역 구비문학 연구에서는 흔하지 않은 분야이기에 구연 자료의 현장조사 만이 아니라 이들의 삶과 문학을 갈피는 연구가 진행되어야 할 것이다.

　마지막으로, 구비문학의 본질성[41]과 지역어 향토어에 대한 높은 이해, 지역 문화에 대한 인식을 제고해 나가야 한다. 무엇보다도 구비문학의 기본적인 표현 매체는 문자를 잘 모르는 일반적인 사람들의 '말'이다. 지역어 향토어는 생태문학의 본질이다. 그리고 지역민의 생활어이기에 그 가치는 크다. 경북방언에 대한 깊이 있는 연구와 탐색은 구비문학 연구에 있어 가장 기초적이며 본원적인 작업이라 생각해야 한다. 말에 대한 정확한 인식과 지식이 없으면 오식과 오인을 만들어 내며 엉뚱한 결과를 추출한다. 바로 '호맹이'를 모르는 농요조사자는 실수하기 마련이다. '羌羌水越來(강강수월래)'나 '月月而淸淸(월월이청청)'이라고 한자어로 그 의미를 밝히는 작업은 구비문학을 몰라도 너무 모르는 이들의 지적유희이다. 민요의 가락과 선율은 말에서 나온 것이지 않는가? 이러한 점을 고쳐 나가기 위해서는 구비문학에 대한 교육적 공간을 학대하여야 할 것이다. "국문학 연구자가 그냥 해보는 연구"가 구비문학 연구가 아님을 알아야 할 것이다. 구비문학은 기록문학의 상대적 문학이 아니라 매우 복잡한 성격을 가지고 있는 또 다른 문학이기 때문이다. 경북지역은 이러한 연구 및 교육 공간이 매우 부족한 지역이다. 지금까지 이 지역의 구비문학 연구자의 대다수가 타 지역 연구인이지 않은가. 무엇보다 구비문학이 통시대적 요소와 공시대적 요소를 가진 시대문학이라는 점을 잊어서는 안 될 것이다. 그리고 지역 공동체가 만들어 낸 공유물이라는 점도 결코 잊어서는 안 될 것이다.

41　장덕순 외, 『구비문학개론』, 일조각, 1971에서 자세하게 논급하고 있다.

4 결론

　　풍부한 역사 문화적 공간, 다양한 구비물의 생성과 연행지역, 현재까지 왕성하게 연행되는 구비물의 요람지가 바로 경북지역이다. 그러함에도 아직 이 지역 구비물에 대한 접근은 만족할 만하거나 주목받을 만큼 두드러지지 않다.

　　앞으로 새 시대의 구비문학은 고전문학이면서 현대문학이자 미래문학이다. 그런데 구비문학이 이 같은 가치와 전망을 학보하려면 구비전승의 기초공간인 지역 연구가 우선되어야 할 것이다. 과거의 시간을 현재 미래로 확장하는 새로운 비전도 필요하다. 달라진 사회 현상 속에서 그것을 꼼꼼히 분석하고 따지는 일이 없으면 기존의 것은 모두 몰가치화 되어 소멸의 궤도로 가게 될 것이다. 통상적인 학문적 패러다임을 깨뜨리지 않고서는 새로운 세계로 나아갈 수 없다. 더 많은 연구자들이 모여들고, 더 많은 분발과 노력이 선행되지 않으면 안 된다는 생각이다.

경북지역 구비문학의 문화기반
- 문화변혁에 따른 생성과 소멸 -

1 서론

    구비문학은 일반적으로 전근대적 전통사회의 생산물로 이해되어지는 경향이 있다.
    즉 구비문학을 '과거의 문화'로 보려는 경향이다. 이러한 관점은 일반인뿐 아니라 국문학 연구자들에게도 하나의 기본 전제처럼 수용되어 왔다. 구비문학 연구에 관한 그간의 연구들은 거의 예외 없이 '전통적 구비문학'에 관한 것이었다.[1] 그런데 오늘날 그 시각에 변화가 일어나고 있다. 사회의 변화를 통해 문화가 크게 변화하고 있기 때문이다.
    구비문학 연구를 문화와 관련하여 함께 놓고 이야기하자면 지금의 상황을 '변동'이라 전제하는 것에서 출발해야 한다. 새로운 문화요소가 출현하여 변화

---

1 신동흔, 「현대 구비문학과 전파매체」, 『구비문학연구』 3집, 1996, 143쪽.

가 일어났다는 뜻인데, 이에 대해 그의 대다수의 연구자들이 동의하고 있는 것 같다.[2]

급격한 산업화와 이에 따른 경제 및 사회구조의 변화와 의식의 변화 같은 문화변동이 불러온 '구비문학 위기론'에 학계는 계속적인 관심과 모색을 시도해 온 바 있으나[3] 그러나 그 현실적인 대응은 미미하기 이를 데 없다.

이 같은 외적인 문화변동에 대응하기 위한 학문 내적인 새로운 문제의식과 이에 걸맞는 새로운 관점 및 방법의 모색이 반드시 있어야 할 것임에도 불구하고 구비문학의 연구현상에는 아직 전통적 접근 시각만 존재하고 있는 것이다.

경북지역 구비문학의 세계에는 지금 설화류나 수수께끼는 사라지고 없고, 약간의 속담 등이 일상의 언술 속에서 간간이 쓰이고 있을 뿐이다. 민요 또한 이미 화석화되어 기억된 소리가 되었고 기능 또한 다기능화 하여 본연의 민요적 본질성도 심히 훼손되어 기능상의 의미는 사라졌다. 판소리는 일찍이 예술화됨으로써 구비문학이 지닌 유동성이라는 존재가치를 상실하며 이 지역에서는 사라졌고, 탈춤도 상업 예술화되어 축제 공연물로 존치되고 있을 뿐이다. 동해안 지역의 별신굿과 무가는 지역의 축제가 되어 관광상품이 되었다. 이처럼 다수의 구비문학이 국가나 지방정부가 문화재로 지정하여 전승이라는 명맥만을 유지하게 됨으로써 이미 그 '민중 속의 문학'은 그 본질이 변하거나 퇴색하였다 할 것이다.

지금의 이 같은 문화변동이 새로운 구비문학의 시대를 만들어 갈 것인지 아니면 소멸되고 말 것인지는 쉽게 단언하기 어렵다. 다만 시대 변화의 흐름을 냉철하게 이해하고, 이것을 구비문학 본연의 문제의식과 연관시켜 고민할 수 없다면 지금의 상황은 확실히 '위기' 쪽으로 기울 가능성이 농후해 보인다. 문화 변동에 따른 섬세한 감각을 바탕으로 구비문학다운 연구를 다시 시작하여 학문으

●
2 한국구비문학회 편, 『현대사회와 구비문학』, 박이정, 2005 참조.
3 1996년 한국구비문학회 동계학술대회 "구비문학연구의 길찾기"나, "2010년 (사) 한국민속학술단체연합회에서 주최한 "2010 한국민속학자대회-문화변동과 한국민속학의 대응과 역할" 등은 그 한 예이다.

로서 요구받는 문제의 질과 의의를 되찾는 것이 그 어느 때보다 중요한 시기라 생각한다.[4]

전통사회의 구비문학은 그 창조와 향유에 있어서 주체적, 공동적 참여의 길을 열어 놓고 있었다. 설화를 말하고 듣는 데 어떤 자격제한이나 특별한 격식 같은 것이 없었으며, 청중이 이야기 구연에 '개입'할 수 있는 통로가 다양하게 열려 있었다.[5] 그러나 최근 들어 일어나는 전파매체의 출현이나 디지털통신 같은 새로운 현상에서는, 언어가 사용자에게만 한정하여 '폐쇄적'인 상태에 있는 것이다. 즉 발화자와 수신자나 공동 사용자에 한해서만 소통되고 있는 것이다. 통로가 무한 열린 것이 아니라 매우 제한적이다. 잘 알다시피 이점은 구비문학적 요소로서는 매우 부적합한 요소인 것이다.

구비문학을 위기로 보는 많은 이들은 구비문학을 지나치게 '고정된 양식적 틀'로 개념화하여 보려는 시각도 보인다. 이는 그간 구비문학의 범주를 설정함에 있어 '양식적 틀'이나 '허구적 형상화' 등이 유달리 강조된 것은 구비문학을 문학으로 인정하지 않으려는 기록문학자들의 시각에 대척적으로 맞서 그 문학적 의의를 강조하면서 나타난 노력과 연관이 있어 보인다.

구비문학이 '말로 된 문학'이라는 점에서 이 '말로 된 것'이라는 보편적 규정도 문제이다. 이것으로 하여 순수한 구술성에 집착하는 경향도 있다. 창작 전달 전승 등 문학행위의 전 과정이 순전히 말에 입각하는 것만이 구비문학이라는 시각은 현대 구비문학의 소멸이나 위기를 확인하는 관점이 된다. 현대 전자매체가 쏟아 내고 있는 수많은 언어텍스트는, 문학적인 것과 비문학적인 것을 막론하고, 일반적으로 구술성과 문자성을 공유하는 특성을 가지고 있다. 그것은 대체로 정밀한 글쓰기의 과정을 거쳐 말의 형태로 구현되고 있다. 현재 민요나 판소리 가면극 등의 복합적 종합적 예술은 문학의 일종으로 규정하는데 별 이견이 없다. 이와 달리 전자매체가 제공하는 대중가요, 드라마, 코미디, 토크쇼 등

---

4 심우장, 「문화변동과 구비문학연구」, 『구비문학연구』 32집, 2011.6, 279쪽.
5 신동흔, 「삶, 구비문학, 구비문학연구」, 『구비문학연구』 1집, 1994, 5쪽.

에 대해서는 거기에 '말'이 중요한 몫을 차지하고 있음에도 불구하고 '구비문학'으로 보려는 관점이 서 있지 않다. 클래식이나 가곡 민요 대중가요 등이 모두 음악으로 규정되고 있음에도 말이다.

구비문학이 '말로 된 문학'이라는 점을 주목하더라도 그것이 음성언어에만 한정되어서는 구비문학의 위기는 당연한 결론이다. 그러나 이미 판소리나 무가, 탈춤은 입말이 우선되는 양식이 아니라 연희와 음악이 중시되는 양식이 되었다. 이에 '형식적 틀'을 고정시킨 구비문학의 범주와 개념은 다시 규정되어야 할 시점이 된 것이다.

2 경북지역 구비문학의 기반 현황

지역 공동체의 구비문학을 연구하는 이유는 어느 것보다 공동체의 특성을 가장 잘 반영하는 것이 구비문학이기 때문이다. 따라서 구비문학 연구의 실효를 거두기 위해서는 무엇보다도 전통적인 자료가 잘 전승되고 있는 구비문학의 기반을 잘 살펴보아야 한다.

구비문학의 문화 기반에 있어서 주목해야 할 것은, 구비문학의 표현도구인 언어 즉, 향토 언어(토속어)와, 구비문학 소통의 주·객체인 향유 공동체, 즉 사람, 그리고 이 사람이 살아가는 자연적, 인위적 삶의 환경인 민속[6] 이 3가지일 것이다.[7]

●
6　구비문학과 유관한 민속문화로는 다음과 같은 것들을 들 수 있다.
　　(1) 생활민속 - 사상, 풍속, 생활양식, 습관, 종교의례 등 (2) 문학민속 - 민요, 무가, 판소리, 설화, 속담, 수수께끼 등 (3) 놀이민속 - 가면극, 인형극, 세시놀이 등 (4) 예능민속 - 민속악, 민속춤, 민속화 (5) 민족 보편의 생활양식, 민족 보편의 정서와 사상의 사유체계
7　Hippolyte A. Taine(1828~1893);"영국 문학의 역사 Histoire de la littérature anglaise", 1864)

공동체는 구비문학이 향유 전승되는 사회적 기반이다.[8] 구비문학의 특성 중의 하나가 공동작의 문학이고 민중적 민족적 문학이라는 점은 이미 상식이 된 지 오래이다.[9]

　새삼 공동체와 구비문학의 관계를 주목하고자 하는 것은 기존 연구에서 공동체와 구비문학의 관계를 매우 소홀하게 다루어졌기에 보다 본격적으로 다루어 보자는 의도이다. 그리고 현대사회에서 공동체의 성격이 달라지고 공동체의 분화현상이 가속화되면서 그에 따른 구비문학의 변모가 심각하다는 점에서, 전통사회의 구비문학과 현대의 구비문학이 어떻게 다르고 왜 달라지는가를 공동체를 중심으로 살펴보자는 의도의 일단이라고도 할 수 있다. 더 나아가 현대사회의 새로운 공동체가 생겨나면서 그러한 공동체를 온상으로 자라난 현대사회의 구비문학을 좀 더 새롭게 조명해 보자는 것이다. 이러한 몇 가지 문제의식 중에서 어느 것에 초점을 맞추더라도 구비문학에 있어서 전통사회의 공동체에 대한 이해는 필수적인 것으로 본다. 전통사회 구비문학 자료를 해석하기 위해서도 그 텍스트가 형성되고 향유된 공동체의 성격을 알아야 할 것이고 현대사회의 구비문학을 이해하기 위해서도 전통사회에서의 공동체와 구비문학에 대한 이해 없이는 설득력 있는 해석과 설명이 뒤 따르기 어렵기 때문이다. 구비문학은 앞 시대의 자료가 전승되는 것이며 어느 한 시기에 창작된 자료라 할지라도 전승력을 확보하여 구비문학으로 자리 잡는다면 이미 특정시기의 특징은 퇴색되기 때문이다.[10]

　오늘날 인터넷의 발달로 사이버공동체나 지구촌공동체가 언급되고 있으며,

- 　에서 문학결정의 3요소로 종족(race), 환경(milieu), 시기(moment)를 든 바 있다. 이는, 種族(Race)—창작이나 향유기의 인종이나 혈연적, 역사적 공동체의 성격, 環境(milieu)—창작이나 향유기의 제반 조건, 동기 등등, 時期(moment)—창작기나 향유기의 시대적 사조나 정치 경제, 문화, 종교 사상 등이기에 본 논의와 다르지 않은 시선이라 주목된다.
8　서대석, 「공동체와 구비문학의 상관관계」, 『구비문학연구』 21집, 2005, 1쪽.
9　장덕순 외, 『구비문학개론』, 일조각, 1971에서 구비문학의 전반적 특징으로 기술한 바 있고 이후 이는 불변의 것으로 자리하고 있다.
10　서대석, 「공동체와 구비문학의 상관관계」, 『구비문학연구』 21집, 2005, 4-5쪽.

구비문학에 대한 향유 및 담당층에 대한 다양한 시각이 생기게 되었다. 즉 구비문학의 범주와 민족과 향유집단의 규정화에 대한 많은 논쟁이다.[11] 이러한 논의의 발생은 SNS나 다문화사회 등 우리 사회에서 일어나는 문화변동에 따라 발생된 문제이기도 하지만 전통 구비 문화 자료에 관련한 지역공동체의 연구가 부진함에서 빚어진 바도 크다 할 것이다.

경북지역의 지역공동체와 구비문학의 관계에 관한 시선은 구비문학 장르에 따라서 다를 수 있다. 신화가 신성성이 인지되는 공동체 범위에 따라 씨족신화, 마을신화, 민족 신화로 구분되듯, 경북의 씨족신화는 혈연공동체에서, 마을신화는 마을공동체, 민족 신화는 민족공동체의 산물이다. 이러한 신화는 공동체 구성원의 행위규범과 공동체의 안녕 질서 번영을 기원하는 내용을 담고 있는데 경북지역은 많은 씨족신화와 마을신화의 온상이다.[12]

설화는 특정지역 공동체의 특성을 드러내기보다는 계층적 특성을 잘 보여주는 갈래이다. 조선조 사회에서 형성된 설화는 학식이 있는 문인 사대부층의 설화와 한자문화에서 소외되었던 서민층의 설화가 각기 다른 모습을 보여준다. 이런 점에서 경북지역 공동체의 오랜 역사적 특성을 살펴볼 때 풍부한 설화의 생성과 전승이 주목된다. 산악과 평야, 해양 등 다양한 지역으로 구성되는 지리적 특성과 이 속에서 형성된 다양한 역사적 삶, 상반된 계층적 존재 양식 등은 풍부한 설화의 존재를 보여 준다.[13]

공동체의 성격을 가장 잘 드러내 주는 것으로 토속민요가 있다. 노동요 의식요 등 기능요는 공동체 구성원의 문화적 특성을 가장 잘 드러내 준다. 공동체 구성원이 노동이나 의식, 놀이를 하면서 부르는 민요는 생활 전반을 아우르는 가

●
11 한국구비문학회에서 주관한 2004-2005년의 4차에 걸친 〈구비문학과 공동체문화〉란 기획연구발표주제에서도 살필 수 있다.
12 신화류는 주로 삼국 건국신화, 시조신화, 씨족신화, 등 문헌이나 개별 전승으로, 그리고 마을신화는 주로 별신굿제의 과정에서 전승되는 양상을 보이고 있다.
13 설화는 주로 인물(人物)설화. 풍수(風水)설화, 병란(兵亂)설화, 연기유래(緣起由來)설화, 효절(孝節)설화 류가 중심이 되는 전승 양상을 보이고 있다.

창문화이기에 공동체 문화의 대표적 산물이다. 경북지역의 공동체는 농업노동요, 특히 북부지역은 논농사요가 가장 왕성한 곳이다. 장례의식요나 부락공동체의 의식요가 두드러지며 가장 뛰어난 것은 길쌈이나 밭농사 활동에서 부르는 서사형의 여성노동요가 가장 잘 전승 유지되고 있는 지역이다.[14]

제의과정에서 부르는 무가는 무속인 공동체의 문학이면서 지역공동체의 문학이라는 양면성을 지닌다. 무가는 무속인의 세계관이 반영되어 있으면서도 특정지역 공동체의 안녕과 복을 비는 내용으로 이루어져 있기 때문이다. 내륙지역 부락공동체의 마을 굿은 예외로 하더라도 동해안과 내륙지역에서 행하여진 별신굿의 존재는 노래와 춤, 탈놀이라는 독자적이고 보편적인 문화를 담아내는 경북지역 공동체의 또 다른 하나의 특성이 되었다.[15]

예능 민속재民俗材라 할 수 있는 탈춤이나, 춤놀이 형태의 것인 〈안동차전놀이〉, 영덕 〈월월이청청〉, 의성 〈돌싸움〉, 〈안동놋다리밟기〉, 〈줄당기기〉, 〈지신밟기〉, 〈풋굿〉 그리고 세시풍속의 하나인 경산 〈자인단오제〉 등이 지금도 그 명맥을 유지하며 노래와 춤을 연행하고 있다. 특히 〈안동 하회河回별신굿탈놀이〉(중요무형문화재 69호)가 보호되고 있으나, 현재 이웃의 병산屛山이나 영양 주실英陽마을의 〈탈놀이〉 등은 사라지고 없다.

이 같은 예능민속이나 생활민속의 중심축인 '춤'과 '민속악'으로서의 농악은 김천 빗내, 청도 차산, 대구 고산, 대구 욱수, 대구 서구의 〈날뫼북춤〉, 〈천왕메기〉 등이 지자체의 지정 보호로 유지 전승되고 있다. 이외에도 현재 〈동편제판소리〉

---

14 민요는 주로 농업문화 기반을 중심으로 하는 노동요, 의식요, 유희 가창요 등이 모두 전승되나, 특히 서사민요 성창권역이다. 이중 중점 전승으로 경북권은 예천 통명농요(국가 84호), 안동 저전동 농요(경북 2호), 예천 공처농요(경북 10호), 상주 민요(경북 13호), 청송 추현 상두소리(경북 26호), 구미 발갱이들소리(경북 27호), 경산 계정 들소리(31호), 영덕 월월이청청(경북민속 164호)이, 대구권에는 공산 농요(대구 7호), 하빈 들소리(16호)가 국가나 지자체의 보호로 전승되고 있다.
15 생활민속인 무속은 동해안 별신굿[무가]이 경북 동해안의 해안부락 18개소에서 3-10년 주기로 연행되고 있고, 내륙형 별신굿으로는 경북 문경 호계리 별신굿이 부정기적으로 연행되고 있다. 또 마을굿으로는 논공의 천왕당, 대구 욱수동 당산제, 대구 비산동 천왕메기, 봉화 단종제 등이 정기 또는 부정기적으로 연행 전승되고 있다.

와 이명희(대구무형문화재 8호), 판소리 〈흥보가〉 정순임(경북문화재 34호)가 지정 보호되고 있으며 소수의 직업적 소리꾼이 명맥을 잇고 있을 정도이다.

그러나 이들은 거의 국가나 지자체의 행정적 지도와 전승 규정에 의하여 원형유지를 원칙으로 하여 명맥 유지를 하고 있을 뿐이라 살아 있는 구비전승은 되지 못하고 있고, 다수의 제도권에 수용되지 못한 향토문화재는 거의 소멸의 단계에 있다고 해도 무방하다.16

●
16 경상북도 중요무형문화재 목록표 -구비문화 항목 만-

지정	번호	지정 종목 명칭	유형	비고
국가지정 중요무형 문화재	24	안동 차전놀이	놀이	집단형
	44	경산 자인 단오제	의례(춤, 놀이)	집단형
	69	경북 동해안 별신굿	무속(무가)	집단형
	84	예천 통명 농요	민요(노동요, 농악)	집단형
경북도지정	2	안동 저전동 농요	민요(길쌈소리)	집단형(두레길쌈)
	4	청도 차산 농악	농악(두레, 놀이)	집단형
	7	안동 놋다리밟기	놀이(노래, 춤)	집단형
	8	금릉 빗내 농악	농악(두레, 놀이)	집단형
	10	예천 공처 농요	민요(노동요, 농악)	집단형
	13	상주 만요	민요(노동요, 농악)	집단형
	26	청송 추현 상여소리	민요(의식요, 의례)	집단형
	27	구미 발갱이들소리	민요(노동요, 농악)	집단형
	31	경산 계정 들소리	민요(노동요, 농악)	집단형
	34	판소리 흥보가 (경주)	판소리	개인형(정순임)
민속자료	164	영덕 월월이청청	민요(노래,춤놀이)	집단형

● 판소리를 제외하고는 중요민속자료로 공히 지정됨
농악은 구비문학은 아니나 농요 및 농경의례 전승의 필수적 민속문화재임

대구광역시 지정 중요무형문화재

시 지정	1	고산 농악(수성구)	농악(두레,놀이)	집단형
	2	날뫼 북춤(서구)	의례(춤,놀이)	집단형
	3	욱수 농악(수성구)	농악(두레,놀이)	집단형
	4	천왕메기(서구)	의례(춤,농악)	집단형
	7	공산 농요(동구)	민요(노동요,농악)	집단형
	8	판소리(동편제)	판소리	개인형(이명희)

한편, 구비문학은 '말[음성언에]'로 표현하는 문학이다. 즉 민족 또는 지역 공동체에서 현재 실제로 사용하고 있는 말로 표현하고 존재하는 언술행위이다. 그러나 그 언술행위에는 행위자가 형성해 온 여러 가지 삶의 환경에 의하여 생성된 여러 언어 자질이 중요한 자리를 점하고 있다.

지역공동체에서 생득적으로 습득한 향토에[사투리]로 습득한 것이 지역적 구비문학이 된다.[17] 우리의 구비문학 현장은 바로 부모나 생존세대로부터 생득적으로 습득한 이 향토어, 즉 사투리로 표현한 문학이다. 그러므로 구비문학은 토속성과 향토성이 강하게 존재하는 것이다. 특히 말의 표현물인 노래로 부르는 민요나 무가 등은 토속어가 지닌 억양, 장단 그리고 통사 구조 등의 지배를 강하게 받는다. 지역 토속어와 음악적 특성이 함께 논의되지 않을 수없는 이유이다. 뿐만 아니라 어휘나 통사 구조는 설화 등의 이야기문학에 강하게 작용하는 것이다.

민족공동체에서 사용하는 민족어 또는 종족어는 종족 또는 민족의 집단성을 드러내는 대표적 언어행위이다. 이는 종족이 지닌 역사적 지리적 문화적 삶의 환경이 빚어내는 범민족적 습득과정을 통해 형성되고 체계화 된다. 또한 민족공동체가 범민족적으로 습득한 민족어 또는 종족어로서 민족의 구비문학은 존재한다.

반면 국가공동체에서 사용하는 국가어는 흔히 국어 또는 표준어라 한다. 이는 정치적 목적에 의해 규정되는 언어이며 국가단위로 학습되어진다. 일제의 일본어 학습과 오늘날의 표준어가 바로 그것이다. 이는 살아 숨 쉬고 있는 생태적 구비적 언어가 아니라 제도적 언어이며 조직언어이어서 자유로운 생태적 삶을 표현하는데 부적합한 언어의 하나이다.

	16	하빈 들소리	민요(노동요,농악)	집단형
민속문화재	3	욱수동 당산(수성구)	의례(마을굿)	집단형
		논공 천왕당(달성군)	의례(마을굿)	집단형

17 대개 경북지역의 방언권을 해안지역, 북부내륙지역 동남부지역 등으로 나누기도 한다.

다음으로 문화공동체에서 사용하는 언어이다. 이에는 문화적 공통성 위에 존재하는 언어로서 문자로 존재하는 것이 많다. 예로, 동일한 한자문화권인 월남, 중국, 일본, 한국의 한자는 문화공동체 언어로서 자리한다. 문화어는 당대 지배계층의 언어로 역할하며 문화의 습득과 소통에 사용하여 왔다. 우리나라에서도 2천년 넘는 시간 속에 한자는 기록문자로서 많은 문화적 자장을 확보하고 있음은 잘 아는 사실이나 이는 말로 존재하는 구비문학으로서의 영역에서는 불필요한 언어소이지만 기록 보전에는 많은 순기능적 가치를 지니고 있다.

오늘날 세계화가 진행되면서 인류 공통의 소통언어가 필요하게 되자 인류공동체 언어가 필요하게 되었다. 예로 에스페란토어가 바로 그것들 중의 하나이지만 성공하지 못하고 영어가 모든 언어를 대표하여 작금 세계공통어로 자리하고 있다. 인터넷의 공식문자이며 세계인의 보편언어로 자리하고 있다. 세계 공동체언어는 생활상의 필요에 의하여 습득하는 언어이면서 세계인과 소통하기 위한 언어이다. 따라 생각과 느낌을 정치하게 표현하는 언어로서가 아니라 소통하기 위한 정보교환 수단으로서의 기능에 충실함으로써 구비적 언어로서는 부적합 언어로 보이기도 하지만 꼭 그런 것만도 아니다.[18]

이상과 같은 논의의 맥은 지역공동체 사람들이 생득적으로 습득하여 사용하는 향토의 토속어로서 존재하는 구비문학은 지역 공동체의 구비문학 연구에 있어 무엇보다 주요한 항목임은 자명하다는 것이다. 또한 지역공동체의 변화와 사용하는 언어의 환경 변화는 전통적 시각에서 볼 때 구비문학의 폭과 넓이를 확보하는데 취약하게 하기에, 지역공동체에 속하는 연구자들의 접근과 참여는

●
18

공동체	사용언어		환경권	습득방법	특성
지역공동체	토속어	사투리(향토어)	생태환경권	생득적 습득	토속성과 향토성
국가공동체	국가어	국가어(표준어)	역사환경권	교육적 습득	집단성과 제도성
민족공동체	민족어	민족어(종족어)	종족환경권	종족적 습득	종족성과 민족성
문화공동체	문화어	문화어(문자)	문화환경권	문화적 습득	문화성과 환경성
세계공동체	공통어	공용어(-영어)	소통환경권	필요적 습득	세계성과 필요성

더더욱 필수적이며 그 바탕 위에서 얻어진 성과의 신뢰도는 매우 높을 것이기 때문이다.

3 경북지역 구비문학 기반의 변화 양상

3.1 구비문학 기반 변화의 요인

그간 우리 사회가 농경사회에서 급격한 산업화를 거치면서 농경사회의 부락공동체가 형성해 온 전통사회의 제반 요소가 붕괴되었다는 것은 안타깝지만 사실이다. 농업경제가 산업경제로 바뀌면서 급속하게 도시화가 이루어졌고 따라 전통 농경사회 속에서 구축해온 문화자산은 급격하게 소멸 붕괴되어졌다. 농촌지역의 인구는 격감하였고 주민의 고령화로 인하여 이미 농업공동체는 사라졌다. 고령화된 전승집단은 구비물을 재생산하거나 향유하지 못한 지 오래되었고 오로지 '기억된 유산'으로서 구비문학의 세계를 표출하고 있을 뿐이다. 이 같은 사회적 변모에 따라 그 속에서 형성 향유 전승되던 구비문학 또한 그 궤를 같이하면서 사라지고 있는 것이다.

인간의 가장 기본적인 공동체의 하나인 가족제도도 대가족제도가 붕괴되어 소가족으로, 다시 핵가족화 되었고, 심지어는 '가족해체'라는 말이 있을 정도로 파편화되어 전통적 가족개념은 변모하고 있다. 아울러 삶의 공동적인 공간인 부락(마을)도 이제 도시화되거나 해체되게 되었다. 이 같은 가족 공동체, 부락공동체의 변화는 바로 사회공동체의 커다란 변화와 붕괴로 이어지고 있으니 공동체의 붕괴는 곧 구비문학의 소멸이라는 인식으로 나타나는 것이다. 또한 이 속에서 구비문화의 가장 기본적이면서 담당주체였던 노령층의 사회적 소외는 설화, 수수께끼, 속담 등의 기본적 언술문화 자체를 사라지게 한다. 즉 구비전승을 해 줄 대상인 손자녀 세대와의 단절적인 생활 구조는 바로 구비전승의 가장 근본적인 차단체가 되고 있는 것이다.[19]

한편, 가장 큰 또 하나 문화변동의 중심에는 새로운 디지털문화가 자리하고 있다. 생활 곳곳에 침투해 있는 디지털 기기들은 소셜미디어 시대라 할 정도로 사람과 사람과의 연결성을 높이며 바이러스처럼 그 속도를 가속화 해가고 있다. 그 어느 시기보다 사람들이 지닌 상호작용의 강도는 강해졌고 통합의 가치가 높아졌다고 할 수 있다. 각종 동호인 중심의 새로운 공동체가 생겨나고, 그들만의 언어가 만들어지고 있다. 대중매체를 통한 새로운 언어문화가 — 개그, 토크쇼, 유튜브 등 — 유통되고 있다. 인터넷이나 유튜브를 통한 세계화 현상은 이제 국경 없는 '지구촌 시대'로 진입하고 있다. 사용하는 언어 또한 향토어나 표준어, 민족어나 국가어가 아닌 세계 공통어인 영어가 주축을 이루어 나가고 있으니 구비문학의 표현매체인 '말'의 세계 또한 크게 변화하고 있다 보아야 할 것이다.

문자메시지, 카톡이나 유튜브, 페이스북 등을 통해 일어나는 언술 행위는 문자를 사용하기는 하지만 구어체 일상어를 그대로 기호화함으로써 겉은 문자문화이지만 실제는 구비문화를 양태를 보이기고 있다. 이 또한 주목해야 할 문화변동이라 할 수 있다.[20]

또 다른 변화의 중심에는 우리사회의 다문화사회 진입이다. 고용경제적인 측면에서 가속화되어 온 다문화사회는 이제 국제혼까지 가세하여 우리는 다종족 사회로 진입하고 있다. 경북지역의 북부권에는 4가구당 1명의 외국인 여성이 존재할 정도이다. 민족어 또는 향토어를 바탕으로 예술적 표현성을 지니고 있는 구비문학에 이제 엄청난 변화의 파고가 닥쳐올 전망이다. 민족적 가치나 토속적 고유성은 줄어들고 인간 일반의 보편성과 가치가 주목되는 시대로의 전

---

19 김기현, 「전승민요의 토속성과 변모」, 『민중문화론』, 영남대 출판부, 1993, 134-136쪽.
20 전희성·최민수, 「마이크로블로그 커미니케이션의 특성에 관한 연구」, 『한국디지털포럼』25집, 한국디자인트랜드학회, 2009, 재인용.

환을 맞이하고 있는 것이다. 2025년도 경 우리 인구의 1/4가 외국인이라는 예측을 두고 볼 때 앞으로 구비문학에 있어 이 다문화사회로의 진입이 가장 큰 변화의 축이 될 것이라고 본다.

3.2 구비문학 기반 변화의 실제

민요는 '기층에 속하는 무리들이 삶의 현장에서 느끼고 생각한 바를 즉흥적 구창에 의해 구비전승 해 온 노래'이다.[21] 전술한 대로 삶의 환경이 바뀌고, 또 대중매체가 급속도로 발달하면서 가장 큰 변화가 일어난 것은 노래문화이다. 이제 민요는 한 마디로 "기억된 소리"로 전승되고 있을 뿐이다. 생활 현장에서 즉흥적 구창으로 불렀던 사설이나 가락은 무대화, 연행화를 거치면서 거의 박제화, 화석화 되었다.

마을마다 한 두 사람씩 앞소리꾼으로 모심을 때나 장례 시에 앞서 노래로 주도해 갔던 '문서 좋은 소리꾼'은 사라졌다. 노래문화 자체가 대중가요 소리판으로 바뀌기도 하였지만 개인 별로 유창하게 '첫치'로 꼽아 내던 소리마저 기억의 쇠퇴로 사라진 것이다. 불러 본 일이 없기에 기억할 수가 없고, 공동체 구성원끼리 함께 모여 부를 수 있는 가창공간이 사라졌기에 민요는 이제 '삶의 소리'가 아니다. 그나마 부를 수 있는 것은 대중매체를 통해 익숙해진 경서도토리의 통속민요인지라 지역의 메나리조 민요는 거의 다 반경토리의 선율구조로 변질했다. 타령조의 소리만 남아 주흥에 겨워 소리할 때 한번 불러 보는 정도로 민요는 일상에서 사라지고 그 자리를 '트롯 가요'가 차지하고 있는 것이다.

민요판은 직업적이거나, 개인적 취향으로 익혀 배운 경기민요 향유자들에 의해 지역의 토속형 선율인 메나리토리나 전래의 토속민요는 사라지거나 변질하였고, 그나마 지정 보호된 특정 노래의 연행 이외는 그 실체를 만나기 어려운 것

●
21 김기현, 「전승민요의 토속성과 변모」, 『민중문화론』, 영남대 출판부, 1993, 119-122쪽.

이다.

　이러한 상황 속에서 대다수의 노동요는 사라지고 없으나 논농사 시의 〈모심기소리〉나 〈김매기소리〉는 기억된 소리일망정 조사현장에서 산견된다. 그 나머지 〈물퍼는소리〉나 〈땅다지는소리〉 등의 부대 노동요 등은 사라졌고, 들 노동에서 부르던 〈풀베기소리〉를 비롯한 채취노동요나 가벼운 일상노동요는 이미 노랫가락이나 창부타령의 경토리로 전환되었다. 여자들의 길쌈이나, 방아찧기 등 가사노동 시의 노래도 기억된 소리로 완전형을 찾기 어렵게 되었으며, 오로지 유희요만 아직도 자투리로 남아 있다.

　설화류나 수수께끼, 속담 또한 민요의 처지와 다른 바 없다. 현재 현장조사에서 가장 발견하기 힘든 것이 설화류이다. 그것도 기록되어 전하는 설화를 알고 있는 식자층들에 의해 단편적으로 들려주는 그야말로 '옛이야기'일 뿐이다.

　설화는 근원적으로 의식의 표현물이다. 그러므로 대개 상위층 지배집단의 하위계층을 향한 설득물이자 통제와 소통의 수단으로 존재해 왔다고 할 수 있다. 신화학에서 '입사식'의 대체물 또는 도구로 주목하는 것에서도 알 수 있다. 따라 설화의 전승 집단은 대개 남성 중심이고, 상위층인 것이다. 그런데 현재 지역 설화의 구비 기반에서 남성 화자는 좀 채로 발견할 수 없다. 지배담론이 필요 없기 때문으로 볼 수 있다. 식자층에서 몇 명 문헌설화를 기억한 것을 알려주는 정도이고 소통 욕구나 지배담론적 기능은 부재한다. 설득하고 유도하며 하나의 담론형성을 위한 도구였던 "이야기"가 사라지는 시대가 된 것이다. 그 자리를 대중매체물이 대체되어 자리하고 있으니, 개그유행어, 광고어, 언어유희, 전자언어의 상투적 표현들이 그것이다. 정보를 습득하는 데 있어 인터넷을 통한 '검색'만 있고 '체험'이 없는 시대의 소통을 위한 화법의 변화라 생각한다. 붕괴되고 일탈된 설화류의 부재는 곧 민중의식의 붕괴를 의미한다. '복잡한 시대' 현대 속에서 '단순 이야기 구조'인 설화는 자연스러운 거리감을 가질 수밖에 없는 것이다.

　잘 알다시피 대구 경북지역은 판소리 문화권이 아니다. 판소리는 서사적 세계를 노래로 전달하던 이야기로 출발하였지만 점차 예술 가곡화 되었고, 이 발달해간 음악성은 경상도의 토속어와 그 표현 패러다임의 부합이 원만하지 못함으로 이 지역에서 토착화를 이루지 못하였다. 자연 서사적 표현어법을 가진 전라권역에서 흥과 맛을 더해 가며 예술화 되어 양반좌상객의 사랑을 받아 오늘에 이른 것이 판소리다. 이 지역에서의 판소리 문화는 조선조 말에 이미 그 위력을 잃었고, 지금은 몇몇 직업적인 소리꾼에 의하여 학원식 학습으로 존재할 뿐이며 그 조차 대중적 호응을 받지 못한 채 고립되어 있다. 지금은 소수 향유자 "그들만의 판소리"로 존재한다. 전국적으로도 유네스코인류문화유산으로 등재되었지만 활성화는 이루어지지 않고 있듯이, 구비문학적 문화원형질인 현장성과 유동성, 즉흥성이 사라진 원형질 붕괴가 필연적으로 불러온 일이라 본다. 특히 이들을 중요무형문화재로 지정함으로서 오로지 원형보존만 강조하고 조금의 변화 추구도 금지해 온 그 귀결로 보인다. 더구나 18-9세기의 시대 상황과 판이한 삶의 현실에서 중세적, 보편적 가치만이 추구되는 '낡은 이야기'는 더 이상 재창조되지 못하고 화석화됨으로써 그 유효성이 한계에 달하게 된 것이다.

탈춤이나 무속 등도 마을공동체의 집단문화 기반 또한 판소리가 걸어가는 것과 다르지 않다. 낙동강을 따라 성행해온 탈춤 문화도 시대와 조응하지 못하는 이야기와 원형의식이 쇠퇴의 길을 걷게 되었다. 농경사회의 풍요와 다산, 병든 사회의 민중적 변혁의식을 담아서 계승하기에는 현대라는 시대가 가지는 의식의 폭은 너무 컸다. 그러나 탈춤은 옛 모습 그대로 신분타령, 성속聖俗, 축첩 등의 갈등과 화해 촉구만 드러내고 있기에 부조화를 이루게 된 것이다.

원형이 파괴된, 당대적 의식과 필요성이 거세된 전승 문화는 달라진 시대와 조응하지 못한 채 더 빠른 쇠퇴 소멸의 길을 걷는 것은 당연한 일인데, 영남권의 판소리 탈춤 무속의 쇠퇴가 바로 그 때문이 아닌가 한다. 새로운 시대와 걸 맞는 시대적 갈등과 아픔을 풀어내는, 이야기와 극, 표현을 통한 소통이 이루어지지 않을 때 구비문학은 자연 도태 소멸하게 되는 것이다.

전통사회에서 존치되었던 마을 공동체의 붕괴는 마을의 붕괴만이 아니라 곧 공동체 구성원의 의식 변화를 초래한다. 농경사회가 구축한 풍요와 다산의 욕망은 우리 공동체를 구성한 사람들의 근본적인 원형질이다. 이것을 절대적 초월적 존재에 의존하면서 형성해온 무속의 원본사고는 곧 우리의 민족원형[22]이라 할 수 있다. 바로 이 부락공동체의 현상존재인 마을 공동체의 붕괴는 우리 의식원형 붕괴를 불러 왔다. 교육과 경험으로 확장해온 과학적 합리성과 고급종교를 통해 가지게 된 신앙적 거리감은 무속원본의 붕괴는 물론 무속집단의 소멸과 파괴를 불러왔다. 따라 각 마을마다 존치되어 세시풍속처럼 생활의 일부가 되었던 부락제의나 공동체 내의 가정신앙 등은 사라지게 된 것이다.

무속은 지금 지자체의 관광상품으로 바뀌어 축제화의 과정을 가고 있다. 울진군 후포면 삼율에서 행해지는 별신굿은 지금 〈후포 풍어제〉라는 이름의 축제가 되었다. 이외에도 〈달집태우기〉 같은 부락공동체의 민속놀이는 지역 축제로 곳곳에서 행해지며 이를 관광 상품화하고 있다. 청도읍의 달집태우기는 축제로 재생되어진 가장 큰 지역의 민속제의가 되었다.

4 경북지역 구비문학 기반의 미래적 지평

문화란 "인간이 본능에서 벗어나 사회적으로 생산된 상징 형식들 안에서 행동하고 실천해주도록 매개해 주는 것"이라고 문화학자인 크리스 젠크스 Chris Jenks[23]는 말한다.

사회적 상징형식이란 곧 풍속, 관습, 의례, 신앙 등등 인간의 삶이 만든 모든 것을 말하며, 매개란 바로 소통疏通 Communication을 말한다. 즉 문화는 곧 '소통' 또는 '소통의 방식'이라 말할 수 있다.

이에 비추어 보면, 구비문학이란 곧 문학의 생산자인 '화자'가 수용자인 '청

22　김태곤,『한국 무속연구』, 집문당, 1981, 154-162쪽.
23　Chris Jenks-, 김윤용 역,『문화란 무엇인가』, 현대미학사, 1996, 25-27쪽.

자'와 무엇인가를 소통하려고 표현하는 언술적 행위라 할 수 있다. 따라 구비문학을 만난다는 것은 곧 화자와 청자 사이에 존재하는 소통행위와 그 환경을 알아내는 작업이라 할 것이다. 그러므로 구비문학 연구에서 필요한 것은 이 양자 사이에 존재하는 소통의 모든 단계를 모두 살펴야 할 것이다. 어찌 보면 구비문학은 입말을 통해 펼쳐지는 기본적이고 최단시간적인 소통의 방식일지도 모른다. 왜냐하면 인간의 언어 중에서 입말보다 더 빠르고 직접적이며 즉발적인 언술수단이 몸짓 이외에는 없기 때문이다. 따로 오랜 시간 학습해야 하는 글말이나 극히 제한적인 몸말은 입말보다 원활한 소통의 수단이 되지 못하기 때문이다. 아마도 인간 최다수의 향유집단에 의하여 일어나는 다량적多量的, 보편적, 제한적 소통물이 입말임에야 구비문학이 문학, 즉 언어적 표현의 원초적인 존재가 되는 것이다. 따라서 구비문학은 단순한 언술 행위 자체에만 그 의미가 있는 것이 아니라 소통을 위한 모든 존재자들에게 다 나름의 의미를 가지고 있다고 보아야 한다. 화자나 청자인 사람의 생각과 느낌은 물론이고, 왜 그러한 표현행위를 하는지? 왜 그러한 특정 공간에서 소통하는지 등등을 말이다. 한마디로 구비문학은 단독체, 개별체로서의 'TEXT적 세계'가 아니라 복합체로서의 'TEXTURE적 세계'인 것이다.

　　대상 작품의 고유성이나 개성, 구조와 심미성審美性에 초점을 두고 살피는 것이 문학적 접근 시각이라면, 과거의 문화적 전통과 현재의 문화 맥락 속에서 '여러 사회적 요소들과 상호 작용하는 관계망'을 탐색하여 형성된 의미망을 밝혀내려는 시선, 그것이 바로 문화론적 접근이라 생각한다.[24]

●
24 문학론적 패러다임과 문화론적 패러다임의 비교표 - 김기현 작성

〈문학론 패러다임〉	〈문화론 패러다임〉
문학내부에 무게	문학 외부에 무게
-Art Text	-Texture
심미성 주목-존재	관계성 주목-소통
예술적 수월성 주목	문화적 정체성 주목
독자적,경계적 관점	융합적, 탈경계적 관점
거시적 시각	미시적 시각

구비문학이 얼핏 하층 민중들의 향유물이기에 매우 간단하고 단순할 것이라는 점은 문학적 시각이지 문화적 시각, 즉 화자와 청자가 가지는 소통을 주목하는 시각이 아니다.

문화로서의 구비문학이 지닌 주요한 핵심은 사설의 내용이나 의미만을 주목하는 문학내적 가치, 즉 심미성, 구조성, 사상성 등에 있는 것이 아니다. 문학 외부의 시선으로 보아 알 수 있는 기능성, 효율성, 지향성까지도 주목해야 하는 세계인 것이다.

소통을 주목할 때, 구비문학은 왜 향유집단의 의식이나 취향이 주목되는지를 파악할 수 있으며, 작가의 특수한 역량이나 개성이 아니라 화자와 청자가 공유하는 공통적 세계-이를 대중성이라 불러도 좋다의 지향점이 무엇인가를 주목해야 하는 세계이다. 따라 문화론적 패러다임으로 볼 때 구비문학은 복합적인 구조물로 생성하고 존재하고 소멸하는 존재임을 알아야 할 것이다. 이것은 구비문학이 가지는 문화로서의 세계이기 때문이며 구비문학을 문화적 관점에서 바라보아야 하는 이유이다.

4.1 시선의 변혁을 통한 구비문학 기반

많은 구비문학 연구자들이 이야기 해 왔듯, 현재 구비문학의 현실이, 쇠퇴요 사라짐이요 위기임에는 틀림없다. 그러나 과연 위기인가? 지금 존재하는 구비문학이 사라지고 쇠퇴 소멸하였다고 하는데 과연 그러한가? 앞으로는 구비문학은 문학의 갈래에서 없어지는 것인가?

그런데 다시 생각해 보자. 그 구비문학은 누가 만들어 낸 것이고, 왜 만들어 향유해 온 것인가? 사람이 삶의 현장에서 생활상의 필요에 의해서 만들어 향유해 온 것이 구비문학이라 한다면 이를 구성하는 어떤 요건도 변하지 않았는데

명분주의 - 가치 중시	실용주의 - 효용 중시
이념지향 - "있어야 할 것" : 예술성	현실 지향 - "있는 것" : 대중성

단순히 현상의 모습만 바뀌었다고 '부재선언'을 할 수 있을까.

'사람'이 있고, 그 사람이 만들어 가는 삶이 있고, 그것을 통해 소통하고 나누는 공간만 있다면 구비물은 계속 생성되고 향유되지는 않을까. 따라서 지금 우리의 구비문학 위기론은 너무 빠르게, 일찍 구워 버린 팬케익 일지도 모른다.

오늘날의 우리가 만나는 구비문학의 질료들은 분명히 지난 중세 봉건 농경사회의 소산물이다. 현전 민속문화재 또한 이와 다름없다. 지나간 시대의 소산물을 오늘날 우리가 이를 통해 체계화하고 이론화 하여 만든 것이 그 개념이고 범주며 유형과 특성들이 아닌가 한다. 그리고 이것에다가 현대의 달라진 현상을 대입하여 놓고 위기와 소멸 쇠퇴를 단정한다. 예로 A[텍스트]에 기반 하여 정의하고 범주화 하여 이를 ω[구비문학]라고 개념화 하였는데, A가 아닌 C[현상]로 바꾸어 놓고 이것을 ω[구비문학]가 '아니' 라고 하고, 이것을 '없다' 라고 하는 것은 당연히 잘못된 일이라는 것이다. 이것은 전제가 바뀌고 동일한 결정을 내린 전제 오류이기 때문이다. 따라서 이 같은 논리에 따른 구비문학 위기론은 관점의 잘못이 아닐 수 없다. 현재의 우리가 지닌 학술적 개념과 범주는 지극히 객관적, 논리적 과정을 거쳐 매우 '정전화正典化; Canon'된 것이다. 그래서 이 전범화된 규정과 카테고리는 사실이나 본질과 멀어지고 오히려 그것을 능가하여 판단하는 기준이 되어 실제와 본질을 무시하는 새로운 독단과 오류를 만드는 것인지도 모른다.

구비문학의 제 갈래들을 개개별로 살펴 볼 때, 구비문학 기반의 변화를 그대로 수용하고 혁신적 시각으로 이를 다시 논리화 체계화 할 필요가 있다. 즉 구비문학 형성 요인이나 구성 요소가 변했기에 그 결과 생성되는 결과물도 변하여야 하고, 변하였기에 개념이나 이론 또한 새롭게 체계화해야 할 것이다. 예로 농업경제사회의 농업노동요는 현대 산업사회의 노동요와 그 본질에서 다름이 없다. 본질성에 있어서, 풍요다산을 꿈꾸며 생산력을 증가하고 노동의 고통을 해소하고자 부른 '농업노동요'와 쾌적한 노동환경에서 유쾌한 일터를 만들어 일어나 노동고통을 해소함으로써 생산력을 증대하여 많은 임금을 얻고자 벌이는 노동쟁의 현장에서 부른 '노동가요'는 조금의 다름이 없다는 것이다. 본질은 같고 그 상황만 바뀌었다고 과거의 관점에만 얽매여 '사라진다', '없다'라고 하는 것은 잘못된 것이다. 어찌 노동은 있는데, 노동요는 사라졌고, 향유되지 않는다 할 수 있을까?[25]

앞서 말한바 대로 우리사회는 다문화사회로 진입하였다. 이 시대적 환경에서 우리가 견지해야 할 중요한 점은 구비문학을 통해, 가지고 있었고 추구해 왔던 민족문학론적 가치에서 소수자, 다문화론적 시각으로 다양성의 가치를 가지는 것이다. 다양성의 세계란 획일적이고 수직적이며 직선적인 가치지향의 세계에서는 나타날 수 없다. 수평적, 대등적인 세계가 만들어 내는 아름다움인 것이다. 이를 위해 우리가 혁신해야 할 시각의 하나는 곧 공동체에 관한 것이다. 공동체를 굳어진 또는 유형화된 '사회구조'로서가 아니라 언제나 변화 가능한 유동적 '사회 현상'으로 대상을 보는 것이다. 이는 독자적이고 경계적인 시각이 아니다. 모든 것과의 융합적이며, 탈경계적 시각이 있어야 만 가능한 세계이다. 이것이 곧 문화로서의 세계이다. 'TEXT' 보기에서 'TEXTURE' 보기로 전환해야 하는 이유이며, 이것이 곧 문화론적 인식으로의 전환이다.

다음으로 사이버 매체 문화를 주목해 보자. 오늘날 사람들의 생활에 있어 매우 중요하고도 중심적인 것으로 자리하고 있는 것 중에 전자매체를 통한 SNS의 존재이다. 이는 두말할 필요 없는 소통문화의 산물이다. 이중 이동통신문화(사이버)를 보자. 바로 구비문학의 모습을 가진 문화물이다. 비록 글맬문자로 표현하고는 있지만 일상생활에서 소통의 수단으로 삼고 있는 입말 표현법으로 나누어 가지는 소통의 수단이 아닌가 한다. 예로 Twitter, U-Tube, Facebook, 문자 메시지, 심지어 I-con까지 그러하다. 이들은 구비문학을 보는 전통적 시선에서는 비문학적 표현일지 몰라도 문화적 관점에서는 분명한 구비문학적 세계에 속하는 소통적 표현이라는 점을 다시 상기할 필요가 있다. 특히 음성문자인 한글로의 표현은 이를 더욱 분명하게 한다. 현재 규범적 세계를 파괴 또는 무시하는

---

25 김기현, 「전승민요의 토속성과 변모」, 『민중문화론』, 영남대 출판부, 1993, 136-140쪽.

의사 표현방법은 [예로, I ♥ U / C 4 U /] 문자적 언어의 규범성을 파괴하고, 일상적 소통 언어인 입말식 표현법을 따름으로써 탈문자적 세계로 나아가고 있다. 구비전승보다 빠르고, 시공간을 뛰어 넘는 파괴력 있는 시각적 전승력은 주목할 새로운 표현세계라 하겠다.

'학문적 논리체계'가 존재하는 실제의 '사실FACT'을 넘어설 수 없다고 생각한다. 우리가 지금 보는 구비문학의 생성과 소멸의 문화기반을 보는 시각은 '사실'보다 '논리'에 가깝다. 이런 의미에서 현재 위기라는 구비문학은 다시 새로운 시각과 이해가 수반될 때 매우 다른 모습으로 다가오리라 생각한다. 즉, 문학적 세계에서 문화적 세계로의 기반 변환이 바로 그것일 것이다. 문화론적 인식 전환이야말로 구비문학의 위기론적 상황을 초극하는 전환적 세계가 될 것이라 생각한다.

5 결론

풍부한 역사 문화적 공간, 다양한 구비물의 생성과 연행지역, 현재까지 왕성하게 연행되는 구비물의 요람지가 바로 경북지역이다. 그러함에도 아직 이 지역 구비물에 대한 접근은 만족할 만하거나 주목받을 만큼 두드러지지 않다. 그런 중에 이미 구비문학의 위기론이 존재한다.

앞으로 새 시대의 구비문학은 고전문학이면서 현대문학이자 미래문학이다. 그런데 구비문학이 이 같은 가치와 전망을 학보하려면 구비전승의 기초공간인 지역이 우선되어야 할 것이다. 과거의 시간을 현재 미래로 확장하는 새로운 비전도 필요하다. 달라진 사회 현상 속에서 그것을 꼼꼼하게 분석하고 따지는 일이 없으면 기존의 것은 모두 가치를 잃고 소멸의 궤도로 가게 될 것이다. 통상적인 학문적 패러다임을 깨뜨리지 않고서는 새로운 세계로 나아갈 수 없다. 더 많은 연구자들이 모여들고, 더 많은 분발과 노력이 선행되지 않으면 안 된다는 생각이다.

지금의 공동체 문제나 문화변동 상황으로 인해 일어난 구비문학의 문화기반을 새로운 구비문학 시대가 도래한 것으로 볼 수 있는 것인지, 아니면 구비문학의 위기 또는 사멸의 상태로 마감할 것인지 한 마디로 단언하기가 쉽지 않다. 그러나 일부의 구비문학 연구자들은 이러한 상황을 위기라고는 결코 보지 않는다. 앞서 논의한 대로 사람이 사라지지 않는 한, 그들의 소통 수단인 '말'이 사라지지 않을 것이며, 말이 사라지지 않는 한, 구비문학은 존속할 것이라고 생각한다. 즉 새로운 환경에 맞는 새로운 형태의 구비문학이 생겨날 것이라 보고 있다. 단지 그것을 보는 관점의 전환이 필요할 뿐이다.

과거적 시각과 이미 교조화된 범주와 개념으로써 새로운 변화를 만났을 때의 그 혼란이 있을 뿐, 사람이 있고 말이 있어 언술행위가 있다면 구비문학은 언제나 살아 있을 것이다. 구비문학은 없어지지 않고 계속 생성된다. 따라 구비문학에 대한 연구 또한 새롭게 이루어질 수 있다고 본다. 전통구비문학에 대한 일방적인 애정을 버리고, 현대 구비문학의 독자적인 의의를 인정하고 성실하게 연구하는 것이 마땅하다.[26]

앞으로 지역의 구비문학을 보는 관점이 다음과 같은 방향으로 진행되었으면 하고 제안한다.

먼저, 구비문학을 기록문학과 다른 문학으로서, 구비문학만이 독특하게 지닌 구비문학다운 성격을 포착하여 분석하고 체계화하는 작업이 있어야 한다. 즉 구비문학을 구비문학답게 분석하고 그 분석모형을 이론화 하는 작업이다. 이는 현장론과 연행론에 입각한 연구를 말한다. 이것은 향후 생산자와 수용자, 작품이 동시적으로 존재하며 상황에 따라 가변하기에 수용자 중심의 문학이론도 개척할 수 있을 것이다. 이 과정서 지역공동체의 특성을 함께 엮어 내는 것 또한

---

26 조동일, 「구비문학의 미래, 무엇이 문제인가?」, 『구비문학연구』 18집, 2004, 1쪽.

매우 중요한 요소의 하나가 될 것이다.

　둘째, 구비문학을 보는 패러다임을 변화시켜야 한다. 구비문학을 종래처럼 고전문학의 한 영역으로 보거나 민중적 계급문학으로, 또는 지역적으로 시골문학으로 한정해서 주목하는 고정관념에서 벗어나야 할 것이다. 구비문학이 오랜 역사성을 지닌 전승문학임에 틀림없지만 지금도 현재성으로 유통되는 현대문학, 당대문학인 것도 명백한 사실임을 알아야 한다. 현대구비문학의 생산과 수용은 도시 신세대 젊은이들로서 즉각적 순발력과 재치가 번득이는 언술에 초점을 둘 수 있어야 한다. 각종 농담시리즈, 개그, 카피, 등이 그 한 예이다. 창작구비문학도 주목해 보자. 사이버문학, 유튜브의 언술 등도 그 대상이라는 생각을 하자. 판소리나 탈춤이 죽어 버린 유동성을 가지고 있음에 새로운 이야기 구성을 넣어 현대화 하는 것도 다시 이들을 박제에서 풀어내는 것이 새로운 탐구 분야임을 알아두자.

　마지막으로, 구비문학을 문학적 시각에서 문화적 시각으로 바라보고 연구할 필요가 있다. 구비문학은 인간이 생산하고 인간만이 아니라 세상 만물이 수용하는 인간과 인간, 인간과 자연과의 소통이기에 곧 문화이다. 구비문학의 역할은 인간만의 것이 아니라 인간을 둘러 싼 모든 존재에게 알림의 소리이자 공유의 소리로 전승된다. 설화는 스토리텔링을 거쳐 새로운 문화콘텐츠로, 민요와 무가는 K-POP의 음원으로, 등장인물들은 캐릭터물로 재생산되어 문화산업, 문화관광, 문화축제의 핵이 되어야 할 것이다. 문화는 인문학의 꽃이고 그 질료는 바로 구비문학이기 때문이다.

영·호남 노래문화의 지향과 감성

1 서론

　문화는 일반적으로 인류에서만 볼 수 있는 사유思惟, 행동의 양식[생활방식] 중에서 유전에 의하는 것이 아니라 학습에 의해서 소속하는 사회[협동을 학습한 사람들의 집단]로부터 습득하고 전달받은 것 전체를 포괄하는 총칭이라는 관점이다.[1] 그러나 무엇보다도 우리는 문화를 예술로서의 삶의 세계로 정의하고 문화는 곧 예술이라는 인식을 지니고 있다. 넓은 의미로 문화는 곧 예술이라는 것이다.
　전통적으로 영·호남은 각기 강한 개성을 지닌 문화, 때로는 독자적이라 할 수 있는 문화를 형성해 왔다. 판소리는 호남권에서 발생, 성장한 것이고, 규방가사와 탈춤은 영남권에서 성행, 발전한 문화이다. 이와 같은 양 지역의 특수한 개성을 보여주는 문화를 비교함으로써 그 문화적 감성은 물론, 그것에 내포된 사고의 지향성에까지도 접근이 가능할 것으로 기대한다. 넓지 않은 국토에서 단

---

[1] 김기현, 「문화로 읽는 고전문학」, 『문화어문학이란 무엇인가』, 커뮤니케이션북스, 2015, 177쪽.

일한 민족으로 동일한 역사와 문화를 가꾸며 살아왔기 때문에 이질성보다는 월등히 더 많은 동질성을 지니면서도 호·영남 양 지역은 환경에 의해서 그 나름대로의 특수성을 아울러 간직하고 있다고 보기 때문이다.

문화적 특수성이란 개성적인 존재에서 필연적으로 발생하는 자연스런 현상이다. 그러나 각자의 특수성이 서로 부닥칠 때 전혀 상반되는 결과를 초래할 수 있다. 각자의 특수성이 상호보완적인 조화를 이룰 때 그것은 산술적인 합을 능가하는 발전적 기능을 할 수 있지만, 배타성으로 작용하면 분열과 파멸을 가져오는 씨앗이 될 수 있다.

영·호남의 노래문화라고 할 때, 영·호남이란 단순히 정태적인 지역적 권역을 뜻하지만, 그 문화는 그 지역 사람들의 문화를 뜻하며, 그 사람들은 등가적이어서 상호 이동, 교류하기 때문에 영남과 호남의 문화 구분은 실제로 지역의 구분처럼 명료할 수 없다. 또 노래문화라 할 때 문화 주체의 광범위성으로 인해 명료한 의미 추출은 그리 쉬운 일이 아닐 것이다. 특히 계층사회이던 전통사회에서 상층 지배층의 것과 하층 민중들의 것이 대등하거나 동일하지 않기 때문이다. 이러한 점들을 고려하면 영·호남 문화라는 개념 자체가 성립될 수 있을지 의문이기도 하다. 그렇지만 논의의 편의를 위해 영남지역의 작가가 생산하거나 향유한 시가나 노래를 영남의 노래문화, 호남 출신의 것을 호남의 노래문화로 단순하게 규정하고자 한다.

크리스 젠크스Chris Jenks는 문화를 "역사가 있는 개념"으로 설명한다. 그는 문화를 설명하는 4가지 범주를 다음과 같이 제시하였다. ① 그는 "인지적 범주"로서 문화를 "정신의 보편적 상태"로, ②"집단적 범주"로서 문화는 "사회에서 지적 그리고 / 혹은 도덕적 발달의 상태"로서 문명이라는 개념과 관계가 있다고 하고, ③"기술적 범주"로서 문화는 어느 한 사회 내에서 "예술과 지적 작업의 집합체"를 의미하며, ④ "사회적 범주"로서 문화는 "한 민족의 총체적 삶의 방식"을 의미한다고 하였다.[2]

---

2   Chris Jenks, 김윤용 역, 『문화란 무엇인가』, 현대미학사, 1996, 11쪽.

나아가 그는 문화란 "인간이 본능에서 벗어나 사회적으로 생산된 상징형식들 안에서 행동하고 실천해주도록 매개해 주는 것"이라고 정의한다.[3] 여기에서 사회적 '사회적 상징 형식'이란 곧 풍속, 관습, 의례, 신앙, 예술 등등 인간의 삶이 만든 모든 것들을 말하며, '매개'란 바로 소통을, 즉 이해와 교류를 Communication, Understanding 의미한다. 인간은 본능적으로 자기의 생각을 드러내어 이를 교환함으로써 존재감을 확인한다. 또한 모르는 것을 알기 위하여 정보를 교환하고, 이를 축적하기도 한다. '소통'을 인간이 만들어 낸 모든 것들을 주고받는 매개행위일 뿐 아니라, 문화 그 자체로 본 것이다. 문화의 주체가 가지는 행위인 소통은, 틀림없는 문화의 결과이기도 하지만 출발점이며, 문화의 본질성이라 할 수 있다. 소통에의 욕망은 바로 문화의 창출이자 공유 욕망이다. 이를 통한 교감의 새롭고 신선한 정신적 경작과 배양은 곧 같은 그룹의 정신적 동질성을 확인하고 그를 강화하는 수단이 된다. 또한 국외자는 이 속으로 틈입하고자 하는 욕망으로 그것들을 자기화 하고 향유하며, 다시 재창조하여 나감으로써 같은 소통 공동체를 형성하게 되는 것이다. 이를 이름 하여 문화, 교양이라 하는데 문화는 곧 소통의 다른 이름이라는 것이다.[4]

영호남 양 지역의 문화는 권역의 문화 주체들이 그들이 추구하는 가치와 문화 인자를 끊임없이 타자와의 소통 수단으로 삼았다는 결과라는 점에서 주목해야 하는 것이다. 따라서 문화란 인간이 삶을 살면서 그 삶이 만들어 낸 '어떤 삶의 방식이며 그 결과'를 지칭하는 것 일진데, 왜 이런 것이 만들어지고, 누가 무엇을 위해 형성한 것인가를 알아내는 것이 문화를 알아 가는 지름길이 될 것이다.

그런데 문화 연구에서 중요한 것은 '어떤 삶의 방식이며 그 결과'의 형태나 양상이 아니라 '주체 행위'라 할 수 있다. 문화에서의 '주체'란 문화형성자, 향유자들을 가리키는 말이고 '주체 행위'란 그들이 지니고 있는 그들의 행위 일체

---

3 앞의 책, 11쪽.
4 김기현, 「문화로 읽는 고전문학」, 『문화어문학이란 무엇인가』, 커뮤니케이션북스, 2015, 179쪽.

를 가리키는 용어이다. 따라 문화를 연구한다는 것은 바로 이 주체의 행위를 주목하여 살피는 것을 말하는 것이라 할 수 있다. 한마디로 문화 연구 즉, 문화 이해는 곧 문화를 향유하는 사람들의 행하여 온 문화 행위 자체, 곧 그들의 소통행위를 살피는 것이라 할 것이다. 왜냐하면 문화행위는 사람과 사람들이 주고받는 언어적이거나 비언어적 소통 행위의 소산이기 때문이다.

문화로서의 노래가 지닌 주요한 핵심은 작품의 내용이나 표현 형식만을 주목하는 노래 내적 가치, 즉 심미성, 구조성, 사상성 등에만 있는 것이 아니다. 노래 외부의 시선으로 보아 알 수 있는 기능성, 효율성, 지향성까지도 주목해야 하는 세계인 것이다.

소통을 주목할 때, 문화는 왜 향유집단의 의식이나 취향이 주목되는지를 파악할 수 있으며, 작가의 특수한 역량이나 개성이 아니라 화자와 청자가 공유하는 공통적 세계―이를 대중성이라 불러도 좋다.―의 지향점이 무엇인가를 주목해야 하는 세계이다. 따라 문화론적 패러다임으로 볼 때 노래는 매우 복합적인 구조물로 생성하고 존재하고 소멸하는 존재임을 알아야 할 것이다. 이것은 노래가 가지는 문화로서의 세계이기 때문이며 노래를 문화적 관점에서 바라보아야 하는 이유이다.[5]

본고에서 '노래문화'의 범주를 매우 포괄적으로 넓혀 사용하고자 한다.

이는 첫째, 호남과 영남 두 지역 간의 통시적 공시적 문화 전반을 논의해야 하는 것이라서 그러하고, 둘째 과거 노래문화에 대한 것들이 "시가"라는 이름으로 전승되어 노래로 부르던 것을 문자로 기록하여 전승보존 하였기에 이들 또한 범주에 포함시켜야 하기 때문이다. 따라 시가영역인 시조와 가사는 물론 판소리와 민요까지를 포괄하는 범주 영역을 설정하여 개괄하고자 한다.

중세적 '이성의 시대'를 지나면서부터 인간이 보여 준 수많은 사유와 유추의 철학적 패러다임은 모두 중세적 세계관인 '가치의 추구'였다. 그리고 이것들은

---

5 김기현, 「경북지역 구비문학의 문화기반」, 『어문론총』 제62호, 한국문학언어학회, 2014, 63쪽.

문화공간에 따라 나름의 독자성을 형성하고 이들을 소통의 한 방식으로 드러내었다. 우리가 현재 만나고 있는 문화 질료들은 바로 이러한 문화공간에서 그들의 소통 결과로 생산 유통된 것이어서 권역의 문화 감성과 지향세계를 잘 드러내어 줄 것으로 본다.

이제 21세기적 문화 패러다임은 "있어야 할 가치 세계"가 아니라 "있는 것" 그 자체를 주목하고 바로 바라보아야 하는 대중소통시대로 진입하였다. 그러기 위해 우리는 과감하게 행하여 왔던 기존의 문화 패러다임을 붕괴시켜도 보아야 한다. 새로운 눈으로 만나는 노래 작품은 인간들의 사유와 유추를 새롭게 만들어 갈 것이기 때문이다. 본고가 문화라는 시각에서 영호남의 노래를 주목하는 소이연이다.

2 영호남의 문화 공간

문학작품에서의 '공간'이란 단순히 지명을 지칭하고 지리적 사실을 기술하는 것만이 아니고, 구체적으로 어떤 공간에 처해 있고 처해진 공간에 대해 어떻게 지각하고 인식하는 가를 드러내는 것이다.[6] 따라서 본고에서 사용하는 '공간'이란 용어는 그 자체로 이미 존재하는 자연공간만이 아니라, 주체의 행위를 통해 얻어지는 '심리 공간'도 아우르는 것을 의미한다.[7] 이때의 '행위'란 몸을 움직이는 것은 물론 심리적 의식적 행위까지 포함한다. 행위의 결과로서 노래문화에 형상화된 공간은 그것을 경험한 주체가 누구인가, 그 삶이 어떻게 진행되었는가, 그것에 대한 주체의 견해와 지향이 무엇이었는가에 따라 달라진

---

6 이은숙, 「문학공간의 인식체계와 특성」, 『현대문학이론연구』36, 현대문학이론학회, 2009, 7쪽.
7 Otto Friedrich Bollnow, 이기숙 옮김, 『인간과 공간』, 에코리브르, 2014, 40쪽 참고.

다.[8] 따라서 본고에서의 공간이란 노래문화가 형성되는 기후, 풍토, 지형 등의 자연 환경과 역사, 사상, 종교, 인물, 경제, 문화 등의 인위적 환경 모두를 아우르는 것으로 이를 "문화 공간"이라 이름 하고 이중 노래문화의 중요한 요소로 감성 즉 서정을 주목하고자 한다.

노래문화의 핵심적인 요소인 감성 즉 서정이란 '자연이나 사랑 등과 같은 어떤 대상이나 상태에 대한 화자의 내면 감정을 솔직하게 나타내는 것'을 말한다. 서정이란 용어는 본래 그리스의 악기 리라lyra에 맞춰 부르던 데에서 유래하였으나, 점차 그 의미가 확장 되었다. 때문에 서정 즉 감성은 주관성이 강하고 매우 감정적인 인간의 의식행위이다. 감성 또는 서정성은 개인의 주관적 의미가 형성되는 과정이자 장場이다. 주체, 대상, 의식의 상호 주관성을 통해 감정이나 서정 또는 서정성은 그 지평을 펼친다. 이 지평 안에서 새롭게 형성된 표현적 주체가 주체를 지향할 때 서정성의 원리로서 주관성이 우세하게 작동하는 것이다. 같은 방식으로 대상을 지향할 때는 동일성이, 의식을 지향할 때는 본원 회귀라는 감성의 원리가 지배적으로 작동한다. 이와 같은 연유로 서정성의 원리를 주관성, 동일성, 본원 회귀라 할 수 있다.

이 서정성의 원리는 시간성을 통해서 구현된다. 서정시와 서정성이 다른 것처럼 시간과 시간성은 구별되어야 함은 물론이다. 시간(본질로서의 시간)과 시간(기계·시간)을 이어주는 의식의 작용을 시간성이라고 할 수 있다. 이 시간성이 의식을 지향할 때, 집단의식의 본질적인 시간에 다가설 수 있다. 이 본질적인 시간은 한 문화권 속에서 문화의 '시원'이며 '본원'이 숨 쉬는 의식류이다. 시간성이 대상 쪽으로 작용할 때 현실에 가까운 사실적인 시간이 반영된다. 그리고 주체와 맞닿을 때 무시간성의 시간성과 조우할 수 있다. 이들 세 가지의 시향時向이 얽히며 교직하며 펼쳐지는 장이 다름 아닌 예술적 현재이다.

일찍이 성호星湖 이익李瀷은 『성호사설星湖僿說』에서 '경상도 지역은 모든 수

---

8   앞의 책, 20쪽 참고.

류가 낙동강으로 모여 들기 때문에 풍기風紀도 따라 취합聚合하여 있고 또 이러한 이유로 해서 예부터 명현名賢이 많이 배출되었다.'고 지리와 인문의 관계를 설명한 바 있다. 이에 견주어 호남은 수류가 흩어져 머리칼과 같이 산발해 풍기가 빠져 달아나고 좋은 인물도 내지 못 한다는 것이다.[9]고 하였다. 반면 이병도李丙燾는 '경상도는 큰 산맥으로 둘러 싸여 항아리 속처럼 막혀 있기 때문에 산너머와의 교섭이 적어 보수적이고 완고하고 정적靜的인 점이 많을 수밖에 없다. 반면에 산수가 흩어져 있는 호남은 교통이 편리해 개방적이고 사교적이고 동적動的일 수밖에 없다는 것이다. 예로 우리나라에서는 인걸人傑은 지령地靈이라 하여, 지리인성론地理人性論이 발달해 왔는데, 학자들 사이에 상당한 의견의 일치점이 있는 것도 사실이지만, 오랜 세월이 지난 오늘날에 그대로 수용할 성질의 것은 아니나 참고할 만한 바도 있다.

역사적으로 영호남 이 두 지역은 원삼국시대 한韓족이 흩어져 살고 있던 곳으로, 현재 호남권역인 마한에는 54부족국이 살았고, 진한과 변한인 영남에는 12부족국이 흩어져 살았다고 한다.[10] 이는 원삼국시대 지형의 광협廣狹에 따른 사람들의 거주를 보여주는 것으로 비교적 넓은 호남권역에는 온후한 인심과 나눔과 사교의 싹이 텄을 것이고 산악지대인 영남권역에는 단결과 협동의 지향의지가 발달했을 것으로 짐작된다.

나아가 이중환李重煥이 『택리지』에서 "조선 인재의 반은 영남"이라고 했듯이 영남권에서 많은 인재를 배출할 수 있었던 것은 결국 삶의 지형 공간이 협소하고 척박하여 출세지향의 권력의지가 많았을 것이고, 호남은 비옥한 농토와 풍부한 물산으로 유락遊樂과 즐김의 여유를 지니다가도 외부 침략과 박해가 있으면 이를 극복하려는 격렬한 저항의식을 가질 수밖에 없었다고도 볼 수 있다. 즉

---

9   김정호, 『호남문화입문』, 김향문화재단, 1990, 15쪽 인용.
10   삼한사회에 관한 현존하는 가장 오래된 역사기록은 《삼국지 三國志》 위서(魏書) 동이전이며, 축약, 정리된 내용이 《후한서 後漢書》 동이전과 《진서 晉書》 사이전(四夷傳) 등에 실려 있다. 이에 의하면 마한은 54개 소국(小國), 진한과 변한은 각각 12개 소국으로 구성되었다. 삼국유사 '72국'에도 이리 전한다.

영남권역의 좁고 폐쇄적인 자연 환경은 척박한 삶의 환경을 만들었고 따라 실리와 권세 욕구를 강화하는 이성적 문화를 형성하였고, 호남권역은 넓고 개방적인 자연 환경으로 비옥하고 풍부한 삶의 여유로 낙천적이고 감성적인 예기藝技적 문화를 형성하였다고 할 수 있다.

흔히 영호남의 예술문화를 대별하여 "영남은 '춤', 호남은 '소리'의 고장" 이라고 한다. 영남권에서 춤 문화의 대표격인 '야유'와 '오광대'는 모두 이 같은 이성적인 문화의 바탕 위에 형성된 것들이라서 벽사진경의 주술성과 함께 현실 비판적이고 풍자적이다. 반면 호남권의 '소리'의 대표격인 '육자배기'나 '판소리'는 그들의 문화 지형에 따른 그들의 농경생활에서 만들어진 것으로 호남문화권의 낙천성은 '흥'으로, 농경중심생활에서 하늘의 부림을 받아야 하는 숙명적 삶의 모습은 '한'으로 나타난 것이 아닐까 한다. 호남의 소리에서 나타나는 '떨림소리搖聲'나 '꺾음소리退聲'는 모두 이 호남의 자연환경에서 연유한 바 일 것이다.[11]

문화연구란 현재의 현상이 지니고 있는 그 특성이나 이질성을 찾아 드러내는 것이 아니라, 한 문화권이 가지고 있는 문화적 질료의 가치, 수월성을 찾아내는 것이라야 한다. 특성이나 이질성은 거시적 관점에서의 논의에서만 주목되어 지는 것이다. 이래서는 문화상대성을 확보할 수 없을 것이다. 현상에 관한 단순한 비교와 대조로만 특성을 찾아내고 이를 드러낸다면 작거나 적은 것, 소외된 것 등등이 사람들에게는 보이지 않게 된다. 미시적 관심과 시각은 문화연구에서 매우 소중한 접근 가치이다. 문화에서는 어떠한 작고, 적거나 보잘 것 없는 것들도 다 그 존재가치가 있다. 문화연구란 존재의 가치를 찾아내고 그 의미를 추출하는 것이어야 하기에 더욱 그러하다. 문화가 소통이기에 그러하고, 그 소통은 전승적이고, 관습적인 소통을 통해서 존재하기 때문이다. 예로 중국의 자금성과 우리의 경복궁을 대비 비교하여 그 특징을 찾아내어 보면 경복궁은 규모나

---

11 김정호, 『호남문화입문』, 김향문화재단, 1990, 33쪽.

용도 가치 측면에서 매우 보잘 것 없다. 그러나 이 거대 유물 속에는 문화적 가치가 다르게 담겨 있다. 영락제라는 청의 통치자가 가진 강력한 군주, 제왕적 권위 확보가 '자금성'이고, 절대 군주주의와 독재적 권력의 산물이 프랑스의 궁정이고 귀족장원이라면, 조선조 군왕들이 가진 청빈, 검약, 제한된 권력을 지닌 왕들의 애민, 검약정신, 검박함의 가치 추구가 '경복궁' 속에 들어 있기 때문이다. 어느 것이 더 주목해야 할 가치인가? 따라 문화연구에서의 단순한 대비나 비교는 여러 가지 질료로 의해 분석되어야 할 것으로 본다. 영호남의 문화비교 또한 단순 비교나 대조가 아닌 각각 그 문화 환경이 빚어낸 소통의 방식임을 안다면, 각각의 순기능적 요소를 주목해야만 할 것이다. '차이'를 주목하기 보다는 '다름'을 주목하는 것이야말로 영호남 노래문화의 문화공간을 알아 가는 바른 길일 것이다.

3 영호남 노래문화의 감성

영호남의 시가문학은 양반 지배층의 노래문화이다. 시詩와 가歌를 동일시 하였던 『시경』의 전통을 이어 지배 지식인층이 우리말 노래-시조나 가사-인 것이다.

대체로 조선조 사대부의 시가 창작활동은 특정 권역집단으로 묶어 낼 수 있는 특성으로 지니고 있다. 향리鄕里로 물러나 자연과 더불어 지내면서 심성을 닦고자 할 때 스승과 제자, 동학과 벗이 교유하면서 학문과 시를 배우고 연마하면서 창작활동을 전개 하였는바, 그러한 맥락이 면면히 이어져 왔기 때문이다. 동일 지역의 인사들이 대개 혈연이나 학연 같은 인맥을 따라 집단을 이루었기 때문에 소속된 구성원들은 동질적인 문화공간에서 문화감성이나 지향에 있어 상호 밀접한 영향관계 속에 놓여 있기 마련이며, 따라서 그들의 문학관과 작품의 성향이 유사성을 지니게 됨은 당연한 결과이다.

조선조 영·호남의 시가 창작활동에 이러한 집단을 설정할 수 있으며, 영남은 안동 도산道山을 중심으로 호남은 창평 성산星山을 중심으로 집단을 집약할 수 있다.¹²

영남가단은 이현보李賢輔와 주세붕朱世鵬에서 비롯되었다. 관계官界에서 물러나 향리에서 풍요로운 생활을 누리면서 친자연적인 시가를 지은 이현보와, 제자를 가르치면서 유교적 규범을 일깨우는 시조를 제작한 주세붕은 이 가단의 기틀을 마련하였다. 퇴계는 이들의 시작활동에 관심과 이해를 지녀, 이들의 작품 경향을 통합하는 입장을 취하여 이현보의 정서情緖와 주세붕의 교화敎化를 함께 구현하는 조화로운 시가를 지음으로써 영남가단을 확고하게 수립하였다.

퇴계는 자연에 묻혀 지내면서 심성을 가다듬고 도학道學의 근본을 밝히고자 하였다. 세상의 구속에서 벗어나 노래의 즐거움을 찾으면서도 규범을 희롱거리로 삼는데 빠지지 않고, 마음을 따뜻하고 돈독하게 가져, 도리에 합당한 자세를 지킴으로써 강호가도를 튼튼하게 확립하였다. 퇴계의 이와 같은 문학관과 창작태도는 그의 학문을 따르고자 하는 후진들에 의해 계승되었다. 이처럼 영남가단의 확립과 전개에 결정적인 구실을 한 사람이 퇴계이기 때문에 영남의 가단은 퇴계를 정점으로 귀일될 수 있다.¹³

호남가단은 경승지가 많은 전남 담양의 성산을 거점으로 하여 면앙정俛仰亭 송순宋純을 시발점으로 하여 호남 출신의 많은 문인들이 무리를 이룸으로써 형성된 것이다.

성산에서 창작활동이 두드러진 핵심적 인물은 정철鄭澈이고 정철에 이르러

●
12 흔히 이를 두고 '퇴계가단(退溪歌壇)', 또는 '성산가단(星山歌壇)'이라 이름 하기도 하고, 더 넓게 '영남가단' 또는 '호남가단'이라 하는데 여기서는 후자를 택한다.
13 최정락,「영호남문학의 특성고찰」,『어문학 50』, 한국어문학회, 1989, 307쪽.
    이영선,「조선조 사대부의 시가연구」, 서울대 석사학위논문, 1982.
    정익섭,「호남시가활동배경고」,『호남문화5』, 전남대호남문화연구소, 1973에서 이 같은 논의를 하였다.

성산가단이 풍성한 모습을 드러내었다. 정철은 송순을 받들면서 김인후金麟厚, 기대승奇大升 등으로부터 학문과 시를 배우고 김성원金成遠, 백광훈白光勳,백광홍 白光弘 등 뛰어난 문인, 학자들과 사귀면서 학문을 쌓고 시를 연마하였다. 그러니까 정철은 이들과 사제 혹은 문우의 관계를 가지면서 송순 이래의 전통을 잇고 호남가단의 풍류를 체득하면서 마음껏 재능을 발휘하였다. 이러한 문화 기반은 나중 해남의 윤선도에서 그 정점을 맞게 된다.

이들 두 가단의 표면적 차이점은 영남가단의 주된 맥락이 시조로 이어지는 반면, 호남가단은 가사로 주된 맥락이 이어지는 점이다. 물론 두 가단이 시조와 가사 중 어느 한 장르를 목표로 내세우면서 구성된 것도 아니고, 작가의 능력과 취향에 따라 어느 종류의 시가이든 지을 수 있으며, 또 실제로 그렇게 시작활동을 전개하였다. 그럼에도 불구하고 이렇게 말할 수 있는 것은 영남가단에서 맥락의 구심에 놓일 수 있는 것이 퇴계의 시조이고, 호남가단에서 맥락의 구심에 놓일 수 있는 것이 정철의 가사이기 때문이다.

한편, 영남권 여성시가의 대표격인 규방가사의 대부분이 작자와 창작연대가 미상이지만 부녀자가 처음으로 가사를 제작한 전통이 영남에서 길이 열리었으며, 작자를 알 수 있는 현존 규방가사 작품 중 가장 오래 된 것이 영남에서 생산된 작품이다. 또 규방가사가 전국적으로 분포되어 나타나지만, 대다수의 작품이 영남지역에서 발굴되었다. 이러한 점들을 고려해볼 때, 규방가사는 영남지역(특히 경북·대구)에서 생겨났거나 혹은 적어도 크게 성행, 발전하여 다른 지역으로 전파된 영남의 특징적 여성문화임에 틀림없다. 따라 지배층의 규방가사와 하층민의 〈시집살이소리〉는 이 지역의 대표적인 여성문화로 자리하고 있다.

본래의 규방가사라 할 수 있는 교훈적인 계녀가류가 장차 시가 가문의 핵심적 인물이 될 출가 전후의 딸에게 시가에서 행할 행동규범과 가정관리의 지혜를 가르치기 위해 그 모친이 지어 주던 가사라는 점에서, 이것은 실질적인 삶을 중시하는 실학사상의 바탕 위에서 생산되었다고 할 수 있다. 그러나 그것을 성리학으로서의 유학에서 벗어난, 반주자학적 성격을 띤 것으로 평가할 수는 없다. 더구나 규방가사에 담긴 내용이 당시 사회의 기본적 체제이념이던 성리학의 정신에 대한 거부나 도발인 것은 더욱 아니다. 오히려 유교적 사회에서 미덕으로 간주되는 행동양식과 가정 관리의 방식을 가르치기 위해서 가사형식을 빌어 기록한 것이며, 집안의 사대부 남성들이 소홀히 여기는 실사구시와 이용후생을 내조하여 가문을 윤택하고 번성하게 하고자 꾀한 것에 지나지 않는다.

계녀가류 규방가사 외에 화전놀이의 풍류, 불우한 신세에 대한 탄식, 양친에 대한 사모의 정 같은 여러 가지 내용의 규방가사들도 크게 이 범주에서 벗어나지 않는다. 물론 고된 살림살이와 남녀 불평등에 대한 여성으로서의 불만과 불평을 토로한 작품들도 있다. 그러나 이와 같은 여성의 자아각성적인 동향이 있음에도 불구하고, 그런 작품은 일부에 지나지 않을 뿐만 아니라, 대개 기존의 이념과 질서를 체념적으로 받아들이는 입장에서의 불만 표출이다. 또 그것은 서구의 사상이 유입된 뒤에 이루어진 작품들이라고 볼 수 있다. 영남권 여성 민요의 주종을 이루는 〈시집살이소리〉는 그 형식적 틀이 규방가사와 크게 다르지 않다. 그러나 그것이 구현하는 속내는 다르다. 규방가사가 철저한 유교적 이성 세계의 표현이라면 하층 민중의 〈시집살이소리〉는 반유교적 질서에의 도전이고 항거의 몸짓을 가지고 있다. 이는 조선 후기 민중층의 탈유교적 지향에 다름 아니다.

이렇게 볼 때 규방가사는 당시 사회의 기본적 이념을 존중하면서 사대부가 여성의 책무라 할 수 있는 실리도 함께 도모한 현실긍정의 문학이라 할 수 있다. 이는 퇴계와 노계가 보여준 영남 사대부의 문학정신이 가사를 관리하는 안방의 여성에게로 이어지고 있음을 확인하게 한다.

이상에서 본 바와 같이 영·호남 두 가단의 주조를 이루는 시가문학의 갈래가 서로 그 지향과 소통 목적이 달라 이를 직접적으로 비교하는 것은 그 의미가 적다. 따라서 영남가단의 구심에 놓이는 퇴계의 시조와 호남 시조문학의 대표적 작가인 고산 윤선도의 시조를 대비하고, 호남가단의 구심에 놓이는 정철의 가사와 영남 가사문학의 대표적 작가인 노계 박인로의 가사를 대비함으로써 양지역 문화 감성의 '다름'을 검토하는 것이 보다 적절할 것이다. ['지향'에서 예각화 하여 접근함]

이 시가 이외에도 영호남의 민중층을 대표하는 노래문화는 민요류와 〈판소리〉 등이다.

영남권에서는 농업노동요가 잘 전승되고 있는데 〈모심기소리〉가 그 주종이지만 특히 〈상여소리〉를 비롯한 의식요가 남성요의 근간을 이루고 있다. 여성요로는 길쌈노동에서 부르는 〈시집살이소리〉와 〈화전가〉 류가 잘 전승되고 있는데 이는 지배층 시가문학의 침강문화재적 요소가 강하다.[14] 반면 호남권은 주지하다시피 〈육자배기〉와 〈판소리〉가 있어 이 두 지역을 대표하는 노래문화라 이름 해도 될 만큼 이 노래들이 근간을 이루고 있다. 뿐만 아니라 영남의 〈시집살이소리〉와 호남의 〈판소리〉는 둘 다 신분을 넘나드는 상호 계층공유성이 높은 노래문화이어서 주목된다. 〈시집살이소리〉와 〈화전가〉 류는 여성의 노래문화이긴 하지만 지배층의 것이 침강되어진 침강문화재이고, 〈판소리〉는 민중 소리광대들의 노래가 양반지배층의 향유물로 상승한 상승문화재이며, 〈시집살이소리〉와 〈판소리〉는 서사성이 매우 높은 노래문화이어서 그 소통의 방식이 주목되는 양식이다.

영남권의 민요는 메나리조의 남성적이고 단순한 선율 구조를 가지고 있다. 그 가락은 변화가 심하지 않으며 완만하고 전체적으로 느슨한 맛을 보인다. 장단에 있어서 대개 한배 장단이 주로 쓰이며 중모리를 중심으로 세마치, 중중모리, 자진모리, 단모리 등의 빠른 장단과 뒤섞임이 잦으며, 변조되면서 보이는 경쾌한 리듬은 완곡한 선율적 변화를 추구한다고 할 수 있다. 이는 영남 방언이 주는 '말맛'이 그대로 배어나는 탓이다. 또 남성요보다 여성요가 훨씬 우수한 서사성과 문학성을 가지고 있다. 여성요의 대다수는 가사처럼 음송되는 특성을 가지고 있어 1옥타브를 넘나들지 않는 선율은 보여준다. 그리고 남성요의 대다수는 농업노동요와 의식요들인데, 이들 중 〈모심기소리〉〈김매기소리〉를 제

---

14 Hans Moser는 하층민에게서 생긴 노래가 개편되어 상층민에게서 향유되는 것을 상승문화재(Aufsteigenes Kulturgut) 라 하였고, Hans Naumann은 상층에 의해 창작 향유되던 노래가 민중에 전파하여 하층민이 자기들의 노래로 인식하는 것을 침강문화재(Abgesunkenes Kulturgut)라 하였다.

외하고는 〈어사용〉처럼 자유형으로 읊조려지거나 유장하게 한시 음송처럼 부른다. 이들 민요에서 나타나는 사설의 특징을 살펴보면, 현실 긍정적이고 순응적이어서 이 지역 문화공간을 이루는 주자학적 세계관의 표현물임을 쉬 알 수 있다. 그러나 여성민요 중 특히 〈시집살이소리〉는 체제 부정적이며 저항적이다.[15]

호남권을 대표하는 '판소리'는 서사 가창물로서 천민 광대들의 노래에서 양반지배층의 고급 향유물로 자리한 예술이다. 18세기 조선조 사회의 당면한 현실에서 초기 판소리가 지닌 하층민들의 관심과 지향은 풍자를 통해 상층 지배층의 봉건 윤리적 규범에 순응하는 성향을 지녔다고 본다. 조잡하고 비속한 표현들은 점차 전아하고 화려한 수사로 수정되고, 세련되고 전문화한 음악성을 지님으로써 점차 지배층 지향으로 나아가 양반지배층의 가치 의식에 부합하는 고급예술로 전환하게 된 것이 판소리이다. 영남권의 탈춤이 하층민들의 전유물로 남아 있을 동안 판소리는 대전환을 한 것이다. 그러나 현전 판소리 6마당에서 보여주는 의미지향을 살펴보면, 1) 신분적 권위 또는 복종의 인습에 대한 거부 2) 군주제의 기만적 폭력적 통치방식에 대한 저항 3) 사회 변화로 인해 그 허구성이 드러나기 시작한 유교적 윤리에 대한 재검토 4) 절대 빈곤에 허덕이는 하위 신분층의 삶의 실상 고발[16] 등을 알 수 있다.

이는 무엇을 의미하는가? 곧 영남권의 탈춤이 마을 굿이란 집단적 공동체문화라면 호남의 판소리는 이야기를 바탕에 가진 개인발화의, 보다 소수집단의 개인적이고 특수한 문화로 출발하였고, 가치와 이념지향의 문화인자가 탈춤이라는 형이상학적 예술 형식으로 존재했다면, 판소리는 지배층에 의한 수탈과 유린의 아픔이 빚은 '한'과 다른 지역권에 비해 비교적 풍요로운 현실이 낳은 낙천성이 빚은 '흥'의 문화소가 빚은 예술문화인 것을 알 수 있을 것이다.

판소리와 탈춤은 첫째, 그 연행 형태에서, 판소리가 음악 중심인데 비해 탈춤

---

15 김기현, 「경북지역 구비문학의 문화기반」, 『영남의 소리』, 태학사, 1998, 65쪽. 요약.
16 김홍규, 「판소리의 사회적 성격과 그 변모」, 『예술과 사회』, 민음사, 1981, 58~72쪽 요약.

은 행동 중심의 연희라는 점, 둘째, 탈춤이 다수자 참여의 공연물임에 비해 판소리가 가객과 고수 2인 공연물인 점, 셋째, 이로(둘째) 인해 양반의 경화된 보수 의식으로 공감대를 확장해 나가지 못한 탈춤에 비해, 변화와 굴절을 통해 양반 지배층의 문화로까지 그 유연함의 화해성과 타협성을 보이며 상층문화화한 판소리로 보건데, 영호남권 문화가 가진 본연성을 쉽게 만날 수 있을 것이다.[17]

영남의 탈춤이 당대 지배층의 호응을 얻지 못함으로써 그 의미자원을 그들 밖의 세계로 파급시키지 못한 반면, 호남의 판소리는 상하층을 뻗어나 공감대를 형성함으로써 그 의미자원을 상층사회로까지 확산시켜 나갔으며, 탈춤이 풍자와 비판 등의 신랄하고 노골적인 면을 가지고 당대 현실을 비판 풍자하였으나 그것은 사회악을 만들어 내는 특정 부류의 전형에 대한 도발적 비판임에 비해, 판소리는 상호 모순적인 2원적 의미요소를 포섭하고 있으나, 그것은 사회악을 야기하는 사회적 모순계층에 대한 총체적 비판이었다. 이는 전자가 민중 자신에게 직접적으로 피해를 안기는 가해자에 대해 증오하는 그 부당성의 인식에 기인한 반면, 후자는 사회적 모순과 부조리에 대한 구조적 인식에 기반을 둔 것으로 볼 수 있겠다.

다 같은 시대 현실을 목도하고 이를 비판 풍자해 나간 탈춤과 판소리가 오늘날 민족문화로 범계층적 문화자산이 될 수 있고 없었던 문화적 요인은 바로 이 국면을 보는 인식의 총체성과 부분성, 공격지향과 화해지향, 변화에 대한 폐쇄적 편협성과 유연적 타협성에 있음이다.

또 호남권의 민요는 평야가 많기 때문인지 선율구조가 대부분 미음에서 '라' 음으로 느긋하게 시작하여 '라' 음으로 종지하는데, 음계 장식 사이에 장식음이 많이 나타난다. 이러한 장식음은 슬프고, 속 태우듯이 곡선적인 느낌을 주는 것이 특징이다.[18]

전라도의 대표적인 민요는 〈육자배기〉이다. 육자배기가 지니고 있는 독특한

---

17 김흥규, 앞의 책, 58~72쪽.
18 강혜순, 「경상도와 전라도 지방의 민요 비교연구」, 계명대학교 석사학위논문, 1985, 70쪽.

음계와 발성은 판소리의 대부분을 차지하는 계면조 선율과 맥을 같이하여 분석의 틀로 '육자배기목'이라는 용어가 사용되기도 한다. 육자배기의 전반적인 정조情調는 '한恨'이다. 육자배기목으로 불리는 전라도 대부분의 민요들은 슬픈 정서를 직접적으로 표출하고 있다.

계면조를 주조로 하는 이 전라도 음악의 슬픔을 표현하는 음악 양식도 다양하다. 신재효는 〈광대가〉에서 계면조라는 말 대신에 '애원성哀願聲'이라는 말을 써서 '청원하게 드는 목은 성전의 학의 울음', '좌상이 실색하고 구경꾼이 낙루落淚하는 소리'라고 슬픔의 형태를 표현했다. 판소리나 산조에서는 이런 소리를 '설움제'라고 통칭하기도 하며 표현의 정도에 따라 진계면, 단계면, 평계면平界 같은 표현을 쓰기도 한다. 전라도의 설움은 이렇게 음악적 표현 범주가 다양할 만큼 그 영역이 넓고 깊다.[19]

〈육자배기〉가 사랑하는 임과의 이별의 한을 주로 노래하는 데 비하여, 토속 민요의 대부분은 시집살이의 고됨을 앞세우고 있다. 시집살이의 고통이야 어디든 없었던 것이 아니건만, 전라도의 개인 서정 민요는 시집살이를 축으로 한다. 경상도의 시집살이는 노래화하지 않고 노래와 글의 중간 형태로 볼 수 있는 가사로 표현되었다. 그리고 그 규방가사의 대부분은 시집살이의 슬픔과 고난을 표출하기보다는 윤리 의식을 내세워 억누르고 참는 것이었다. 그러나 전라도의 시집살이 노래는 있는 감정을 드러내면서 다스리고 있다는 점에서 감정 처리 양식이 다르다고 할 수 있다.

감정을 없는 것으로 다스려 누르지 않고, 표현하여 드러낸다는 점에서 전라도 민요는 경기도나 황해도의 민요와 비슷한 면이 있다. 그러나 경기 민요가 감정을 펼쳐 내어 흥겨움을 이끌고 있다면, 전라도의 민요 '육자배기'는 감정을 펼쳐 내되 다시 한 번 삭여 낸다. 그래서 경기 소리에서 삶의 이쪽에서 들리는 즐거움과 관능의 목소리가 강하다면, 전라도의 발성에서는 삶의 저 안쪽 깊이에

●
19 이종주,「호남문학의 문화적 배경과 정신사적 제양상」,『호남의 언어와 문화』, 백산서당, 1998, 311~312쪽.

잠겨 있는 슬픔의 목소리를 느낀다. 관능은 삶의 겉면이지만, 슬픔은 삶의 이면이다.

서도 소리의 정한을 대표하는 〈수심가愁心歌〉는 '조르듯, 벼르는 듯, 애원하는 듯 부르는 소리'로서 늘 애처로운 수식어들을 동반하며 애조 띤 슬픔을 대변해 왔다. 그런데 남도 '육자배기'의 목은 '다 썩고 남은 간장을 마저 썩히는 노래', '목이 메도록 구슬픈 소리'라고 하였다. 그리하여 이왕이면 좀 쉰 듯한 목소리로 마치 봄밤에 우는 소쩍새 소리처럼 피 멍 진 것같이 불러야 잘 부르는 소리로 쳤다. 서도 소리가 슬픔을 슬픔처럼, 싱싱하게 슬픈 목으로 노래하고 있다면, '육자배기'는 슬픔을 간장독에 무거운 돌로 눌러 놓았다가 절여서 꺼내 먹는 깻잎처럼 곰삭게 드러내는 것이다. 그러기에 '육자배기'의 슬픔은 눈물을 겉으로 뚝뚝 흘려 내는 그런 슬픔이 아니다.

〈육자배기〉가 삶의 이면인 슬픔을 토로하고 다스리는 방법을 보기로 하자.

〈시집살이노래〉와 〈신세자탄가〉는 노래의 장단과 속도에 별다른 변화 없이 단순한 구조로 슬픔을 반복 노래한다. 그런데 '육자배기'와 '수심가'는 각기 '자진육자배기'와 '엮음수심가'와 짝이 되어, 느리게 시작했다가 점점 빠르게 끝나고 있다.[20]

느린 여섯 박자가 한 장단이 되는 진양조로 짜여진 '육자배기'와, 빠른 속도의 9/8박자가 한 장단이 되는 '자진육자배기'가 한 짝으로 연결된다. 여섯 박자로 된 한 장단이 네 개가 모여서 대개 한 다락을 이루고, 또 단락이 2~3개가 모여

---

[20] 송혜진, 「슬픈 소리와 한반도 사람」, 『한반도의 슬픈 소리』, 뿌리깊은나무, 1989, 13쪽. "이 같은 음악 형식의 차이는 슬픔의 극복이라는 측면에서 보면, '소극적인 극복'이냐 '적극적인 극복'이냐의 큰 차이점을 내포하고 있다고 보았다.
노래가 처음부터 끝까지 별다른 변화 없이 단순하게 반복되면, 슬픔의 표현은 그 극복이나 해소보다는 체념에 기울어져 슬픔이 안으로 잦아드는 양상을 띠는 데 비하여, 느린 소리에서 빠른 소리로 진행되는 슬픈 소리의 구조에서는 비록 앞자리에서는 지극한 슬픔이 노출되었지만 뒷부분에 이르러서는 이미 슬픔의 흔적조차 찾아볼 수 없는 흥겨운 소리로 끝맺는 것이다. 이렇게 볼 때에 슬픔을 슬픈 소리로써 극복한다는 앞의 논리는 느린 소리에서 시작하여 빠른 소리로 끝을 맺는 현식에 더 잘 부합한다고 하겠다." 이종주 앞의 글에서 재인용.

하나의 노래를 이룬다. 여기에 경쾌할 정도로 빠른 장단 4~8개에 얹혀 불리며, 가락도 상당히 단순한 '자진육자배기'가 이어진다. '육자배기'와 '자진육자배기'의 관계를 국악계에서는 처음에 지극한 슬픔으로 시작했다가 점차로 슬픔을 해소시켜 나가는 구조로 설명하고 있기도 하다.[21] 따라서 '육자배기'는 가사 내용 측면에서도 슬픔을 토로하는 방법이 특이한 이중 반복의 형식이다.

슬픔을 역설적으로 표현하여 이겨내는 방법은 〈홍타령〉이라는 노래에서도 확인할 수 있다. 우리가 잘 아는 충청도 민요 '천안삼거리'도 〈홍타령〉이라고 부른다. 충청도의 〈홍타령〉은 그야말로 흥겨운 노래라는 의미에서 이름한 것이다. 그러나 전라도의 〈홍타령〉은 흥겨운 내용이 아니고, 서글픈 상사想思의 내용을 담고 있다. 전라도에서 〈홍타령〉이라 부르는 노래늘은 대부분 신세타령이나, 임을 그리는 애닯은 마음을 읊었다.

〈홍타령〉의 이별은 민요의 형식처럼 단순하고 상투적이고 직설적이지만, 표현 문면을 넘어서고 있다. 슬픔의 이별을 넘어서고 있는 것이다. 이루어지지 않았고, 이루어질 수 없는 애련한 사랑의 그리움과 슬픔을 노래하면서도, 그 직설적 슬픔과 그리움을 넘어서려는 의지를 담고 있기에 이 노래는 〈홍타령〉이라는 제목을 하고 있는 것이다. 그리움과 이별을 눈물이라 말하지 않고, 그런 노래를 수심가라 하지 않고, 역설적으로 홍타령이라고 부를 수 있는 사람의 사랑을 생각해 보라. 또 그런 사람의 이별과 슬픔을 생각해 보라. 그런 사람의 사랑을 기쁨이라고 말할 수는 없다. 슬픔과 비애를 〈홍타령〉이라는 제목 아래 부를 수 있는 것이 전라도의 이별의 정서이다.[22]

〈육자배기〉와 〈홍타령〉은 개인적 슬픔을 넘어서는 또 하나의 방법을 가지고 있다. 〈육자배기〉와 '홍타령'은 짧은 후렴을 지닌 돌림노래 형식인데, 자연히 여럿이서 부르는 정한의 노래로서 정서가 공유된다. 사랑이라는, 더욱이 이별이라는 내밀한 개인감정이 개별적인 서정을 넘어 집단적인 감정이 된다. 그렇

---

21 송혜진, 앞의 글, 15쪽 재인용.
22 이종주, 앞의 글, 316쪽.

게 나의 사랑과 슬픔이 우리의 사랑과 우리의 아픔이 되면서 개인의 비애를 넘어설 수 있는 것이다. 슬픔이 흥타령으로 전화되는 원리의 하나가 여기에 있는 것이다.

계면조의 애조 속에 등장하는 임이 애린愛隣을 넘어서는 힘을 자아에게 부여하듯, '육자배기'와 '흥타령'의 임의 음악은 우리에게 슬픔과 비애를 넘어서는 힘을 부여하고 있다. 어두운 시절에 배태되어 어두운 시절에 배태되어 어둠 속에서 희망과 의지의 빛을 주는 노래가 전라도의 슬픈 노래인 것이다.

4 영호남 노래문화의 지향

호남가단과 영남가단의 시가문학이나 민요류와 〈판소리〉 등은 영호남 노래문화의 대표적인 것이다. 이들 양식들이 가진 것들을 상호 대비함으로써 그 다름을 통해 문화형질의 차이를 파악하고, 나아가 이를 통하여 그들이 지향하고자 하는 소통의 방법이 어떻게 다른가를 알아보겠다. 이는 노래문화가 소통의 도구로 감성을 통해 표출되는 바의 목적이기도하기 때문이다. 이를 위해서 시조문학에서의 퇴계와 고산의 표현 방식, 가사에서의 노계와 송강의 표현 방식을 통해 그들이 소통하고자 하는 바의 것이 무엇이며 그것을 위해 어떠한 지향을 드러내고 있는 것인지 알아볼 것이고, 민중문화에서의 가장 두드러진 지역성을 보이는 〈판소리〉와 탈춤 등을 통해 영호남권역의 문화지향의 '같음'과 '다름'을 살펴보겠다.

퇴계의 〈도산십이곡〉이나 고산의 〈어부사시사〉〈오우가〉를 살펴보면, 자연을 벗하여 생활하면서 자연을 매개로 하는 시조를 지은 점에서 일치할 뿐 아니라, 자연을 노래한 시조에서 그들이 추구한 기본적인 방향에서도 서로 일치한다. 그들의 자연관과 문학관이 유학의 자연관과 문학관이라는 하나의 근원에서 말미암은 것이기 때문이다. 이런 의미에서 보면 퇴계와 고산의 일치된 시조 경향은 그들만의 것이 아니라 조선조 사대부 시들의 공통된 양상이기도 한 것이다.

유교적 세계관은 유학정신의 언어적 구현을 지표로 삼는다. 효용론과 목적성에서 시의 필요성을 인정하며, 시나 노래는 악惡에 대한 경계가 되고 선에 대한 법法이 되어야 한다고 믿는다. 그리고 유교적 자연관도 역시 유교적 윤리의 규범성에 입각한 것이다. 자연의 본성은 순선이며 그러므로 자연과의 친화는 인간의 심성을 선으로 이끌어 준다는 인식에서 근거한다.

이러한 시관과 자연관 위에 서면, 비록 자연을 매개로 한 시일지라도 그것은 자연의 서경이나 자연에서 느끼는 단순한 서정일 수 없다. 자연에서 도의를 기뻐하고 심성을 기르는 규범성을 찾아야 한다. 퇴계의 〈도산십이곡〉이 자연을 매개로 하면서도 학문과 수덕修德의 길을 노래하고 있으며, 고산의 〈오우가〉는 "물, 돌, 소나무, 대, 달" 등의 자연물에서 "부단不斷, 불변不變, 불굴不屈, 불욕不欲, 불언不言"을 관념함으로써 유교의 군자상을 발견하고 있다. 이는 자연을 매개로 한 규범성의 표현이다.[23]

퇴계와 고산의 시가는 이상과 같은 일치된 기본적 방향을 공유하고 있다. 그러나 자연의 규범성은 그 자체로는 시조가 되기 어려우며, 그것이 미의식 속에 용해, 굴절됨으로써 제 자리에 놓일 수 있는 것이다. 퇴계와 고산의 개별성은 여기서 찾아질 수 있다.

퇴계의 자연관은 유학의 자연관을 기본으로 삼으면서도 그것에서 한걸음 더 나아가 보다 확고한 철학적 이론과 심학으로서의 체계를 갖추었다. 사람의 마음은 본래 선하지만 기氣의 작용으로 인해 욕심에 흐르기 쉽다. 이렇게 인간의 본성은 불완전하다. 따라서 본래의 선함을 지키고存養, 기의 작용으로 일어나는 욕심을 막아야省察 한다. 이렇게 함으로써 인간다운 인간이 될 수 있다. 퇴계는 존양存養과 성찰省察, 즉 수양의 매개로서 자연을 택한 것이다. 자연의 성性을 본

---

23 최진원, 『국문학과 자연』, 성균관대학교출판부, 1981, 56~74쪽.

연의 완전한 선으로 보았기 때문이다. 따라서 퇴계의 시는 단순한 자연의 묘사나 찬미가 아니다. 외면상 그렇게 보이는 것도 사실은 의경意境의 묘사이고, 그의 철학의 표현이다. 확고한 철학적 구도에 따라 자연을 조형한 것이기 때문에 퇴계의 시는 그의 이기철학理氣哲學의 원리가 암유된 고차원적인 시가 많다.[24]

전체적으로 볼 때 〈도산십이곡〉은 청자에서 강권하거나 명령하는 어조로 되어 있다. 다분히 교술적인 성격을 띠고 있다. 그리고 언어의 기능적인 측면에서 보면 〈도산십이곡〉의 메시지의 초점은 남 즉 피전달자에게 있다. 이런 의미에서 개인의 정서적 기능을 가진 시라기 보다는 이상하는 것에 대한 욕구적 기능을 가진 시이다. 퇴계의 유교적 윤리를 실현하려는 강한 의지의 반영이다. 그만큼 퇴계는 유학의 신봉에 집착하는 의식성향을 드러내 보인다.

공자가 그러한 것처럼 퇴계도 시를 기능, 효용의 근거에서 인정한다. 시가 마음의 수양에 요긴하다고 본 것이다. 그렇기 때문에 시를 인정하면서도 시 그 자체를 목적으로 하는 것을 배격한다. 시에 정신이 빠져 본심을 잃을까 염려했다. 그 결과 그의 시에서 중요한 것은 사악함이 없는 생각, 심성을 바로 잡는데 도움이 되는 내용이지 수사와 표현의 묘미가 아니다. 내용에 비하여 수사를 경시한 셈이다.

성리학을 익힌 고산도 퇴계와 마찬가지로 자연을 매개로 하여 규범성을 표현한 시를 지었다. 그러나 고산의 〈어부사시사〉를 위시한 대부분의 시조들에서 읊고 있는 자연은 규범성의 표징으로서의 자연이 아니라, 감정을 절제하면서 자연 풍경을 그리고 있다.

〈어부사시사〉에서 바다와 어촌의 풍경이 펼쳐지고 있다. 그렇지만 리얼한 묘사에 집착하지 않는다. 새소리, 버들 숲, 안개, 어촌, 물고기…… 같은 소재들이 여백餘白 속에 거의 즉물적卽物的으로 배치되어 있다. 보이는 것은 점점이 소재들뿐이고, 전체는 주변의 공간 속에 숨 쉬고 있다. 그리하여 개별적인 소재들

---

24 최정락, 앞의 글, 309쪽.

은 여백의 전체성과 조화를 이루어 새로운 자연미를 형성한다. 그의 시는 유교적 사고에 얽매이지 않는다. 그것을 배면에 깔고 호남의 자연을 소재로 하여 그의 독특한 심미의식으로 아름다움으로서의 자연미를 창출하고 있다.

고산 시조에서 바탕을 이루는 것은 그의 섬세한 정감이다. 자연을 매개로 하여 시를 지으면서 자연을 사유의 대상으로 삼아 철학의 경지로까지 심화시키지 않는다. 오히려 자연을 즐거운 삶의 일부로 삼아서 그것을 감동적인 새로운 자연으로 돌려준다. 그러므로 그의 시에서 조형되는 자연은 특별한 풍경도 아니며 의경意境의 그것은 더욱 아니다. 일상적으로 생활에서 접하는 평범한 현상으로서의 자연이다. 계절에 따른 어촌풍경, 월출산의 아침 안개, 석양의 물색, 장마 뒤의 농촌정경들이다. 이러한 평범한 대상들에서 아름다움을 이끌어 내고 있다. 이것이 고산의 시조의 바탕이며, 이것을 이끌어 내는 힘이 그의 섬세하고 예민한 정감이다. 그리고 고산의 시조는 누구나 쉽게 접근할 수 있는 친근감을 준다. 관념이나 상상의 세계가 아닌 인상적인 경험세계를 인간의 보편적 정서에 기초하며 쉬운 우리의 고유어로 표현하고 있기 때문이다. 이러한 의미에서 고산의 시조는 섬세한 정감을 힘으로 하여 보편적 정서에 호소하는 정서적 기능을 가진 시이다.

고산은 뛰어난 언어의 연금사였다. 당시의 시조가 중국의 고사나 숙어 혹은 한자어의 나열에 머무는 경향이었음에도 불구하고 고산은 순수한 우리말을 사용하였다. 그것도 다른 문인들보다 상대적으로 많이 사용한 정도에 그친 것이 아니라, 상례화 된 한자어까지도 우리말을 조탁彫琢하여 대신 사용하였다. 이것은 그 시대에 하나의 파격이고 선구였다. 새로운 수사와 기교의 방법을 발견하여 모국어를 한층 높은 예술어로까지 그 가치를 발휘하게 하였다.

다음으로 송강과 노계를 통해 그들의 지향세계를 알아보자.

송강은 문인, 학자이자 정치인으로서 그의 정치생활은 파란만장하였다. 당쟁에 휩쓸리어 서인의 우두머리로 지목됨으로써 벼슬길에 나아가고 물러나기를 거듭하면서 유배의 쓰라림을 맛보기도 하였다. 그의 문학은 이렇게 관료생활과 자연생활이 교차하는 가운데서 이루어졌다.

송강의 문학은 시조보다 가사에서 더욱 뛰어나다. 그의 가사작품은 4편에 불과하지만, 한자어구나 중국 고사의 열거에 불과하던 당시 사대부 가사문학의 수준을 깨고, 그의 작품이 미묘한 정감의 표현, 화려하고 참신한 형용, 절묘한 조어로써 청량미와 고상한 정취를 자아내는 경지에 이르렀다는 것은 놀라운 진전이었다. 이로 말미암아 송강의 가사는 조선조 양반가사의 최고봉으로 평가되는 것이다.

송강은 관료로서의 영화와 고통을 함께 체험하고, 향리로 물러나 자연생활을 하면서도 벼슬길에 대한 미련을 씻어 버리지 못했다. 조선시대 사대부의 자연 동경과 전원생활의 한 단면을 선명하게 보여준다. 그들의 자연 동경이 현실부정에서 오는 것이 아니며, 그들 대부분의 본심은 자연으로 돌아감에 있다기보다는 벼슬길로 나아감에 있었다. 자연을 동경한다고 말하면서도 환로宦路가 열리면 대개 자연은 쉽게 저버린 것이다. 이처럼 조선조 사대부의 자연문학이 현실에 대한 관심과 자연에의 몰입을 양극으로 하여 이루어지는 현상이라고 본다면, 松江 문학은 정치현실이라는 극에 기우는 경향을 보인다.

송강의 가사는 호탕하고 비장한데, 초기의 작품은 호탕하고, 만년의 것은 비장하다. 또 뜻을 이루어 출세했을 때의 작품〈관동별곡〉은 환희의 측면이 뚜렷하고, 벼슬에서 물러나 실의에 빠져 있을 때의 작품 '전, 후미인곡'은 비탄의 측면이 뚜렷하다. 이는 그의 문학적 모티브가 깊은 사유에 있기보다는 탁월한 서정에 있음을 시사하며, 동시에 정서가 사유에 의해서 조정되지 못하고 있음을 말해주는 것이다.

그리고 그의 연군가는 유교적 이념에서보다 애정시로 이해될 필요가 있음을 느끼게 한다. 신하가 나라를 걱정하고, 임금을 사모하는 것은 유교적 사고방식에서 비롯된 것이다. 그런데 송강의 양兩 사미가사는 왕의 곁을 떠나 있는 자신을 남편으로부터 생이별당한 슬픔의 극한에 처한 한 여인의 위치에 두고, 자신의 임금을 사모하는 마음을 그 여인의 원망과 비통한 마음으로 대치해 놓음으로써 이 작품은 간절한 사랑의 소망을 노래한 애정시로 느껴지게 한다. 그 내용은 유교적 규범에 바탕을 둔 연군의 정이면서도 그 표현 자체는 일반 백성의 소박한 연애감정의 말로 이루어져 있다. 이념적 본뜻이 너무도 완벽하게 정서화 되고 있어서 이념의 표현이 아니라 정서의 표현인 듯이 보이며, 연군시가가 아니라 연애시로 보인다.

　이와 같이 송강의 문학은 정서에서 그 모티브를 얻을 뿐만이 아니라, 공감과 감동의 원천 또한 정서적 표현에 두고 있다.

　조선조 사대부 문학의 일반적 경향이 그러하듯이 송강의 시작 태도 역시 유학의 규범성에 의지하고 있다. 그의 시조 〈훈민가〉는 유교적 윤리를 백성에게 교화하기 위한 것이며, 가사작품 '전·후미인곡'은 신하로서 임금에 대한 극진한 충성심을 표출하고 있다. 그러면서도 송강의 문학에는 노장의 무위자연 사상이 교묘하게 융합되어 있다. 그의 작품에서 맛볼 수 있는 고상한 정취는 바로 이것에서 연유된 것이라 할 수 있다. 이처럼 송강은 유학을 신봉하면서도 유학의 정신에 위배되는 노장의 기풍을 채택하고 있다. 이는 그가 유학 속에 있으면서 유학에 속박되지 않음을 증명해 주는 것이다.

　송강의 가사는 내용보다 표현을 중요시하는 방향에서 더욱 큰 성과를 거두었다. 〈관동별곡〉과 〈성산별곡〉에서 아름다운 자연을 능란한 수사로써 훌륭하게 묘사하고 있으며, 〈속미인곡〉에서는 두 여인의 대화라는 새로운 형식을 도입하여 사랑과 이별의 미묘한 감정을 순수한 고유어인 일상적 대화어로써 절묘하게 표현했다. 한자어의 나열이 아니고는 가사를 엮어 내지 못하던 사대부의 가사가 이러한 경지를 맞은 것은 송강의 문학적 재능에 힘입은 것이다.

　반면, 노계蘆溪는 송강을 비롯한 조선조 일반적인 문인들의 삶의 양상과는 사뭇 다른 바가 있다. 그들은 정치가이면서 문인이었다. 그러나 노계는 몰락양반 출신으로서 좋은 환경에서 학문적 수련도 받지 못하고, 벼슬도 수군의 말단 관직인 만호에 지나지 않았으며, 특히 그는 무부로서 전반생을 보내고 40세가 지난 후에야 비로소 학문에 뜻을 두게 되었다. 그리고 조선조 학자들의 전원생활이 안정되고 한가로운 것인 반면, 노계에게는 전장田莊을 배경으로 하는 생활근거가 없었기 때문에 그의 전원생활은 심각한 가난 그것이었다. 그래서 노계의 자연추구는 특별한 의미를 갖는다. 일반적인 문인들의 자연추구가 벼슬길을 경험하고 번잡한 현실적 속박에서 벗어나는 것이라면, 노계의 그것은 더 나은 삶에 대한 갈망의 적극적인 몸부림이었다. 궁핍하고 참담한 현실에서 바라는 것이 순조롭게 이루어질 수 없음을 깨닫고, 그것을 극복하기 위해 과감히 현실을 뛰어넘은 것이다. 그의 자연추구는 참다운 삶이 무엇인가를 깨달은 데서 온 삶의 목표이며, 그것은 그에게 주자학과 문학에 몰두할 수 있는 길을 열어 주었다.

노계가 시가창작에 본격적으로 힘쓴 것은 무부武夫의 생활을 청산한 후반생에서의 일이었으며, 만년이 되면서 그 열기는 더욱 왕성하여 많은 한시와 시조, 가사 작품을 남겼다. 그렇지만 노계가 작가로서의 역량을 크게 발휘한 것은 가사문학이라 하겠다. 누구보다도 많은 가사작품을 남겼고, 그 질적 수준도 뛰어나기 때문이다.

노계문학의 관심은 무부로서의 긍지의 표현과 빈궁한 삶의 절실한 묘사에 있기도 하지만, 무엇보다도 유교적 윤리의 구현에 그 초점이 놓여 있었다.

노계의 성리학에 대한 열의는 대단한 것이었으며, 그의 성리학은 학문 자체에 있어서 보다는 주로 문학에 의해 실현되었다. 그가 관직에서 물러나 비로소 학문을 힘씀에 늙음을 무릅쓰고 권태함이 없었다. 공맹의 책을 읽음에 침식을 잊고, 밤중에 성현의 기상을 생각하며, 이름난 선비를 찾아 도를 논하고 가르침을 청하기도 하였다. 그의 성리학에 대한 이러한 심취는 조선조 성리학자의 한 사람인 이언적李彦迪의 사당을 찾아 그의 유훈을 가슴에 새기며 지은 〈독락당〉이란 작품에서 잘 나타나고 있으며, 그의 문학 속에 늘 삼강오륜이 강조되고 있음을 통해서도 짐작할 수 있다.

노계의 가사가 가난한 현실의 쓰라린 경험을 절실하게 그림으로써 조선후기 가사의 전초를 마련했다는 평가를 받기도 하지만, 그의 문학의 관심은 유교적 윤리의식에 기울고 있다. 그것은 자신의 삶을 바로 세우려는데 있기도 하겠으나, 유교적 이념을 기반으로 하여 성립된 조선조 사회가 임란으로 인해 그 기본 질서가 흔들리게 되어, 사회적 규범을 바로 세우지 않으면 안 되는 절실한 필요성 때문이기도 했을 것이다.

노계의 가사는 그의 왕성한 창작력으로 말미암아 장편거작이 많다. 그러나 유교적 윤리의식에 쏠리었기 때문에 자연히 표현기법에 소홀해지는 경향이 있다. 필치의 능란함과 의취意趣의 무한함에도 불구하고, 내용의 정확한 서술을 위해 가사의 리듬이 희생되기도 하고, 순수한 우리말을 사용하려는 별다른 노력이 보이지 않으며, 생동적인 표현을 위한 고심을 찾아보기 어렵다. 당시의 일반적인 관례를 좇아 한자어구에 많이 의존하고 있다. 그만큼 그의 문학은 미학적인 것보다 이념적인 것의 표출에 전념한 것이다.[25]

이들의 문화 감성을 통해 영호남 가단을 중시한 시가문학의 지향세계를 정리해보면 다음과 같이 요약할 수 있다.

첫째, 영호남권의 시가문학은 그 기저에는 유학의 신봉에 집착하는 의식성향을 보여준다. 퇴계의 시조에서는 그의 이기철학의 고차적인 원리가 암유되어 있고, 유교적 윤리관을 실천하려는 욕구가 강하게 표출되고 있다. 또 노계문학의 주된 관심도 유학의 정신과 그 윤리적 규범의 구현에 초점이 놓여 있다. 뿐만 아니라 퇴계는 철저한 도문일치道文一致를 강조하는 입장에서 시가개혁을 창도하였으며, 노계는 임란후의 무너져가는 사회윤리를 재건하기 위해 힘을 기울였다. 이들은 유교정신을 문학의 배경사상으로 삼는데 머무르지 않고, 문학을 통해 그것을 심화하고, 적극적으로 실현하고자 하였다.

그러나 호남 쪽은 시가가 도학을 표방하는 기풍이 조성되지 않았다. 따라서 송강과 고산의 시가는 유학의 정신을 기반으로 하여 그것의 큰 테두리 안에 있으면서도 그 속박에 매이지 않고, 풍요로운 생활을 즐기면서 심미의식을 추구하고, 개인적 정서를 표백하였다.

이로써 보건대, 영남의 문학이 전달욕구에 기초를 둔 집단이념에 대한 지향성을 보여주는 반면, 호남의 문학은 표현 욕구에 기초를 둔 개인정서에 대한 지향성을 보여준다고 하겠다.

---

25 박요순, 「윤선도론」, 『한국문학작가론』, 형설출판사, 1985, 320~322쪽.
   최진원, 앞의 책, 75~102쪽.
   이상은, 『퇴계의 생애와 학문』, 서문당, 1972, 162쪽.
   박성의, 『송강, 노계, 고산의 시가문학』, 현암사, 1978, 505쪽 참조.

둘째, 영남권 시가에서는 주된 관심이 그 내용에 있다. 유학의 정신을 구현하고, 사람의 심성을 선으로 이끄는데 문학의 목적과 가치를 두고 있기 때문에 이들의 문학은 그 결과적 현상으로 수사와 기교가 경시되는 경향이 있다.

그러나 송강과 고산의 문학은 그 내용에 못지않게 수사를 중요시한다. 절묘한 서경敍景으로 새로운 자연미를 창출하고 능란한 수사와 세련된 시어로 신선한 생동감과 공감을 불러일으킨다. 무미건조한 관념적 주제마저도 뛰어난 수사로 미학적 조화를 성취하고 있다.

이는 도학을 표방하는 전통을 가진 영남의 문학이 예술적 수사보다 사상적 자세를 중시하는 반면, 호남의 문학은 예술적 아름다움의 구현을 위해 수사를 중시하는 경향이 있음을 말해 주는 것이다.

셋째, 영남권의 퇴계와 노계는 시가를 제작함에 있어서도 당시 사대부의 일반적인 한문 숭상의 언어관 위에서 한문 투의 표현에 의존하는 경향이 강하다.

이에 반하여 송강과 고산은 고유어의 사용에 진보적 태도를 보여주었다. 특히 고산은 상례화 된 한자어까지도 순수한 우리말을 세련되게 조탁하여 대치하였다. 우리말을 경시하는 당시 사대부 사회의 풍조 속에서 우리말을 높은 예술어로까지 끌어올리는데 이들은 선구적 역할을 하였다.

이는 양 지역 문학의 언어감각을 반영하는 동시에 영남문학의 보수적 성향과 호남문학의 개방적 성향까지도 함께 반영한다고 할 수 있겠다.

이상에서 지적한 바를 종합해볼 때, 영남의 문학은 옛 것을 지키고 철저화 함으로써 바로 세우고자 하고, 호남의 문학은 새 것을 추구함으로써 새로워지고자 하는 성향이 깔려 있다고 하겠다.[26]

이상에서 살펴 본 바와 같이 영호남의 노래문화를 총합하여 다음과 같이 정리하고자 한다.

첫째, 영남과 호남은 산악형과 평야형으로 그 문화공간의 다름을 알 수 있다. 따라서 영남은 닫힌 공간으로 인하여 내부지향적 폐쇄성을 문화의식으로 담아

---

26 최정락, 앞의 글, 308~316쪽.

자아로 향하는 시선을 가지게 됨으로서 도학지향성을 가지게 되었고, 호남권은 평지를 중심으로 하는 열린 공간으로 하여 개방적이고 외부지향적인 시선을 가지게 되었으니, 이는 곧 객체를 지향하고 타자를 중시하는 문화의식을 드러내게 되었다. 영남권이 '구곡문화'[27]를 중시하는 그들만의 성리학적 가치를 주목함으로써 적통을 중시하는 도학문화의 산실이 되었고, 호남은 노장적인 세계까지 수용하는 자유분방함과 자아를 중시하는 의식을 가짐으로써 원림園林 공간을 주목하는 문화공간을 형성하였다.

둘째, 영남권의 하층민의 노래문화 또한, 간단 단순하고 현실적이고 유교적 도덕률의 세계가 중시되는 세계관을 가진 이성적 감성의 표현물을 향유한 반면, 호남권은 꾸밈없는 삶의 표현을 토해 풍류와 시가가 발달하고 자연스런 기교와 질박하면서도 예술성 높은 기교적인 감성의 우수함을 드러내고 있다. 이는 '있어야 할 세계'를 보는 영남권과 "있는 세계'를 향한 호남권의 문화 환경과 감성이 만들어 낸 문화의식의 차이로 나타난 것이다.

셋째, 영남권의 문화 지향이 의리와 명분이 중시되는 지극히 이성적 집단적 가치의 세계를 지니고 있다면, 호남권은 객체와 인간을 중시하는 감성을 통해 '한'과 '흥'을 소박하면서도 진솔하게 표현하는, 그리하여 풍류적 감성과 개인의 자아를 중시하는 우수한 표현 세계를 지향하고 있다. 특히 삶의 현실이 어려움에 처했을 때는 이를 극복하는 방안으로 집단적 공동체적 의리와 명분이 중시한 영남에 비해, 이를 한으로 삭이고 녹여 '흥'으로 극복해간 민중의 삶의 의지가 달랐고, 화평한 시기에는 열린 마음으로 함께 어우러져 그 기쁨을 흥으로 나누어 나가려는 공동체의 모습에서는 크게 다를 바가 없이 나타난다.

---

27 '구곡문화'란 주자의 '무이구곡'을 본떠, 강과 계곡에 정자를 지어 문우와 동향인들이 모여 시회나 연회 등의 모임을 가지고 학문적 정통성을 확인해 나갔던 사림의 문화를 일컫는다.

5 결론

　　흔히 21세기를 문화시대라 한다. 우리 주변에 범람하는, '문화'라는 용어의 과도한 사용은 그 증좌일 것이다. 그리고 시 소설 같은 문학 작품이나, 그림, 음악, 노래, 연극 같은 것들이 제 홀로 독자적 가치나 장르성을 가지고 존재하는 것이 드물다. 문화라는 이름의 용광로, 융합로 속에서 서로 얽히고 섞이기도 하고 변신과 융합을 통해 존재하고 변화하고 있다. 문학도 그러하다. 문화는 간단명료한 개체가 아니다.

　　조선조 후기에 일어난 문학에 있어서의 장르 혼효 현상, 통합 현상은 바로 서구 사회의 문화 시대 모습과 다름이 없다. 소설이 가사로, 노래가 소설로 변신하거나, 제 고유한 장르성을 가늠하기 힘들 정도의 양식인 판소리까지 나타나게 되었다. 이야기 속에서 노래가, 노래 속에 이야기가 나타나는가 하면, 비빔밥처럼 뒤섞여 여러 표현 방식이 나타나기도 한 것을 우리는 주목하고 있지 않았던가. 전래의 독자적 패러다임으로는 담아 내지 못하는 삶의 복잡성이 만들어 낸 당연한 결과일 것이다. 그러나 그 존재 현상만을, 그 양상과 특성만을 밝혀 보려 하였지 이를 주목하여 왜, 어떻게를 주목하는 문화적 시각은 극히 미미하였지 않았던가.

　　이제 문화시대를 맞아 문학연구도 문화적 시각의 접근을 필요로 한다. 18세기 이후 급변한 삶의 양식은—생산과 즐김의 공존과 향유하던—우리도 예외가 아니었음을 각종 문헌 자료를 통해, 역사를 통해 확인하지 않았던가. 한계에 달한 고전문학 텍스트의 존재, 그리고 그 존재들을 바라보는 방법론의 한계 등은 앞으로 우리가 뛰어 넘어야 할 또 다른 벽이며 딛고 일어서야 하는 디딤돌 찾기는 우리의 임무가 되어야 할 것이다.

　　이에 문화연구는 문학연구의 또 다른 새로운 길목이 될 수 있다고 본다. 그리고 그것은 그리 멀리 동떨어진 것이거나 미지의 것이 아니다. 그 근거는 바로 문학은 예술이며 문화의 하위 구성물이기 때문이다. 이제 '문학연구'에서 '문화연구'로 우리의 관심과 시선을 돌릴 때가 된 것이다. 새로운 우리 문학 보기를 통해 우리 문학의 새 면모를 만나고 그들이 소통하고자 하는 우리 선조들의 삶을 새롭게 만나게 될 것이기 때문이다.

편집 후기

　장전章田 김기현 선생님은 경북대학교 국어국문학과에서 30년간 재직하시다가 2015년 8월에 퇴직하셨다. 그리고 이 2017년 4월 5일 지병으로 타계하셨다.
　이 책은 김기현 선생님이 평소에 학계에 발표하신 원고를 모아 한 권의 책으로 엮은 것이다. 물론 학술지에 미처 발표하지 못한 원고도 포함되어 있다.
　1부에는 김기현 선생님이 평생 열정적으로 연구한 아리랑 관련 8편의 논문을 실었다. 「아리랑의 장르성과 범주」 등 3편의 논문은 아리랑의 장르적 특징과 형성과정, 전파와 확장 등을 정밀하게 추적한 글들이다. 김기현 선생님의 이와 같은 아리랑 연구는 자연히 지역 아리랑에도 관심을 가지고 밀양, 문경, 상주 아리랑 등을 탐색하는 성과로 이어졌다. 그리고 아리랑의 현대화, 혹은 아리랑의 문화적 위상 제고에도 노력을 기울여 아리랑의 지역 축제, 아리랑 사설 보존 사업에도 깊이 관여하셨다. 특히 퇴임 전후로 헌신적 노력을 기울이신 아리랑 사설 일만 수를 전국 유명 서예가들의 손으로 한지에 담아내는 거대 작업을 이룩하셨다. 구전되는 아리랑이 소멸되지 않고, 우리의 종이에 글과 그림으로 다시 태어난 것이다. 그래서 다시 아리랑을 일만 년 더 유전하도록 한 업적을 남기셨다.
　2부 지역문화에는 영남권 민요 관련 논문 8편을 모았다. 김기현 선생님은 전국을 대상으로 구비문학, 특히 민요조사를 수십 년 동안 진행하셨는데 특히 영남지역 민요 조사에 집중하셨고, 그 결과물을 학계에 내 놓으셨다. 「산유화가의 전승과 교섭양상」은 향랑고사에 관련한 것으로, 지금도 선산지역에서 회자되고 있는 노래이며, 백제 '산유화가'와의 정밀한 비교 과제가 남아있다. 상주, 함양, 고령 등의 지역민요가 가지는 지역문화적 특징과 현대적 계승의 문제를 다룬 논문 이외에도 경북 민요의 특징을 심도있게 다룬 논문들을 수록하였다. 「영·호남 노래문화의 지향과 감성」은 선생님께서 타계하시기 직전에 학회에

구두 발표한 것으로, 노래문화의 통시적, 공시적 접근이 돋보이는 글이다.

국어국문학과 민속학, 그리고 전통음악 분야를 아우르는 분야가 민요학이다. 김기현 선생님은 이 세 분야에 정통하셨고, 시인의 입장에서 민요 노랫말을 이해하고 분석하는 탁월한 능력을 가지고 계셨다. 민요의 사회문화적 기능과 예술적 심미성, 그리고 민요가 가지는 소리의 신명성과 춤, 이야기와의 혼합성 등에도 주목하셨다. 소위 원시종합예술의 통합적 예술관을 민요 현장 조사와 연구로 연결하신 것이다.

소리, 즉 민요는 자연이 빚어내는 예술이다. 그래서 민중의 소리는 하늘의 소리라고도 한다. 자연의 예술이자 순수하고 청명한 하늘을 닮은 노래는 이 땅의 역사이기도 하다. 그래서 김기현 선생님은 민요사를 노래문화사로 인식하시고 현장에서 역사와 문화를 찾고 계승, 발전시키려 노력하셨다. 이러한 이유로 선생님의 논문은 대부분 문헌에 기대는 것보다 현장에서 길어 올린 살아있는 민중문학문화에 관한 것들이다. 아무튼 이 책이 민요학계와 아리랑 연구에 보탬이 되기를 희망한다. 그리고 자칫 소외받기 쉬운 구전민요, 혹은 토속민요의 보존과 전승, 현대적 계승과 활용에 더 많은 관심과 연구가 뒤따르기를 기원한다. 지역문화가 세계문화가 되는 이 시대에 특히 아리랑과 영남의 민요가 더욱 환영받고 향유되기를 희망한다.

선생님의 저서를 발간하기까지 귀한 정성을 다해주신 부산외국어대학교 권오경교수님과 손대현, 박지애, 조유영, 류명옥, 김동연 동학께 고마움을 전한다. 그리고 책 출판까지 도와주시고 애써주신 홍종화대표님과 김윤희선생님께도 감사의 인사를 드린다.

2018년 초봄에
저서발간위원회를 대표하여
최은숙(경북대학교 국어국문학과 교수) 삼가 씀

원고 출처

'아리랑'의 장르성과 범주, 『어문론총』 28호, 경북어문학회, 1994.
'아리랑' 요의 형성 시기, 『어문론총』 34호, 경북어문학회, 2000.
'아리랑' 노래의 형성과 전개, 『퇴계학과 유교문화』 35집, 경북대학교 퇴계연구소, 2004.
'밀양아리랑'의 형성과정과 구조, 『문학과 언어』 12호, 문학과언어연구회, 1991.
'문경새재소리아리랑'의 아리랑사적 위상, 『한국민요학』 29호, 한국민요학회, 2010.
'문경새재아리랑'의 축제화 방안, 『문경새재아리랑의 위상과 지평』, 문경문화원, 2013
'서예로 담아 낸 아리랑 일만 수'의 의의와 가치, 『서예로 담아낸 아리랑 일만수』, 문경시·한국서학회, 2015
'산유화가'의 전승과 교섭 양상, 『어문론총』 21호, 경북어문학회, 1987.
'시집살이 노래'의 구연 특성과 그 의미 - 경북지역을 중심으로 -, 『어문론총』 26호, 경북어문학회, 1992.
'상주민요'의 민요적 특성과 전승, 『농경문화를 꽃 피운 상주 민요』, 민속원, 2013.
함양 민요의 민요적 특성, 『함양의 들소리』, 함양군, 2013.
고령군 '장승제'의 축제화 방안, 『퇴계학과 유교문화』 47집, 경북대학교 퇴계연구소, 2010.
경북지역 구비문학 연구의 현황과 과제, 『어문론총』 57호, 한국문학언어학회, 2012.
경북지역 구비문학의 문화기반 - 문화변혁에 따른 생성과 소멸 -, 『어문론총』 62호, 한국문학언어학회, 2014.
영·호남 노래문화의 지향과 감성, 『영남과 호남, 문화로 소통하다』, 달빛동맹 학술대회 발표문, 2016.

참고문헌

●
자료

고령군,『고령군지』, 고령군청, 1996.
고령군,『대가야의 얼』, 고령군 문화공보실, 1982.
고령군교육청,『내고장 대가야』, 고령군교육청, 1989.
국립민속박물관 · 충청남도,『장승 · 솟대신앙 - 충청남도』, 1991.
金志淵,『朝鮮民謠아리랑』, 文海書館, 1935.
밀양문화원,『밀양군지』, 밀양군, 1988.
朴秉訓,『진도아리랑타령』, 진도문화원, 1997.
뿌리깊은나무,『팔도소리』제2권(경상도 소리), 뿌리깊은나무사, 1987.
사공수,『漢陽五百年歌』, 세창서관본, 1935.
李瑄根,『대한국사』권11, 신태양사, 1973.
이창배,『한국가창대계』, 홍인문화사, 1976.
정선아리랑보존회,『정선아리랑』, 1981.
鄭在鎬,『韓國雜歌全集』1-4, 啓明文化社, 1984.5.
조선총독부,『俚諺,俚謠及通俗的讀書物等調査』, 1912.
崔永年,『海東竹枝』上編, 고려대도서관소장본, 1925.
『표준국어대사전』상, 국립국어연구소 편, 1999.
『韓國近代文學硏究資料集』,(개화기신문편) 2권, 三文社, 1987.
한국방송공사,『한국방송사』, 한국방송공사, 1999.
한국정신문화연구원,『한국의 민속음악(경남편)』, 1985.
한국정신문화연구원,『한국구비문학대계』8-7~8, 1983.
韓老顯 편,『光復軍歌集』제3권, 세광출판사, 1979.
한민족아리랑보존연합회,『영화〈아리랑〉의 재검토』, 1993.
MBC,『한국민요대전—경상북도』, 문경시, 1995.
H.B.Hulbert,『The Korean Repository』, 1896.

저서

강등학, 『정선 아라리의 연구』, 집문당, 1988.
경북대학교 영남문화연구원 편, 『낙동강 유역의 사람들과 문화』, 역락, 2007.
고정옥, 『조선민요연구』, 수선사, 1949.
국제문화재단 편, 『한국의 판소리 문화』, 박이정, 2003.
김기현 외, 『경상북도의 세시풍속과 민속 문화』, 경북대학교영남문화연구원, 2006.
김기현·권오경 공저, 『영남의 소리』, 태학사, 1998.
김대행, 『노래와 시의 세계』, 역락, 1999.
김문기, 『영남의 구곡문화』, 태학사, 2015.
김미숙, 『밀양백중놀이』, 국립문화재연구소, 2004.
김상훈, 『관광학 개론』, 집문당, 1985.
김연갑, 『아리랑』, 집문당, 1988.
김연갑, 『아리랑』, 현대문예사, 1986.
김열규, 『아리랑… 역사여, 겨레여, 소리여』, 조선일보사, 1987.
김성호, 『호남분화입문』, 김향문화새난, 1990.
김진균, 『음악과 전통』, 태림출판사, 1984.
김진송, 『서울에 딴스홀을 허하라』, 현실문화연구, 1999.
김태곤, 『한국무속연구』, 집문당, 1981.
노동은, 『한국근대음악사』(1), 한길사, 1995.
문경문화원, 『문경대관』, 문경문화원, 1986.
문경시, 『문경민속지』, 문경새재박물관 총서 12, 2006.
문경시, 『문경의 민요와 아리랑을 찾아서』, 민속원, 2008.
문화재청, 『경상북도 세시풍속』, 국립문화재연구소, 2002.
박민일, 『한국아리랑문학연구』, 강원대 출판부, 1989.
박병훈, 「珍島아리랑打令의 由來」, 『진도아리랑타령』, 진도문화원, 1997.
박성의, 『송강·노계·고산의 시가문학』, 현암사, 1978.
박정진, 『한국문화 심정문화』, 미래문화사, 1990.
박지애, 『근대 대중매체와 잡가』, 역락, 2015.
양 훈, 「인기유행가수 군상」, 『조광』, 1943.
엄하진, 『조선민요의 유래』, 예술교육출판사, 1992.
우영대·이기갑·이종주, 『호남의 언어와 문화』, 백산서당, 1998.
윤재훈, 『민속의 현대적 이해』, 세손, 2000.
이광진, 『민속과 축제의 관광적 해석』, 민속원, 2004.

이상규, 『방언학』, 학연사, 1994.
이상은, 『퇴계의 생애와 학문』, 서문당, 1972.
이상일, 『굿과 놀이』, 문음사, 1981.
이상현 외, 『문경의 민요와 아리랑을 찾아서』, 민속원, 2008.
이소라, 『한국의 농요』 I, 현암사, 1985.
이진원, 「신민요 연구 I」, 『한국음반학』 7, 한국고음반연구회, 1997.
이창배, 『한국가창대계』, 홍인문화사, 1976.
이창배, 『증보가요집성』, 홍인문화사, 1976.
임재해, 『지역문화와 문화산업』, 지식산업사, 2000.
임재해, 『한국민속과 오늘의 문화』, 지식산업사, 1994.
임재해, 『민속문화의 생태학적 인식』, 당대, 2002.
임재해, 『지역문화, 그 진단과 처방』, 지식산업사, 2002.
장지연, 『일사유사』, 안동서관, 1922.
정우택, 「雜歌集 所在 〈아리랑〉에 대한 硏究」, 『古典詩歌의 理念과 表象』, 林下崔珍源박사 정년기념논총, 1991.
주강현, 『두레』, 들녘, 2006.
주광현 외, 『노동과 굿』, 학민사, 1989.
차성진, 「민요 아리랑」, 『천리마』, 1992.
최은숙, 「민요담론과 노래문화」, 보고사, 2009.
최 철·설성경 엮음, 『민요의 연구』, 정음사, 1984.
최재남, 『서정시가의 인식과 미학』, 보고사, 2003.
최진원, 『국문학과 자연』, 성균관대학교출판부, 1981.
한국구비문학회 편, 『현대사회와 구비문학』, 박이정, 2005.
한국구비문학회, 『구비문학 연구의 길찾기』, 박이정, 2003.
한국구연민요연구회 편, 경상북도 편(김기현), 『한국구연민요』 연구편, 집문당, 1997.
한국민속학술단체연합회, 『문화변동과 한국민속학의 대응과 역할』, 민속원, 2011.
한국민속학술단체연합회, 『민속학과 민족문화의 정체성』, 민속원, 2010
한국역사민속학회, 『호남지역의 민중생활과 의식』, 1992.
한국향토사전국연합회, 『향토사와 지역문화』, 수서원, 1998.
『한국민족문화대백과사전 2』, 한국정신문화연구원, 1991.
Chris Jenks, 김윤용 역, 『문화란 무엇인가』, 현대미학사, 1996.
M. Elade·이동하 역, 『성과 속』, 학민사, 1983.
Otto Friedrich Bollnow·이기숙 옮김, 『인간과 공간』, 에코리브르, 2014.
R.Finnegan, 『Oral Poetry』, Cambridge Uni. Press, London, 1977.

• 논문

강정원, 「다문화시대의 구비문학 연구」, 『구비문학연구』 26집, 한국구비문학회, 2008.
강혜숙, 「밀양백중놀이의 춤사위」, 『한국민속학』 16, 한국민속학회, 1963.
강혜순, 「경상도와 전라도 지방의 민요 비교연구」, 계명대학교 석사학위논문, 1985.
김기현, 「문화로 읽는 고전문학」, 『문화어문학이란 무엇인가』, 커뮤니케이션북스, 2015.
김기현, 「전승민요의 토속성과 변모」, 『민중문화론』, 영남대출판부, 1993.
김완수, 「민요아리랑에 대한 고찰」, 『새국어교육』 35-6, 한국국어교육학회, 1982.
김하돈, 「문경 지역의 백두대간 고갯길」, 『길 위의 역사, 고개의 문화』, 실천문학사, 2002.
김헌선, 「21세기 구비문학의 문화적 위상」, 『구비문학연구』 6집, 한국구비문학회, 1998.
김헌선, 「음악과 구비문학, 그리고 공동체」, 『구비문학연구』 19집, 한국구비문학회, 2004.
김홍운, 「한국의 지방문화 행사를 관광 상품화하는 방안에 관한 연구」, 『한국학논집』 제10집, 한양대한 국학연구소, 1986.
김흥규, 「판소리의 사회적 성격과 그 변모」, 『예술과 사회』, 민음사, 1981.
나수호, 「외국인이 보는 한국 구비문학」, 『구비문학연구』 27집, 한국구비문학회, 2008.
문화과학사, 『문화과학』 38집, 문화과학사, 2004.
박요순, 「윤선도론」, 『한국문학작가론』, 형설출판사, 1985.
박종명, 「영·호남 농요의 비교연구」, 『효성여대 논문집』 2, 1962.
박진태, 「한민족과 세계, 그리고 구비문학」, 『구비문학연구』 27집, 한국구비문학회, 2008.
배경숙, 「이재욱의 『영남전래민요집』연구」, 영남대학교대학원 박사논문, 2008.
서대석, 「공동체와 구비문학의 상관관계」, 『구비문학연구』 21집, 한국구비문학회, 2005.
송혜진, 「슬픈 소리와 한반도 사람」, 『한반도의 슬픈 소리』, 뿌리깊은나무사, 1989.
신동흔, 「구비문학 연구동향」, 『국문학연구』 4호, 국문학회, 2000.
신동흔, 「삶·구비문학·구비문학연구」, 『구비문학연구』 1집, 한국구비문학회, 1994.
신동흔, 「현대 구비문학과 전파매체」, 『구비문학연구』 3집, 한국구비문학회, 1996.
신정화·문창희, 「전통민속놀이의 관광자원화에 관환 연구」, 『논문집』 16집, 성지공업전문학교.
심우장, 「구비문학의 현재적 의의 찾기」, 『어문연구』 59, 어문연구학회, 2009.
심우장, 「문화변동과 구비문학연구」, 『구비문학연구』 32집, 한국구비문학회, 2011.
오세정, 「민속학으로서의 구비문학의 정체성과 연구 방향」, 『한국민속학』 47, 한국민속학회, 2008.
이보형, 「아리랑소리의 근원과 그 변천에 관한 음악적 연구」, 『한국민요학』 5집, 한국민요학회, 1997.
이보형, 「아리랑소리의 생성문화 유형과 변동」, 『한국민요학』 26집, 한국민요학회, 2009.
이영선, 「조선조 사대부의 시가연구」, 서울대 석사학위논문, 1982.
이은숙, 「문학공간의 인식체계와 특성」, 『현대문학이론연구』 36, 현대문학이론학회, 2009.
이종주, 「호남문학의 문화적 배경과 정신사적 제양상」, 『호남의 언어와 문화』, 백산서당, 1998.

이홍우, 「2010년도 구비문학 분야 연구 동향」, 『국문학연구』 24호, 국문학회, 2011.
임동권, 「민요와 설화의 교섭」, 『인문학연구』 4·5, 중앙대 인문학연구소, 1977.
임재해, 「구비문학의 연구 동향과 세기적 전환의 기대」, 『한국민속학』 32, 한국민속학회, 2000.
장관진, 「정선아리랑고」, 『한국문학논총』 3, 한국문학회, 1980.
정동화, 「아리랑어원고」, 『국어국문학』 76, 국어국문학회, 1977.
정우택, 「雜歌集 所在〈아리랑〉에 대한 연구」, 『고전시가의 이념과 표상』, 1991.
정익섭, 「호남시가 활동 배경고」, 『호남문화』 5, 전남대호남문화연구소, 1973.
정재호, 「雜歌 攷」, 『民族文化硏究』 제6호, 고려대민족문화연구소, 1984.
조동일, 「구비문학의 미래, 무엇이 문제인가?」, 『구비문학연구』 18집, 한국구비문학회, 2004.
조현설, 「구비문학연구의 방향과 전망」, 『누리와 말씀』, 복음화연구소, 2001.
주강현, 「언어생태 전략과 문화종 다양성 - 민속지식을 중심으로」, 습지생태와 생태언어 연구 학술대회, 2008. 11. 11. 경북대학교
차미희, 「과거길의 풍속과 여정」, 『길 위의 역사, 고개의 문화』, 실천문학사, 2002.
최강현, 「王朝 漢陽歌의 異本에 대하여」, 『국어국문학』 32호, 국어국문학회, 1979.
최원오, 「구비전승의 현재와 미래」, 『한국문화인류학』 41-2, 한국문화인류학회, 2008.
최정락, 「영호남문학의 특성고찰」, 『어문학』 50, 한국어문학회, 1989.
편해문, 「문경아리랑의 연원과 사설에 대한 현장연구」, 『아리랑의 세계화 - 영남아리랑의 재발견』,
학술대회자료집, 『아리랑의 세계화 - 영남아리랑의 재발견』, (사)영남민요아리랑보존회 한중아리랑 학술심포지엄자료집, 2009.

아리랑과 지역문화

초판 1쇄 발행 2018년 4월 5일

지은이 김기현
펴낸이 홍기원

총괄 홍종화
편집주간 박호원
편집·디자인 오경희·조정화·오성현·신나래
　　　　　김윤희·이상재·이상민·최아현
관리 박정대·최기엽

펴낸곳 민속원
출판등록 제18-1호
주소 서울시 마포구 토정로 25길 41(대흥동 337-25)
전화 02) 804-3320, 805-3320, 806-3320(代)
팩스 02) 802-3346
이메일 minsok1@chollian.net, minsokwon@naver.com
홈페이지 www.minsokwon.com

ISBN 978-89-285-1170-9 93910

ⓒ 김기현, 2018
ⓒ 민속원, 2018, Printed in Seoul, Korea

저작권법에 의해 한국 내에서 보호를 받는 저작물이므로 무단전재와 복제를 금합니다.
이 책 내용의 전부 또는 일부를 이용하려면 반드시 저작권자와 민속원의 서면동의를 받아야 합니다.
이 도서의 국립중앙도서관 출판시도서목록(CIP)은 서지정보유통지원시스템 홈페이지(http://seoji.nl.go.kr)와
국가자료공동목록시스템(http://www.nl.go.kr/kolisnet)에서 이용하실 수 있습니다.(CIP제어번호: 2018008914)

※ 책 값은 뒤표지에 있습니다.
※ 잘못된 책은 바꾸어 드립니다.